我和我的祖国

时代人物故事

WO HE WO DE ZUGUO
SHIDAI RENWU GUSHI

文汇报社　编著

目录

孙家栋近照（中国航天科技集团供图）

孙家栋

孙家栋，1929 年 4 月出生，中国航天科技集团高级技术顾问，中国科学院院士。“两弹一星”功勋奖章、2009 年度国家最高科学技术奖获得者。2018 年，中共中央、国务院授予孙家栋“改革先锋”称号，称他为“航天科技事业创新发展的重要推动者”。2019 年中共中央、国务院授予其“共和国勋章”。

孙家栋曾参与我国早期多个型号导弹的总体研制、设计，是我国第一颗人造地球卫星“东方红一号”总体技术总负责人，实践一号卫星、我国第一颗返回式遥感卫星、第一颗通信卫星及此后多种型号卫星的总设计师，“北斗导航试验卫星”工程和月球探测一期工程总设计师，中国火箭进入国际市场谈判代表团团长。

孙家栋：航天是我的爱好

陆正明

1999年，中共中央、国务院和中共军委授予23位当年为研制“两弹一星”作出突出贡献的科技专家“两弹一星”功勋奖章，孙家栋这年70岁，是其中最年轻的。

2009年，他80岁生日时，收到98岁的钱学森贺信。信中说：“你是我当年十分欣赏的一位年轻人……你是在中国航天事业发展历程中成长起来的优秀科学家，也是中国航天事业的见证人。自第一颗人造地球卫星首战告捷起，到绕月探测工程的圆满成功，你几十年来为中国航天的发展作出了突出贡献，共和国不会忘记，人民不会忘记。”

2016年，他完成收山之作“风云二号”气象卫星。在60多年的航天生涯中，由他负责主体设计的卫星多达45颗，一度同时负责3个型号卫星的总体设计，被称为“总总师”。

卫星总体设计充满挑战与压力。设计时的难题、发射前的焦虑、升空后的担忧，时刻伴随着航天人。但与航天打了半个多世纪交道的孙家栋却说：“航天已经成了我的爱好。”

孙家栋说：“我这一生换过几次专业，土木工程、飞

求真务实，开拓创新
助力实现中国梦。
孙家栋

孙家栋寄语

机设计、导弹研制，曾经还想学汽车制造，最后做了几十年航天工程。是机遇把我引到时代高新技术的前沿。”“国家给予我这样的重任，受到国家这样的信任，我确实感到非常荣幸。我愿意贡献自己的一切力量。”

数易专业，终生结缘卫星

孙家栋祖上由山东牟平闯关东，几经周折，在辽宁省盖县定居下来。他父亲是老孙家数辈子来的第一个读书人，毕业于张学良创办的沈阳师范学校。1929 年孙家栋出生时，父亲已是盖平师范学校校长。

1942 年，高小毕业的孙家栋迎来人生第一次专业选择，考上了哈尔滨第一高等学校土木系。“在那时的东北，建高楼、筑水坝、造大桥就是相当先进的技术了。”但没等毕业，学校因战乱停课，他不得已辍学了几年。1948 年年底，东北全面解放。由苏联人管理、用俄语授课的哈尔滨工业大学招生。孙家栋考入学校预科学习俄语，希望今后能学习汽车制造。

1950 年元宵节，一碗红烧肉改变了他的人生轨迹。那天，孙家栋计划去姐姐家过节，但听说晚上学校食堂有红烧肉。“那时候条件比较差，红烧肉很难得，我就留在学校没走。晚饭时，学校来人宣布，空军在我们这批学生中招人，有意者马上可以报名。”孙家栋当晚报名即获批准，并登上了前往沈阳空军第四航校的火车。

在航校，孙家栋的工作是俄语翻译。1951 年 7 月，中国空军选派 30 名年轻人去苏联茹科夫斯基空军工程学院学习。经过多轮考核、层层选拔，孙家栋成为其中之一，学习飞机设计、维修和管理。

1958 年，孙家栋等 23 名学员学成归国。在苏联近 7 年的留学生涯，他各科全优，毕业时获得了苏联最高苏维埃授予的斯大林金质奖章。当年，苏联红军全军只有 13 人获得这一荣誉。

这时，由钱学森任院长的我国第一个火箭、导弹研究机构——国防部第五研究院组建不到两年，急需人才。这23位留学生回国前夕，聂荣臻元帅看中了他们。空军司令员刘亚楼说：“聂帅要人，我不敢不给。给你三分之二，我留8个。”这批留学生中，除了孙家栋，还有孙敬良、李伯勇、于龙淮、刘从军等，都成为日后中国航天领域的知名专家。孙家栋转换专业方向，开始了9年的导弹研制生涯，由总体设计员、总体组长、总体设计室主任，直到担任总体部副主任，参与了我国这一时期所有型号导弹的研制、开发。

1967年7月29日，孙家栋一生难以忘怀。北京盛夏，“文化大革命”也日渐火热，由于行政领导干部“靠边站”，国防科委的一位参谋直接到他家里，传达一份命令：“中央决定组建空间技术研究院，钱学森任院长。钱学森向聂荣臻元帅推荐了你。根据聂老总指示，上级决定调你去负责我国第一颗人造地球卫星的总体设计工作。”从此，他终生结缘卫星。

两度直言，“东方红”唱响太空

1957年，苏联发射了第一颗人造地球卫星。次年，在中国共产党八大二次会议上，毛泽东主席说：“我们也要搞人造卫星。”20世纪60年代，中央下决心加快卫星研制，但当时卫星研制分散在中国科学院和其他若干个部门，组织领导和指挥调度不便。“文革”开始后，工作更是困难。为此，中央决定组建中国空间技术研究院，把科学院和五院的力量组织起来。孙家栋说：“科学院的人理论、学术水平高，但没有搞工程的经验。我们研制导弹，已经搞了三四个回合，多少有点经验，就调了十几个人过去。”

孙家栋说：“1967年，中央向我们交了底，希望我们用3年时间，到1970年时把卫星送上天。目标是‘上得去、抓得住、看得见、听得到’。原来的方案考虑科学实验的需要，现在看不难，但以当时的条件看，复杂了点。”他说服一些老专家，提出了“两步走”的计划，先实现卫星上天，解决出现的问题，再研制有探测功能的应用卫星。

方案修改后，却没有拍板的人。孙家栋为卫星研制首次壮胆直言，找到时任国防科委副主任刘华清，说："你懂也得管，不懂也得管。你们定了，拍个板，我们就可能往前走。"尽管刘华清并不分管，但考虑片刻还是对他说："技术上你负责，其他问题我负责，我拍板。"

1969 年 10 月，周恩来总理和李先念、余秋里等在人民大会堂听取卫星研制进展汇报。汇报前一天晚上，孙家栋一夜没睡好。有件事压在他心头，想对总理说。但说了，可能被扣政治帽子；不说，卫星有隐患。他说："那时正是'文化大革命'高潮，人人都戴毛主席像章。好多卫星仪器上镶了像章，有的还很大很漂亮，使仪器超出设计重量。但生产单位说超重的是毛主席像章，设计人员不敢说不行。重量增加，必然改变仪器的散热性能，降低火箭的可靠性。"

汇报过程中，周总理一再追问各种细节，强调要万无一失。孙家栋觉得此时不说，今后可能再没有这样好的机会了，就鼓起勇气向周总理提了出来。对孙家栋反映的问题，周总理答道："大家看看人民大会堂这个政治上这么严肃的地方，也不是什么地方都要挂满毛主席的像，我们这个会议室就没挂嘛！政治挂帅的目的是要把工作做好，而不是把政治挂帅庸俗化。搞卫星一定要讲科学，要有科学态度。"周总理的话，化解了孙家栋彻夜忧心的问题。

1970 年 4 月 24 日 21 时 35 分，火箭喷出的烈焰划破酒泉夜空，15 分钟后，传来"星箭分离""卫星入轨"的消息，"东方红一号"卫星发射成功，《东方红》乐曲从太空传来，响彻全球。这一天，后来被定为"航天日"。

逆向思维，屡屡化解航天难题

孙家栋是左撇子，为上学才学会了用右手写字，年轻时有左右开弓打乒乓的绝技。在工作中，他也有一套“逆向思维”的绝招，常常有出人意料、令人叹服的思路和点子。

在确定“东方红一号”总体指标时，各系统为保险起见，都给自己申请较多的功耗，但许多实际做出来的设备功耗却低于申请的指标，导致设备散热少，整个卫星的温度变低，原设计的热平衡被打破。如果重新研制，卫星设备众多，任何细小改动都会影响全局，拖累进度。孙家栋想出了一个简单而绝妙的主意——在功耗达不到设计指标的系统串联功耗电阻，缺多少补多少，直到达到设计指标。后来，他又用同样的思路，以增加配重的方法，解决了仪器重量低于设计的问题。

1970 年 5 月，孙家栋受命主持我国第二颗人造卫星“实践二号”总体设计。这是一颗搭载了遥测和空间探测仪器的长寿命卫星。在模拟太阳光照射卫星北极进行热真空试验时，发现卫星附舱 I 的温度比设计低了 15℃，设备如果长期处在这样的环境里，将会影响寿命。有人提出可以用孙家栋在“东方红一号”时用的办法，以串联电阻、增功耗来提升温度。但太阳能电池总供电功率不到 10 瓦，并且已被各系统分配完毕，没有富余。孙家栋又一次提出了一个匪夷所思的设想——吸收一些太阳的热量到卫星内部。

根据他的方案，“实践一号”长出了两只黄金“耳朵”。黄金的出色吸热性能，把太阳的热量吸收到卫星内部，使舱内温度达到了设计要求。原设计寿命为1年的“实践一号”实际在太空工作了8年，大大超出预期。

两度越权，有担当方是真男儿

与别人说话时，孙家栋总是眼睑微微下垂，带着笑意，语调平缓，宁静稳重。但为了卫星，这样一位航天工程大师却曾在发射现场两次越权，发出本不该由他下达的指令。

1974年11月5日，我国第一颗返回式遥感卫星即将升空，却突然没有收到卫星内部供电成功的信号。卫星没有内部供电，意味着即使上了天，仪器、设备也无法工作，只是一坨漫游太空的铁疙瘩。此时，离火箭点火只有几十秒。按照程序，停止发射的指令需要逐级上报，再由上级下达给指挥员，来不及应对这样的紧急情况。一片沉寂中，孙家栋大喊了一声："停止发射！"

孙家栋接受专访（陆正明摄）

按照规定，现场指挥员不应听从孙家栋的指令。但中国航天史上奇迹般的一幕居然发生了：指挥员执行了一个由不该发指令的人发出的、按规定不该执行的指令，发射程序戛然中止！这是承担着极大技术风险和政治风险的越权，极有可能被无限上纲。有人说，孙家栋喊了这一声后就昏了过去。

几十年后他回忆那一刻时说："那天我是昏过去一次，但不是叫停的时候。叫停以后我们还组织了排查，发现有一个插头松动，修复后又恢复发射。但最终这次发射还是失败了，火箭在升空几十秒后爆炸。我是在那时候昏过去的。"后来查明，失败缘于火箭里一根导线，外头胶皮完好，里面铜丝质量不好，被升空时的震动震断了。

10年过去，1984年4月，孙家栋又一次为挽救危急中的卫星越权发了一道指令。4月8日，长征三号运载火箭把我国第一颗试验通信卫星送上太空，第二天就发现电池温度超过设计上限。刚从西昌卫星发射现场回到北京的孙家栋立即被召到西安卫星测控中心。经过和技术人员商议，孙家栋初步判断是卫星相对太阳角度变化导致卫星发热，提出了对卫星进行大角度姿态调整等处置方案，卫星温度得到控制，但还是不能正常工作。他和技术人员又模拟试验了几个昼夜，发现到某一特定角度时，可以将温度降到设计指标以内，便向控制指挥人员提出“再调 5 度”的指令。

按正常程序，这一指令要经过精确运算、形成文件、经过审批才能执行，但此时卫星长期温度超过设计指标，情况紧急，指挥现场的几位操作人员在一张白纸上写了“孙家栋要求再调 5 度”，要他签字立据。孙家栋毫不犹豫，在纸上签下了自己的名字。

随着指令执行，卫星角度调整，电池温度逐渐正常，我国第一颗试验通信卫星发射成功。

妙做“减法”，“嫦娥一号”圆梦月球

2007 年 10 月，“嫦娥一号”完成绕月飞行。那一刻，全国观众通过电视看到一位头发花白的老人，背对飞控指挥中心欢腾的人群，掏出手帕，默默擦拭眼泪。这位老人就是孙家栋。这年他 78 岁。

孙家栋一生设计了几十颗卫星，唯对“嫦娥一号”如此动容。他说：“因为这是中国航天事业非常大的一步跨越，是‘东方红一号’后的又一个里程碑。”绕月的航天动力学与地球卫星完全不同。地球卫星上天围绕地球转，是双体关系。探月工程要考虑地球、月球和卫星的三体关系，非常复杂；探月卫星飞行距离 38 万公里，地面测控能不能跟上，也是一项考验。

面对如此复杂的问题，孙家栋提出的方案是整合我国现有技术，实施探月工程。他说：“后来成为探月工程首席科学家的中国科学院欧阳自远院士为推动探月，从 20 世纪 90 年代起就做了很多事，方案搞了 10 年。

后来他找到我，动员我也来搞探月工程。我就给他出主意，把方案简化，不要为探月另外设计、制造火箭，也不要另建测控系统，利用我们搞了 40 年航天积累的各种火箭、卫星，三四年就给你打上去。”

孙家栋说，按原来的思路，探月工程要花 100 多亿元，利用现有的条件，12 亿元就能办成这个事。

方案有了，经费批了，孙家栋的压力更大了。他说：“最早开展探月的两个国家，苏联、美国第一次都没成功。苏联的撞到月球上，美国的没抓住，跑了。我们用‘东方红三号’卫星平台、长征三号甲火箭以及现有的卫星测控网和天文测量系统，质量到底能不能保证？卫星上去后能不能抓住？现在‘嫦娥一号’成功绕月，说明这条路走对了。中国的航天事业发展真是了不得。”

欧阳自远评价：“孙先生是一个善于把复杂问题简单化的‘高手’。”孙家栋则说：“所谓总体，就是用最可靠的技术、最少的代价、最短的时间、最有利的配合、最有效的适应性和最有远见的前瞻性，制订出最可行的方案，保证获得最好结果的一种方法和体制。”他的这一理念在探月工程中得到了充分展现。

记者手记

90 岁的“天基基础设施”宣传员

回顾中国航天事业的发展，孙家栋说：“我是经历过旧社会的人，那时什么东西前面都要带个‘洋’字，洋钉、洋火、洋油，因为我们自己生产不了。经过几十年时间，我们国家就能发射自己的航天飞行器到月球，实在太不容易了。”

回忆苏联专家一夜之间撤走后的艰苦岁月，孙家栋铭心刻骨：“那时我们还都是年轻的知识分子，通过这件事，真正认识到了高新技术绝对要靠自己。中国航天事业起步，最主要的是靠自力更生。核心的一定自己得会做，你不卖给我了，我们自己还能做。中国航天事业如果不是从一起步就自力更生、独立自主，不会发展到现在。”

采访中，孙家栋反复说：“航天不是一个人能办成的事，靠的是集体智慧和国家支持。”他说，中国航天事业在起步的时候，党中央和钱学森等老一辈科学家规划得非常合理，几乎没有走弯路。每一个型号、每一颗卫星都立足当时的技术条件，服务国民经济和国家安全，不搞花架子。先是国家急需的遥感、通信，然后是投入大、要求高的定位导航系统。

他说：“我一辈子设计了40多颗卫星，但现在中国一年就发射二三十颗，年轻人机会多、成长快。我退下来，让年轻人能得到更良好的发展。只要年轻人不找，我就不再管‘天上的事’。”

他把对航天事业的情感，从天上转到地面，成为“天基基础设施”宣传员。他说：“水、电、道路是地面基础设施，卫星是国家提供的天基基础设施，要好好利用。比如，‘北斗’能提供时间和空间的坐标，能办成很多事，只要你会玩，名堂就能越来越多。比如，在翻耕土地时用‘北斗’定位，把垄起得直，庄稼种得整齐，机器收割时就能减少遗漏，增加收获。只要有人想听，我就去讲。把天上的卫星好好用起来，能创造巨大的社会财富。”

袁隆平在观察超级稻（均辛业芸供图）

袁隆平

袁隆平，江西德安人，1930年9月出生于北平，1953年毕业于西南农学院，第六至第十二届全国政协常委，中国工程院院士。致力于杂交水稻研究，发明“三系法”籼型杂交水稻，成功研究出“两系法”杂交水稻，创建了超级杂交稻技术体系，使我国杂交水稻研究始终居世界领先水平。截至2018年，杂交水稻在我国已累计推广超90亿亩，共增产稻谷6000多亿公斤。袁隆平团队为80多个发展中国家培训了14000多名杂交水稻技术人才。为确保我国粮食安全和世界粮食供给作出了卓越贡献，先后获得国家技术发明特等奖、国家最高科学技术奖、国家科学技术进步奖特等奖、“改革先锋”等多项国内荣誉和联合国教科文组织“科学奖”、以色列“沃尔夫奖”和美国“世界粮食奖”等近20项国际大奖。2019年，获得“共和国勋章”。

袁隆平：鲐背之年仍为“稻粱谋”

赵征南　辛业芸

2019年8月9日，是袁隆平90虚岁农历生日。

从赤脚下田，到穿套鞋，再到田边……时光飞逝。在本该“颐养天年”的年龄，他依然坚持奋斗在科研第一线。

从1964年开始研究杂交水稻起，他把大半辈子都交给了稻田。1973年实现三系配套，1986年提出杂交水稻育种的战略设想，1995年研制成功两系杂交水稻，1997年提出超级杂交水稻育种技术路线……他在稻田里走的每一步，都引领着我国杂交水稻技术的发展。因为在这个领域扮演了创始者的角色，他被誉为“杂交水稻之父”。

梦想永不止步。如今，超级杂交稻在大面积示范情况下已经达到了每公顷17吨的产量，“高产更高产”是他永恒的目标，他正在向每公顷18吨的目标迈进；另外，袁隆平正带领耐盐碱水稻科研团队努力攻关，要在8年时间里于盐碱地推广1亿亩耐盐碱水稻。

鲐背之年，他的眼里依然是金灿灿的稻田。远方一串串饱满充实的稻穗，那里承载着的，是农民辛劳一年的寄托，还有老人的梦想。

为农民做实事，是学农者应有的义务

在中国，袁隆平应该是知名度最高的科学家之一。年纪大的，感叹于他对“解决了十几亿中国人吃饭问题”的贡献；年纪轻的，除了经常听闻老人的传说，还制作出“让你们吃得太饱”等袁隆平爷爷系列表情包，并使之广为流传，以另类的方式向老人的贡献致敬。

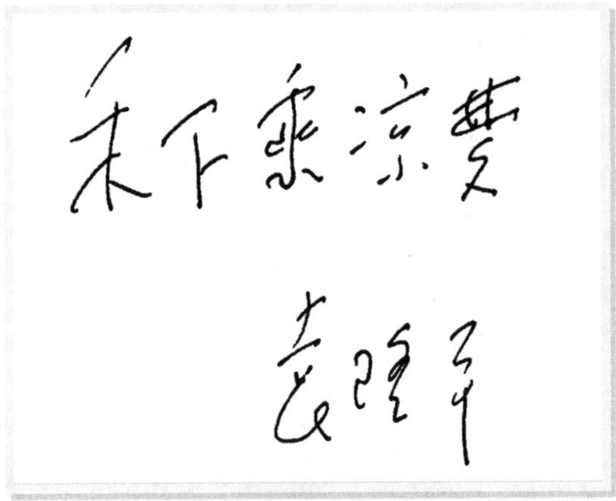

袁隆平寄语

前不久，袁隆平又一次因为“飙英语”火了——在长沙举办的中非农业合作发展研讨会上，袁隆平献上了一段英文致辞，赢得网友的纷纷点赞。

之所以说“又”，是因为两年前，袁隆平凭借一场20多分钟的英语演讲，使#袁隆平飙英语#瞬间成为热门话题。

可是，他却谦虚地回应：“不懂英语的人才说我英语好，我的英文是Broken English。”

在国际学术活动中，袁隆平经常运用英语进行交流。这与他在青少年时期打下的基础密不可分。中学时代，他在几乎全英语的环境中学习，便已经达到了看英语电影百分之八九十能听懂的程度。

他最为感激的，是母亲的教育启蒙。“英语启蒙只是一个方面。母亲的教育影响了我一辈子，尤其在做人上，她教导我做一个有道德的人。她总说，‘你要博爱，要诚实’。”袁隆平说。

袁隆平一生与农结缘，与农相伴，但他却不是普通农民家庭的孩子。父亲袁兴烈毕业于国立东南大学（即后来的国立中央大学），母亲华静是教会学校的老师。袁隆平在北平协和医院出生，得名“隆平”，小名“二毛”。根据出生证的记录，袁隆平由林巧稚大夫接生。

在袁隆平的童年记忆里，无论那个年代多么动荡，父母从未放弃过让袁隆平兄弟姐妹读书的机会。

可是父母怎么也没想到，自己全力支持孩子上学，到考大学时，孩子却要选择学农。“小学一年级，郊游时看见一个美丽的园艺场，非常喜欢，心中特别向往田园之美、农艺之乐。随着年龄的增长，愿望愈加强烈，学农成为人生志向。”袁隆平回忆，“但父母不同意，父亲让我学医、学理工，母亲说学农辛苦，要当农民等等。我便和母亲争辩学农的重要性，说以后也要办园艺场，要有田园乐。”

父母最终尊重了孩子的选择。

袁隆平如愿以偿进入农学殿堂。他在西南农学院的农学系遗传育种专业学习四年，觉得肩上沉甸甸的。“看到当时农村的贫穷落后，我是有点雄心壮志的，立志要改造农村，为农民做点实事。我认为学农的就应该有这个义务。”袁隆平说。

中华人民共和国成立初期，苏联生物学者米丘林、李森科的“无性杂交”学说是权威论断。所谓无性杂交，就是通过嫁接和胚接等手段，将两个遗传性不同品种的可塑性物质进行交流，从而创造新的品种。它否认“基因”的存在。

起初，袁隆平也按照这个路子走，他尝试把光合作用强、制造淀粉多的月光花嫁接到红薯身上，希望提高红薯产量。第一年，他“大获成功”，土里挖出了大个红薯，上面也结了种子。然而，到了第二年，把种子播下去，却只长出了月光花，地下根本没有红薯的影子，怎么回事？袁隆平对植物“无性”产生了深深的疑问，“这种方法不可能改变作物的遗传性，植物也是有性别的”。

袁隆平（中）和李必湖（左）、尹华奇（右）在试验田中

1957年，袁隆平在《参考消息》上看到DNA的双螺旋结构遗传密码研究获得诺贝尔奖，意识到现代遗传学

已进入分子水平。从1958年起，袁隆平逐步接受并认可孟德尔等人的遗传学，并认识到了基因学说、染色体学说对改良品种的重要性。

那时候，袁隆平下定决心，一定要解决粮食增产的问题，不让百姓挨饿。

别人研究结实，他却一门心思研究不育

直到现在，他依然记得在农村实习时农民的淳朴话语："袁老师，你是搞科研的，能不能培育一个亩产800斤、1000斤的新品种，那该多好！"

毕业后，袁隆平进入安江农校工作，开启了长达18年的教师生涯。

水稻是南方主要的粮食作物之一。增产的方式有许多，但其中良种最重要。有一天，袁隆平到学校试验田选种，发现一株形态特优的稻株，8寸长的稻穗向下垂着，像瀑布一样。他推算了一下，用它做种子，水稻亩产量或许会上千斤，而当时高产水稻也不过五六百斤。第二年春天，他将种子播下去，种了1000多株，天天跑过去细心地管理，"望稻成龙"。

禾苗抽穗后让他无奈，抽穗早晚不一，稻株高矮不齐，他失望地坐在田埂上。望着高矮不齐的稻株，他突然来了灵感：水稻自花授粉，纯系品种不会分离，高矮不齐的分离比例正好是3∶1，符合遗传学分离规律。莫非自己找到的是一株天然的杂交稻？若真如此，可以通过人工方法利用杂种优势，培养杂交水稻。

当时世界范围内，育种学界权威观点是自花授粉植物自交无退化现象，因此杂交无优势现象。

袁隆平再一次对权威产生了怀疑，他还要挑战权威。

后来，回忆起当时的心路，袁隆平说："我在安江农校就是一个普通的中等农校的教师，而老一辈的很多专家都认为自花授粉的水稻没有杂种优势，我的压力非常大。但我对水稻的杂种优势有信心。首先我从事实中发现

了这一点；其次，虽然书本里说水稻杂交没有优势，但我认为它的理论依据有问题——杂种优势既然是生物界的普遍规律，那水稻也不会例外，而且这种优势肯定会大幅度提高水稻的产量。大方向正确，通过努力，即使有挫折也不能轻易放弃，最终是可以到达光明的彼岸的。”

根据天然杂交稻进行推想，袁隆平认为，必定存在天然雄性不育稻株，雄蕊退化，不能授精，而雌蕊却正常。要想人工培育杂交稻，就要先培育出这种雄性不育水稻的种子，可以让它们与正常的优势常规水稻授粉，产生大规模的杂交稻种子。

他构想出三系法技术路线：培养水稻雄性不育系；并用保持系使这种不育系不断繁殖；再育成恢复系，使不育系育性得到恢复并产生杂种优势，达到增产的效果。

为此，袁隆平开始遍地寻找具有花药不开裂等特征的天然雄性不育株。他早上吃了早饭就下田，带个水壶，两个馒头，一直到下午 4 点左右才返回。六七月份，那是最热的时候，也是水稻开花最盛，寻找不正常雄蕊的最佳时期。他每天走在千千万万株稻穗里，大海捞针。上面太阳晒，很热；下面赤着脚，踩在水中。艰苦的条件下，他患上了严重的肠胃病，胃痛了，就一手压着痛处，另一只手不停地翻开稻穗仔细看。

袁隆平捧着沉甸甸的稻穗

日复一日，没有收获，但袁隆平总是乐观期待着明天。寻找的第 14 天，在拿放大镜观察了 14 万个稻穗后，他从洞庭早籼品种中发现了第一株雄性不育株。

经过反复试验，他把初步研究成果整理，撰写出论文《水稻的雄性不孕性》，在历史上首次揭示了水稻雄性不育的“病态”之谜，并正式提出了以三系配套方法利用水稻杂种优势的设想和思路。

1966年2月，论文发表在《科学通报》上。该杂志在“文革”期间停刊，《水稻的雄性不孕性》可谓登上了《科学通报》的末班车。国家科委九局局长赵石英看到后，认为意义重大，他以国家科委的名义，发函支持相关研究。一篇论文，救了袁隆平和他的杂交水稻，在那个年代避免了研究被扼杀在摇篮中的后果。

“两个梦想”，从三系、两系到一系

“搞科研要学会在此路不通时，考虑换一条路走，这非常重要。”袁隆平分享了自己的经验之谈。

从1964年到1969年，袁隆平先后做了3000多个杂交组合的试验，但结果均达不到100%保持不育，理想的不育系培育进展不大。袁隆平苦思问题所在，他发现，这些年试验的材料，都是国内各地的栽培稻。那如果拉开亲缘距离，寻找野生稻呢？

此时，袁隆平调到了湖南省农科院水稻研究所，每年秋冬季前往海南南繁基地。1970年，海南本地的农场技术员冯克珊带着袁隆平的学生李必湖在一个长满野生水稻的水坑沼泽中发现了一棵“异常”株——那棵野生稻贴着地面生长，拥有败育的花粉。

袁隆平将其命名为“野败”。只是他也没想到，一件偶然发生的小概率事件，竟打开了杂交稻研究的突破口。第二年，袁隆平惊喜地发现，“野败”竟然能将雄性不育保持下去。1972年，团队又种了几万株，全是雄性不育株。袁隆平终于看到了曙光。

1973年，袁隆平培育出“南优1号”，并分别在湖南、广西试种。次年，喜讯频传，平均亩产超过500公斤。中国成为世界第一个在生产上成功利用水稻杂种优势的国家。

三系法的成功虽然成绩巨大，但袁隆平深知，要想在产量和优势利用方面取得新突破，育种上就必须冲出三系法品种间杂交的框框。他在1986年提出了杂交水稻的育种战略——从三系法向两系法，再过渡到一系法，即由品种间杂种优势利用到亚种间优势利用，再到水稻与其他物种间的远缘杂种优势利用，程序由繁到简，效率越来越高。

袁隆平发表了《杂交水稻育种的战略设想》。时至今日，他初衷未改。

20世纪80年代，水稻光敏核雄性不育被发现。袁隆平认为，该特性的发现为“两系法”提供了可能——在夏季长日照下可用于制种，在春秋季可进行自身繁殖，一系两用，省掉了保持系。

两系法研究启动后，考验接踵而至。那一年，盛夏时节异常低温，很多原来鉴定了不育的材料变成可育，研究跌入低谷，很多人放弃了。

“搞研究就不要怕失败，怕失败的人就不要搞研究。哪有那么一帆风顺的事呢？”袁隆平和协作组的重要成员没有动摇，冷静分析后，他发现除了光照的长短外，温度高低也是关键因素。于是，他调整选育技术策略，从1986年到1995年，和三系法一样，同样用9年的时间，使两系法走向了成功。只不过，如果说三系法是“经典方法”，那么两系法就是“中国独创”。

袁隆平和团队还在探索一系法。在他看来，一系法通过常规手段难以完成，必须与分子生物学技术结合起来，将基因从野生植物中克隆出来导入水稻。这还有很长的路要走，但并不是不能实现。

有些人喜欢把“杂交水稻不好吃”挂在嘴边。对此，袁隆平坚定地认为，产量和品质不是一对矛盾，是可以统一起来的，只是难度较大，“日本稻米协会会长说我们的超级稻品质可以和‘越光’媲美，产量却是它的两倍”。不过，他一直坚持一个原则——绝不以牺牲产量的代价来换取优质。

对于自己在杂交水稻领域的贡献，袁隆平谦虚地说：“杂交水稻在中国虽是我带头搞起来的，但我认为我只是做了部分工作。我最初搞杂交水稻研究时，只是想搞个好品种，能增产粮食。现在，杂交水稻能够这样造福人类，产生这么大的影响，是我当初没有想到的，也是我最欣慰的事情。”

2015年卸任湖南杂交水稻研究中心主任职务后，袁隆平现在的身份是该中心研究员，继续指导杂交水稻的科研工作。在谈到接班人问题时，他表示现在精力不够了，“关门了”，之前一共培养了20多个博士生。“我培养研究生要看这个人的科研素质，就看他肯不肯下田，顶着太阳，蹚着泥水，下田，实践出真知。每天把脚扎在稻田里，去认识水稻，熟悉它们的‘脾气’，辨别品种，就如区分自家和别家的孩子一样。”袁隆平说。

采访最后，袁隆平又一次谈及了他的两个梦想——一个是“禾下乘凉梦”，一个是“杂交水稻覆盖全球梦”。关于前者，他曾梦见试验田里的超级杂交水稻长得比高粱还高，穗子有扫帚那么长，谷粒有花生米那么大，他和助手便坐在稻穗下乘凉。目前，超级稻正不断向高产进行一场没有尽头的冲刺。而后者，现在，全球有40多个国家和地区试种杂交水稻、10多个国家实现了杂交水稻的大面积种植，每年种植面积达到了700万公顷，普遍比当地水稻增产20%以上。

如今，两个梦想都在追逐中，祝愿袁隆平早日圆梦。

记者手记

勿忘粮食安全

采访中，在大多数时候，袁隆平都是一个慈祥而风趣的老爷爷。他有“三不”——不爱拘礼节，不喜欢古板，不愿意一本正经。听到有人夸赞他是“国宝”，他便会立马开起玩笑：“国宝是熊猫，我变成动物就麻烦了。”

可是，当话题进入为什么一直追求高产，谈到对粮食安全的担忧是否过度时，老人顿时收起笑容，严肃地说：“中国粮食是不够吃的。”这句话，他在不同场合说过很多次，说了几十年，但是他依然担忧：“很多人说中国的粮食已经够多了，够吃了。这么说不对！中国有十几亿人要吃饭，绝不会出现真正意义上的粮食过剩；相反，要进口一部分，如果过分依赖国际市场，就会受制于人。”

粮食始终都是战略物资，多一点粮食不怕，若是少一点会怎样？粮食安全，不能掉以轻心。

目前，人口增加，有限的耕地却在不断缩减，该怎么办？在水稻上，袁隆平思考出了两个攻关方向——一个是依靠科技进步提高单位面积产量，即发展高产水稻，比如超级杂交稻；而第二个方向，便是扩大粮食作物种植面积，旨在开拓盐碱地的耐盐碱水稻研究正着力于此。

他心里一直挂念的，还有广大农民的切身利益。他清楚地记得，超级杂交稻验收时，一位农民跑过来说：“我种了一辈子水稻，从来没有这么高的产量，我很感谢你。但是我们也有怨气，你让稻谷增产，可稻谷多了价格下跌，我们还是不赚钱。”

他期待，全社会都重视粮食生产，国家保障一系列惠农政策更好地执行，调动农民种粮的积极性。不能谷贱伤农，要让农民得到好处，这才是最好的办法。

2011 年 9 月，屠呦呦获得拉斯克临床医学奖
（中国中医科学院中药研究所供图）

屠呦呦

屠呦呦，1930 年生，浙江宁波人，药学家，中国中医科学院终身研究员、首席研究员。1955 年毕业于北京医学院（现北京大学医学部）药学系，被分配到卫生部中医研究院（现中国中医科学院）中药研究所工作，2001 年被聘为博士生导师。2009 年，《青蒿及青蒿素类药物》（主编）出版。

60 余年来，从事中药化学、生药学、炮制等领域的研究，成绩卓著。首批授予"国家有突出贡献的中青年专家"称号。1979 年获国家发明奖二等奖，2002 年被授予首届"新世纪巾帼发明家"称号，2003 年获泰国玛希顿皇家医学贡献奖，2009 年获唐氏中药发展奖，2011 年获美国拉斯克－狄贝基临床医学研究奖，2015 年获哈佛大学医学院华伦·阿尔波特奖、诺贝尔生理学或医学奖。2017 年 1 月，获国家最高科学技术奖。2018 年获"改革先锋"称号。2019 年获得"共和国勋章"。

屠呦呦：一生与青蒿结下不解之缘

付鑫鑫

疟疾，世界上最主要的传染病致死病因之一。据世界卫生组织统计，每 2 分钟就有一个人死于疟疾，每年 4 月 25 日是世界防治疟疾日。21 世纪以来，青蒿素和它的衍生物成为全球抗疟的一线药物,2000 年至 2015 年，全球可能患疟疾的人群发病率下降 37%、疟疾患者死亡率下降 60%，共挽救了 620 万人的生命，来自中医药的青蒿素影响了世界。

不久前，由中国中医科学院青蒿素研究中心和中药研究所特聘专家王继刚研究员主笔，与中国中医科学院青蒿素研究中心主任屠呦呦等 5 位专家携手，在国际权威期刊《新英格兰医学》杂志提出“青蒿素抗药性”的合理应对方案。

自 1977 年青蒿素作为化学物质首次公开发表于《科学通报》已过去 40 余年，年近九旬的屠呦呦依然牵挂着她的研究事业。她谦逊地说：“在全球疟疾防治的战场上，个体的力量是渺小的，只有有组织、有目标的大团队作战，才能逐步战胜疟疾。当年，荣誉属于全国‘523’工作者，我只是其中的一名成员。放眼世界，国际上的大团队协作应是‘全球统筹’，希望 WHO 消除疟疾规划的主要目标在 2030 年能得以实现。”

少年壮志，因病与医药结缘

浙江宁波天一阁，中国现存最早的私家藏书楼。天一阁博物馆藏有一本由左宗棠季子、书法家左孝同题签的《甬上屠氏家谱》（1919 年修编）

和一本《鄞县姚氏宗谱》。

1930年12月，一个女孩诞生于屠家，父亲屠濂规以“呦呦鹿鸣，食野之苓”（语出《诗经》，“苓”泛指“蒿类植物”）中的“呦呦”二字，为女儿取名屠呦呦。

奉献于祖国的
科技创新发展
义不容辞
屠呦呦

屠呦呦寄语

呦呦是屠濂规的第四个孩子，也是第一个女儿，备受长辈疼爱。不过，谁也没有想到，屠呦呦出身于书香门第屠氏和财阀望族姚氏结合的家庭，最终却走上了医学科研之路。

1946年，就读于宁波私立甬江女中初中期间，屠呦呦不幸染上肺结核，被迫中止学业。以当时的医疗条件能活下来实属不易，经过两年多的治疗调理，她得以好转并继续学业。在此期间，她对医药学产生了浓厚的兴趣。

1950年从浙江省立宁波中学毕业的屠呦呦，考入北京大学医学院药学专业。1955年大学毕业，她被分配到正在筹建中的卫生部中医研究院（现中国中医科学院）中药研究所工作。

20世纪60年代初期，邻国越南人民饱受疟疾困扰，越南领导人访问中国提出请求，希望能帮助研制新型抗疟药。1967年5月23日，国家科委、中国人民解放军总后勤部在北京召开“疟疾防治药物研究工作协作会议”，会议讨论确定三年研究规划，项目代号“523”。先后有七大省市全面开展抗疟药物的调研普查和筛选研究，至1969年，筛选的化合物和包括青蒿在内的中草药万余种，但仍未能取得理想的成果。

1969 年 1 月 21 日，全国“523”办公室主任白冰秋等三人来到中医研究院，希望中药所也能参加，并特别提到：“中药抗疟已做了好多工作，到流行地调查，曾收集验秘方来试验，有的有一定效果但不满意，用法、制剂等方面也存在问题。方子拿了不少，很多是大复方，这么多药怎么办，哪个方子好，什么起主要作用，我们经验少、办法少，希望你们能参加此项任务。”

“文革”期间，中医研究院是重灾区，科研工作全面停顿，中医研究院将任务交给中药所，并指令成立科研组，由有着“西学中”背景的屠呦呦任课题组组长。此前，1959—1962 年，屠呦呦参加过卫生部全国第三期西医离职学习中医班，1965 年起转而从事植物化学研究。

万事开头难。凭着熟悉中西医两门知识和扎实的基本功，屠呦呦决定先从本草研究入手，广泛收集、整理历代医籍，查阅群众献方，请教老中医专家。仅用 3 个月的时间，她就收集了 2000 多个药方，并精选编辑了包含 640 个药方的《疟疾单秘验方集》。

1955 年，屠呦呦进入卫生部中医研究院中药研究所工作

之后，屠呦呦开始进行试验研究。不过，说是“抗疟中草药研究”课题组组长，其实初期仅屠呦呦一人。1969 年 5 月起，她开始制备中药水提物、乙醇提物送军事医学科学院进行抗疟药筛选，至 6 月底送样品 50 余个，其中，发现胡椒提取物对鼠疟模型疟原虫抑制率达 84%。

1969 年 7 月，时值“523”任

务下海南疟区现场季节，屠呦呦、郎林福、余亚纲 3 人前往海南。经临床验证发现，尽管胡椒和辣椒加明矾的多种制备样品对鼠疟抑制率达 80% 以上，但对疟疾病人只能改善些症状，不能使患者的疟原虫转阴。

1970 年 9 月，屠呦呦与余亚纲讨论扩大筛选范围，余亚纲负责矿物和动物药，屠呦呦负责植物药。然而，仅做了 30 余个样品（其中包括青蒿乙醇提取物，疟原虫抑制率 68%），因中药所无抗疟活性检测条件，筛选就下马了。

重温经典，从零到一的突破

1971 年中，在广州，全国疟疾防治研究领导小组召开了疟疾防治研究工作座谈会。卫生部领导强调，“523”中医中药工作只能上不能下。7 月初，中医研究院成立疟疾防治研究小组，其中，药物筛选工作由 4 人组成，屠呦呦负责全面工作，郎林福负责建立鼠疟动物模型。

两个月时间里，屠呦呦及其团队马不停蹄地筛选了 100 余种中药的水提物和醇提物样品 200 余个，但结果令人失望。筛过的中药包括青蒿，对疟原虫的抑制率最高也只有 40%。

难道史书上的记载不可信？难道实验方案不合理？……冷静下来的屠呦呦认真分析前期的研究工作，并重温历代文献。

青蒿在中国的应用已有 2000 多年的历史，始见于《神农本草经》。青蒿治疗疟疾始于公元 340 年间的东晋葛洪《肘后备急方》，之后宋《圣济总录》、元《丹溪心法》、明《普济方》等著作均有“青蒿汤”“青蒿丸”“青蒿散截疟”的记载。明李时珍《本草纲目》除收录了前人的经验外，还载有治疗疟疾寒热的实践。清《温病条辨》《本草备要》以及民间药方，也有青蒿治疗疟疾的应用。

“青蒿一握，水二升渍，绞取汁，尽服之”——《肘后备急方》中的描述，给了屠呦呦新的灵感。为什么古人用“绞汁”？一般中药常用水煎煮或者用乙醇提取，但结果都不好，难道青蒿中的有效成分忌高温或酶的影响？再有，青蒿在什么情况下才能绞出“汁”来，只有嫩的枝叶才会绞出汁来，这是否还涉及药用部分以及采收季节的问题？后来实验证明，确实只有青蒿叶子才含抗疟有效成分——青蒿素，占大量份额的坚硬茎秆并不含青蒿素。

屠呦呦顺藤摸瓜。1971 年 10 月 4 日，编号为第 191 号的乙醚中性提取物对疟原虫的抑制率达 100%！ 1971 年底至 1972 年初，在猴疟模型上也获相同结果——确证乙醚中性提取物是青蒿抗疟的活性部位，这是发现青蒿素的关键一步。

随后，全国“523”办要求，中药所当年就在海南疟区试用青蒿有效提取物，观察临床抗疟疗效。

要深入临床研究，就必须先制备大量的青蒿乙醚提取物。可短时间内，提取大量的青蒿提取物，困难重重，因为“文革”期间，根本没有药厂可配合。屠呦呦课题组只能用土法上马，买来盛水的七口大缸充当提取锅，每天加班加点。由于每天接触大量化学溶剂，加之通风条件不好，头晕眼花、鼻子出血、皮肤过敏等反应陆续出现，屠呦呦还为此得了中毒性肝炎。

不过，她对此毫无怨言。年至耄耋，屠呦呦仍思路清晰地说：“古老的岐黄之术，历久弥新。中医治未病的思想及其在防治现代疾病方面的优势和特色日益凸显，中医需要与现代医学相互借鉴、共同补充发展。”

提取物有了，在进行临床前试验时，却出现了新问题。个别动物的病理切片中，发现了疑似的毒副作用。若错过当年的临床观察季，就要再等一年。综合分析青蒿古代的用法，又结合试验动物表现，屠呦呦认为，不至于发生疑似的毒副作用。为了早日临床试用，她第一个以身试药。经一周观察，未发现该提取物对她和两位同事有明显毒副作用，这才铺平了临床试用之路。

1985 年，屠呦呦在实验中

就在屠呦呦整装待发准备赴海南时，屠呦呦的丈夫被下放到云南五七干校，家里孩子小又没人照顾，她只好恳请托儿所留下大女儿全托。后来，为了不影响工作，她干脆就把二女儿送回老家。用屠呦呦的话说："那时候，我们绝对是事业第一，生活要给事业让路。"

就这样，屠呦呦携药赶赴海南昌江疟区，最终完成 21 例临床抗疟疗效观察任务，加上同时在北京 302 医院验证了 9 例。1972 年 11 月，在北京召开的全国各地区"523"办公室主任座谈会上，屠呦呦报告了青蒿乙醚中性提取物首次临床 30 例抗疟全部有效的结果。

青蒿素 $C_{15}H_{22}O_5$，献给世界的礼物

临床有效，接着是从青蒿乙醚中性提取物中分离、提取青蒿素，这是史无前例的工作。在北京产的青蒿中，青蒿素的含量仅有万分之几。如何大量提取青蒿素？难上加难。

千锤百炼之后，1972 年 4—6 月，课题组得到少量颗粒状、片状或针状结晶。12 月初，鼠疟试验发现，11 月 8 日分得的 II 号结晶有显效，首次以药效证实了从青蒿中获得的具有抗疟活性的单一化合物（曾称为"青蒿针晶 II"等，后定名为青蒿素）。1972 年 11 月 8 日，被定为青蒿素的诞生日。

1973 年，中药所的同志把青蒿素片剂送到海南现场，由当地工作人

员负责观察。结果，外来人口恶性疟疾中，1 例有效，2 例血中疟原虫数量有所降低、因患者心律有期前收缩而停药，2 例无效。青蒿素的首次临床观察出师不利，问题难道出在剂型上吗？

屠呦呦解释说："在检查寄回的剩余药片时，大家感觉片子很硬。用乳钵都难将片子碾碎，发现是药片崩解度出了问题，影响了药物的吸收。"于是讨论决定，用青蒿素原粉直接装胶囊，在疫区现场，观察了 3 例病患全部有效，说明青蒿素的临床疗效与实验室疗效一致。一个新的抗疟药确实诞生了！

档案显示，1973 年 4 月，屠呦呦课题组确定青蒿素是一个不含氮的化合物，分子量为 282，分子式为 $C_{15}H_{22}O_5$，属于倍半萜类化合物。

1977 年，青蒿素的三维立体结构在《科学通报》上首次公开发表。1981 年 10 月，在中国首次向世界全面公开青蒿素抗疟成就的大会上，屠呦呦代表课题组以《青蒿素的化学研究》为题，第一个做报告。1986 年，"青蒿素"获得了中国新药审批办法实施以来的第一个一类新药证书（86 卫药证字 X—01 号）。

针对青蒿素复燃率高等缺点，屠呦呦又创制出临床抗疟药效为前者 10 倍的新药——双氢青蒿素。1992 年，"双氢青蒿素及其片剂"获一类新药证书和当年"全国十大科技成就"。双氢青蒿素，商品名为"科泰新"，在很长一段时间是我国领导人出访非洲必送的礼物。在那里，"科泰新"被誉为"神药"，甚至有人将自己出生的孩子取名为"科泰新"。

从 1995 年起，世界卫生组织陆续将我国研发生产的蒿甲醚、青蒿琥酯和蒿甲醚—苯芴醇复方列入 WHO 第 9、11 和 12 版《基本药物目录》，推荐给世界各国。由我国自行研制的青蒿素类抗疟药进入 WHO 基本药物目录，在历史上还是第一次。青蒿素类药物在世界范围内的广泛应用，大幅度降低了全球疟疾病死率，成为全球疟疾治疗的首选药，得到世界公认。

2011 年 9 月 24 日，81 岁的屠呦呦登上了美国拉斯克医学奖的领奖台。

评审委员会表彰她“发现了青蒿素——一种用于治疗疟疾的药物，挽救了全球特别是发展中国家的数百万人的生命”。

在“523”项目中，仅青蒿素鉴定会上，主要研究单位就列了6家，主要协作单位39家，参加鉴定会的人员有100多人，其中，屠呦呦一人到底起到了多大的作用？拉斯克医学奖给出了答案：屠呦呦第一个把青蒿素引入“523”项目，第一个提取到具有100%抗疟活性的物质，第一个做了青蒿素的临床实验，这三点足以支撑她得这个奖。

四年后，诺贝尔生理学或医学奖再次肯定科学发现的原创人，颁给了在青蒿素发现中发挥决定性作用的屠呦呦。诺贝尔生理学或医学奖组委会秘书格兰·汉森说：“毕竟，个体才能做出发现，而不是组织。在组织和机构变得越发重要的时代，从中辨识出真正具有创造力并改变了世界的个体也变得越发重要。”

屠呦呦的伟大发现，是偶然的，也是必然的。《肘后备急方》传世已千年，是屠呦呦把现代科学方法与传统中医理论相结合，才获得了青蒿素，这体现了她作为一名科学家的创新思维。

“呦呦鹿鸣，食野之芩”是屠呦呦名字的出典，她的一生与蒿草结下了不解之缘。是她从中医典籍中发掘出青蒿“济世救人”的巨大能量，令它散发出耀眼的光芒。

记者手记

责任与担当

20世纪六七十年代，“两弹一星”科研团队为增强我国国防能力和提高我国空间科技水平作出了杰出贡献，他们对国家使命的高度责任感与担当成为全国广大科技工作者的典范。屠呦呦说，“523”大协作正是传承了“两弹一星”团队对国家使命的高度责任感与担当，使得青蒿素联合疗法挽救了众多疟疾患者的生命。

但作为后来者的我们不会忘记，20世纪70年代，是屠呦呦和她的团队原创了青蒿素，他们几度深入海南疫区，为疟疾患者送医送药。为让青蒿提取物尽快上临床，在初步动物安全性评价后，是屠呦呦身先士卒，第一个以身试药。从发现青蒿有抗疟苗头到青蒿素首次临床试验只用了短短两年！

老骥伏枥，志在千里。时至今日，已近鲐背之年的屠老，仍在探究青蒿素抗疟的深层机理以促进更有效的临床用药，同时十分关注青蒿素在抗癌、治疗红斑狼疮等方面的研究。她感慨，人类在生存斗争中面临诸多全球性问题，如疾病威胁、气候变暖、能源短缺等等。

人类共同命运的需求促进着科技工作的创新与发展，在这个意义上，科技是没有国界的。然而，科技工作者是有国籍的，中国科技工作者肩负着振兴中华的时代使命，奉献于祖国的科技创新发展义不容辞，这就是科技工作者当下的责任与担当。

“荣誉越多，责任越大，我们还有很长的路要走。”她说。

于漪在家中接受专访（袁婧摄）

于漪

于漪，1929年出生，江苏镇江人，全国首届特级教师，上海市杨浦高级中学名誉校长，曾任全国语言学会理事、全国中学语文教学研究会副会长。

从1951年开始，她躬耕于中学语文教学事业，坚持教文育人，推动“人文性”写入全国《语文课程标准》。

于漪主张教育思想和教学实践同步创新，主推上海市初级中学语文教改实验，主讲近2000节省市级以上探索性、示范性公开课，其中50多节被公认为语文教改标志性课例，撰写数百万字教育著述，许多重要观点被教育部门采纳。荣获“全国三八红旗手”“全国先进工作者”称号。2018年获“改革先锋”称号。2019年获“国家荣誉”称号，被誉为“人民教育家”。

于漪：一个心眼为学生，这是生命的价值

张鹏

“于老师，祝贺您！”一开门，从厦门远道而来的语文教师许序修与全国首届特级教师、上海市杨浦高级中学名誉校长于漪紧紧握手。“我是于漪的学生和同行，得知她荣获‘改革先锋’称号，基础教育界的老师们都十分振奋！”

2019 年，于漪 90 岁。许序修还为于漪带来一幅字：“大德必寿”。他说：“有高尚道德的人，生命也会有更多的色彩，于漪老师是所有同仁学习的榜样。”

2018 年，于漪作为基础教育界唯一代表，获颁“改革先锋”奖章。她用“站上讲台就是生命在歌唱”的精神走出了属于自己的语文教学之路，她的语文教育思想在全国产生重大影响，被誉为“育人是一代师表，教改是一面旗帜”。

穿着朴素的外衣，脸上永远挂着微笑，眼中眺望的是祖国的未来。从北京载誉归来的于漪，越发忙碌了。她放不下学校里读书的莘莘学子，更惦记着在基础教育领域发生着的种种变革。记者再次到于漪老师家拜访了她，“我是教师，心里顶大的事情，是一个心眼儿为学生，这是我生命的价值所在”。于漪笑呵呵地握着记者的手说。

“要将自己的命运与国家命运相连”

1949 年，中华人民共和国成立时，20 岁的于漪还是复旦大学的一名

教育的事业是太阳底下永恒的事业，为国为民育人育才闪耀着神圣的光辉。

于漪 2019.1.7.

于漪寄语（除署名外，均计琳供图）

学生。那时谁也没有想到，教育学专业出身的她，竟然会与语文教育结下一辈子的情缘。

两年后，于漪大学毕业。她和同学们一道，成为新中国第一批统一分配工作的大学生。回首那段时光，仍然历历在目。于漪说，毕业前一个月，上海所有大学生都集中在上海交通大学学习。“那时候的我们呀，有满腹的热情和力量要报效祖国，心中对未来充满向往。”

工作分配通知下来了！于漪与其余五名来自南京大学、浙江大学等高校的大学生们一起，被分配到了位于苏州的华东人民革命大学附属工农速成中学，成为一名中学教师。于漪的大学同学们则被分配到祖国各地，近的在上海、江苏，远的到广西、云南。“大家没有一句怨言，好儿女志在四方。”于漪说，“我们在学校里学到的知识来自人民，毕业了当然也要为国家服务，我们要将自己的命运与祖国命运相连！”

在华东人民革命大学附属工农速成中学教基础识字班时，于漪被严重的胃溃疡、肺炎等疾病所折磨，住院的唯一快乐就是可以读书。七年后，战争渐行渐远，这所学校退出历史舞台。于漪随后被调入上海第二师范学校，成为一名历史教师。

没有历史专业背景的于漪通过自学，刚刚摸到了点历史教学的门道。一年半后，党支部书记找她，说语文组缺少教师，要她“转行”。

这可让于漪惴惴不安了。“我所学的高中语文都是文言文，老师串讲，不讲究什么教学方法。学汉字用的是章太炎的注音符号，周有光的汉语拼音方案碰也没碰过，bpmf 都不认识，怎么教？”

于漪领受了“转行”的任务：“党要我们做啥，我们就做啥。边学边干，边干边学。”

随后三年时间里，于漪每天清晨五点半起床，午夜一点才休息。除了备课、批改作业之外，于漪把所有的业余时间都用来学习汉语的语音、语法、修辞和逻辑，硬是通过自学把大学中文系的主要课程一门门地“啃”了下来。

年轻时的于漪求知欲非常旺盛，她多次邀请语文教研组组长徐振民来听课，都没有如愿。一次，于漪在讲授王愿坚的小说《普通劳动者》时，突然发现徐振民坐在教室后排。课后，徐振民说：“年轻教师能把课讲成这样很不容易，但是，语文教学的大门在哪儿，你还没有找到呢！”

语文教学的大门究竟在哪里？于漪孜孜矻矻寻找，成为她一辈子勤劳不怠的动力。她下定决心，不仅要找到语文教学的大门，而且要能登堂入室。语文课上的三尺讲台，于漪一站就是 40 年。

“用感恩之情传递育人的火种”

20 世纪 60 年代初，由于学习育才中学教改经验，于漪改革课堂教学在上海语文界已小有名气。当时，教育界把积极改革的几位青年女教师戏称为“四大名旦”。谈及这段趣事，九旬的于漪哈哈大笑，思绪一下子被拉回了 60 年前的那段时光。

于漪的中小学时代，正值五四新文化运动方兴未艾的 20 世纪三四十年代。幸运的是，于漪遇到了一批名师，如国学大师黄侃的弟子赵继武、数学老师毛振璿等。这些学富五车的好老师，把知识的种子种在学生的心坎里。

于漪的初中语文教师是一位年轻的大学生，打扮很时髦。“身着绸子长衫、西装裤脚露在外面，戴着金丝边儿的眼镜，活脱《早春二月》里的萧涧秋。”于漪说，“老师教课全身心投入，我们常受到心灵震撼，有些课我一辈子都忘不了。我对教育的重视，都源于这些老师给我种下的种子。”

于漪走上讲台之后，用感恩之情传递育人的火种。她把每堂课当作一件艺术品来对待。当初为了纠正自己的口语，她把课上要讲的话全部写出

于漪（右二）和年轻教师们一起进行教研活动

来，修改成规范的书面语言，再通过记忆、内化，变成课堂上的教学语言，为学生语言的准确、规范、生动做榜样。

“汝果欲学诗，工夫在诗外。”为了上一堂质量上乘、学生深受益处的语文课，于漪格物致知地探索。有位青年教师从 1976 年开始，连续听了于漪 3000 节语文课。她的感受是，于漪老师教课，几乎没有重复。即便是同样一篇课文，面对不同学生，也能讲出新的效果来。

一名学生回忆说，在教《卖油翁》时，于漪准备了一枚铜钱，当讲到卖油翁“取一葫芦置于地，以钱覆其口，徐以杓酌油沥之，自钱孔入，而钱不湿”时，她出示了这枚铜钱。学生们都没见过铜钱，无法形象直观地体会到往铜钱孔沥油有多难。而于漪的这一小举动，立刻引起了学生的注意和思考。学生边看边做动作，学得专注，学得快乐。

于漪带教过杨浦中学 1977 届的两个年级组，在那个轻视教育、轻视知识、轻视人才的年代，于漪冒着风险抓文化学习，稳定教学秩序。1977 年恢复高考，其中，两个“快班”学生全部考上了大学，单是被复旦大学录取的就有 9 人。

对所有学生，于漪都是满腔热情满腔爱，即使有这样那样的缺点或困难的学生，她都是不离不弃，关爱倍加。

于漪班级曾有一位学生患有肺结核，每个月需要服用两瓶当时最有疗效的雷米封，一瓶 6 元钱。学生家里拮据，于漪心疼学生，就用自己的工资给孩子买药吃。那时候，于漪每个月的工资也只有 72 元，上有老、下有小，不宽裕。她连一根油条都舍不得吃，自己的儿子直到 28 岁结婚，才第一次穿上皮鞋。

“双线改革并进，聚焦语文性质观的变革”

于漪对于教育，有着热忱的追求。她总是说：“教师一个肩膀挑着学生的现在，一个肩膀挑着国家的未来。”改革开放之初，面对着动荡岁月中百废待兴的校园，饱经风霜的于漪毅然担起重续与发展20世纪60年代初语文课堂教学改革的任务。

前奏曲是1977年11月17日，上海电视台直播了一堂于漪执教的语文课《海燕》。于漪记得，《海燕》是自己选的，因为这首散文诗的主旨是：“乌云遮不住太阳，是的，遮不住的！”基础教育迎来了第二个春天，教师思想获得了解放，甩开膀子抓教学、抓质量。

于漪虽然不是汉语言文学科班出身，但她反而觉得站在“语文外面看语文”，更能发现诸多问题。她从教文育人的高度出发，从两个方面探索改革双线并进，以求学生在学习语言文字的同时，形成良好的文化素养。

一直以来，于漪始终在思考这样一个问题：语文究竟是什么学科，语文课在学生学习过程中究竟有怎样的价值与意义？在教学过程中，老师们时常将基本知识和能力的传授与训练抓得很实，将培养学生热爱祖国语

于漪每天看书读报

言文字、培养社会主义道德情操和爱国主义精神的作用当作软任务，很少考虑。因而，语文教学的实用功能一直处于主导地位。于漪认为，语文教学对学生的培养绝非单一功能，而是多维的、综合性的。

20 世纪 90 年代初，应试教育泛滥，语文学科被工具性所左右，于漪深入研究语文学科的性质和功能，撰文《改革弊端　弘扬人文——关于语文教育性质观的反思》，提出“语言是思想的直接现实”，各民族的语言都不仅是一个符号体系，而且是该民族认识世界、阐述世界的意义体系和价值体系。语言不但有工具属性，而且有人文属性。工具性和人文性是一个统一体的两个侧面。

面对应试教育余波，20 世纪她就提出并实践“对学科教学体现德育的探讨”。21 世纪，她又提出语文学科教学要“德智融合”，即要充分挖掘学科内在的育人价值，将其与知识传授能力培养相融合，全方位育人，真正将立德树人落实到学科主渠道、课堂主阵地，加强教师的育德能力，这与现在强调的学科核心素养完全一致，获得全国的认可。

2018 年，上海师范大学一些学生曾做过这样一项统计：笔耕不辍的于漪已经发表过 531 篇文章，37 部专著，还有 100 部合著及主编的作品。这诉诸文字的作品实际上就是她教育改革的心血。

“用精神成长创造使命的精彩”

讲台之外，于漪还十分关注青年教师的培养。1987 年，在于漪的倡导下，上海市教师学研究会成立。该学会常务副会长俞玲萍介绍说，为了给广大教师搭建展示自我、交流教学心得的平台，学会先后推出了“特级教师在讲台”“新秀在课堂”等系列活动。

为了让青年教师尽快成长，于漪在学校创设了师徒带教三级网络——师傅带徒弟，教研组集体培养、组长负责制，学校培养领导小组、校长室是培养教师成长的第一责任人。

于漪主持语文名师培养基地，语文学科德育实训基地，尽心尽力培养中青年骨干教师。作为一名非师范类毕业生，曹杨二中语文教师金薇起初并没有意识到语文学科与学生德育教育的相关性。在加入了于漪老师的德育基地后，于漪指导她如何上好一门公开课，连板书怎样设计等细节都不放过。“喜欢到于漪老师的班级中来，也害怕来，因为要求高。于漪老师的课有‘源头活水’，引领青年教师不断成长。”

在于漪的发掘和培育下，一批批中青年教师脱颖而出，并形成了全国罕见的“特级教师”团队。从20世纪80年代开始，她先后培养了三代特级教师，共“带教”100多名全国各地的青年教师，涌现出许多有理性思考与丰富实践经验的教学专家、教学能手。

但于漪总是说，她从中青年教师身上获得许多滋养：“学习从来是双向的，正是由于这些老师的时代活水，才使我这个老人上下求索，不敢有丝毫懈怠。我一辈子做老师，不是一句空话，而是不懂的东西太多太多，必须不断学习，终身学习。教师与‘学’为伴，生命才会有活水流淌。”

记者手记

育人，让于漪老师永远青春

“耄耋老人”如今是于漪老师的又一个“标签”，可是在记者眼里，于漪老师还很青春。

每每谈及教育话题，于漪总是慷慨激昂，一聊几个小时都不会觉得厌倦。她回忆起几十年前学习的细节，能够复述出老师的话语，反思现状，又能透过现象直击教育的本源。

不少人打趣地问于漪：“您这么大年纪了，思维怎会这么敏捷？讲话为什么总能呈现出大气象？”跟随于漪多年的谭轶斌曾给出过答案——如果一个人的人生意义充盈，情怀便自然天成，讲话就会呈现出大气象。

我想，于漪永远青春的秘密，正是在于学而不厌，诲人不倦。

于漪对于孩子的喜欢、对于年轻人的扶持，是发自内心的。五年前，刚刚踏上工作岗位的我到于漪老师家采访，再见已是三年后。没想到，于漪亲切地拍拍我的肩膀说：“我记得你，你的文章我经常看！”那次，一道去采访的同行带了一个孩童，于漪坐立不安，只因为“家里没什么能给孩子玩的玩具”。几日后，这位同行再次拜访，于漪立即拿出早已准备好了的巧克力糖果，令这位同行感动不已。

对教师这一职业的认可，从于漪的家人就能窥见一斑：于漪全家三代有10人为师，是一个典型的教育世家。于漪兄弟姐妹五人都是“园丁”：大弟是浙江大学电机系教授，二弟是北京大学地质系教授、首都师范大学党委书记，三弟则是中科院院士，小妹也曾担任浙江大学教授、科技厅副厅长。不仅爱人、儿子、孙女同为教师，于漪的儿媳退休前也任职于复旦大学物理系教学秘书，孙女婿是高中教师。这一家子，被一股浓郁的书香气息所萦绕。

于漪家中常年悬挂一幅书法，上书“铸颜雕宰”四字，这是于漪教育世家的教学理念，也是对“严于律己，宽以待人”家训的完美诠释。

王蒙近照（彭世团摄）

王蒙

王蒙，1934 年 10 月生于北京，1948 年成为中国共产党的地下党员，1953 年开始文学写作，1963 年起在新疆生活 16 年，1979 年返京。

王蒙曾任新民主主义青年团（后改名为共产主义青年团）干部、新疆伊犁巴彦岱公社二大队副大队长、文学杂志编辑、中国作家协会副主席、中华人民共和国文化部部长、中国人民政治协商会议常务委员，现为中央文史研究馆馆员。

王蒙的创作几乎与新中国同龄，被誉为“共和国的文学旗帜”。代表作有小说《青春万岁》、《组织部来了个年轻人》、《活动变人形》、“季节系列”、《这边风景》等，其中《这边风景》获第九届茅盾文学奖。2014 年，人民文学出版社推出《王蒙文集》45 卷。2019 年，获得“国家荣誉”称号，被誉为“人民艺术家”。

王蒙：文学是我给生活留下的情书

江胜信

“所有的故事都是好的故事。”美联储前主席伯南克在什么场合下讲了这句话？场合褪去，唯有击中作家王蒙心灵的这句话，从此高亮，并被他在写作、演讲、对谈中多次提及。王蒙固然知道，经济学家不大会对文学高谈阔论，可他愿意擅自注解为这不是在谈文学吗？

因为，这与王蒙的文学人生是互证的。2019年4月18日，王蒙在对外经贸大学古籍保护论坛上分享了此句名言，阐释道：“一切经验对喜欢写作的人都有意义，你的人生和历练是不会糟践的。”6月30日，“相信爱情——王蒙《生死恋》新书发布会”在京举行，王蒙在该书“序言”中再提伯南克，再吐深情心迹：“包括悲哀与失落，种种经验都可以得到文学的滋润，发芽，长叶，开花，结果。让文学滋润普天下的人生吧。”

透过这样的互证，我们或可为王蒙的写作特点寻到根由：

一是底色明亮。写作带给他人生的沉浮，他又用写作来记述沉浮的人生，奇妙的写作超越、包容、消化了人生中曾有的挫折、痛苦、悲剧，把它们统统变为了“好故事”，这个过程被王蒙称作“明朗的旅行”。

二是持续喷薄。正是将所有的故事视作珍宝，他才能不论顺境或是逆境，都能由内而外地伸展心灵触角和感官触角，鲸吞海量素材。这些素材历经时间和阅历的发酵，你一声我一声地嚷嚷着：“写我吧写我吧！”从1953年19岁写作《青春万岁》算起，王蒙已在文坛“常青”了66年，2000多万字的创作体量仍在不断刷新。虽说已是85岁高龄，笔力却越发劲健，文风越发多姿，他难掩得意，“在写小说的时候，我的每一粒细胞

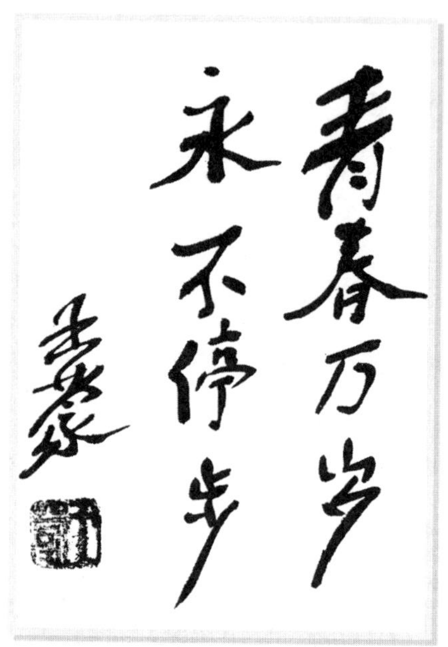

王蒙寄语（除署名外，均受访者供图）

都在跳跃，我的每一根神经都在抖擞”“我好像掀起了一个写小说的小高潮”，其状态被李洱等作家既惊又羡地描述为“晚骚”。仅2019年上半年，王蒙就发表了两个中篇、两个短篇，分别是《生死恋》《邮事》《地中海幻想曲》和《美丽的帽子》，还推出了两本对谈，《争鸣传统》和《睡不着觉？》。

三是全天候写作。这里举一个王蒙常说的例子：“比如我在家里写东西的时候，锅里正在蒸一锅馒头，我得9∶45把火灭掉。在这之前，我投入地写、写、写，根本不去想馒头，突然脑子一激灵，一看表，时间还就是差不多。我起身，把炉子的火灭掉，把容器打开，把馒头活动活动。然后回来继续写，思维还能马上接上。我大部分写作都是在这种随时切换的环境里完成的，这就是人生，我很享受。”他享受每一个或预期或突袭或有序或打乱的瞬间，瞬间即经历，经历即故事，故事即“好故事”。如果一定非要他描述最享受的日常，那便是上午游泳、下午写作、晚上看电影。

北戴河的盛夏，王蒙享受着他的“最享受”。他随时拿起随时放下但从不滞涩的笔下，正流淌出一部新的长篇。

“编织”青春

每年4月，王蒙总会接到陌生电话，对方问询王蒙，是否同意他们将要举行的五四青年大会或汇演采用“青春万岁”的标题。“我当然同意，我怎么会把‘青春万岁’引为专利呢！”

人们将王蒙与“青春万岁”相关联，源于他创作的长篇小说《青春万岁》。70年前的激越青春，仍在至今不断重印的《青春万岁》中澎湃。“所有的日子，所有的日子都来吧，让我编织你们，用青春的金线，和幸福的璎珞……”正值青春或已历青春的你，应都听过《青春万岁》序诗的朗诵吧？

青春至美所以青春万岁，“青春万岁”是青年人的专利。而王蒙用《青春万岁》挽留下来的新中国第一代青年人的青春，却又如此不寻常。

少年王蒙遇到的第一个共产党人，是后来成为著名党史专家的李新。1945年秋冬的一天，11岁的王蒙正和姐姐闹着别扭，家里来了一位客人——在叶剑英将军身边工作的李新叔叔。李叔叔让王蒙和姐姐展开批评和自我批评，还给即将参加演讲比赛的王蒙定了主题：就讲现在根本没有做到“三民主义”。李叔叔的雄辩和真理在手的自信，让王蒙体会到了什么是醍醐灌顶、拨云见日。

1948年10月10日，高中一年级、年仅14岁的王蒙被吸收成为中国共产党地下党员。当天他就接下任务：秘密发展外围组织。步行返家途中，他流着热泪唱着冼星海的一首尚未流行开来的《路是我们开》：“路是我们开哟，树是我们栽哟，摩天楼是我们亲手造起来哟。好汉子当大无畏，运着铁腕去创造新世界哟！”

年底，又来了新任务。“我们支部负责保卫地安门至鼓楼一带的商店铺面人民生命财产。我和同伴准备好华北学联的袖标旗帜横幅，还到实地勘察、绘图。”

1949年3月，王蒙戴上了北平市军事管制委员会的胸标与袖标，值夜班的时候配备了左轮手枪。他被调入团市委，参加了中央团校二期学习，毕业时，学员们受到了毛主席的接见。1950年5月，王蒙回到团市委，先后担任中学部、组织部的负责人。他的周围聚集着一大批充满阳光的青年骨干，“人小心大，重任在肩，读书求知，才智出色，一心革命，豪情如火”。

受苏联电影《丹娘》的启发，王蒙为自己设计了迎接1952年的场景，不是像影片中的卓娅那样等待钟声，而是午夜前后骑着自行车走在路上，“从 16 岁走到 17 岁，行进着迎接新的时间、新的前景”。

1953 年，新中国第一个五年计划开始实施，挖矿藏、采石油、炼钢铁是年轻人最想做的事情。王蒙看了苏联作家安东诺夫的小说《第一个职务》，书中女建筑师的生活把王蒙看得如痴如醉，“觉得没有比在工地上、在脚手架上、在高层建筑上更幸福、更完满的感觉了”。他打算报考大学去学建筑，组织上不同意。

可他又不满足于日常的开会、写报告。那做什么呢？

为什么不拿起笔，写一部长篇小说呢？这个想法甫一闪念，令 19 岁的王蒙目眩神迷。

可为什么不呢？王蒙说服自己：“我有文笔，更要紧的是我有独一无二的少年革命生活，我有对于少年或青年人的精神世界少有的敏感与向往，我充满经验、记忆，尤其是爱与赞美的激情。在我这个年龄的人当中，没有人会像我看得这样高这样相对成熟。在站得高有经验相对成熟的人当中，没有我这样的年轻人、同龄人。”

正如《青春万岁》序诗中所写的“所有的日子都来吧，让我编织你们”，王蒙开始在书中编织精彩绝伦的日子，“尤其是 1949 年以后的日子，像画片照片，像绿叶，像花瓣，像音符，像一张张的笑脸和闪烁的彩虹，这就是新中国第一代青年的日子！”他将人生的第一次政治抉择、第一次艺术感受、第一次爱情觉醒、第一次义愤填膺、第一次忧愁与烦恼、第一次精神风暴……全部交给文学。

1979 年 11 月，王蒙在全国第四次文代会上讲话

王蒙确信：“这样的青春激

情、革命激情、历史激情，未必能长久保持下去，只有文学能延伸我们的体验，能记下生活、记下心绪，能对抗衰老与遗忘，能焕发诗意与美感，能留下痕迹与笑容，能实现幻想与期待，能见证生命与沧桑，能提升与扩容本来是极其渺小的自我。”

2018 年 4 月，王蒙在江苏常熟赏春留影。每天健走 8000 步是雷打不动的习惯

《青春万岁》于 1956 年定稿，从 1957 年 1 月 11 日起，《文汇报》作了整整一个月的选载首发。因历史原因，该书直到 1979 年才正式出版，被读者评为“(20 世纪) 80 年代中学生最喜爱的文学作品”。

“漫游”新疆

相比近四分之一个世纪才全书推出的《青春万岁》，王蒙的另一部 70 万字长篇巨制《这边风景》更难产。它于 1974 年起创作，1978 年完成后被认为“不合时宜”而一度搁置，直至 2013 年才面世。对很多文学作品来说，40 年的时间是残酷的，而时间却回报王蒙以温情，《这边风景》摘得 2015 年第九届茅盾文学奖。

2019 年 7 月 5 日，在人民文学出版社推出的“茅奖作家沙龙”首场分享会上，评论家胡平道出了《这边风景》的获奖原因：“这个特殊历史时期并没有多少文学作品留到今天被铭记，当茅奖评委在阅读这部写于 40 年前的作品时，却获得了超出预期的感受。”该书不像同时期的其他作品一样以阶级斗争为主线，而是以公社粮食盗窃案入笔，用层层剥开的悬念和西域独特的风土人情，为读者展示了一幅现代西域生活的全景图。胡平认为，此书“填补了新中国 70 年文学史在不同时期的作品序列”。

动笔写《这边风景》时，王蒙将届不惑，是他来到新疆的第十个年头。他是“自我放逐”到新疆的。王蒙1956年发表于《人民文学》的《组织部来了个年轻人》在文坛引起争论，被上纲上线为“只要年轻人、不要领导、不要老革命”，他被错划为“右派”。政治空气日益严峻，革命的道路要往哪里去？王蒙觉得在北京待下去不妙，也无法写作。当时有三个去处，甘肃、江西和新疆，王蒙最终选择了新疆。

去新疆也有另一层原因，如王蒙所说：“我不能只有北海白塔和西单大街的灯火，我更需要的是茫茫大漠，雪峰冰河，天山昆仑山，绿洲草原，胡杨骆驼刺，烽火边关。”1963年底，火车载着29岁的王蒙一路西行，看着窗外滑过的乌鞘岭红柳河，嘉峪关玉门关，他诗兴大发：“嘉峪关前风嗷狼，云天瀚海两茫茫……似曾相识天山雪，几度寻它梦巍峨……”

因为头上的那顶“帽子”，王蒙的作品暂时不能被发表。急也没用，不如先学维吾尔语。

王蒙学维吾尔语达到了走火入魔的程度，甚至说梦话也是用维吾尔语。他学老文字的，新文字的，斯拉夫字母的，阿拉木图与塔什干的，乌兹别克语的，从“毛主席语录”、鲁迅的《呐喊》到高尔基的《在人间》，他通通读维吾尔语版本的。他自信“说得比维吾尔人还要好”。他眉飞色舞地举了个例子：“有一天房东过来敲窗户，问你有收音机吗？他说收音机里念得可真好。我说那不是收音机，那是我念的。”

语言是什么？王蒙眼里的语言是生活，是文化，是人群，是活力，是生命，是性格，是历史也是现今，是幽默也是礼貌，是歌曲也是亲情……他与维吾尔族老乡们共饮一壶酒，共跳一支舞。他认为此生最快乐最成功的事情之一是赢得了维吾尔族人民的友谊与信任。他非常看重的一个履历是担任过新疆伊犁巴彦岱公社二大队副大队长。

“在改变自己生存环境，经历一些过去从未经历过的事件与地域的时候，我常常沉醉于体验、欣赏、惊喜、新奇与好奇。”王蒙谓之“漫游”。

新疆的16年，就是他人生的一场漫游。维吾尔语引领他享尽黄金年华，如他在《这边风景》序言中写的："是琐细得切肤的百姓的日子，是美丽得令人痴迷的土地，是活泼的热腾腾的男女，是被雨雨风风拨动了的琴弦，还有虽九死而未悔的当年好梦。"

他感慨："生活本身是不可摧毁的，而作家忠于的是生活，文学是我给生活留下的情书。"

《这边风景》之所以能够破釜沉舟诞生于"不能发表"的年代，缘于王蒙受到的一个刺激——1974年，快到40岁生日的时候，他读到安徒生的一则童话，大意是在一个墓碑上写着：死者是一个大作家，但是尚未来得及写出作品；是一位大医师，但是尚未来得及给人治病；是一个大科学家，但是尚未来得及做出发明……"不能再等下去，哪怕只是写给自己看。"在爱人的鼓励下，他又拿起了笔。

作家林斤澜曾说："我们这些人如吃鱼肴，只有头尾，却丢失了肉厚的中段。"意指20世纪50年代初崭露头角的一代作家，才露头角便了无声息，后在80年代"归来"，中间的近20年则销声匿迹，成为文学史上的失踪者。但在王蒙看来，自己曾写作了《这边风景》，拥有过"真实的、激动人心的青年和壮年"，这本书是他人生"清蒸鱼的中段"。

记者手记

"耄耋肌肉男"

王蒙年轻时身体很差，曾被形容为"老人苗子"，被预言"活不过30岁"。1957年中宣部副部长周扬第一次约谈王蒙时毫不避讳地问：“你怎么这样瘦啊？检查过X光没有？没有肺结核吧？”

王蒙听了这些话“吓死了”。后来供给制改包干制，他一个月多得了十几元钱，第一件事就是去订了半磅牛奶。这在当时成了一个笑话，“有钱买酱猪肉酱牛肉都可以理解，哪有买牛奶的呀”！

王蒙对牛奶有特别的情结，坚信“每天喝牛奶能够强身健体”。不过，所有的健身方案中，他最推崇游泳。每年夏天，他都去北戴河住一阵，天天游泳。游完泳便是写作，他人生中最主要的创作，几乎都在海边或构思起笔，或渐入佳境，或修改定稿。不在海边的日子里，他的游泳频率是一周两次。游泳让他脚步轻快、腰板硬朗、颈椎舒服，让他写作时抛开身体而专注于精神创作，让他能够“创造到老，书写到老，敲击到老，追求开拓到老”，让他以文学留给生活更多的情书。

20世纪80年代初由《蝴蝶》《春之声》《深的湖》《心的光》《夜的眼》等组成的“集束手榴弹”，90年代初的《恋爱的季节》《失态的季节》《踌躇的季节》《狂欢的季节》“季节四部曲”，21世纪的优秀传统文化解读系列……似乎都携带了海洋或游泳池的气息。游泳和创作，就像白天与黑夜一样相互切换，相互依托，构成圆环。

穿泳装的王蒙非常吸睛。他的夫人单三娅分享给《文汇报》一张拍于2018年夏天的王蒙在北戴河海边的“写真”，肱二头肌、腹肌均清晰可见。“耄耋肌肉男”，这是夫人给王蒙的新绰号，王蒙听了似很享受。

王有德看到林场种植的沙冬青开出黄色小花，非常开心（均王冠供图）

王有德

王有德，回族，1954年9月出生，宁夏灵武人，宁夏灵武白芨滩国家级自然保护区管理局原局长。他带领职工坚持治沙播绿、兴场富民，营造防风固沙林60万亩，控制流沙近百万亩，有效阻止毛乌素沙漠的南移和西扩，呈现出人进沙退的可喜局面，兑现了“让职工富起来、让沙漠绿起来、使林场活起来”的奋斗目标，“治沙治穷”之路为全国防沙治沙提供了宝贵经验。荣获“全国优秀共产党员”“全国先进工作者”“全国治沙英雄”等称号。2018年，获得“改革先锋”称号。2019年，获得“国家荣誉”称号，被誉为“人民楷模”。

王有德：筑起消弭沙漠的绿色长城

赵征南

2019年3月12日，是我国第41个植树节。记者走进毛乌素沙漠西南缘的宁夏灵武白芨滩国家级自然保护区，为您讲述科学治沙探路人王有德的故事。

现在，如果在飞机上俯瞰毛乌素沙漠，那一定特别震撼人心：一道东西长47公里、南北宽38公里的绿色屏障，将连绵起伏的黄土沙丘阻隔，不仅控制了沙漠向西行进的脚步，还不断地将沙漠逼退，让它后退了20多公里。而这个世界治沙史的奇迹，是王有德带着林场职工，在年降水量不到200毫米的沙漠中，以“宁肯掉下十斤肉，不让生态落了后”的拼劲，用晶莹的汗水和鲜红的热血一点点“染绿”的。

3月的宁夏，早晚气温依旧低于冰点，年过花甲的王有德能量充足。一大早，他便带着跟随他多年的“老六件”——锹子、剪子、锯子、本子、水杯、工作服，围着林子转，为开春的新苗移栽做准备。大鼻子、宽耳朵、黝黑的皮肤、遍布皱纹的脸庞，这是王有德给记者的第一印象。

“每看到一棵树、一片林子，每看到过去的沙漠荒地变成绿洲，我心里感觉到踏实，非常踏实！”退休后，王有德依然守着沙漠林业。不仅如此，他还酝酿着一个更加惊人的“计划”。

“空降兵”砸烂“铁饭碗”

在大部分人的眼中，水土流失是个漫长的生态进程。但对于白芨滩而言，水土流失却性命攸关。

毛乌素的降水少而集中，每到盛夏的雨季，瞬间降落的暴雨夹带着黄沙，沿着条条水蚀冲沟汹涌而下，如同泥石流一般，威胁着周边村庄的安全。王有德初进林业系统工作，当地就发生了三个孩子被水沟带走的悲剧。他当时就下定了决心："村子里现在娃娃保不住，房屋、田地保不住，作为一个搞林业的，我必须干点什么。"

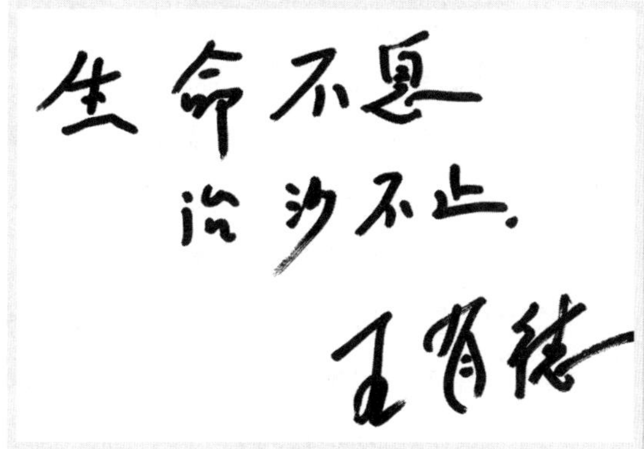

王有德寄语

树木毁了，沙漠就来了；把树种上，沙漠就会走。

王有德并不是一个土生土长的"毛乌素人"。他的家，在马家滩镇马家墙筐子村，原本是一片风景秀丽的草原。随着人口的增长，贫穷的村民唯有向自然要资源。他们的生存，靠挖甘草、打麻黄、放牛羊维持，取暖、烧炕、做饭，靠砍伐解决。到了记事的时候，村子已是"三天一场风，十天一场沙，风吹沙子跑，抬脚不见踪"。王有德家中的窑洞，时常被沙子掩埋一大半。草原慢慢被沙漠蚕食、吞噬，沙逼人退，全村百姓背井离乡。

最近的时候，毛乌素沙漠已侵蚀到距离宁夏境内黄河东部5公里处。

1985年，之前在灵武抗旱打井队和北沙窝林场工作多年的王有德，被任命为白芨滩防沙林场副场长。

新领导来了，却没有自然和亲切，取而代之的是冷遇和隔阂。这次任命，台下几乎无人欢迎。

护林员吴敬忠的父母都是白芨滩的老职工，他回忆："父母说选领导怎么不找个自己人?! 他是外面派来的，不会对咱们好。"

"谁知道这个年轻娃娃能弄个啥?"白芨滩老职工兰治国说。

这种环境下，该怎么工作？旁人可能觉得会尴尬，但王有德咬定青山不放松，他不管冷嘲热讽，“厚着脸皮”走遍林场每一户家庭了解情况。“无论有多难，我都要想办法打开缺口、获得成功。而且林场职工因为日子难过，内心是有改革需求的。”王有德瞄准的，恰恰是最难啃的那块骨头——“撤掉保险柜，砸烂铁饭碗”，让林场从麻木中醒过来、活起来。

在受计划经济体制影响的粗放管理下，一方面，职工积极性不高，一年7个多月无事可做，到了冬天就守住墙根，“晒暖暖”、打扑克、下象棋；另一方面，职工的生活条件十分艰苦，住着能看见星星的土坯房，没钱买菜、买油，吃饭用辣糊糊当菜吃，炒菜用油抹子抹一下锅底。

“林业事业年费仅有 15 万元，159 名职工人均不到 1000 元，这点钱造林、养树、养人，杯水车薪。这种情况下，职工还拿着微薄的工资，花钱请人做类似‘沙柳平茬’这样的常规工作。”针对种种不合理的现象，他大胆地提出三项改革措施：取消一线职工工资级别，实行绩效工资，多劳多得；压缩非生产人员，后勤管理人员从 28 人减至 16 人；还将生产任务分拆给职工，实行承包责任制，超额全奖，完不成全罚，严定质量：第一年成活率必须超过 85%，第二年保存率必须超过 75%，第三年植被覆盖率必须超过 50%。

“我干了这么多年，怎么你这个小子一说话就让我白干了？”兰治国觉得难以理解。

他的想法代表了很多林场职工的心声。他们对改革举措，特别是取消工资级别十分不满，职代会上三分之一不同意改革。有人对王有德当面谩骂、侮辱，有的写匿名信，还有人拿菜刀威胁……

此时，王有德决定实行“一场两制”。当年年底，支持改革的人就收获了一份满意的答卷——造林超计划完成 152%，成活率比改革前提高了 22%。他们还积极发展第二、第三产业，自创收入多达 30 万元，是事业费的两倍。

随之而来的是，死守工资级别的人越来越少，“干自己的活，挣自己的钱”成为共识。

人不苦，树就活不了

如果说成片环环相扣的草方格是精美的田字格练习本，那么种植在其上的柠条、沙冬青、毛耳头刺便是书写其上的整齐汉字。

草方格沙障固沙是沙退人进时，宁夏治沙人的伟大发明：利用废弃的麦草一束束呈方格状铺在沙上，再用铁锹扎进沙中，留麦草的一段自然竖立在四边，然后将方格中心的沙子拨向四周麦草根部，使麦草牢牢立在沙地上。

白芨滩每一名职工都要会扎草方格，这是王有德定的规矩，也是林场招聘面试的第一道题——选优质的长麦草，碎的、烂的不要；麦草厚度要适中，太厚立不住，太薄固沙效果不好；方格不能太密，也不能太松，一平方米的草方格最常用，但坡度不同大小也不同。

“扎草方格的日子苦啊！”王有德的老下属王少云回忆，“麦子刚刚收割好，麦草比较新鲜的时候，扎草方格效果最好。但又赶上三伏天，沙漠气温高达50摄氏度，头被烈日炙烤，脚被烫得落不到沙地上，汗就没停过。干活时，孩子就在旁边滚沙子、叫渴叫饿也没人管；做饭时，三块土坯子扎起来，锅往上面一架，再弄个柴枝子烧上；吃饭时，风沙大，那是只敢咽不敢嚼。”

有人叫苦，王有德不高兴了，大声说道：“人不苦，树不活！”

王有德带头吃苦。沙漠上，那个嗓音最高、扎得最多的，总是他。

“我发现这个人还可以，能办事。”兰治国对王有德的印象有了些许改观。

在沙漠外围以草方格为基础，营造大面积以灌木为主的防风固沙林，这只是第一道生态防线。接下来还有四道：围绕干渠、公路等建设以“宽林带、多网络、多树种、高密度、乔灌混交”为特色的大型骨干林带，构成第二道生态屏障；在两道生态防线的保护下培育经果林和苗圃，成为职工的“摇钱树”和“绿色银行”；在田间空地，种植牧草，并发展养殖业，牲畜粪便还田。治沙与治穷相结合，这便是王有德探索、被国务院相关文件确定为重点推广模式的“五位一体”治沙。

在王有德看来，用汗水染绿的每一片沙漠，都是白芨滩人开拓生存空间的绿洲。带着林场职工，王有德坚定地走向茫茫大漠。他的第一个目标，便是黄沙漫飞的北沙窝。要知道，从白芨滩林场成立后的30多年里，林场面积从未有一丝一毫的增长。因此，白芨滩的第一次开拓，受到了不少质疑。

王有德带领林场职工种植的经果林，成为沙漠中的“绿色银行”

“我们向沙要地，一为国家，二为自己。”在北沙窝，王有德和职工吃在工地、住在帐篷，最长50多天不回家。白天，他挖渠、引水、推沙、造田、整地，晚上别人休息了，他变成了“夜猫子”——在房间里点着煤油灯研究好次日工作后，又打着手电筒检查各组任务完成情况，几乎到天亮。“我们背一块25公斤重的水泥板，他能背两块，共50公斤。他还搞劳动竞赛，他加入哪个组，哪个组一天的完成量就从200块增加到300块、400块，最多到580块。他的脊梁被磨出了大包，汗水刺进伤口，可他从未停下……”白芨滩职工杨金玉说。

沙漠生活一直持续到那年的12月28日，把树栽好，冬水都灌好，帐篷才撤下。可王有德却由于劳累过度，倒在工地上，住院三个月，关节痛再也没好过。

“你猜第二年怎么着？第二年开春，白芨滩职工又闹调动，87% 的人竟然主动要求调到北沙窝。那些树几乎没有死的，看着长得非常整齐。职工的激情被调动起来，他们觉得，仅仅苦了一年，沙漠就有希望了。”王有德说。

“以前总反对，但每次事实就把我弄得白白的。”回忆至此，兰治国笑了出来，他对王有德的认识有了彻底的转变。

到了白芨滩的第二次开拓——大泉片区的开发，连兰治国——这位昔日的“反对先锋”，都开始佩服起王有德。他说：“职工咋干他咋干啊，我看到以后再也不敢吭声了。我觉得这样的领导，你还能说个啥？你就说不出个啥来。”

二次创业，壮心不已

21 世纪开启，白芨滩造林速度又有了新的飞跃。这一次，帮助他们征服沙漠的是“以林养林，以副促林”的路子。

随着城市建设的加速，王有德闻到了绿化市场的商机。白芨滩成立三家绿化造林公司，推出“设计—育苗—种植—养护”一条龙服务。每年绿化工程可创收 4000 余万元。

这些营收，又有很大一部分被投入到治沙造林中。在白芨滩，国家补助投资只占 20%，其余 80% 都是其他产业反哺。

宁夏高速公路的一半绿化，都源自白芨滩。侧柏、樟子松，这些绿化工程中的主力树种，之前在宁夏十分鲜见。

“侧柏的本地化试验在宁夏其他地区基本失败了。只有我种的那一批 20 多棵顺利成活，我对它们比对自己的孩子还亲，天天都管理。”王有德说，“其中有一棵就在我门口，我和它感情特别深。每天的洗脸水、洗脚

王有德说，林场职工一要肯吃苦，二要学知识，才能种活树

水都给它，看着它从小树苗长到4—5米。最后为了不阻碍它生长，我把围墙给拆了。”

樟子松也得花心思。为了帮其保水，王有德给树苗穿上了“小裙子”。这样的探索不胜枚举，王有德先后引进治沙植物30多种，打破了宁夏引种“春天是个秧秧，秋天是个桩桩，冬天死个光光”的宿命。

与王有德上任之前相比，白芨滩的植被覆盖率翻了一番，达到40.6%，风速降低了12%，水分蒸发量减少26%，大气相对湿度提高9.5%，土壤有机质增加了200%。这使得自然保护区内野生动物增加到129种，植物增加到315种，局部生态环境得到较大改善。

2014年12月，王有德从白芨滩林场退休。有人说，苦了一辈子，荣誉和成绩也有了，该好好休息休息、享享清福了。可是，他对绿色的爱难以割舍。“白芨滩仍有60多万亩荒漠尚未治理。”他说。

在宝岛台湾企业家的帮助下，王有德探索引入社会资金治沙，创建了宁夏沙漠绿化与沙产业发展基金会，并代表基金会与白芨滩防沙治沙林场签署了《沙漠绿化生态治理协议书》，在银川河东国际机场东侧的马鞍山荒滩上承包了1万亩沙地继续治沙造林。

“那里是银川东大门，是飞机降落时穿过云层后乘客看到的第一眼，是我们的名片。我一定要把它治好。”王有德说。

在专业人士看来，此次荒滩的治理要比沙漠的治理还要难，费用是沙漠的10倍，每亩地接近2万元。“沙漠地下水丰富，这里的地下是卵石，不存水；荒滩土质硬，草方格根本扎不下去，再加上此处由于之前修建机场、高速、铁路等人为开挖，沟壑遍布，因此种植前必须整地、回填、复土；还有一点，沙漠绿化可以选取柠条等较廉价的沙生植物，可机场附近荒滩绿化需考虑美观，即便是种植驯化后的景观树种，养护难度也更大。”王少云说。

尽管如此，王有德还是取得了不小的成果。经过4年多的治理，2000亩荒滩成功绿化，马鞍山荒滩的沙尘天气越来越少。走在林间小路上，空气清新，鸟儿鸣叫。

王有德还想在此地实现自身造血，他构想中的生态植物园、公益林园、采摘园、养殖园、森林康养中心已初具雏形。“我们守护国土的长城是绿色森林。种好了，我就把这座长城交给国家。”王有德说。

记者手记

“老猴”心中的标尺

熟悉王有德的人都知道他的外号——“老猴”。因为有人说，他会算账。

在北沙窝工程建设现场，你总能看见王有德猫着腰。他在找什么？他在找掉落在黄沙中的砖，收集起来用，说是“一块砖7分钱，捡四十块就能省下一份工人工钱”。

每年去销售苹果，连续七八天吃住在车上，不进饭店，不住宾馆，就为省钱。他还盯上了无人问津的废弃沙柳条，拉回来开设柳编场。

别人问他：“你怎么就喜欢算这些小账呢？”

他回答："小账和大账不是看数额，而是看这件事对社会的价值和意义。在林场无比困难的时刻，多帮一点忙，少添一些乱，都是大账。"

王有德有过多次机会换个更好的工作，但他从未要求过离开条件艰苦的林场。多栽一棵树，多治理一片土地，多为穷困百姓找到幸福之策，这是王有德的人生价值。他的标尺，就装在心中。

对他而言，职工的事都是大事。他甚至愿意为职工献出生命。那是北沙窝建设期间，空心板突然滑落，他使劲地推开身边人，冲上去用身体阻挡空心板，职工脱险了，他却肋骨负伤。

家事永远是小事。父亲的晚年，他很少有陪伴，以至于父亲临走前跟他说出了"孤单"二字，让他痛哭流涕；孩子从出生到毕业，他一次也没出现在学校门口；他每次回到家，头上、身上、衣服里、鞋子里全是沙子。妻子杨学霞说："你是把林场绿化了，却把我们家沙化了。"

当白芨滩改革受阻，旁人发出威胁时，杨学霞哭着问王有德："你惹恼他们干啥呢？孩子受罪了啊！"

"我必须改革到底，不能做缩头乌龟。再说了，我们的孩子受罪，至少他还住得上房、吃得饱饭、上得了学，那职工的孩子更苦啊，天天吃着苦咸水泡出来的绿米饭。我们得让他们过上好日子。"老婆、孩子被欺负，王有德不为所动。

他最感谢的，也正是妻子。杨学霞除了照顾家庭，还在工作上给他莫大的支持。果园刚建成的头几年，没有收益，很多职工要打退堂鼓。王有德那时便带头承包了40多亩果园，可他哪有时间管理。是妻子动员她的亲朋进行管理，度过了最难熬的时光。

"我也不知道什么时候能报答她。"王有德说。

秦怡用真善美来对抗时间的销蚀（均上影集团供图）

秦怡

秦怡，1922 年生于上海，著名电影表演艺术家。她于 1938 年开始舞台生涯；1947 年走上大银幕。她曾在《农家乐》《两家春》《摩雅傣》《北国江南》《女篮五号》《铁道游击队》《林则徐》《青春之歌》《海外赤子》《雷雨》等影片中扮演重要角色。

20 世纪 80 年代以后，秦怡出演了《上海屋檐下》等电视剧，并荣获第一届大众电视金鹰奖优秀女演员奖。2015 年，她以 93 岁的高龄亲上高原、自导自演《青海湖畔》，体现了一位德艺双馨艺术家的高洁艺德。

她曾获中国电影世纪奖最佳女演员奖、纪念中国电影百年诞辰“国家有突出贡献电影艺术家”称号、第七届全国十大女杰、上海文学艺术奖终身成就奖等多项殊荣，2019 年，获“国家荣誉”称号，被誉为“人民艺术家”。

秦怡：有一种美，对抗时间的销蚀

王彦

秦怡爱美，也美了一辈子。可旁人问她“您照镜子时觉得自己美吗”，她答“赵静啊，我觉得她很美。”未必是听岔，倒更像是大智若愚，四两拨千斤。

秦怡爱电影，也跟电影生活了80年。可翻来覆去看的都是些老电影，英格丽·褒曼的《卡萨布兰卡》、费雯·丽的《乱世佳人》，她说，“经典为什么可以流传那么久，因为里面有最真的爱和生活”。

2019年大年初四，老艺术家迎来了97周岁的生日，这一年也是她从艺80周年。如果将她97年的生活比作一条历史的长河，那经年累月沉淀在河床上的珍宝，能够教会我们许多事情。譬如，她用一次次能进入中国电影艺术殿堂的角色塑造，拓宽了人们对中国电影的认知；又譬如，她在时间的暗流里一次次奋力抗击，照见了人们对世间真善美的渴望。

透过粗粝的胶片，她的音容或许可以复原时代的底色；重温她的角色，或许就是阅读史书的册页。穿越岁月的雾霭，中国电影流光的长廊里记载着她的绝代芳华。伴随新中国的电影一路走来，水银灯下的秦怡已是中国电影、中国文化绕不过去的存在。聆听世纪老人的肺腑之言，她说：“我讲的事情有些未必正确。但我说的这些个人经验应该能听一听。因为，我已经活了90多年了。”

银幕内外，她用真善美来对抗时间的销蚀。

“心里都是‘电影’两个字”，她用80年说清艺术的真谛

身体好的时候，秦怡住在徐汇区一栋老式公寓里，日常就她和保姆两

人。但日子一点不清闲，家里人来人往，国宝级艺术家被需要的场合太多太多。只要身体允许，秦怡总欣然应允。盛情难却是其一，更重要的是，工作压根就是她的生活。“偶尔我想赌气把自己关起来，谁都不见，可真停下来了，也会难受。我是个必须工作的人。那么多年，我的心里都是‘电影’两个字。”

她曾说，“我稀里糊涂就演了很多角色”，靠的是最朴素的“笨办法”——学习和努力。

秦怡的从艺路可追溯到抗战时期。16 岁那年，她离开封建家庭，辗转到重庆参加中华剧艺社。演艺生涯第一个角色只有一句话，她反反复复练了好多天。那会儿，剧艺社俨然是她的家，没演出时，舞台边准能找到她。帮演员递个道具、送下服装，只要侧幕边传来舞台的光，她脸上便写着满足。后来，抗战大后方的舞台上，她成了与白杨、舒绣文、张瑞芳齐名的“四大名旦”，可她仍不拒绝小角色，“那样的话，我能多看看其他人的表演，对自己很有帮助”。

1998 年，秦怡自传式的从艺录出版，她取书名《跑龙套》。导演黄祖模闻讯后肃然起敬：“1982 年我拍电影《张衡》，其中老夫人一角，想来想去非秦怡莫属。但我又担心，像她这样有名望的大演员是否肯出演配角。不料，秦怡很爽快地答应了。”更难得的是，导演要求演员们每天按古人的言行举止练形体。老夫人一角总共没几个镜头，可秦怡照样同大家一起练，从不迟到、缺席。

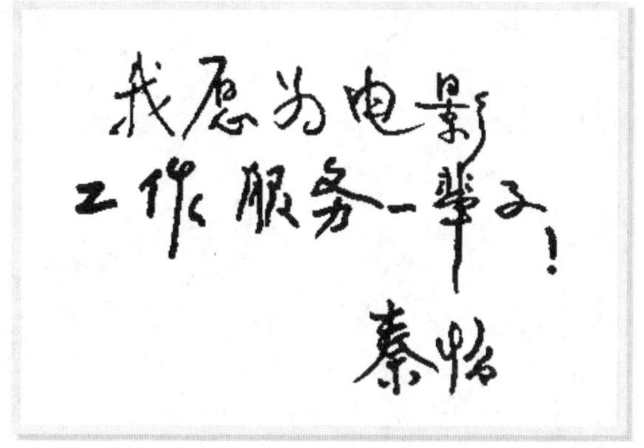

秦怡寄语

相似的感受，谢晋导演也有。拍《女篮五号》

时，2018 年被评为“改革先锋”的谢晋只是个名不见经传的小导演，而秦怡这个大明星已红了很久。“可是她很尊重我，每一个镜头都要问：这样行不行。”谢晋曾说，秦怡没有一点明星架子，她不挑角色大小，不计较片酬多少，不在乎剧组待遇。

听到这样的评价，秦怡总是挥手道：“其实每一次拍戏都是学习，都很珍贵。”以 1961 年的《摩雅傣》为例，她饰演傣族医生依莱汗。当时，导演徐韬要求她像傣家姑娘那样穿无袖筒裙，把肩膀露出来。那时，不到 40 岁的秦怡特别在乎角色的形象，“我的臂膀粗圆，露出来会破坏人物形象，傣族姑娘都很纤细的”。主演和导演吵得不可开交，最后协商穿坎肩拍，效果也还不错。但千帆过尽，徐韬给秦怡写了封信，言辞恳切。他说，作为一名演员，秦怡有许多优越的条件，但常被自己困扰，一会儿怕胖了，一会儿又怕不够活泼。他觉得，秦怡应把思想从条条框框里解放出来，别让外形掩盖了对角色内心的塑造，更别因为外形放弃许多尝试。掩信，秦怡陷入了沉思：“他提醒我这一点是有道理的。年轻时我确实有些冲不出去，觉得自己太胖，条件不够好，窈窕淑女不能演，于是总演大嫂。徐韬点醒了我，这对我后来的演戏很有帮助。”

电影《铁道游击队》中的芳林嫂

年轻时偶尔瞻前顾后的秦怡，越老倒是越能豁得出去。2013 年，她着手写《青海湖畔》的剧本。2014 年秋天，她以 93 岁的高龄上到海拔 3800 米的拍摄地。高原的日子一过就是一个月。因为拍摄地距离下榻处往返六小时车程，秦怡跟着大部队一起，清晨五点出发，夜里九点多才回来休息。剧组里的中青年演员、导演纷纷有高原反应，倒是秦怡精神很好，不吐不晕，她打趣说："青海的气候对我们老年人很是客气呀！"但旁观者清，剧组里许多晚辈说，是秦怡对梦想的那份执着，让生命爆发出神奇的力量。从高原下来，她又找回每天读书看报、伏案写字的生活，"我要抓紧时间学习，还要继续创作"。

2017 年底，陈凯歌导演的《妖猫传》上映，观众又惊喜发现，老艺术家还原了唐诗里"白头宫女在，闲坐说玄宗"的场景。但观众看不见的还有幕后那些"胆战心惊"——老嬷嬷对贵妃忠心耿耿，屡次挺身维护。片场里，秦怡就照着剧本一次次倒地，倒下去后再由年轻演员们一齐将她搀扶起来。一同出演的黄轩描述，那种震惊感，并不会随着老嬷嬷倒地的次数增多而衰减，相反，会一次次增加老艺术家在年轻演员心头的分量。

秦怡很喜欢《青海湖畔》里那位女气象工程师的台词，"本来想来 3 个月，结果留了 30 年"。她自己何尝不是这样，80 年的从艺路，真心就是一辈子！

从"为谋生"到"为理想"，初心决定一个人最终格局

曾有人问秦怡，电影到底意味着什么？叫你如此痴迷。

她用往事作答："我到今天还记得周总理点醒我的那些话。"众人皆知秦怡是"新中国二十二大电影明星"，是周总理口中"新中国最美的女演员"。秦怡看到的却是另一面："可以说，周总理才是领我懂得演戏真谛的人。"那年她才 19 岁，一次去朋友家吃饭，席间坐着一位她不认识的客人。那人问秦怡是在工作还是在学习，刚冒尖的秦怡回答："我在做实习演员，有时候在合唱团唱唱歌，没什么大意思，就是混混。"那人接着问

唱什么歌，秦怡答："当然是抗战歌曲。""没想到，我一说抗战歌曲，对方马上提高了声音，'那还混混啊，你想想，多少人、千千万万的人都在你们的歌声鼓舞下走上前线，这工作多重要啊！'我听了觉得有道理。回家后细想，是什么人能说出这样的话来？我跑去问朋友，才知道原来是周恩来同志。"

秦怡的少女时代，正是日寇的铁蹄踏破山河之时。在遇见周恩来之前，少女秦怡曾参加过学校的红十字会，也向往着为民族救亡图存做些什么。但那些情绪更像是懵懂的天性，直到听君一席话，她的心里种下了一粒坚定的种子——干文艺不是"为谋生"，而是"为理想"。这种理想需要内在强大的精神力量，而力量的源头就在于观众。"作为演员，终身追求的理想，应该是把自己从文艺中得到的一切感人的精神力量，再通过自己的表演给予别人。"

《青春之歌》里，共产党员林红戏份不多，却在一次次播映后点燃了许多年轻知识分子向着共产主义理想靠拢的信念之炬。原作者杨沫有过评价："秦怡同志表演的林红，是我最喜爱的。她几乎没什么形体动作，只靠台词和神情来表现，但她演得是那样真实动人，激荡着人们的灵魂。"半个多世纪后，秦怡告诉记者，她漫长的演艺生涯里，最难忘的角色正是林红。"1959 年 5 月我入党，入党后第一个角色就是林红。"那是一个在当年点燃过许多年轻人信仰的优秀共产党员的形象。读剧本的时候，秦怡反复把自己的入党誓词与林红赴刑场前那段台词对照着念。"有了这层与生活的关联，我一下子就触摸到人物内心。我从心底里相信，一名党员对于自己奋斗一生的事业有着万死不辞的信仰。至于原先那些对自己身材外形的顾虑，早就抛到了脑后。要树起共产党员的形象，不靠外形，而是靠气质和信念。"也是从那时候起，她对什么样的角色更能动人有了深切认知。从16岁离开家去抗日前线，到93岁拍《青海湖畔》歌颂中国科学家，"我愿意一辈子讴歌党、讴歌祖国、讴歌人民、讴歌英雄"。

都说初心可能决定一个人的格局。若把大银幕里秦怡的形象连点成线，她身为一名老党员、人民艺术家的初心，清晰浮现：《马兰花开》里能顶半边天的拖拉机手马兰、《青春之歌》中慷慨就义的共产党员林红、《女篮五号》里敢爱敢恨的篮球手林洁、《铁道游击队》里与敌人周旋的芳林嫂、《林则徐》中抗击侵略者的女英杰阿宽嫂、《海外赤子》里最终同意女儿回来报效祖国的母亲、《青海湖畔》中为高原铁路梦而奋斗的女科学家……“我就是希望作品里有一些精神可以得到弘扬，给人心灵以启迪。”

93 岁的秦怡自导自演《青海湖畔》，在海拔 3800 米创下艺术奇迹

对于电影里饱含着某种精神力量，秦怡是深信不疑的。20 世纪 90 年代，她生病住院，演艺生涯几乎就要终结。“我有些灰心的时候，碰巧电视里在放《焦裕禄》，生动的党员形象和真实的历史画面被还原出来，我看着看着就落泪了，感觉心里充满了力量。”她被一种名为精神的东西鼓舞着，她也愿意把这股能量传递下去。2018 年，牛犇入党，秦怡大姐就是她的入党介绍人之一。

由“小爱”到“大爱”，“母亲”让她受住绵长的苦楚

但丁说：“人是承受不幸的立方体。”用在秦怡身上，有些残酷，却再准确不过。上天给了秦怡美丽的容颜，同时也赋予她崎岖的命运、绵长的苦楚。

拍摄《母亲》时，她和金焰的儿子“小弟”金捷刚满一岁，跟片中的儿子一般大小。命运似乎用这种方式预告，“母亲”会是秦怡这一生中最重要的角色。“小弟”在16岁那年病了。秦怡自觉愧对儿子，为了弥补母爱，她坚持不把孩子送入精神病院，一直带在身边亲自照顾。

这样的考验还不够，身为家里顶梁柱的她，在1966年又被查出患上肠癌，医生断言：你活不太久。风刀霜剑严相逼。此后，秦怡又先后得过四次大病，开了七次刀，切除过甲状腺瘤，摘除了胆囊。寻常人难以想象的苦楚，秦怡竟一步步迈过，十年又十年。是怎样一根坚强的神经牵引着她？人们说，是母爱。为了“小弟”，秦怡必须顽强地活着，与儿子坐在同一条船上，穿越世间风雨。如剧作家吴祖光在《秦娘美》的随笔里所写，“秦怡具有中国妇女的传统美德，身处逆境而从不灰心丧志，能够以极大的韧性迎接苦难、克服苦难，永远表现为从容不迫”。而秦怡能被曹禺先生誉为“最好的鲁妈”，也正是因为她将自己特有的高贵、美丽和复杂的生命注入了电影《雷雨》的表演。

2007年，秦怡一生最大的难关来袭，儿子金捷过世了。她照顾生病的孩子长达43年，母子命运早已一体。儿子走后，秦怡一度伤心欲绝，不吃不睡，也曾想过跟着儿子去算了。直到有一天，她在电视里见到一个在孤儿院长大的男孩，那孩子正值22岁最美好的年华，却因骨癌晚期，生命进入了倒计时。弥留前，他捐献了自己的眼角膜，说希望孤儿院的孩子都能穿上新衣服过年。那一刻，秦怡仿佛释然了，她得到了继续往前走的力量。

她收拾心情，把对儿子的“小爱”化成“大爱”，撒向更广阔的地方。汶川地震，她先后捐款20余万元；玉树受灾，她又掏出3万元。旁人很清楚，这几乎是秦怡的大半身家。但她说捐就捐了，别人问她以后怎么生活时，她说：“我还有工资可以领。”在她看来，儿子已经不在了，这笔原来打算留给儿子养老的钱，转而为灾区儿童建校舍，是它最好的去处。2012年，她友情出演影片《三个未婚妈妈》，关爱缺少母亲的孩子，呼吁社会关注弱势群体。

在积极面对生活的同时，秦怡多年来坚持为中国电影站台，对公益活动，只要社会有需求，她几乎从不拒绝。有人劝她歇歇，她摇头说："不会停，总觉得这些事都是比较有意义的。"将登期颐之寿，秦怡还对一桩事念念不忘，她想写一个剧本，跟抗战有关。她始终觉得，自己对中国电影，甚至对中国社会都是有责任的，"文化精神产品要能引领人，要在潜移默化中发挥一些作用，要能提高观众的思想水平"。

2014年底，秦怡荣获上海文学艺术奖终身成就奖。颁奖典礼那晚，她从医院告假赶来，全场后辈送她雅号"美少女"。评论家们这样说："人们都知秦怡美，其实更该了解，她的美有双重内涵，一重是高蹈的艺术美，另一重便是照耀世间的人格美。"

莫道桑榆晚，为霞尚满天。

记者手记

永恒的星辰

在今天的文艺创作语境里，"明星"二字时常面目模糊，"颜值"二字更是毁誉参半。但对秦怡，这两个词恰如其分。

回望斑驳却又亲切的光影记忆，我们能在半个多世纪前找到她被定义为"明星"的起点。那是20世纪60年代，百花奖——新中国第一个全国性的群众电影评奖活动举行。历经三个多月的投票，崔嵬、祝希娟等获奖，而于蓝、秦怡、王心刚、赵丹等人也获得了数量相当可观的投票。不久后，这些由观众一人一票投出来的电影演员有了个集体称谓“新中国二十二大电影明星”，他们是中国观众“自己的明星”。

彼时的“明星光环”意义很纯粹：演员因角色而为观众熟知，角色因为演员的精彩塑造而深入人心。在被定义“明星”后的两三年里，《烈火中永生》中赵丹塑造的许云峰、于蓝塑造的江雪琴，《早春二月》中上官云珠饰演的文嫂、谢芳饰演的陶岚、孙道临扮演的萧涧秋，《北国江南》中秦怡塑造的银花，《李双双》中张瑞芳饰演的李双双等，都成为中国电影史上令人难忘的经典形象。

近几年，秦怡听到了不少关于中国电影的议论，好的坏的兼而有之。对此，她有很多思考。就拿颜值来举例，在秦怡家客厅的墙上挂着不少照片和油画，有她20岁光景的，也有70岁之后的，但很少有侧面照。“因为我研究出自己侧面不好看，颧骨到下颚的距离太宽。”她说，“你看，我90多岁了还在乎外貌，这很正常，演员都想把最美的一面呈现给观众。但只有皮囊，却没有做好敢吃苦、能吃苦的准备，也是行不通的。现在说什么高颜值，必须要知道，越是受人关注的，越该做好对艺术兢兢业业的榜样。艺术是永恒的，而演员是要终身学习的。”

这是秦怡的艺术观，她也为今天的中国电影工作者做了示范：如何能成为观众心底永恒的星辰。

郭兰英近照（均受访者供图）

郭兰英

郭兰英，1929年出生于山西平遥，我国著名女高音歌唱家、晋剧表演艺术家、歌剧表演艺术家、民族声乐教育家，我国民族声乐的开创者、代表者、传承者。1946年在张家口演出，1947年出演《夫妻识字》《王大娘赶集》等秧歌剧，同年饰演《白毛女》中的“喜儿”，开启民族新歌剧的表演事业。代表曲目有《我的祖国》《南泥湾》《翻身道情》《绣金匾》《人说山西好风光》。在民族新歌剧方面，郭兰英主演了《白毛女》《刘胡兰》《小二黑结婚》《窦娥冤》等，为新歌剧表演体系的建立立下了定鼎之功。

1949年后，郭兰英在中国歌剧舞剧院等单位担任主要演员；并担任中国文联第四届全国委员，中国音协第二、三届理事。1982年到中国音乐学院任教，1986年担任郭兰英艺术学校校长。1989年获中国首届“金唱片奖”，2005年获首届中国电影音乐特别贡献奖，2009年获第七届中国音乐金钟奖终身成就奖，2010年在第一届“金葵花”中国歌剧艺术成就大典上荣膺“歌剧表演艺术终身成就奖”。2019年获得“国家荣誉”称号，被誉为“人民艺术家”。

郭兰英：留得清音遍神州

彭丹

有些声音，历经时光变迁却永不褪色。2019 年央视的元宵晚会上，90 高龄的郭兰英压轴献唱《我的祖国》，当熟悉的旋律再次响起，观众席上发出雷鸣般的掌声，会堂里众人齐歌，仿佛回到了以往的峥嵘岁月。

很少再有类似的歌声能牵动起中国人的集体回忆。舞台中央的郭兰英穿着红色礼服，梳着利落短发，神态沉稳，唱到动情处仍高举拳头，瞪大双眼，虽然动作徐缓，但歌声中的豪迈之情丝毫未减。有观众在网上留言："郭兰英奶奶能来真是个惊喜！她只要往那一站，哪怕不唱，都让人感动到想落泪。"无论在艺术界还是民间，"郭兰英"三字有着无比的亲和力。上至百岁老人，下至三五岁幼童，郭兰英"白金质地"般的歌喉感染了好几代人，几乎人人都能哼唱她的歌曲，道出一两个她演过的歌剧角色。除了自身炉火纯青的技艺外，郭兰英的歌跨越了解放战争、新中国成立等一系列历史节点，成了新中国波澜壮阔历史的生动记录，更唱出了这段历史中人们的欢乐、疾苦、理想与爱憎，因而升华成了整个国家的记忆。而郭兰英的人生，也如一首跌宕起伏的歌曲，那些或铿锵或婉转的音符，让蒙尘的画面再度起舞，重温一个忠于艺术、正直刚强的老艺术家的一生。

从旧名伶到"白毛女"

"宁卖二斗红高粱，也要听郭兰英唱一唱"——早在 13 岁那年，郭兰英就成了同德戏院的头牌，蜚声太原、张家口两地的晋剧演员。1929 年，郭兰英出生在山西省平遥县香乐村一户贫苦农家，是家里唯一的女儿。刚出生没多久的她，因为吃不到母亲的奶而奄奄一息，被放到了林子里，幸亏被姑姑抱回才捡了条命；4 岁那年，家里实在揭不开锅，母亲便把郭兰英送去学戏，想着唱戏能“吃百家饭”，就可以“保住命”。

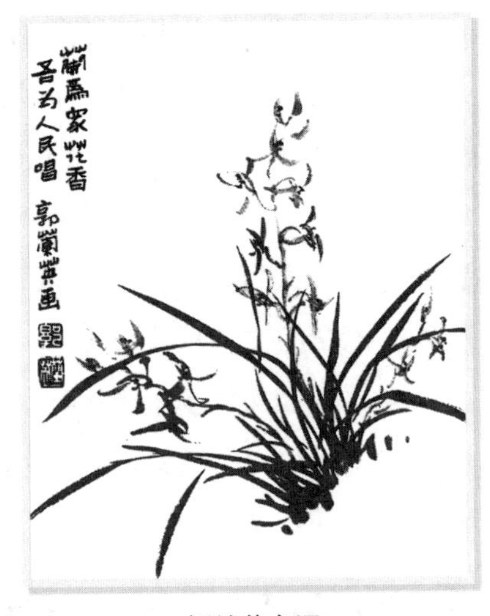

郭兰英寄语

从一开始跑龙套、扮丫鬟彩女，给师姐们递小茶壶、毛巾到演垫场的“帽儿戏”、登上戏园子的广告牌，演“靠轴儿戏”再到张家口一炮而红，小小的郭兰英一路摸爬滚打、苦练自修，个中辛苦全埋在肚里，华丽的戏服里装着内敛、坚毅的人格。“要想人前夺翠，必须背后受罪。”为了早日成角熬出头，郭兰英咬紧牙关，发愤苦练。北方冬天的早晨，寒风凛冽，郭兰英每天去海子边，照师傅的要求伏在冰面上练声，即便下着雪也要张大嘴巴，直到把坚硬的冰哈出一个洞来。一天各种功夫练下来，睡觉时还不得消停，头得枕着一条腿睡，后半夜再搬下那条已没有知觉的腿，换另一条枕上去。

旧时的张家口是晋商云集之地，山西梆子艺人纷纷来此献艺授徒，堪称“晋剧的第二故乡”。1943 年，郭兰英刚来此便一炮打响——她外形甜美、嗓音洪亮、咬字清晰，唱起戏来丝丝入扣，三年下来，场场戏都是满园，后排的人恨不能扒开细细的人缝，甚至爬到树上去，只为一睹郭兰英的神采。时隔 40 多年后，郭兰英又一次到张家口演出，还有老人认出她就是当年最受张家口人喜爱的名伶，亲切地唤她“兰英子”。

1945 年 9 月，日寇投降之后，华北联合大学文工团随部开进张家口，他们带来的新歌剧《白毛女》引起了轰动。早就对歌剧好奇不已的郭兰英坐不住了，趁着演出的空当跑去看《白毛女》，戏结束时，她已哭成了泪人。

“旧社会把人变成鬼，新社会把鬼变成人”——受到《白毛女》的刺激，郭兰英撕毁了当年与戏班签的学艺《契约》，扔掉了昂贵的旧行头，拿了个包袱，在枪炮声中去追赶刚从张家口撤走的华北联大文工团。她下决心不再任人打骂、不再做戏班子的“摇钱树”，而要做一个扬眉吐气的新人、革命的文艺战士。

到文工团第一天，郭兰英便走到团长面前鞠了一躬：“首长，我参加革命就是要演《白毛女》，让我演喜儿吧！”之后她留意文工团每一场《白毛女》的演出，一路看一路学，把喜儿的曲调、唱词、对白都熟记于心。

郭兰英演出照

1948年，文工团来到石家庄，《白毛女》的女主演因怀孕无法登台。郭兰英找到已急得团团转的舒强导演，自告奋勇去“救场子”。

“北风那个吹，雪花那个飘……”郭兰英甜甜的、几乎不带杂质的声音一出口就“拿”住了观众，凭着在戏班练就的过硬功夫，她氤氲而出的丹田气托着高亢的声音扶摇直上，喜儿的遭遇令观众怒从中来。唱到最后一幕的斗争会，想到自己在戏班所受的屈辱磨难，郭兰英一度泣不成声，直到舒强一个劲儿地在侧幕喊：“兰英，这是演戏！是演戏啊！”郭兰英才冷静下来，唱起“我有仇来我有怨”。就这样把近5个小时的《白毛女》演了下来。

戏结束后，舒强含泪抱着她：“孩子，好啊！好啊！从今往后，要好好努力，把喜儿这个角色好好琢磨。为什么你唱不下去，我能理解，喜儿的戏就是写你的生活的。”

自石家庄的演出之后，郭兰英的名字便和新歌剧《白毛女》绑在了一起。每一次如琢如磨的排演，郭兰英的艺术与《白毛女》都更加深入人心。上百场《白毛女》演下来，上千万次的扑、跌、滚、跪，早已把她的膝关节磨得变了形，她却满不在乎。这部常演不衰的歌剧让郭兰英在精神上脱胎换骨，也是她将戏曲程式融入歌剧表演的代表剧目，在贯通古今中赋予新歌剧独树一帜的艺术魅力。

“兰为王者香，吾为人民唱”

“花篮的花儿香，听我来唱一唱……”就像这首传唱了60多年的《南泥湾》一样，郭兰英的歌总是不加雕饰、亲切自然，好似从田野里吹来的清风，又如墟里升起的烟火。乔羽曾写道：“无论郭兰英唱到哪里，哪里便成为了人民的聚会，‘音乐的节日’。”

有人说，什么歌一到郭兰英嘴里唱出来就有味、就好听；什么戏她一演，就同别人的不一样：“不管什么歌，郭兰英一唱就像盖上了戳儿，没人能超过她。”

的确，郭兰英拥有一副无与伦比的好嗓子，她那两片声带像是“纯金属片一样干净透亮”，几乎没有瑕疵和杂质。本着过硬的戏曲功底，郭兰英唱起歌来咬字清晰、高低自如，表演起来更是身形灵活、惟妙惟肖，这些都造就了她浑然一体的“味儿”。郭兰英为每个字都注入了真情，无论是歌颂祖国波澜壮阔的山河，还是黄土地上的人生、炽热滚烫的信念，她的作品始终浸透着韧性与希望，击打着观众的情感尖锐点，在人民群众间流传不衰。

1956年，长春电影制片厂拍摄电影《上甘岭》，再现抗美援朝战争中可歌可泣的上甘岭战役。主要摄制镜头完成后，导演沙蒙找来词作家乔羽写作电影插曲，后者踟蹰良久，突然想到一次去江西坐轮渡过长江的场景，抽身返屋，挥笔写就歌词。沙蒙拿着歌词去找作曲家刘炽，告诉他："我希望这支歌随电影的演出传唱全国，而且家喻户晓、妇孺皆知、经久不衰。"刘炽看到歌词，立马闭门谢客，关在屋里谱了唱、唱了谱，差不多20天后递出了曲子。

歌有了，谁来唱呢？沙蒙等人找了许多擅长民歌的知名歌唱家，但统统不满意。这时乔羽提议道："郭兰英再合适不过了，你们怎么不请她唱呢？"

郭兰英到了现场，越唱越觉得这首歌好，歌词抓人。等唱到"这是强大的祖国"时，她已不自觉地瞪大了眼睛……一曲终了，在场的人无不拍手叫好，有些人甚至湿了眼睛。第二天，中央人民广播电台便向全国播放了这首歌。从此，郭兰英那"一条大河波浪宽"的歌声回荡在神州大地。碧波横流、江帆点点的画面成了几代人对祖国永恒不灭的集体记忆。

事实上，郭兰英选歌十分"挑剔"。有多少人愿意为她写歌啊，但很多时候，曲谱递过来，她都遗憾地表示不合适。她从不演唱那些自己认为逃避现实、无病呻吟的歌；而那些反映大众心声的歌，有时冒着危险也要把它们唱出来。

1976年，周恩来总理逝世，举国悲恸。周总理生前对郭兰英非常关心，是她艺术上的"伯乐"和此生最敬重的人之一。顶着"四人帮"的政治高压，郭兰英找到作曲家吕远，请他写一首怀念周总理的歌，自己则表示"一定要唱，杀头也要唱"。

在庆祝粉碎"四人帮"胜利的文艺晚会上，郭兰英和乐队商量："当我唱到《绣金匾》中的'三绣'时，请你们把节奏慢下来，能慢到什么程度就慢到什么程度。"等演唱时，郭兰英把原词的"三绣解放军……"改成了"三绣周总理，人民的好总理，鞠躬尽瘁为人民，我们热爱您"。观众起初还纳闷节奏怎么慢了下来，等郭兰英那抑制不住带着哭腔的“三绣周总理”刚一唱出口，台下哗然，紧接着就爆发出狂风暴雨般的掌声。等快结尾时，台上的人已泣不成声，台下的观众也早已泪流满面。

郭兰英教学

“永远把观众当成最可敬的人。”郭兰英一直这样教导后学晚辈。从艺80多年来，她不光在灯光璀璨的剧场演出，也曾在火车站、工地、伙房、医院和战士驻扎的海岛、边关为大伙儿歌唱……无论面对的是上千名观众，还是两个战士、一位炊事员，她都要让他们看得清楚、听得明白，字字渗进他们的心田。

1973年，刚从“牛棚”归来的郭兰英去看望自己的国画老师——同样离开“牛棚”不久的李苦禅先生。后者感慨之余，欣然命笔，画了三株狂舞的墨兰，题为“兰为王者香”，赠予郭兰英。

后来，郭兰英又提笔加上一句“吾为人民唱”，既是自勉，也成了她一生的写照。

“我愿做一颗铺路的石子”

2017年4月，88岁的郭兰英从广州飞到北京，应邀给中国音乐学院的学生们上课。在健翔桥外的中国音乐学院，她一见到学生，便问：“你们学过戏曲没有？”听说大部分学生都没学过，她有些着急：“民族歌剧演员要有戏曲功底。你们和领导商量商量，能不能开这样的课？”

自 1982 年退隐舞台后，郭兰英便一头扎入民族歌剧的教学与传承事业之中。1986 年，在老伴的支持下，她放弃在北京的优渥生活和大大小小的名头，揣着所有积蓄到冼星海的家乡——广东番禺创办了“广东省民族民间艺术专科学校”（后改为“郭兰英艺术学校”）。在杂草丛生的飞鹅岭上，老两口住草棚、搭驴灶，带着志愿者搬石块、垒石板、铺路面……硬是把原来的破旧农场变成了焕然一新的教学楼。郭兰英在担任校长的同时还执教声乐系的课，每天早上都带着学生一起练功，任何学生“偷懒”都瞒不过她的眼睛。

“一向年光有限身”——又是几十年过去，郭兰英一点没减她的“严厉”，更增了几分急迫。在中国音乐学院的教学现场，她巴不得在短短的课程里把毕生所学全掏出来，让后辈悉数拿去。

“咬字吐词，每个字都要‘啃’住喽！”

“唱就是说。观众不是听你的声音，而是内容。每一个字都要像铁锤一样砸出去！”

或许，意识到自己的口气有些严厉，她又语重心长地说道：“你表达不好，我不怪你。你要学我，就实实在在地学。我不会骗你，因为我不能骗我的学生。你学得不好，我不饶你。今天我饶了你，明天观众饶不了我，一样也饶不了你……”

当初指导学生排《白毛女》，她也不顾年事已高，一遍又一遍地示范“喜儿”逃跑的那场戏，一遍又一遍摔倒在地又爬起，累得满头大汗，令学生感动不已。

从舞台到讲台，一字之差，个中甘苦只有郭兰英自己能体会。她记得在一次人代会上，周总理问她：“兰英啊，你现在还能唱还能演，将来年岁大了之后干什么啊？想过没有？”

当时郭兰英的事业正如日中天，她没有想过这个问题。等到“文革”结束，年纪渐大后，她恍然大悟：“总理是希望我们后继有人，光大并发扬民族的艺术事业呀！”

20世纪五六十年代，国内曾出现歌剧唱法的“土”“洋”之争，有些人认为民族唱法“不科学”。1963年，郭兰英的一场独唱音乐会让大家心悦诚服：“民族声乐唱法不仅是科学的，而且是要花大力气学的。”面对西方潮流、流行音乐的强势兴起与民族声乐的逐步式微，郭兰英忧心忡忡，决心要将民族声乐的传承作为己任。有人觉得她太过理想主义，但现实多由理想主义者擘画，且这理想主义背后更有着锲而不舍的实干精神：郭兰英的学校已为民族歌剧舞台培养出一批又一批新生力量，让民族歌剧艺术光芒永续。

“我从事新歌剧事业几十年。”郭兰英说，“我要把最后的精力拿出来，献给毕生热爱的新歌剧，完成周总理交给我的任务，把自己的艺术实践经验总结出来，传给后人。我愿做一颗铺路的石子，让新一辈的人踏着它一步步走下去。”

记者手记

心若兰兮终不移

闲暇之余的郭兰英，或品茗，或赏诗，或画虎，或描兰。她笔下的兰花，质朴文静，淡雅高洁，而她本人，又何尝不像这山中高士，泰而不骄，待人如沐春风；看似身形娇小，却柔而不弱，一颗素心在苦难中磨砺未改。饱尝苦难的她似乎对人性中的善良和友情越发感激，对物质名利有置之度外的达观，但求不愧本心。

在“郭兰英艺术生涯60周年纪念活动”上，她展示了一幅幅边边角角已经破损的演出照。那是“文革”中她遭受批斗的日子里，一位老人在扫垃圾时捡起来的，并找机会送还给了照片的主人。郭兰英至今也没找到这位好心的老人，但她一直铭记这件事，借晚会之机，给老人深深鞠了一躬。

在艺术上，郭兰英是出了名的严苛，如果乐队中哪个乐器的音符奏错，她都能听出来并立马严声纠正。曾经为她伴奏的人都说：“郭兰英老师为了演出，毫不客气，十分严厉，大家甚至都有些怕她，但我们又最喜欢为她伴奏，只要她一上场，大家就来劲。”

在舞台下，她却谦虚低调，待人宽厚、真诚。她的学生回忆，老师就像照顾孩子一样照顾大家。有一次，一名学生排练时扭伤了坐骨神经，躺在床上无法自理。郭兰英到处为她找药，还把学生接到自己家里，为她擦洗身体。

郭兰英不仅给我们留下了宝贵的艺术成就，更书写了真正的“艺德”二字。

厉以宁接受记者专访（陆正明摄）

厉以宁

厉以宁，北京大学资深教授、博士生导师，北京大学原社会科学学部主任，光华管理学院创始院长、名誉院长。第七、八、九届全国人大常委，第七届全国人大法律委员会副主任，第八、九届财经委员会副主任；第十、十一届全国政协常委、经济委员会副主任，第十二届全国政协常委。

他主持了《证券法》和《证券投资基金法》的起草工作，是"孙冶方经济科学奖"等多个重要学术奖项获得者。

2018 年，他获得"改革先锋"称号。

厉以宁：无悔今生不自愁

陆正明

在北京中关村的一处教授公寓里，89 岁的厉以宁和夫人何玉春过着平淡日子。客厅仍是十几年前的装修，家具也有些陈旧，唯有一对略新的沙发，是学生送的。穿着有些发皱的本白棉麻衫，坐在沙发上，回忆几十年间为中国经济体制改革疾呼呐喊，厉以宁说得风轻云淡，仿佛是一名经济学家根据自己的学术观点作出的学理推演。

“股份制是解决就业问题的重要途径”“经济改革的成功并不取决于价格改革，而取决于所有制的改革”“减员增效从宏观来说，是根本错误的”“政府的首要经济目标是增加就业机会”“一定要推行社会保障制度的改革，让更多的人能享受到改革开放成果”“中国需要大量的民营企业”“道德是仅次于市场调节和政府调节的第三种力量”……近 40 年来，厉以宁的声音总是伴随着改革开放的节拍传入人们耳中。

作为我国最早提出股份制改革理论的学者之一，厉以宁持续地为国有企业股份制改革疾呼，被称为“厉股份”。他主持起草了《证券法》和《证券投资基金法》。在担任全国政协常委期间，他参与推动“非公经济 36 条”，并提出“中国的民营企业自身必须进行长期的结构调整，要不断有制度创新、技术创新和品牌创新”。

2018 年 12 月 18 日，党中央、国务院授予他“改革先锋”称号，并颁授他“改革先锋”奖章，称他为“经济体制改革的积极倡导者”。

在获得这项褒奖时，厉以宁说：“作为读书人，总有些正心、齐家、改善人民生活的想法，这是我坚持至今的动力。”

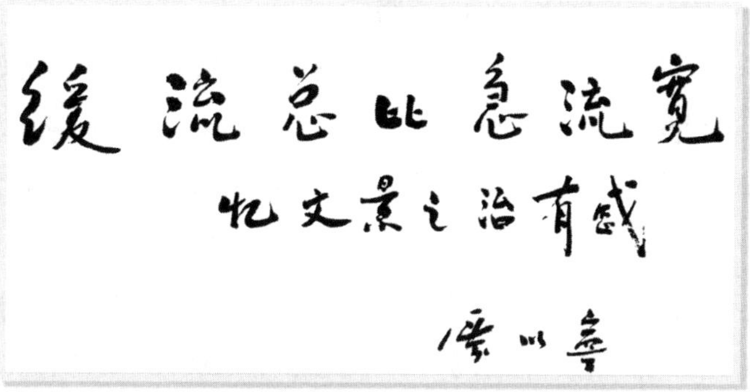

缓流总比急流宽
忆文景之治有感
厉以宁

厉以宁寄语（除署名外，均受访者供图）

漂泊文学少年，“最佳”第一志愿

1930 年出生的厉以宁是家中长子，籍贯长江下游的仪征，生于南京。“以”是厉家的排行，“宁”是为了纪念出生之地。4 岁时，他随经商的父亲举家迁居上海，6 岁入学上海中西女中第二附小（现永嘉路小学），毕业后考入上海南洋模范中学。不久，太平洋战争爆发，侵华日军占领上海，1943 年，全家为躲避战火，避难湘西沅陵，入读因战争迁到此处的长沙雅礼中学。

从小学到中学，厉以宁是个爱好文学的少年。初中时，他以“山外山”的笔名写小说，在学校的壁报上连载。沅陵距沈从文的故乡凤凰很近，是一处“美得让人心痛的地方”。在这里读书的少年厉以宁，常常夜读沈从文的小说，黄昏漫步沅江之畔，忧思山河破碎，感叹人生流离。

抗战胜利后，厉以宁回到南京转入金陵大学附中读高二。金陵大学附中素以数理化教学见长，在这里，厉以宁遇了几位出色的理科老师，让他担任学习委员兼化学课代表，还带学生们参观化工厂。厉以宁说：“这次参观给我留下很深的印象，我第一次知道了化肥对农业的重要性，于是我决定学化学，走‘工业救国’的道路。”

1948 年底，厉以宁高中毕业，被保送金陵大学，并将化学工程作为第一选择。随着国民党政府垮台，金陵大学暂时停止教学，厉以宁抱着投身新中国建设事业的热情，回到曾经生活过的湖南沅陵，在刚组建的教育用品消费合作社当了一名会计。

工作了两年，他觉得若想更好地为国家建设服务，必须学习更多知识，于是决定参加 1951 年的高考，并托已在北京大学历史系念书的好友赵辉杰代他报名。赵辉杰认为，厉以宁虽然想学化工，但更有文学功底，知识面广，又当过会计，学经济学更合适，便做主将北京大学经济系填报为第一志愿。“至今我愈来愈觉得赵辉杰代我填报的第一志愿是最佳选择。”厉以宁回忆道。

当年 7 月，厉以宁在长沙参加北京大学的入学考试，8 月收到录取通知书，从此与北大结缘近七十载。

老师喜爱的学生，学生欢迎的老师

厉以宁入学时，北京大学还在沙滩红楼。经济系的二、三、四年级学生都到广西参加“土改”，只有新生留在校园学习。第二年，传来了院系调整的消息。北大经济系大部分并入新成立的中央财经学院，小部分留在北大，政治经济学是唯一专业。厉以宁的兴趣恰是政治经济学，但不知为什么，当时有人提出他不适合学这门学科。代理系主任陈振汉教授和负责这门课教学的张友仁老师讲了好话，他才得以留在北大。

厉以宁说：“陈振汉先生讲的是中国经济史，不知什么原因，他在听课的学生中注意到了我，要我有空到他家里去坐坐。也许是因为我课间课后喜欢提问吧！”厉以宁“有空去坐坐”的还有赵迺抟先生的家。赵先生曾担任北大经济系主任，他看到厉以宁常去法学院图书室借书，便对厉以宁说：“我家里书很多，有些书是这里没有的。”赵先生又推荐厉以宁结识了专攻西方经济史的周炳琳先生。周炳琳曾言：如果没有经济史基础，经济理论是学不好的；如果没有对西方经济史的研究，工业化会走弯路。厉以宁说：“这两句话影响了我一辈子的研究和学习。”

1961 年 10 月，赵迺抟教授（左）和厉以宁（右）在北京大学

厉以宁至今还怀念着大学时光。他回忆，刚入校时学生宿舍一个房间住 20 多人，同学们吃完饭都抢着去图书馆待着。学生组织了很多研究小组，他是国民经济计划课代表兼研究小组组长，在罗志如教授的指导下开展活动。罗先生曾把 20 世纪 30 年代英文刊物上西方学者关于市场经济和计划经济的辩论读给他听。厉以宁后来说：“正是罗老师使我模模糊糊感觉到，在苏联式的计划经济和西方市场经济之间，还可能存在第三条道路。”

1955 年，厉以宁毕业留校，在经济系资料室工作。当时的资料室除了向老师提供借阅书刊外，还要搜集、整理、编译国内外的新资料。这份工作使厉以宁有机会接触大量西方经济学著作和几十种国外经济学期刊。20 世纪 50 年代末至 60 年代初，他翻译了 200 多万字的经济史著作，还为北大经济系内部刊物《国外经济学动态》提供了数十万字的稿件。

1977 年，厉以宁结束 20 余年资料室青灯黄卷式的生活，正式登上讲台，很快成为大受学生欢迎的教师。几年间，他从资本论、经济史、经济思想史讲到统计学、会计学，前后讲过的课多达 20 余门。

他讲课不念讲义，只在几张卡片上列出提纲，或坐或走，艰深的内容娓娓道来。有学生说，听厉老师讲课，如同和一位长者冬日拥炉谈心。他的课经济学系学生要听，其他专业的学生也常常来“蹭”，有时连走廊上也挤满了人，以致有学生提前领号，凭号入场。这种讲课生涯一直持续到2016年。

人称“厉股份”，自称“厉非均衡”

20世纪80年代初，大批上山下乡的知青返城，急需寻找到工作岗位，就业成为经济、社会的突出问题。1980年夏，时任国务院副总理万里主持召开全国劳动就业会议。厉以宁在这次会议上提出，可以用民间集资的方法，组建股份制企业，不用国家投入一分钱，就能为解决就业问题开辟新路。这是他第一次正式提出的关于股份制的建议，引发了理论界、学术界的激烈争论，他的意见没有被采纳。

1986年，中国的改革由农村向城市延伸，面临的问题更为复杂，价格“双轨制”的负面影响日趋显现。中央有关部门委托9家单位对改革方案进行专项研究。当时，世界银行向中国提出的建议是仿照第二次世界大战后联邦德国的做法，全面放开价格，也就是采用“休克疗法”。北京大学却提出另一种构想：走产权改革的道路。当年4月26日，厉以宁在北京大学纪念“五四”学术讨论会上，面对上千名听众，首次提出了所有制改革。他登上讲台直击主题：“我今天准备讲19个问题。第一个问题，中国改革的失败，有可能是价

1997年2月，厉以宁夫妇在广东深圳

格改革的失败；但中国改革的成功，必须是所有制改革的成功。”一句话就吸引住了在场的听众。当年9月，厉以宁在《人民日报》上发表了《我国所有制改革的设想》一文，再次为国有企业股份制改革大声疾呼。此后，他在各种场合多次宣讲这一主张，有海外中文报纸给他起了“厉股份”的外号。

数十年后，厉以宁在谈到这个外号时说：“大家叫我‘厉股份’，但20世纪80年代初倡导、主张股份制的学者还有冯兰瑞、赵履宽、胡志仁，后来有于光远、童大林、蒋一苇、王珏、董辅礽。有人称我是‘股份制的首创者’，这不符合事实。如果要有外号，我认为应该是‘厉非均衡’。”

“非均衡”是一种经济学理论。19世纪法国经济学家里昂·瓦尔拉斯提出在完善的市场和灵敏的价格体系下，市场上过度需求和过剩供给的总额必定相等的假设，被称为“瓦尔拉斯均衡”。“非均衡”是指在市场不完善、价格体系不灵敏条件下达到的均衡。20世纪30年代起，凯恩斯等西方经济学家对资本主义市场经济下的非均衡进行了广泛研究。厉以宁在20世纪60年代即注意到了非均衡理论，20世纪80年代末，他根据中国经济现状，提出了“两类不均衡”的观点。他认为，按照市场主体是否能够自主经营、自负盈亏，“不均衡”分为两类。第一类是企业能够自主经营、不受干预情况下的“非均衡”。在传统和双轨制下的计划经济体制里，企业难以摆脱行政的干预，是第二类“不均衡”。唯有培育出充分自主、充满活力的市场主体，才能转化第一类“非均衡”。这是他坚持经济改革必须从产权改革入手的学理依据。他说：“价格好比交通信号系统，这个系统再好，对于一个盲人来讲，是没有意义的。只有建立了现代企业制度，它才可能遵守信号、产生互动。”

1990年，他的专著《非均衡的中国经济》问世，此后几十年多次再版，被称为“影响中国经济体制改革最重要的十本书之一”。

从1988年到2003年，厉以宁当了15年的全国人大常委会委员，并先后任全国人大常委会法律委员会、财经委员会副主任。“股份制是现代企业的一种资本组织形式”，1997 年 9 月，党的十五大报告明确了中国经济体制改革的方向；1998 年 12 月，在第九届全国人大常委会第六次会议上，由厉以宁担任起草组组长、历经 6 年酝酿的《证券法》以 135 票赞成高票通过。一年后，《证券投资基金法》起草小组成立，厉以宁任组长。2003 年 10 月，该法在第十届全国人大常委会第五次会议上高票通过。

回首这段历程，厉以宁说，20 世纪 80 年代中期到 90 年代初，中国的股份制改革经历了试点、暂停、重启，主张股份制的学者一度面临被否定、被批判，直到邓小平发表南方谈话，才有了变化。

从 2003 年起，厉以宁又当了三届全国政协常委，并曾任经济委员会副主任。2003 年 10 月，全国政协经济委员会以促进非公经济发展为主题组织调研组，由厉以宁任组长，赴广东、辽宁等地调研。2004 年，17 页的《关于促进非公有制经济发展的建议》连同厉以宁一封言辞恳切的信，一同被送到国务院。2005 年，《国务院关于鼓励支持和引导个体私营等非公有制经济发展的若干意见》问世，即著名的“非公经济 36 条”。厉以宁又成了“厉民营”。

厉以宁著述丰而涉及领域广。有学生说，厉老师出版的独著、合著、主编、合编、译著，已近 200 部，覆盖西方经济史、经济学史、宏观经济、转型发展理论、经济伦理、社会信用体系等诸多领域，中国林权制度改革、扶贫路径探讨等有极强现实性、实践性的课题也多有涉及。

不求浮华求警句，沉沙无意却成舟

2000 年 11 月 22 日，厉以宁 70 岁生日，在他创立的北京大学光华管理学院 101 教室，举办了一场特殊的学术活动。上半场，厉以宁作学术报告，谈的不是经济，而是“唐宋诗词欣赏”；下半场，是“厉以宁诗词研讨会”。晚上，意犹未尽的师生开了一场“厉以宁诗词朗诵会”。

厉以宁的诗词功底得益于小学和中学时代的国文老师。诗词格律是老师教的，诗韵词韵是他自己下功夫熟记的。他对学生说，诗词对一个人的修养有潜移默化的作用，自己经历过坎坷，但是意志从未消沉，应该归功于诗词滋养。自 1947 年在故乡仪征写下第一首诗起，厉以宁 70 多年来吟诗填词 1400 余首。他写的是中国古典诗词，诗循格律，词遵词牌。诗中有山河江海、家国情怀，也有岁月跌宕、人生忧欢；有少年壮怀、人生况味，也有学理探微、治学感悟。“不求浮华，但求警句”。

1951 年由沅陵赴长沙参加高考途中，他填了一首《钗头凤》：“林间绕，泥泞道，深雨后斜阳照。溪流满，竹桥短，岭横雾隔，岁寒春晚，返？返？返？青青草，樱桃小，渐行渐觉风光好，云烟散，峰回转，菜花十里，一川平坦，赶！赶！赶！”21 岁的赶考学子仿佛预知前路崎岖，但若能“赶！赶！赶！”，终将“菜花十里，一川平坦”。

大学毕业后，厉以宁曾 20 余年无缘讲台，20 世纪 60 年代后期，三次被抄家，一度被囚于北大“监改大院”。忧心国家命运，感叹家庭遭际，在江西鲤鱼洲干校，厉以宁写下了“家事试忘怀，国愁心底来”等诗句。

1976 年 1 月，周恩来总理逝世，厉以宁悲忧交集，作《采桑子》一阕，“声声哀乐催人泪，处处灵堂，处处花墙，一夜京城换素妆。音容虽已天边去，留下忧伤，留下彷徨，预感风来雨更狂”，对周总理的深情怀念，对祖国前途的忧虑，对未来历史转折的期待，跃然纸上。

1978 年，改革开放的大门即将开启，厉以宁写下“山景总须横侧看，晚晴也是艳阳天”的诗句。这年，他已 48 岁，刚刚从资料室走向讲台，学术生涯的“艳阳天”初露曙光。两年后，第一次提出以“股份制”汇集社会资金兴办企业、解决就业问题的设想，未被采纳且受到质疑，有人说他是“明修国企改革的栈道，暗度私有化的陈仓”。厉以宁写下了后来流传甚广的一首“七绝”：“隋代不循秦汉律，明人不着宋人装。陈规当变终须变，留与儿孙评短长。”这首诗成为一代改革者心路历程的写照。1981年，他又写下诗句“登小阁，望前川，缓流总比急流宽。从来黄老无为治，疏导顺情国自安”，以格律诗的语言，表达了渐进改革、减少干预、以“看不见的手”调节经济的主张，也成为他此后数十年学术研究的基调。

记者手记

天天给夫人做饭的经济学家

厉以宁每天早晨6点起床，坚持写一小时文章，7点做两个人的早饭，然后又是看书、写作，直到11点，开始做午饭。

厉以宁做饭的本事是在鲤鱼洲干校学会的。回到北京后，如果不是做饭，他能一直坐在书桌前思考和写作，一点活动都没有，做饭，是夫人何玉春为了让他有机会歇歇脑子、动动身体。

何玉春是电气高级工程师。厉以宁的文章总是先给她看，何玉春满意了，厉以宁才放心，这样，一般读者读起来也不会太难。

从1957年两人重逢、为何玉春写第一首词起，厉以宁“情诗”多多，从青春年少写到满头白发，从新婚宴尔写到儿孙满堂。2008年，他们金婚，厉以宁以“凄风苦雨从容过，无悔今生不自愁”的诗句总结50年婚姻，也可视作他的自况。

2012年6月24日，叶聪胜利完成7000米深潜后出舱（均受访者供图）

叶聪

叶聪，1979年11月出生于湖北黄陂，1997年考入哈尔滨工程大学船舶工程专业，2001年入职中船重工七〇二研究所。2003年担任“蛟龙号”总布置主任设计师。2007年，他成为“蛟龙号”的首席潜航员。2012年6月24日，他驾驶的“蛟龙号”首次潜到了7020米。

2009年，他担任了4500米级载人潜水器“深海勇士号”的副总设计师。历经8年艰苦攻关，研制终获成功。他任总设计师的“全海深载人潜水器”将于2020年建成。2018年，他被任命为七〇二所副所长；年底，他获得“改革先锋”称号。

叶聪：把深潜进行到大洋之底

郑蔚

大洋浩瀚，它的最深处究竟有多深？

1960 年，美国潜水器“迪利雅斯特”曾在马里亚纳海沟下潜到 10916 米。10916 米的深度，可以“放下”一座海拔 8844 米的珠穆朗玛峰，但它是否一定就是全球大洋的最深处？学界尚无定论。

“自古以来，资源的禀赋往往决定着一个国家的实力和未来。”全海深载人潜水器总设计师叶聪说，“洋深处有数不尽的秘密和宝藏等待着我们去发现。”

“我们‘全海深载人潜水器’的目标，是能实现万米载人深潜。目前，它的全部设计工作都已完成，我们团队正忙着和参与项目的各地有关单位沟通，督促、检查设备和部件的加工生产，以确保质量和进度能满足项目的总体要求。”他说。

叶聪给人的第一印象是沉稳而又平实。无论说到他和团队遭遇的坎坷，还是赢得的成功，他都始终语气平缓，就如他一贯的风格，似乎他设计的不是堪称“大国重器”的载人潜水器。这要是平常人，哪怕是想一想要去遨游海洋最深处的马里亚纳海沟，就该多激动和神往啊！

虽没见过潜水器，还是画出“蛟龙号”草图

人都说叶聪运气特别好。2001 年从哈尔滨工程大学船舶工程专业毕业，就进了他向往的中船重工七〇二研究所；仅仅两年后，又当上了“蛟龙号”总布置主任设计师。

这一切，其实既缘于他赶上了我国载人潜水器快速发展的好时代，也

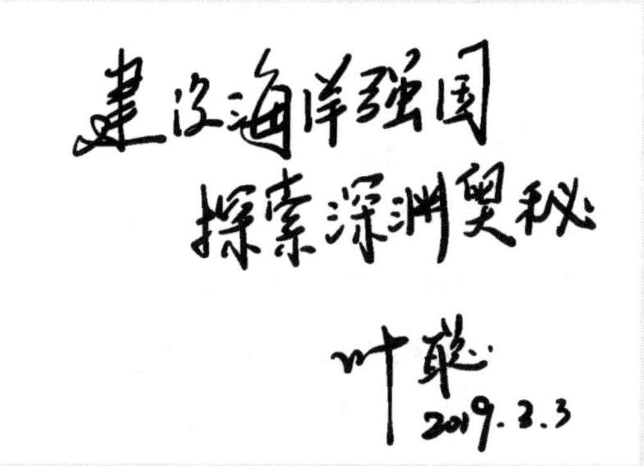

叶聪寄语

缘于叶聪从小就是个军迷，能亲手造潜艇、造军舰是他少年时代就萌发的夙愿。

叶聪老家武汉黄陂，黄陂北面紧靠大别山的余脉，是“木兰故里”，历史上也出过不少名人。陂人崇尚技艺，民间多“九佬十八匠”，金匠、银匠、铜匠、铁匠、锡匠、石匠、木匠、雕匠、鼓匠、漆匠、皮匠等让人数不过来，笃信的就是本分老实、凭真本事立足四方。

叶聪能保持这么一份爱好，还得益于他开明的父亲。父亲叶大群喜欢读《文汇读书周报》，对儿子的志向十分尊重，也从不干涉儿子的课外阅读，这让现代化的舰艇，为叶聪打开了无限想象的天地。但父亲给他钱订《舰船知识》《兵器知识》，他偏不肯订，因为嫌订阅的杂志总是姗姗来迟，情愿自己每月到报亭去买，以先睹为快。后来他发现，文清路报刊批发市场出刊比报亭还早，所以索性赶到报刊批发市场去买还带着油墨香的杂志，完全迫不及待。

1997 年高考，他没有报本省名校，而是选择了前身是“哈军工”的哈尔滨工程大学。对儿子远走高飞的抉择，开明的父母亲没有反对。

大学毕业，他看上了远在无锡的七〇二所。第二年，“7000 米载人潜水器”项目启动，已退休了 6 年的我国深潜技术的开拓者徐芑南，被吴有生院士请回来担任总设计师。所领导号召说，“新课题、新任务，需要大批新人参与”，叶聪一看徐老都回来当总设计师了，就说：“那就跟着总师干吧。”

2003 年，职称还是助理工程师的他当上了总布置主任设计师，成为整个“7000 米”项目团队 11 个分系统中最年轻的负责人。按理说，要领衔一个分系统，至少要在所里吃上五六年的“萝卜干饭”，叶聪何来这么好的运气？

“蛟龙号”项目副总设计师胡震说，当时进所的大学生不少，但所里项目少、收入低，在无锡市属于中下水平，一些大学生跳槽了。而叶聪心沉得下来，喜欢钻研，处理问题有条理，让我们觉得靠谱。

这“总布置主任设计师”，究竟是干什么的？

“总布置设计师是船舶建造的一个专门岗位，就是既要负责全部船用设备从船艏到船艉安装的空间布局，又要管船舶全生命周期的作业时间流程，比较接近于‘造船总体师’的概念。”叶聪解释道，“这个岗位对我的锻炼很大，因为要通过成百上千次的计算、分析，编写报告和绘制图纸，完成每个设计阶段潜水器最重要的设计文件和图纸，包括深潜的操作流程和潜水器总图。这让我对潜水器的每一个部件都了如指掌，对每一个操作环节都能把时间精确地控制到分钟级别。”

但其实，此时的叶聪还没有见过真实的深海载人潜水器。

“那时候，我们整个七〇二所只有包括徐总师在内的两个人见过真的载人潜水器。所以这项目确实是个挺大的挑战，存在着很多风险。”

“也因此，就有媒体说，你们好不容易看到国外电影中偶然出现的载人潜水器，就赶紧模仿？”记者求证。

这说法夸张得让叶聪笑了：“当时确实凡是能找到的国外载人潜水器的资料，我们都会去认真分析研究，但我们的研发还是从整个项目的目标出发的：首先明确我们的载人潜水器是要用来做什么的？实现这个目标需要哪些设备和部件？而这些设备和部件又需要多少能源和多大空间？最后，将这所有的需求，归结到整个潜水器的耐压能力、供电能力、驱动能力、信息反馈和控制能力等等。我们从目标出发来层层反推，进行优化。”

一年后，叶聪所在的团队拿出了“蛟龙号”的草图，走的是“自主设计、集成创新”的技术路线。

“蛟龙号”当初立项时，还只是个“五年计划”，计划 2007 年建成结项。但当时，国内船研所还普遍没有计算机仿真设计、三维建模的能力。2003年，他们土法上马造了一个钢球体模型，里面的设备用木模代替。但中国深海载人事业对国际水平的追赶，不仅是一家科研团队的追赶，更是整个深海载人潜水器产业链的追赶，谈何容易。

叶聪在“蛟龙号”驾驶舱内

首次下水就沉了底，他却偏不急着浮起来

建造这深海蛟龙到底有多难？

最初的下潜深度曾设想为4000米，而立项时，国家海洋事业大发展的需求，将下潜深度改写为7000米。

根据海洋的深度，通常分层为：0—200米，海洋上层；200—800米，海洋中层……4000—6000米，海洋深渊层；6000米深度以下，海洋超深渊层。“为什么要将‘蛟龙号’的深度定在7000米？”记者请教叶聪。

“如果它能达到7000米，那它的深潜能力就已经覆盖了全球99.8%的海域，全球大于7000米深度的海域不过0.2%。这0.2%，通常称为‘深渊’。”叶聪说，“今天，这深渊对全球的科学家来说，依然存在太多的谜团，有太多的科研和经济价值。”

虽然“迪利雅斯特”深潜器早就创下了深潜10916米的世界纪录，虽然电影《阿凡达》导演卡梅隆在2012年3月独自一人驾驶着“深海挑战者号”，潜到了10898米的海底。“但这两种深海载人潜水器都是探险型的，而‘蛟龙号’则是作业型的。这区别，简单地说就是，我们不仅是去看看海底究竟是啥样的，还是可以在海底搞科研、干活的！”叶聪强调说。

2005年，叶聪终于亲眼见到了深海载人潜水器。那次参加中美联合深潜活动，他有了两次2000米级别的大洋热液区下潜的机会。“当时，美国科考船上的很多科学家得知我是中国7000米级载人潜水器项目的设计师，他们都很吃惊，认为不可思议。因为当时美国人自己的作业型载人潜水器也不过6000米级别，而且我国当时最好的业绩也就是600米级的载人潜水器，一下子要跨越这么大。”叶聪说，“但这次活动，对我是一个学习如何高水平地运行管理潜水器的好机会。”

正是这难得的技术和经验积累，当“蛟龙号”需要驾驭它的潜航员时，叶聪毛遂自荐，成为首个潜航员。

“每下潜10米，会增加一个大气压力，10个大气压等于1个兆帕；下潜到7000米时，‘蛟龙号’就要承受700个大气压、70兆帕的压力。那时，‘蛟龙号’每平方米要承受的压力是7000吨。”叶聪说，“由此引起的高压、密封、腐蚀、绝缘等技术难题，都必须一一突破，稍有不慎，后果不堪设想。”

非专业人士可能不太好理解70兆帕压力意味着什么。“你知道切割钢板的水刀吗？水刀的压力只有4兆帕，4兆帕就可以切割开钢板，那还只是‘蛟龙号’潜到400米时承受的压力。”叶聪说。

曾寄希望5年内建成的“蛟龙号”，直到2007年冬天才下水。这“下水”还不是下海，只是下七〇二所里的试验水池。

第一次下水池就出现了故障，胡震回忆说：“试验刚开始，‘蛟龙号’应该是中性状态，也就是漂在水面上的，但突然它沉到了池底，我们都不知道发生了什么。尽管事前有各种应对方案，万一沉底时叶聪应当怎么自救起浮，但5分钟、10分钟过去了，一点动静也没有。我很着急，因为‘蛟龙号’在水池里是没法和地面通信联络的，马上派了好几个潜水员潜下去看，想知道到底怎么回事。但直到20分钟以后，‘蛟龙号’才浮上来。原来，突发沉底，叶聪也很急，但他首先不是想自己先浮上来安全了再说，而是想先要在水底把故障排摸清楚。就这一件事，让我们都觉得他遇险不慌、责任第一、堪负重任。”

“整个‘蛟龙号’，深潜时最危险的是什么？”记者问叶聪。

“整个球体的耐压肯定是最重要的。”叶聪说。

“蛟龙号”是载人潜水器，但它又与潜水艇不同。潜艇的艇身是一体的，人员、动力、装备都在潜艇的耐压壳体内；而“蛟龙号”的内径 2.1 米的驾驶舱是个独立的耐压球体，它的动力、通信等设备也都是独立的系统，有 100 多个水密接插件和电缆通过耐压球体上的 9 个贯穿件，将驾驶舱与设备彼此相连。

这 9 个贯穿件是巨人之踵，万一泄漏了怎么办？

“对啊，这 9 个贯穿件是否经得起 70 兆帕的压力、不渗漏是关键之一。”叶聪说。

“怎么才能知道贯穿件不泄漏呢？”记者又问。

“那时，有人开玩笑说，下潜后，要一刻不停地拿舌头去舔每个贯穿件。因为一旦舌头上有咸味了，就说明海水进来了。”他幽默地说。

最危险的时刻，他把生命支持系统关了

“‘蛟龙’呼叫‘向 9’，目前潜水器工作正常，请求下潜！”

叶聪在潜水器里呼叫工作母船“向阳红 9 号”上的现场指挥。

从 2009 年起，“蛟龙号”开始了历时 4 年的海上试验。“这 4 年的海试经历，让我毕生难忘。”叶聪说。

首次海试，“蛟龙号”还没有潜下去，就和“向 9”失联了，无线电通信怎么也联系不上。

原来，无线通信有个“苹果波效应”，无线信号的发射天线位置越高，天线底下的信号就越差，而“蛟龙号”恰恰就在“向 9”船边的海面信号

盲区位置。

后来，试验队想出了绝招，索性将无线通信天线正对着海面漂浮的“蛟龙号”，自嘲是“海上的中国移动”。

但无线信号在水中的传递效果依然很差，无法将数字再还原为语音。他们不得不临时采用最原始的“摩尔斯电码”救急，以保持联络。

而如今，他们已经用上了最先进的通信声呐方式。不仅可以传输语音，还可以传输图像。

深潜的感受如何？

“‘蛟龙号’里没法安装空调，所以如果我们是夏天深潜海试的话，一关上顶上的舱门，温度就会有38℃—40℃，但通常我们还顾不上热，因为潜水器相对船舶来说太小了，海浪和洋流让它剧烈摇晃。海船上一般会有一个‘摇摆钟’，一根指针指示着船体的摇摆幅度，通常13℃就是‘惊慌角’，超过13℃船上的人就开始难受紧张了。而‘蛟龙号’最大的纵横倾达到过60℃，很多人都吐了。”叶聪说。

下潜后，“蛟龙号”反而平稳了。下潜速度是1分钟40—50米，比每分钟升降60—100米的电梯速度要慢。海水中的阳光从有到无，300米以下基本漆黑一片。深度1000米以下，基本看不到大型海洋生物了。水温也随之下降，潜到3000米，舱外水温大约是8℃，而舱内是20℃；到水深7000米，舱外是2℃，而舱内降到10℃，必须穿加厚的工作服了。

“潜得越深，是不是故障发生就越多？”记者揣测道。

“恰恰相反。我们发现从1000—3000米，是深潜的一个门槛，大多数故障都出现在这个区段。而5000米以下，反而越来越顺利，海底也越来越宁静，洋流也越来越平稳，真的是深水静流。”

“我们之前说的防止贯穿件泄漏的难题，在潜到1500—2000米时就出现了。当然不是靠舌头去舔，而是测量贯穿件和外壳之间的阻抗变化来发现的。奇怪的是，当潜水器上浮到1500米以上，泄漏报警就消失了，再潜下去不到 2000 米，就又泄漏报警了。这怎么办？不解决这个问题不能再往下潜了啊。”叶聪说。

“边海试，边发现问题，边排除故障，边改进设计，不解决问题不深潜。”这是“蛟龙号”海试的铁律。

怎么找到故障原因呢？唯有回到发生故障的深海去。胡震说，叶聪非常不容易，反复将“蛟龙号”潜到 1500 米以下，等故障再次发生后，一个系统一个系统地查找原因。“这是非常危险的。”胡震说，“因为他必须先把系统关了，停运，测试，再启动，再测试，这些系统也包括生命支持系统，关了风险非常大。但叶聪胆大心细，连续查找了几天后，终于查出了故障原因，海试才得以继续进行。”

还有一次险情发生在从 300 米深潜上浮过程中，作为潜水器动力电源的蓄电池“砰”的一声突然爆炸了。叶聪沉着应对，驾驶“蛟龙号”平安返回母船。他和有关专家一起研究分析，事故症结终被破解。

正是“不准带问题下潜”的海试，将“蛟龙号”深潜中可能出现的问题大都解决在3000米以上，到了5000米以下，反而很顺利；深潜7000米，下潜 3 个半小时顺利抵达。抛第一组压载铁，取得“中性浮力”，悬浮在海底之上，作业完毕后，再抛第二组压载铁，仍以 3 个半小时的速度平安返回海面。

目前，全球下潜深度超过 1000 米的载人潜水器只有 12 艘。而能下潜超过 6000 米的潜水器，只有中、美、日、法、俄这五国拥有。其中，能有深海悬停功能的深潜器，唯有中国一家。“深潜器必须能应对外部洋流冲击和克服自身作业的影响，才能实现深海悬停；而只有深海悬停，才更有利于海底科考作业。”叶聪说，“如果‘蛟龙号’今天在 7000 米海底放下一把扳手，只要经纬度准确，明天肯定能把它再找回来。”

2017 年 12 月，服役 10 年的“蛟龙号”进厂整修升级。它总共下潜了 158 次，首席潜航员叶聪驾驶了它 50 次。

记者手记

做一个“大西洋海底来的人”

叶聪觉得自己最对不起的就是父母了。2016年，他父亲住院需要做心脏手术，他只在医院陪护一周。父亲一出院，他就参加“蛟龙号”在太平洋的试验性应用航次去了。

而他团队中的另两位年轻设计师刘帅和姜旭胤则认为“叶总师是孝子”。就是那次叶聪父亲住院时，正好有项目材料必须尽快报科技部，结果他俩好几次半夜1点赶到医院，和陪夜的叶聪就在医院走廊的灯下修改文件，他俩回到所里都凌晨3点了。

“你在海试时没有害怕过吗？”记者问他。

“有一次5000米深潜上浮时，因为风浪太大，‘向9’两个小时都没有找到我们。而我们的舷窗都是向下的，既不见天、又不见船。和母船失联后，在茫茫大海中真觉得自我的渺小和无助，体会到什么叫‘沧海一粟’。”

在取得一项项成功、成为被公众关注的“高光行业”后，叶聪又在想什么？

“说真心话，我觉得今天的环境与我们当初太不同了。当初，我们就是为了造‘蛟龙号’而拼命努力，满脑子整天想的就是怎么解决难题，怎么才能不失败，因为困难确实太多了，谁也没有想到荣誉。而今天国家给的荣誉这么多，我们的心还要静得下来，回到当年的心态，这是个考验。”

全海深载人潜水器建成后，你们会去哪里深潜？

“我们已经去过太平洋和印度洋，也许不用等到‘全海深’建成，在‘2019号’的环球航行中，我们就会去大西洋海底，也做一个‘大西洋海底来的人’。”叶聪笑着说。

包起帆近照（均受访者供图）

包起帆

包起帆，1951 年生于上海，祖籍宁波镇海。全国劳动模范。1967 年进入上海港白莲泾港区当装卸工。1980 年，在上海第二工业大学求学期间，他开始发明木材抓斗、生铁抓斗、废钢抓斗等，杜绝了人身伤亡事故，人称“抓斗大王”。

1996 年，包起帆调任上海龙吴港务公司总经理，开辟了中国水运史上第一条内贸标准集装箱航线。

2001 年，包起帆担任上海国际港务集团副总裁。两年后，他主持建设了我国首座集装箱自动化无人堆场和全自动散货装卸系统。

2011 年，他负责制定的集装箱 RFID 管理方案和相关国际标准 ISO/NP18186，成为在物流和物联网领域首个由中国人领衔制定的国际标准。2016 年，该标准被英、法、荷、丹、捷等七国采纳为国家标准。

包起帆先后 3 次获得国家发明奖，3 次获得国家科学技术进步奖，44 次获得省部级科技进步奖，36 次获得日内瓦、巴黎、匹兹堡等国际发明展览会的金奖。2018 年，获“改革先锋”称号。

包起帆：创新，非进不可，永无止境

郑蔚

包起帆，曾是上海港传奇般的“抓斗大王”。2018 年，在北京举行的庆祝改革开放 40 周年大会上，他以“港口装卸自动化的创新者”的杰出贡献，被党中央、国务院授予“改革先锋”的光荣称号。

从“抓斗大王”到“港口装卸自动化的创新者”，这是一个长达近 40 年的非同寻常的跨越：不仅是包起帆在创新领域上的大跨越，而且是上海港从 20 世纪 80 年代机械化到如今的数字化、自动化乃至智能化的产业能级的大跨越；还折射出上海从国内最大的港口城市到迈向国际航运中心的历史性大跨越。

“非常有幸，我有机会到北京参加庆祝改革开放 40 周年的多项活动。”2019 年元旦后的第一个工作日，包起帆来到母校——上海第二工业大学分享感受：“在大会现场，少先队员向我们献花，习近平总书记带头起身向‘改革先锋’致敬并鼓掌祝贺，我不仅感受到党中央对表彰活动的重视，更感受到肩负的重任。”

“改革开放 40 年带来了发展的好机遇，我们都是亲历者、参与者，更是见证者、受益者。”包起帆说，“我当初在码头上做装卸工时，只有初二的文化程度。没有改革开放，没有上大学的机会，就没有今天的包起帆。”

“为上海实施国家战略留下一块宝地”

“2040 年，如果新横沙形成 480 平方公里的生态陆域，上海港未来的超深航道、深水港区能不能落户在那里？新横沙对上海城市未来发展的新空间有什么意义？它可以为全国重大发展战略做些什么？”

2019年元旦假期前，包起帆依然没有闲着。2018年12月28日下午，他带领华东师范大学国际航运物流研究院的同事，从浦西到浦东，先后造访了上海市发展改革研究院和上海河口海岸科学研究中心，与他们商讨如何在新的一年中联手开展“长江口疏浚土资源利用和新横沙滩面生态培育研究及应用示范”项目的研究。

创新只有开端，永无止境。

包起帆

2019.元.3

包起帆寄语

2011年，年满60岁的包起帆，告别上港集团副总裁的岗位，受聘市政府参事。为延续他的创新情结，华师大领导邀请包起帆担任该校国际航运物流研究院院长。他欣然从命。

在包起帆、陈吉余院士、上海航道局董事长宗源远和上海航道设计院院长周海等人的推动下，“上海城市发展新空间和深水新港战略”的研究开始推进。次年，上海市科委将此课题研究正式立项。

“您首次提出‘新横沙’的概念，横沙岛对上海有这么重要吗？”记者请教包起帆。

“上海依水而生、依水而长，原本就是建立在滩涂上的城市。”包起帆说，“根据规划，上海建设用地总规模为3226平方公里。而在我们开始这个课题研究的2012年，上海建设用地已达3034平方公里，2020年前上海的建设用地指标已所剩无几。”

不只是建设用地，上海市域内的深水岸线也已几近用罄。“国际航运的大趋势是集装箱船舶的大型化，以及航线布局‘辐射化’。”包起帆说，“随着2.2万TEU超大型集装箱船及40万吨矿砂船的问世，要求国际航运中心必须具备20米以上的深水航道和深水码头，而外高桥港区和洋山深水港都缺少这样的基础条件。”

横沙岛是长江口最靠海的一个小岛，其区位优势显而易见。横沙原有本岛约50平方公里，生态成陆后，总共可新增土地480平方公里，形成100多公里水岸线。包起帆说：“新横沙南北两侧紧贴长江口的两条最大通航水道，东侧直接面对外海深水区，就像长江龙头伸向大海的‘龙舌’，完全有条件建设众多的集装箱泊位，建成水深20米以上的上海深水新港，为上海国际航运中心建设找到新路径。”

泥沙也是上海的重要资源。过去，滔滔江水奔腾而下带来的泥沙，每年都在“催生”上海的滩涂向外发育生长。“然而，21世纪初，长江中上游筑起不少水坝，致使如今抵达长江口的泥沙量减少约70%。”包起帆说，“新加坡为填海造陆，花费巨资到越南和泰国买泥沙。我们为长江口航道疏浚挖出来的泥沙，也不能抛海浪费。”

“横沙岛的规划，市里有深谋远虑，目前是‘留白’；但‘留白’不能‘留空’，首先要留下生态陆域，这样不仅符合长江大保护战略，也有利于将来国家战略的实施。”2012年以来，包起帆多次赴北京、武汉、南京、广州，一家家单位去沟通，终于召集起国内近百位专家学者的研究团队。他们以产学研结合的方式，充分发挥各自在城市规划、现代物流、生态环境、港口航运、河口海岸等学科上的优势，开展了“新横沙成陆开发和深水新港建设可行性及关键技术”等多个项目研究，获得2017年上海市决策咨询一等奖、2018年上海哲学社科决策咨询和社会服务优秀成果一等奖。

“在国务院批准的《上海城市总体规划（2017—2035年)》中，已采纳了我们的研究成果，肯定了‘预留横沙东滩滩涂围垦资源作为城市长远发展的战略空间’，明确‘加强对横沙等海洋战略资源的保护和控制’。2016年市政府启动了全国规模最大的利用长江口疏浚土生态成陆横沙东滩七期、八期工程。计划到2020年，新增56平方公里新陆域。我们希望，到2040年，让新横沙形成480平方公里的生态陆域，等于为上海新增一个开放初期的浦东。这块宝地，将来肯定是为上海实施国家重大发展战略服务的。”说到愿景，包起帆的脸上放光了。

“关门”写稿，还惦记着伤残工友

2019年1月1日上午，包起帆睡得比较沉。这是因为前一天晚上，他应邀参加一个上海地标景点的“跨年”活动，直到凌晨2点多才回到家。夫人张敏英要包起帆无论如何好好睡一觉，元旦必须在家休息，“不得外出”。包起帆正好利用这一时间，认真准备次日在母校座谈会上的发言稿。

“过去他忙，我还有个‘盼头’，心想‘等他退休下来就好了’。没想到，他都退休这么多年，还是一样忙，天南地北地不顾家。”张敏英对记者说。

这让记者想起，25年前，记者去包起帆家采访时见到的意外一幕：这位赫赫有名的“抓斗大王”家的卫生间里，头顶上一根污水管上竟然绑着一只已经盛了半袋水的马甲袋。张敏英说，污水管漏水了，包起帆根本没时间管。她报修了好几次，房管部门“打太极拳”。她又担心一直去反映会影响包起帆的声誉，只好在漏的地方下面绑个马甲袋救急，隔几个小时倒一次水。

谁都知道包起帆发明创造不容易，其实，张敏英一样不容易。包起帆1967年进上海港白莲泾码头，分配到装卸4队做装卸工。1973年，张敏英也分配到白莲泾码头装卸 4 队，包起帆是她的组长。她对包起帆最初的印象是：工作服洗得干干净净，不抽烟不喝酒，话虽不多，但思路清爽，为人忠厚老实。这就是那个年代上海人的“暖男”标准。

两人从相识、相知到相爱。“我们 1979 年结婚时，两人的工资加起来还不到 100 元。他是家里的老二，还要接济弟妹。所以结婚时，连个金戒指也没有。只是请亲戚朋友吃顿饭，记得那时候是 30 元一桌。”她说。

这几十年，包起帆全身心扑在工作上。家里从换煤气罐到装修房子，全是张敏英一人里外张罗。有时候，她也忍不住“火”了，但看到包起帆一脸疲惫地回家，心又软了。

2019 年元旦那天，包起帆虽被夫人“管着”没出门，但还是给牵挂的两位工友王伟民、周振天打了问候电话。

王伟民告诉记者，1982 年春节期间，已经伤残在家 5 年多的他收到一张署名“一个共产党员”的汇款单 10 元钱。而周振天是 1978 年工伤致残的，1987 年也收到了一张 10 元钱的汇款单，署名是“四区（白莲泾码头）一职工”。周振天对记者强调说：“当时，10 元钱不是小数目，一个装卸工的月薪也只有三四十元。”

于是，他俩先后赶到单位请组织帮忙查找汇款人，才知道是过去未曾谋面的包起帆。于是，他俩都把钱退给包起帆，但包起帆执意要他俩收下这点心意。

1981 年，包起帆在家试抓斗模型

周振天至今保存着当年包起帆写给他的一封信。信中，包起帆说：“这些钱是光明正大的，它来自我的科技成果奖。”“在革新遇到困难的时候，遇到风浪的时候，我的力量来源之一是你们——第一线装卸工和司机，可以说，没有你们长期工伤在家同志、没有因公牺牲同志的激励，我和我的同事也不可能搞成木材抓斗。”

从包起帆进港到 1981 年，14 年间，他所在的码头工伤致死 11 名工人，重伤和轻伤的职工多达 546 人。他自己左手大拇指上至今留有一个长长的伤疤，就是在船舱底挂木材吊钩时，手还没离开吊索，吊机就起吊了。紧急停车后，他的大拇指鲜血淋漓，伤口都能看见指骨了。这十指连心的疼痛，既让他产生一种本能的愿望，“这种危险的作业方式一定要革新”，又对伤残的工人师傅有了患难与共的情谊。

近 40 年来，包起帆给自己立了个规矩：把国际、国内、省部获得的所有科技奖励，除分给参与项目的同事外，都送给了伤残工友。王伟民说：“老包给我的钱至少有 10 万元。”

2019 年元旦这天，包起帆拨通王伟民的手机，先问老王“你儿子现在好吗？”老王连声向包起帆道谢。原来，前些年老王的儿子从港务局技校毕业，一时没找到工作，王伟民很着急。包起帆获悉后，主动把这事揽了下来。“别人问老包，他是你的什么人？老包回答说，这是对我很重要的人。你让这个年轻人就业，就救了一个家庭。”王伟民儿子的就业终于落实了。

周振天是在浦东的新居里接到包起帆电话的，屋外冬雨淅淅沥沥，屋里温暖整洁。

“你家不是在中山南路的吗？”记者问。

“后来为世博会动迁了。最早动迁方向是去郊区。”周振天说，“老包一听就说不行。他说，你是重残员工，那里没有医院，发起病来怎么办？为了我，他去找了动迁办好几次，向他们说明我伤残的特殊情况，和他们一起想办法。老包也提醒我：你首先要考虑无障碍设施，进出要方便；其次离医院近；第三目标不要太高，要考虑还款能力。”

在包起帆和动迁办的努力下，周振天欢欢喜喜地住进南浦大桥下的新居。这里离浦南医院和仁济医院都在 1.5 公里以内。“老包提醒我要走出家门，为社会做力所能及的事。我现在参与上海肢残人协会脊椎损伤委员会的工作，每年要请医生来做讲座，还要购买和分发残疾人使用的医护用品……”周振天已然从一名伤残者成了轮椅上的志愿者。

“你有什么困难就打我电话。”包起帆每次通话都不忘要关照周振天。

“让大家共同成长，创新才有凝聚力”

2019 年 1 月 2 日，包起帆一早就赶到了华师大国际航运物流研究院，和同事们商量修改有关项目报告。中午他只吃了一口包子，接他去上海二工大浦东新校区开座谈会的“专车”就到了楼下。

记者没想到的是，打开车门，“专车司机”竟是张敏英。“他坐车子要思考问题，所以他开车我不放心，我就当他的义务‘专职司机’。”她说。

“我知道侬来不及吃饭，给侬带了牛肉汤和生煎包子。”夫人体贴地让包起帆先喝了牛肉汤，才驾车奔向浦东。

下午，二工大的座谈会一结束，包起帆又马不停蹄地赶往虹桥机场，搭乘傍晚的航班飞北京。

记者再次见到包起帆，是 2019 年 1 月 3 日上午在北京的全国总工会会议室里。坐在投影机后的包起帆，正为全总推荐申报 2019 年国家科学技术进步奖的课题组进行专家辅导。

“项目的简介很重要，一定要写得实。原来存在什么问题，通过创新解决了什么问题，要有扎实的内容支撑，必须有数据。”包起帆提醒道。

“示意图有吗？示意图比照片更直观，能用示意图的尽量用示意图。”

“对创新点最好的表述是什么？不是拔得越高越好。最好的表述是恰如其分，就是实事求是。”

包起帆的点评和建议，让课题组成员获益匪浅。

全国总工会劳动和经济工作部副部长姜文良告诉记者，从2006年开始，科技部每年请全总负责推荐申报来自生产一线的国家科学技术进步奖。全总考虑到包起帆多次获得国家科学技术进步奖，因此请他来为申报者辅导，主要是帮助申报者梳理创新思路，从全新的角度认识自己的创新成果。

国网浙江省电力有限公司电力科学研究院计量中心计量检定员黄金娟和上海航天的王曙群，分别在2017年和2018年获得了国家科学技术进步奖，他们都接受过包起帆的辅导。黄金娟说：“包老师怕我在大专家面前不自信，就多次鼓励我说，你是这个领域最优秀的。你不用担心，无论专家提什么问题，你都能回答。我很感谢他。”

“我们希望包起帆就像火炬一样，去点燃更多的生产一线职工心中的创新激情。”姜文良说，“5年来，国家科技进步奖（工人农民组）一共授奖12项，其中就有8项是受包起帆指导帮助的。”

包起帆说：“让大家共同成长，创新才有凝聚力。”

记者手记

创新，要以核心价值观引领

《文汇报》是最早关注、报道包起帆搞技术革新的报纸。1980年9月17日，《文汇报》刊发的《包起帆闹革新延长钢丝绳寿命》的消息，让上海市民第一次在报纸上读到“包起帆”这个名字。

包起帆的创新之路，起步艰难而走势强劲。为在国际标准组织中保持中国的先发优势，通过物流把我国的北斗技术引入国际，他组织团队开展了基于北斗的物流跟踪与监控系统研究，成果在2015年世界规模最大的日内瓦发明展上获3枚金牌。在闭幕酒会上，当组委会主席获悉包起帆28年前就来展会上获过金牌，非常感慨，表示很难相信28年前在这里拿过金牌，竟然在28年后还有发明。

源源不断的创新激情，来自何处？位于上海二工大内的"包起帆创新之路展示馆"中，包起帆有句话发人深省："创新要以核心价值观引领，以金钱为目的的创新不可持续。"

从当年的"抓斗大王"到如今的"改革先锋"，包起帆目光更远了，胸襟更开阔了，但他朴实依旧，初心不改。创新，改变了他的人生，但他创新的目的不仅仅是为了改变自己的地位。他不是精致的利己主义者，否则，他走不了这么远。

"我们现在所处的，是一个船到中流浪更急、人到半山路更陡的时候，是一个愈进愈难、愈进愈险而又不进则退、非进不可的时候。"

包起帆说，总书记"非进不可"这4个字讲到我心里去了。

年过花甲的包起帆，仍在非进不可、勇往直前。

许振超近照（均受访者供图）

许振超

>>>>>>>>>>>>>>>>

许振超，1950 年 1 月出生，山东荣成人，青岛前湾集装箱码头有限责任公司工程技术部固机高级经理，中华全国总工会原副主席(兼职)，第十一届、十二届全国人大常委会委员，第十三届全国人大代表。

1967 年至 1974 年，国营青岛第七棉纺织厂工人；1974 年至 1984 年，青岛港第二作业区机械四队工人；1984 年至 1997 年，在青岛港集装箱公司固机队，先后担任工人、值班队长、副队长、队长兼党支部书记。其间，1989 年被评为最佳桥吊司机，1991 年任桥吊队副队长，1992 年任桥吊队队长。2003 年，任青岛前湾集装箱码头有限责任公司工程技术部固机高级经理。2005 年，被评为全国劳动模范。2018 年，获“改革先锋”称号。

许振超：能工巧匠守职而不废

付鑫鑫

午时的青岛港自动化码头一片繁忙。以观景平台为界，平台以东两个泊位为全自动化作业，不论是停泊船只卸货，还是集装箱运输摆放，全由机器人完成，自动化导引车、全自动轨道吊等机械设备，在空无一人的场地里自主运转。

平台以西为半自动化作业区域，红白相间的桥吊，由近及远依次排开，大型运输车穿梭在集装箱“森林”之中，高效有序。桥吊上，距离地面五六十米处，有一栋白色房子——那是桥吊司机的驾驶室，也是许振超干了大半辈子的地方。

从 1984 年被选为青岛港第一批桥吊司机，许振超就立足本职，干一行、爱一行、精一行，自学成才、苦练技术，练就了“一钩准”“一钩净”“无声响操作”等绝活，先后八次刷新集装箱装卸世界纪录，使“振超效率”享誉全球。

弘扬工匠精神，
守职而不废。
许振超
2019.3

许振超寄语

不仅如此，他还勇于创新、敢于开拓，带领团队积极开展科技攻关，持续破解安全生产难题，填补国际技术空白，为国家节约巨额成本。在工作中，他创造出“振超工作法”，为青岛港提速建设发展提供宝贵经验。

诞生于 1892 年、历经 120 余载沧桑风雨，青岛港如今全年进出港船舶逾 3 万艘次，运输集装箱数量超过 1900 万个标准箱，与全球 180 多个国家和地区的 700 多个港口有贸易往来，成为连接中国与世界的重要桥梁之一。

作为青岛港繁荣的亲历者和见证者，许振超说：“工人是港口的主人，而港口是国家的，我们每个人与港口、与国家都是命运共同体。在我看来，工匠精神就是尊重劳动、做好本职、兢兢业业，干就干一流、争就争第一，为港口和国家的明天作贡献。”

“太上老君”的徒儿，不能让火烧着眉毛

许振超的家，在青岛市区一幢 6 层高的单元楼里。采访当天，妻子许金文正好去居委会办事，开门的正是他本人。

走进家门，深色地板已有些年头，落座的沙发垫也被洗得分外柔软。不大的客厅摆着电视机、冰箱，较新的木质茶几旁，紧挨着一个自制的老旧木桌，生活简朴可见一斑。

坐在沙发上，许振超忆起他的“从前慢”。1950 年，许振超出生，是家中长子，从小就得学着织渔网、帮长辈缠梭子。

上小学之后，许振超有两个梦想：一是当飞行员，翱翔天际，因为报纸上总说飞行员如何如何厉害；二是当工程师。幼年的许振超跟爸爸出门钓鱼，看父亲用自己做的轮滑卷渔线，打心眼儿里佩服父亲的手艺。

1964 年，许振超考上了青岛市最好的中学——青岛二中。其中一年，有单位来选拔飞行员。最后一轮二选一，许振超被淘汰下来，很是难过。所幸，他并没有心灰意冷。

1967 年底，初中毕业的许振超，因家庭生活困难，进入国营青岛第七棉纺织厂工作。那个年代，进棉纺织厂当工人甚是光荣。

他进厂后第一份工作在动力科，主要是推小车运煤、烧锅炉。启蒙恩师姜师傅告诉他：“咱们这可都是太上老君的徒儿，做事情讲究掌握火候，千万不能让火烧着眉毛。”一天24吨煤，一个班来回跑，如何装煤最有效、运煤最省力、烧煤同时保证生产安全……不到半年，聪明好学的许振超掌握了全部流程和所需技能，赢得师傅夸赞。

1968年，棉纺织厂车间缺人，需从动力科挑个能干的去帮忙，小许被挑走了。人家都替许振超高兴，可许振超自己却觉得，烧锅炉是个技术活，换作在车间里推纱，工作环境轻松，但整日棉花毛缠得满头满脸，到处湿哒哒、黏糊糊的，很不爽利。

“车间100多个女工，推纱的男工没几个，她们老笑话我成天耷拉着个脸，跟小老头似的，不爱搭理人。”许振超琢磨着，推纱太没技术含量，得学点别的知识，就主动向车间相熟的电工讨教。

20世纪70年代中期，青岛港有个工人想调进棉纺织厂，许振超抓住机会主动和他联系。那会儿，八大样板戏流行全国，许振超梦想着，《海港》里的码头才是干活的好地方。

1974年4月，许振超离开国棉七厂，进入青岛港第二作业区机械四队。彼时的青岛港，装卸作业方式很落后，体力劳动繁重，工作环境艰苦。

“当时我就想，难道码头工人就不能摆脱这种出大力、流大汗的命运吗？”许振超回忆说，渐渐地，青岛港进口了一些现代化机械设备，但由于工人们不了解使用和维护技术，设备经常出故障，有的设备用不到一年就坏了，还有的酿成了事故。“缺少知识误人误事，唯有知识才能改变命运。”

这回，许振超的师傅又姓姜，因技术一流、脾气古怪，人称“姜大怪”。一次出工，码头的皮带机电机需要换向，原理很简单，就是把三相电源线任意两相互换。许振超初来乍到，哪里知道，而且姜师傅也没教过……“姜大怪”冲着第二趟来到电机旁边的许振超就是一顿数落：“这么大的个子，电机换向、反转调相都不会？”

许振超（左二）在作业现场指导工人

许振超暗下决心，发奋努力，凭着以前掌握的电工基础知识，又去买书、又在业余时间实践摸索，很快对码头所用的各式电器了如指掌。

又有一次，一台先进的电磁吊不知道怎么用着用着就坏在码头上，姜师傅被请去修理，许振超跟在旁边。姜师傅认定是保险丝跳闸，然而，换了五六盒保险丝，机器还是没有半点反应。许振超壮着胆子凑上前去看，发现是整流元器件烧了。“姜大怪”乍一听不相信，后来见许振超掏出一个自制的万用表，隐约觉得有戏。

待到许振超骑自行车采购新的整流元器件换上，电磁吊果然重新运作起来。自此，不仅姜师傅对许振超另眼相看，许振超自己也越发坚定了“知识改变命运”的信念，成就感噌噌地往上涨，去上班都哼小调了。

首创“无声响操作”，打破多次世界纪录

伴随着青岛港码头的升级换代，电工许振超被抽调出来，学习如何操作 10 吨重的门式吊车。第三个师傅还是姓姜，老姜是队里技术最好的司机。这位姜师傅很有耐心，手把手地教许振超如何操控门机。不到 7 天，许振超就能独立作业了。

“姜还是老的辣”，老姜操控门机，干净利索，垂下的钢丝绳承重或不承重，都能稳如直柱，指哪打哪；到了许振超手里，钩头稳不住，钢丝绳直打转。许振超心里不是滋味，凌晨2点作业结束以后，仍坚持在车上练习到天亮。日复一日，勤加练习，半年后，他的钢丝绳走起来也是一条线，一钩吊起，稳稳落下，不多不少，一点不漏正好装进车皮。这手“一钩准”“一钩净”的绝活，很快就被大家传开了。

1984年，青岛港成立了集装箱公司，许振超等人想开桥吊，“咱不能老开小吊车，什么大开什么”。是年，许振超从青岛前往上海培训3个月。

桥吊被称为码头上的“空军”。当不了航空飞行员，码头上的“飞行员”对许振超也有极大的吸引力。桥吊的说明书是英文，他以前学的是俄文，怎么办？他买来英汉电子小词典，一个单词一个单词地翻译，把说明书、电路图摸了个滚瓜烂熟。

青岛有句俗话：狼上房子，错勤快！“我就喜欢去学一些新技术。别人修东西，我去看，回来自己捣鼓，后来就考上了电工证。技多不压身！”许振超告诉记者。

1987年，青岛港的桥吊正式投产，4个桥吊司机分两班倒，一班干12小时，许振超是其中的一员。青岛港新闻中心新闻公关部主任刘春修介绍，桥吊司机是个辛苦活，从早上8点干到晚上8点，白班一天三顿都在桥吊上吃饭，“他们基本上一天都不敢喝几口水，因为喝水多容易去洗手间，遇上码头卸货、装货，太浪费时间！”在四五十米高的驾驶室，桥吊司机一直要俯看岸边轮船的泊位，计算从轮船到运输车之间的距离，还需“穿针引线”地扣好集装箱上起吊用的锁孔，保证不能“脱靶”——集装箱的锁孔仅一块香皂大小。从15至20层的高楼往下，在一个12米长、2.4米宽、2.4米高的标准集装箱上，精准定位4块香皂大小的锁孔，长期下来，眼睛受累不说，脊椎一直90度弯曲也受不了。

对于这些旁人眼中的辛苦，许振超不以为意。他想的更多的是，集装箱吊起来怎么走、怎么放，大伙一开始都干得比较随意。有的时候，心情好，手脚轻快，轻轻碰一下就放好了；有的时候，野蛮操作，集装箱连车带司机都给吊高十几米，一看不对又赶快放下，强烈的震动把拖车司机的手臂震麻不说，连牙齿都震得咯咯响。

“你知道，人家叫我们桥吊司机什么吗？‘铁匠’‘拆船的’！”许振超笑着说，其实，别人起的绰号也没错，那么重的集装箱碰一起可不得有声响嘛！转念一想，能不能搞劳动竞赛，让大家做到稳起、稳行、稳落，文明生产、无声响作业呢？

许振超曾做过统计，桥吊故障中有60%是吊具故障，吊具容易坏主要是与集装箱碰撞造成的。为减少桥吊故障，势必要对集装箱“轻拿轻放”。有的工人提出异议，横竖都是摆集装箱，轻拿轻放耽误进度、少拿工钱。对此，许振超以身作则，自己先练习，通过控制小车水平运行速度和吊具垂直升降之间的角度，在起落点之间，钩走弧线，跳出了优美的“空中芭蕾”，不仅稳准轻，而且动作连贯、一气呵成、行云流水。很快，“无声响操作”成了许振超的又一项拿手绝活，更成为青岛港的独创。

“无声响操作”实现后，熟能生巧，生产效率随之提高。2003年4月27日晚上，许振超带领桥吊队的工友们，仅用6小时15分钟，就完成了“地中海法米娅”轮3400个标准箱的装卸，创出了每小时单机效率70.3自然箱和单船效率339自然箱的世界纪录。此后五年，许振超带领桥吊队，先后八次打破集装箱装卸世界纪录，使“振超效率”享誉全球。

精心钻研4年，画出两尺多厚图纸

在第一次破纪录的过程中，有个细节，许振超记忆犹新。2003年4月27日晚上，作业的8台桥吊中有一台桥吊出了2分钟故障。“如果当年，这台桥吊故障长达15分钟，那我们就甭想破纪录了。”他说。

又有一次，队里的一台桥吊控制系统发生故障，请外国厂家的工程师来修。专家干了 12 天，一下子挣走几万元。这件事深深刺痛了许振超。他想，如果自己会修，这笔钱不就省了吗？然而，桥吊构造复杂，涉及电力拖动、自动控制等 6 门学科，就是学起重机械专业的大学生至少也得两三年才能处理一般性故障。许振超刻苦钻研，终于发现，所有的技术难点都集中在一块控制系统电路板上，而这正是外国厂家全力保护的尖端技术——不仅没有提供电路板图纸，就连最基本的数据也没有。

许振超借来备用电路板，一头扎进去研究。一块书本大的模板，一面是密密麻麻、层层叠叠的上千个电子元器件，另一面是弯弯曲曲的印刷电路，这样的模板在桥吊上一共有 20 块。为了分辨细如发丝、若隐若现的线路，许振超专门用玻璃做了个支架，将模板放在玻璃上，下面安上 100 瓦的灯泡，通过强光使模板上隐身的线路显现出来，然后一笔一笔绘制成图。光分辨这 2000 多个焊点，已够麻烦了，要弄明白它们之间的连接更麻烦。一个点前后左右有 4 条连线，4 变 8、8 变 16、16 变 32……一条线路常常要测试上百个电子元器件，累到头晕眼花，许振超就从冰箱里取出冰块，敷一会儿，再接着干，每晚坚持 3 个多小时。整整 4 年后，许振超倒推出复杂密集的 12 块电路模板，画出两尺多厚的电路图纸，终于攻克了技术难点。

而他的研究成果后来成为桥吊司机技术手册的重要内容，也是青岛港集装箱桥吊排障的“利器”。一次，一台桥吊上的一块小信号转换板坏了，许振超花 8 元钱买回一个运算放大器就把问题解决了。换在以前，换一块板得花 3 万元！

后来，许振超的维修技术出了名，公司奖励给他一台传呼机，许振超的传呼机 24 小时都开机，只要桥吊有故障，随叫随到、随到随修。即便如此，许振超又给自己提出了新目标——“15 分钟排障”。他解剖每一个运行单元，不断探索，手到“病”除。

现今，桥吊队从接到故障信息，到主管工程师到场排除，已缩短至

15 分钟以内。“现代化大生产说到底最需要团队协作。仅凭我一个人，就是一身铁又能打几颗钉。”许振超对自己的研究成果从不藏着掖着，对工友、后辈向来倾囊相授。

采访前一天，许振超还到职业技术学院上课，传授经验。他说：“再先进的机械设备，离开了人，就是一堆废铜烂铁。以前的师傅教我们‘四懂三会’（懂原理、构造、用途、性能，会操作、维护、排除故障），还有‘十字’保养守则（紧固、润滑、防腐、清洁、调整）。这些都是宝贵的财富，需要一代代传承下去。”

年近古稀，许振超离开了一线，仍然心系青岛港。2019 年 3 月，他作为人大代表参加全国两会，提议国家从立法层面实现外籍船舶国内捎带业务，提升中国港口的国际竞争力。“很多世界大港，国际集装箱的中转量可能要占到总吞吐量的 30% 以上，而我们国家目前不足 10%，甚至更低。”这主要是因为我国现行的航运条例，不允许外籍船舶在中国国内运输时捎带国内航线业务，即不准国际集装箱捎带。

许振超表示，这一条例起初是保护国内运输市场、保护国内集装箱箱量。然而近 20 年过去了，整个国际海运市场、运输装备、港口以及港口能力都发生了巨大变化。因此，迫切需要法律层面支持，提高青岛港、上海港、宁波港等国内港口的国际集装箱中转量。

记者手记

工匠精神首要的是尊重劳动

采访期间，记者问许振超，自 20 世纪 70 年代起，他在青岛港干了30多年，跟各种吊车、轮船、集装箱打了半辈子交道，何以如此长情？

许振超坦言："咱当不了科学家，但做个能工巧匠，还是没问题的。而且我从小就喜欢研究机械。"家里门窗电灯坏了、小家电出故障等，以前都是父亲出马。等他长大了，由他全权接手。

在青岛港开桥吊，有一次桥吊出了故障，他愣是把桥吊车上4000多个接头全部拆开检查了一遍，用了整整一周的时间才发现故障点，毅力惊人。

1990年12月28日，青岛港开表彰大会上，3名技师跟工程师一起上台领奖，许振超是3名技师之一。他说："那时候感觉真是好，很有成就感！走不了工程师的路，还能走技师的路。"他素来以"知识改变命运、技多不压身"的信条来鼓励自己多学多做。

言及2018年以"践行'工匠精神'的优秀代表"获得"改革先锋"称号，许振超认真地说："在我看来，工匠精神不仅仅是工匠的事儿，也是全国劳动者的事情。劳动者自己得首先尊重劳动，做好分内之事，不能自毁形象、亵渎劳动。您自己尊重劳动、热爱工作了，别人自然也就尊重作为劳动者的您！"

许海峰近照（均受访者供图）

许海峰

许海峰，1957 年出生，1984 年在洛杉矶奥运会上夺得男子手枪慢射金牌，为中国实现奥运金牌“零”的突破。

1982 年从供销社销售员成为安徽省射击队的一员，许海峰在 13 年的运动员生涯里取得众多优异成绩，成为中国射击史上首位集奥运会冠军、世锦赛冠军、亚运会冠军、亚锦赛冠军等多项荣誉于一身的运动员。1994 年转任教练后，许海峰曾担任国家射击队女子手枪主教练、国家射击队总教练等职。执教过程中，他不断创新训练方法，先后培养出多名奥运冠军、世界冠军，率队稳固射击项目的优势地位，被称为“金牌教练”。2004 年，许海峰调任国家体育总局自行车击剑中心副主任，分管现代五项。此后，中国现代五项队连续取得历史性突破，2005 年打破欧洲垄断，收获世锦赛金牌，2012 年夺得奥运会银牌，实现了从落后项目向潜优势项目的转变。2017 年退休后，许海峰仍热心参与社会公益事业，传承体育精神，传播正能量。2018 年，他作为体育界的三位代表之一，被授予“改革先锋”称号。

许海峰：射落奥运首金，荣光一生守望

谷苗

翻开中国体育史册，1984 年 7 月 29 日是里程碑，亦是新的起点。

这一天，在美国洛杉矶普拉多射击场，27 岁的许海峰冷静举枪，以 566 环的成绩射落男子手枪慢射金牌，为中国代表团实现奥运金牌“零”的突破。走过 88 年漫长历程的现代奥林匹克运动会，终于迎来首位登上冠军领奖台的中国选手。

这枚开创历史的金牌，是中国于 1979 年重回国际奥林匹克大家庭后交出的第一份惊艳答卷，它承载着国家强盛、民族振兴的梦想，在改革开放初期激荡起无数国人的爱国情怀。从那一刻起，中国体育告别过往奥运征程中的种种曲折，在通往世界体育强国的路上迈出了坚实的一步。

而作为这段历史的书写者，许海峰载誉归来后，毫不犹豫地将金牌捐给了博物馆，他说那是属于国家的荣耀。尽管人生轨迹发生了改变，争取更多荣誉回报国家始终是他不变的初心。

从运动员、教练员到管理者，35 年的体育生涯里，许海峰以“热爱、拼搏、钻研”自我要求，以不同的角色为新中国体育事业铸就辉煌。射落奥运首金的那份荣光，他用一生来守望。

半路出家，销售员登上奥运舞台

许海峰从小爱枪，但直到 1979 年之前，他的人生跟射击并无太多交集。

15岁那年，许海峰初一毕业，随父母从出生地福建漳州返回家乡安徽和县。县里的中学因师资紧缺未设初二年级，他便直接跳级读了初三。高中毕业后，一心想穿军装的许海峰，却因年龄未达18周岁的征兵资格线而不能如愿。从军梦碎，让他重新考虑人生选择。

弘扬体育精神
传播正能量！
许海峰
2019.7.

许海峰寄语

1975年，许海峰成为一名知青，到农村一待就是四年半。“干了两年农活，又当起了赤脚医生，村民给我起外号叫‘73行’，即样样都会。”爱钻研又乐于助人的许海峰成了村里的“红人”，拿弹弓打麻雀的本领也远近闻名。1977年，他拿着省下的37元知青补贴，到百货大楼买了把梦寐以求的气枪，“那是我人生中第一把枪，当时只是打着玩，没想过会干射击这一行”。

1979年知青返城，许海峰有了份不错的新工作——供销社销售员。一次偶然机会，得知中学老师在做基层射击教练，许海峰便登门拜访，想要体验真正的射击。就这样，许海峰的人生与射击结缘。也是在这一年，中国恢复在国际奥林匹克委员会的合法席位。

参加业余训练短短两个半月，许海峰就展示出非凡的天赋。在当年举行的安徽省第四届运动会上，半路出家的他一举夺得气步枪冠军，并将省纪录刷新。欣喜收获运动生涯的第一个冠军，许海峰满心期待能去专业队提高自己，但省队却以“年龄偏大”为由将他拒之门外。

回供销社工作的第二年，许海峰被调到生产资料门市部负责销售化肥。“总跟化肥打交道，眼睛长期被氨气熏，影响不小。”视力降至0.5，伴有较严重的散光，对于射击运动而言可谓极限挑战，但许海峰始终放不下对射击的热爱。

1982 年，又一届省运会将至，许海峰再度参与集训。两个月的训练，从气步枪改为手枪，他又一次轰动赛场——在男子气手枪 40 发立射项目中以 370 环夺冠，超省纪录多达 26 环，比同场竞技的专业运动员高出 13 环。“用的枪比别人差，子弹也是百货大楼买的民用子弹，成绩却比专业队员还好，这给了我很大信心。”许海峰回忆说。同年 12 月，安徽省队终于向这位大器晚成的“天才”抛出橄榄枝。告别供销社的工作，许海峰正式开启了射击专业运动员生涯。

进入省队后，没有专业基础的许海峰凭借天资和努力进步神速。在原有项目的基础上，他加练自选手枪慢射项目，这也是他后来创造历史的项目。入队仅四个月，许海峰就在华东协作区邀请赛中夺得两项冠军，并打破气手枪全国纪录。如此惊艳的成绩，为他敲开了国家队的大门。

“1983 年 11 月，我和其他五名选手一起调入国家集训队，备战洛杉矶奥运会。当时哪想到金牌，只想着国家队条件好，可以提高水平。”抱着平和心态而来，资历最浅的许海峰在三场选拔赛后排名第二，仅次于已锁定一个奥运席位的王义夫。按每个项目两个席位的分配名额，许海峰理应获得另一张入场券。但当时队内有人担心他缺乏经验，建议派排名第三的老队员出征。

面对人选争议，国家队决定再派两位选手各战一场国际赛事，根据结果做最后选择。1984 年 4 月，许海峰第一次走进洛杉矶普拉多射击场，“相当于奥运测试赛，我以 568 环拿了手枪慢射第一”。

凭借这个冠军，进入专业队不过一年零四个月的许海峰，奇迹般地完成了从化肥销售员到奥运选手的人生转变。“那是我的第一个世界冠军，也是很重要的一个转折点。”他说。

“零”的突破，荣耀背后历经煎熬

不经意间完成人生的华丽转身，1984 年 7 月 27 日，许海峰第二次站上普拉多射击场。作为首个比赛项目，男子手枪慢射被选为裁判实习项目进行赛前预演。“就像彩排，流程先走一遍。我有些环节处理得并不好，但还是以 563 环排第一。”许海峰说，那场热身赛，让他脑海中第一次有了奥运夺冠的念头，“一闪而过，但在大赛前是致命的。我告诉自己必须尽快排除杂念”。

赛前一天的开幕式，许海峰没去现场，留在运动员村看了会儿直播后，早早就睡了，“那天睡得挺香，一点不紧张”。一夜好梦，许海峰在比赛日当天 5 点半醒来。换上红色国家队战袍，搭乘最早一班车，他再次来到了普拉多射击场。

准备枪弹，空枪预习，一系列准备工作精细完成，热枪管射击 9 点开始。“枪管若是冷的，精度不好。”许海峰记得，2 分钟的热枪管射击他打了 5 发，随后就进入试射。“试射主要是给运动员修正枪支、熟悉光线和风向等，最多打 15 发，我平时习惯打 12 发，唯独那天只打了 9 发，就调整到最佳状态。”

真正的较量很快开始。来自瑞典的奥运冠军斯卡纳克尔是夺冠热门，另一位中国枪手王义夫也被寄予厚望，而站在 40 号靶位的许海峰一开始并非场内焦点。根据规则，选手们须在两个半小时内打完 60 发子弹，具体时间可自行安排。前两组，状态不错的许海峰打出两个 97 环。第三组第八发，8 环，他放下枪转身走出了靶场。

“很多人说我失踪了，其实就在外面台阶上坐了二十多分钟，想休息调整一下。”两组 93 环，第三、四组的成绩许海峰仍不满意，“休息回来还是打得保守，越想保成绩，动作越是僵硬变形。第五组改变想法，打了个 95 环”。

最后一组，也是最关键的一组。许海峰察觉到观众和记者慢慢向他身后聚拢，快门声、人声嘈杂起来，“一定是成绩不错才会关注我，我有些分神，无形中也给自己一种压力”。前七发平均不到 9 环，他意识到情况不妙，“我想控制好情绪，干脆又放下枪，坐在椅子上休息了十几分钟”。直到比赛倒计时显示 21 分钟，许海峰才重回靶位，此时全场只剩他一人尚未完赛。

深呼吸，完成 4 发空枪预习，许海峰用最后 3 发子弹打出两个 10 环，一个 9 环。现场总成绩显示 569 环，普拉多射击场瞬间沸腾了。还没缓过神来的许海峰，被前来祝贺的人群和记者簇拥着，在队友帮助之下才艰难走回休息室。“其实，周围的热闹我没太在意，祝福的话一句都没听进去。”许海峰说，自己的心一直悬着，“一方面不知道别人的成绩，更重要的是当时没有电子靶，大家看到的成绩是裁判拿望远镜记的，还需核对靶纸才能确认”。许海峰心里清楚，成绩可能会有浮动，他迫切想要一个结果，担心大家的欣喜落了空。

在众人欢庆的氛围中，独自忍受漫长的煎熬，直到半小时后，裁判通知许海峰以 566 环的成绩夺冠，他脸上才终于露出笑容。亚军和季军，分属赛前更被看好的斯卡纳克尔和王义夫。“那一刻，心里的石头总算落了地，但还是比较平静。真实的想法就是尽最大努力发挥了自己的水平，完成了国家交给我的任务，没多想突破和首金。”出人意料地改写历史，射落中国奥运史上首枚金牌，如此重要的时刻，许海峰却不曾格外激动过。在他眼中，“零”的突破属于自己是一种机遇甚至有几分运气，而他只是做好了机遇面前“有准备的人”。

颁奖典礼等了 40 分钟才开始，因没想到会有两位中国选手同时登上领奖台，组委会原本只准备了一面中国国旗。当庄严的国歌奏响，许海峰抚摸着胸前的金牌，心中有种无法言说的豪情。时任国际奥委会主席的萨马兰奇，在颁奖时握着许海峰的手说：“今天是中国体育史上伟大的一天。”许海峰对萨翁的鼓励印象深刻，却一再表示这“伟大的一天”不属于他个人，而属于整个中国。“是祖国给了我创造历史的机遇。这个成绩在当时的确能唤起民族自豪感，给正在经历改革开放的中国人带来精神力量。”

结束颁奖礼和兴奋剂检测后，许海峰巧遇以一环之差落败的斯卡纳克尔。“这次冠军是你的，下次就是我的。”有些不服气的瑞典老将，通过翻译对新科冠军下“战书”。许海峰听罢自信回应：“我这次赢了你，下次还要赢你！”在当天的训练日记上，许海峰写下“我们是中国人，从没被世界强手吓倒过。越是强手，越要与他们较量”。从那以后，他未在比赛中输给过这位老对手。

两度转身，不同角色续写金牌人生

在那个电视直播都尚未普及的年代，许海峰夺得奥运首金的消息，通过报纸和电台从大洋彼岸传回国内。“第二天有人告诉我，报纸在北京被一抢而空，听着头皮都发麻。”洛杉矶一战成名，许海峰的生活发生了翻天覆地的变化，无论到哪都无法逃避追堵的人群，各种采访、活动络绎不绝。

载誉回国后，许海峰将这枚承载着中国奥运历史性突破的金牌捐给了国家。从革命博物馆到国家博物馆，35 年过去了，他只去看过三次。“当时觉得，国家提供这么好的平台和比赛机会，给运动员这么多资源和保障，荣誉本就是属于国家的。运动员就应该继续努力为国家争取更多荣誉。”怀着这样的初心，许海峰将自己的运动员生涯向后延续了 10 年，取得包括 13 个世界冠军、9 个亚运会冠军在内的众多优异成绩，并两次刷新世界纪录。

1993 年底，许海峰患上中心性浆液性脉络膜视网膜病变，加上原本就有的散光，看东西总是变形，视觉中心仿佛笼罩着一片“黑云”。1994 年亚运会，许海峰带病旗开得胜，但眼疾已不允许他继续参加剩余的赛事。“刚好女子手枪主教练没有随队，领导让我帮忙带带她们，结果包揽四金。”正是这次临时客串，让许海峰开始向教练转型。

“当时女子手枪虽是重点项目，但三届奥运会没成绩，面临不小的压力。我担心带不好队伍、辜负上级信任，连续几天查遍国内外资料，坚定了只要想做一定能行的信心。”次年 3 月，许海峰正式出任国家射击队女子手枪主教练，在同一个集体开始了“二次创业”。

“当了教练才发现，比当运动员难多了。运动员只要管好自己，教练要面对基础、水平、性格各不相同的队员，让她们在比赛中发挥最好水平。”一心想为国家培养更多新生力量的许海峰，10 年间带了约 40 名运动员，其中包括两位勇夺奥运冠军的“高徒”——1996 年奥运会女子 25 米手枪金牌获得者李对红，以及 2000 年奥运会女子 10 米气手枪冠军陶璐娜。

在弟子的评价中，师父不爱笑，甚至有些令人“望而生畏”。但事实上，许海峰的严肃通常只留在训练场，生活中的他时不时也会来点小幽默。“我不算训练特别刻苦的运动员，但花大量时间和精力钻研射击规律，所以事半功倍。带队时，我也这样要求她们。”在许海峰看来，天赋和钻研是重要的成功因素，而他的成功经验可以让队员少走弯路。“练要练到点子上。至于训练课后，我也让姑娘们换上漂亮衣服，享受属于自己的生活。”

10 年“金牌教练”生涯，许海峰收获与弟子分享胜利的喜悦，也因日夜操劳两鬓生出白发。从女子手枪主教练到国家射击队总教练，2004 年奥运会率队取得境外参赛最佳战绩后，他告别为之奋斗廿余载的射击事业，迎来体育人生的又一次转型——调任国家体育总局自行车击剑运动管理中心副主任，分管现代五项。

“现代五项是哪五项？刚来时我都说不清。”在完全陌生的领域，转型为一名管理者，许海峰一度心里没底。抱着“要管就要管好”的决心，他在履新后的三个月深入走访调研，研究现代五项的运动特点和发展情况。“我研究发现，将现代五项视为落后项目是错误的。五项里，射击、击剑、马术都是中国人擅长的技能项目，而运动员又多从游泳队选材，所以我们其实很适合从事这项运动，只是没有找到项目规律和科学的训练方式，对于取得成绩也缺乏信心。”

为扭转落后局面，许海峰将提升自信和训练效率作为工作重心，与队伍分享研究心得，为队员自制包括所有对手资料的备战手册。短短几个月，在大家的共同努力下，曾经的“鱼腩之师”就实现了飞跃——2005年世锦赛，上海选手钱震华打破欧洲运动员的垄断爆冷夺冠。2008年奥运会，钱震华痛失奖牌，仍刷新当时该项目的最好成绩。四年后的伦敦，曹忠荣历史性地摘得奥运银牌……“事实证明，中国现代五项是可以出成绩的，只要将最合适的人用在最恰当的位置。”继冠军选手、“金牌教练”后，许海峰以管理者的身份，将多年的落后项目打造成潜优势项目，助中国体育书写新的辉煌。

记者手记

珍惜光环

奥运首金的夺目光环，让许海峰的人生从1984年那个夏天开始变得不一样，他成为当时家喻户晓的全民偶像。35年后的今天，仍有体育迷在北京街头认出已经退休的他，连追三个路口求一张合影。

“第一枪、第一金、第一人……大家给我贴了很多标签，但其实我就是一名普通的运动员。”许海峰总把“荣誉属于国家”挂在嘴边，称自己只是被历史选中的那个有准备的幸运儿。也正因此，他更珍惜这些光环和荣誉，并始终用自己的方式悉心守护。

“荣誉来之不易，国家投入大量人力、物力，自己也付出了很多努力。得到荣誉很难，要毁掉荣誉却很简单。”在许海峰眼中，光环是一种约束，不容自己犯错。“名人一举一动都在放大镜下，如果对自己要求不够高、不够严，哪怕只是小错误也会很快被放大，造成不好的影响。”他说，爱惜羽毛，才能赢得尊重、守住荣誉。“世界冠军也是普通人，即使在运动场上取得了成功，也要摆正自己的位置。”

约束之外，光环亦是一份责任。在许海峰看来，传承体育精神、传播正能量，正是奥运首金光环赋予他一生的使命。从捐出那枚极具分量的奥运金牌开始，许海峰将自己获得的大赛金牌以及领奖服、望远镜等有纪念意义的物品，大多捐给了博物馆和学校。“有人说我傻，那么珍贵的金牌，怎么就给捐了？”他半开玩笑地说：“怎么不说放在家里还容易丢呢？金牌本就属于国家，也只有放在博物馆里才能更好地体现它的价值，作为载体将体育精神传承下去。”

35年来，许海峰没有接过一个商业广告，对于公益活动的邀约却尽可能出席。他总是乐于通过公益活动与更多人分享自身的经历与感悟，“特别是大学里的年轻人，如果能对他们的成长有些帮助，也算是我们的一点贡献”。

吴良镛近照

（均清华大学建筑学院供图）

吴良镛

吴良镛，1922年5月出生，清华大学教授，两院院士，中国建筑学家、城乡规划学家和教育家，人居环境科学的创建者。先后获得世界人居奖、国际建筑师协会屈米奖、亚洲建筑师协会金奖、陈嘉庚科学奖、何梁何利奖以及美、法、俄等国授予的荣誉称号。2012年，获2011年度“国家最高科学技术奖”。2018年，获“改革先锋”称号。

吴良镛：让人们诗意地栖居在大地上

李扬

他是我国建筑与城市规划领域的学术带头人，从1945年起，面对战后的满目疮痍，立志投身建筑事业，经历城市规划变迁，矢志“匠人营国”，致力“谋万家居”，思考从未停歇。他是新中国建筑教育事业的开拓者，指导学生、参加实践、投身科研，风雨70余载。他是代表改革开放杰出成就的人居环境科学的开创者，是活跃在国际舞台的建筑学家、理论家，被誉为“新中国建筑与城市规划的先行者和杰出的建筑教育家”。

他，就是中国科学院和中国工程院两院院士，清华大学教授吴良镛先生。

但是，与所有这些赞誉相比，吴先生更看重的，是自己对人居理想始终如一的坚守：“我毕生追求的就是要让全社会有良好的与自然相和谐的人居环境，让人们诗意般、画意般地栖居在大地上。”何为明日之人居？吴良镛先生以数十年的思考与实践，给出了自己的答案：“科学、人文、艺术的融汇就是‘人居之道’。”“科学求真，人文求善，艺术求美。”2011年，在清华大学城市规划设计院成立10周年时，大病初愈后重拾书法的吴良镛先生挥毫写下了这几个大字。这“真”、这“善”、这“美”，是吴良镛先生毕生所求，也正是他一生致力于探索人居科学、求解当代中国人居问题的写照。

抗战废墟中立志 从事建筑业修整城乡

两弯白眉，一头银发，温润慈祥的脸庞上看不到一丝的褶皱，已近

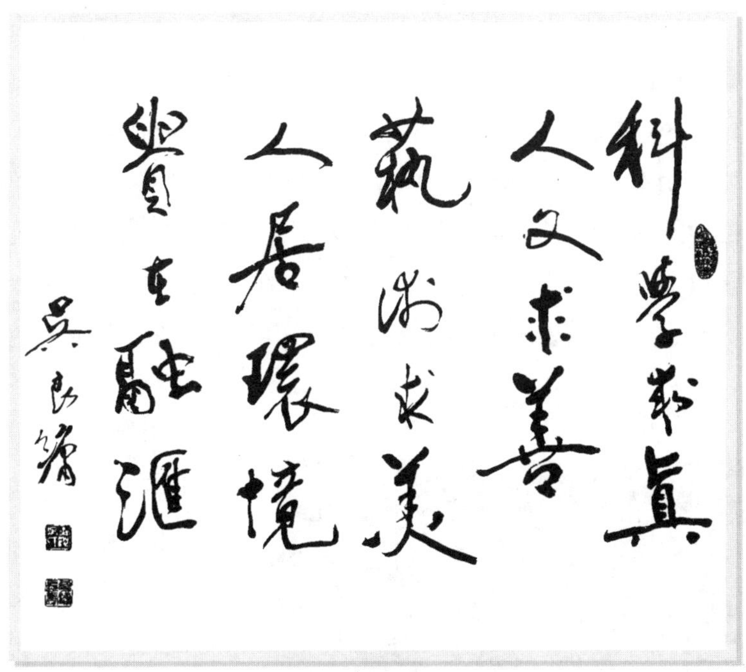

吴良镛寄语

期颐之年的吴良镛先生真正诠释了什么是鹤发童颜。在 2019 年 3 月底清华大学建筑学院举行的《中国大百科全书》（第三版）“人居环境科学学科卷”2019 年学科编委会上，作为主编的吴良镛先生，精神矍铄地参加了一个半小时的会议。“美好生活离不开美好的人居，人居环境质量直接关系人民群众的满意度与获得感。”在简短有力的发言中，吴先生对从全国各地前来参会的编委说，人居科学是应对国家战略，支撑“人民美好生活”目标实现的重要科学，新时代迫切需要发展人居科学。

如今，编纂已进入第 4 年，吴良镛先生希望这项工作站在更高的起点上“再出发”，“每一个条目都是精辟的、有创造性的、高水平的，能反映《中国大百科全书》的学术价值”。发言后，吴先生戴上眼镜，一边聆听建筑学、城乡规划学、风景园林学以及人居总论四个分支的编委进行汇报，一边仔细阅览大屏幕上的工作汇总，全程专注，甚至没顾上喝一口水。看着这位神色清朗、仍在执着不懈工作的老人，恐怕很少有人会知道，他曾在 86 岁那年突发脑梗病倒在工地。医生判断他难以再行走，但吴先生以远超常人的毅力，经过两年康复重新可以走路，重新握笔写字，更加紧迫地投入工作。广厦万间，只为人居谋。是怎样的契机让吴良镛先生将建筑事业与人居梦想作为一生的追求？在吴先生 94 岁时出版的《良镛求索》一书中，他讲述了自己在颠沛流离的早年经历中所萌生的人生志向。

1950 年，吴良镛在美国匡溪艺术学院布置毕业展览

出生于 1922 年的吴良镛，见证了 20 世纪上半叶中国的坎坷历程。1937 年，南京失守，吴良镛随家人一路西迁：南京、镇江、武汉、宜昌、重庆……目睹战争造成的破坏，感受到了战区老百姓的流离失所。他无法忘记 1940 年参加高中毕业升学考试后两小时，他的学校所在地合川就遭到了日军的轰炸。全城大火，顿成瓦砾，居民在废墟中啼哭，吴良镛感到“天下之大，却无安乐之土”，痛苦的经历，使他内心燃起了战后重建家园的热火。怀着“从事建筑行业、立志修整城乡”的抱负，他走进了（国立）中央大学建筑系。

1944 年初，吴良镛在建筑系毕业前写了一篇论文《释阙》，刊登在班办的刊物上，得到梁思成的欣赏，希望能将他招至门下。1945 年初夏，吴良镛在重庆见到了梁思成，“先生原望我充当其古建筑研究之助手，当我陈述自己对城市研究的志向后，不期深得先生赞赏，从此更坚定我终生致力的目标”。吴良镛在自述集中忆道。

1946年，吴良镛受梁思成之邀来到清华，协助筹办清华大学建筑系。每当回想起与清华的缘分，他的语气中都充满无尽的怀念和感激：“跟随梁思成先生筹办清华建筑系，是我一生最重要的转折点。”“学莫便乎近其人。”于他而言，梁思成是中国建筑事业的一代大师，是清华建筑系的创业者，更是影响他一生的导师。梁先生曾勉励他“君子爱人以德”，吴良镛始终以此自勉，也用这个准绳来要求自己的后辈。1948年，他在梁思成的推荐下到美国匡溪艺术学院深造，师从世界著名建筑学家沙里宁。求学期间，沙里宁不止一次对他说：“中国有博大的东方文化，可惜我知之甚少，希望你能够在中与西、古与今方面走出自己的道路。”

中华人民共和国成立后不久，他收到了由林徽因口授、后又加写的“百废待兴”的亲笔信，召唤他回国，吴良镛迅速作出抉择。1950年底，他乘坐“克利夫兰号”邮轮回到祖国，同船的还有数学家华罗庚。回国后，吴良镛全身心投入到新中国的建设和教育事业。他于1951年开始主持清华建筑系市镇组工作，并与中国农业大学汪菊渊教授一道创办了我国第一个园林专业。从1952年起，吴良镛历任建筑系副主任、主任，全面推动建筑技术科学、建筑历史与文物保护等学科的发展。1959年，吴良镛倡导创办了清华大学建筑设计研究院。人民英雄纪念碑、北京图书馆等著名建筑都曾凝聚他的心血。1976年唐山大地震后，余震未消，他就作为最早一批专家参加重建规划。

“文革”结束后，1980年，吴良镛成为“文革”后第一批当选的中国科学院学部委员（院士）。在参加1981年的中科院学部大会后，他深深感受到当代建筑学家对建筑学科发展所应肩负起来的重任。“这次大会使我认识到，面对新中国成立与‘文革’后的经验与教训，建筑学要有所作为就必须走向科学，向建筑学的广度和深度进军。”强大的使命感和紧迫感让年逾花甲的吴良镛抖擞精神，从理论与实践两个维度同时进发。

1984 年，62 岁的吴良镛正式卸去行政职务，初创建筑与城市研究所，开始“进军科学”的探索。半个房间，一张桌子，两把椅子，仅 2 万元研究经费，吴良镛与一个刚毕业的本科生和几个硕士生全力展开了科研。他常常凌晨 3 点起床工作，“鏖战”两三个小时之后，稍事休息便准时上班。每天清晨和傍晚，这位白发苍苍的学者推着一辆盛满图书和资料的小推车在上下班路上走过校园，成为清华大学一景。

此后的 30 年，被先生称为自己一生中的“黄金时代”。提出“广义建筑学”“人居环境科学”理论，菊儿胡同四合院工程落成并获得世界人居奖，以及一系列重要科研项目的推进，都在这段时期结出硕果。

对吾土吾民的热爱，民居始终是他的关切

“天棚鱼缸石榴树，先生肥狗胖丫头”，这浓郁的老北京胡同、四合院生活，无数次地被人向往。但是当胡同残破、四合院变为大杂院时，生活远没有这般诗意。在北京的老城区，有一条名叫“菊儿”的胡同，胡同里的 41 号院就曾面临如此困境。20 世纪 80 年代,41 号院曾是胡同里“最破的地方”，院子里住了 44 户居民，人均住房面积只有 5 平方米，私建的杂乱小屋挤挤挨挨，共用一个水龙头、一条下水道和街道公厕，雨天家家漏水，整条胡同一片汪洋。

1987 年，北京市房改办找到吴良镛，请他“改造”这片破败院落，吴良镛欣然“领命”。从 1978 年起，吴良镛即开始对北京旧城区中心地段的整治进行研究，因此，对这个只有 2760 平方米的改造工程，他和团队是怀着为旧城更新和危旧房改造探索新路径的志向进行设计的，倾注了大量心血。经过深入研究，他没有对菊儿胡同实施狂风暴雨式大拆大建，

而是将“环境”和“人”的需要协调起来，以“有机更新”的理念，打造出一个优美宜居的人居环境。

改造后，院子里保存了几株百年大树，一进套一进的小院子，既维持了原有的“胡同—院落”体系，又兼收了单元楼和四合院的特点。低矮的平房改造为二层或三层的小楼，白墙黛瓦，错落有致，室内现代化的卫生间、灶间一应俱全，增高后的建筑又与周围的老房子浑然一体，充满了古都神韵。

对吴良镛先生而言，相比公共建筑，民居始终是他的关切所在，他曾说：“真正的建筑大师，不是看他是否设计出了像埃菲尔铁塔一样流传百世的经典建筑，而是看他是否能让自己国家的老百姓居有定所。”

1993 年，菊儿胡同项目获得联合国“世界人居奖”，这是近代中国建筑作品首次在国际上获取的最高荣誉。“开创了在北京城中心进行城市更新的新途径”，评语这样评价吴良镛在保留传统四合院与创造宜居环境中的创举。回顾这次改造，吴良镛先生在《良镛求索》一书中写道：“菊儿胡同项目强调的是保护城市肌理，保护好古树、传统建筑等环境特色，而且要满足今日生活之需要。一处两千多平方米的住宅区能得到许多奖项，在于它创造性地综合地克服许多关键的技术原则。不能误认为这是一种建筑形式，形式的发展是要根据所在环境情况来创造的。”

正是在对人居环境的不断探索中，吴良镛意识到“人居环境的核心是人，是最大多数的人民群众，人居环境与每个人的利益密切相关，人居环境科学是普通人的科学。”就此理念不断进化诞生的构筑以“人”为核心的人居环境科学，成为吴良镛工作的核心。

学术研究的同时，他不遗余力实践，运用人居环境科学理论解决中国城乡建设的实际问题。他在自述集中写道：“在我实践的过程中，要确定一个方向，这个方向是问题所决定的。社会存在哪些无法回答的问题，就需要研究、需要创造。”

参与北京、北海、三亚、张家港、深圳、无锡、苏州等城市的规划设计，主持山东曲阜孔子研究院，三峡工程与人居环境建设、滇西北人居环境可持续发展规划研究、南水北调中线干线工程建筑环境研究……在这些至关重要的实践课题中，吴良镛倾注了自己对吾土吾民的热爱，奉献了自己的才学与思想。

创建人居环境科学，探索明日之人居

“人，诗意地栖居在大地上。”是海德格尔的理想，亦是吴良镛对人居理想的愿景。在苏州，吴良镛构建了古城居中、一体两翼、十字结构、四角山水的“山—水—城”格局，既保护苏州的古城和山水格局，又重塑城市区域空间，解决经济快速发展与历史文化名城保护的矛盾。从1999年到2006年，他历时7年完成的京津冀城乡空间发展规划，构建了“一轴三带”的区域整体协调发展格局，解决区域分割、城乡分立问题，指导京、津、冀三地统筹发展，使得三地功能相辅相成，各尽所能，各得其所。

这些规划设计都得益于吴良镛先生创建的人居环境科学理论，但理论的得来并非易事，吴良镛常常用“得道恨晚，生逢其时”来形容这个理论体系的建立。

20世纪80年代初，吴良镛就开始了广义建筑学的思考，并于1989年出版专著《广义建筑学》，着眼点从单纯的“建筑”概念转向“聚居”，“从单纯的房子拓展到人、到社会，从单纯物质构成拓展到社会构成”，大大拓展了建筑学的视野。但是，他的学术探索并未停止在“广义建筑学”，而是跳出学科范围的局限，从学科群的角度整体探讨。1993年，他创造性地提出了“人居环境科学”（Sciences of Human Settlements）。人居环境科学以人居环境为研究对象，研究人类聚落及其环境的相互关系与发展规律，并提出了以城市规划、建筑与风景园林为核心，整合工程、社会、地理、生态等相关学科的科学发展模式。人居环境科学也得到国际学术界的广泛认可。1999 年 6 月 23 日，第 20 届世界建筑师大会一致通过了由吴良镛教授起草的《北京宪章》，该宪章以人居环境科学理论为基础，提出“建设一个美好的、可持续发展的人居环境，是人类共同的理想和目标”。这一宪章被公认为是指导 21 世纪建筑发展的纲领性文献。

“科学、人文、艺术的融汇就是‘人居之道’。”这是吴良镛先生对明日之人居的思考。他在自述集中认为，人居科学要走向“大科学”，更多地与能源学、环境学、生态学、信息学等相关科学技术相联系；人居科学要走向“大人文”，要将“便民生”作为基本准则，住房与社区建设、城乡统筹发展、生态修复、人文复兴等，都与此息息相关；人居科学要走向“大艺术”，要把美学上抽象的美化为无所不在的空间的美、生活的美、融汇的美。

2007 年，吴良镛（右一）在南京红楼梦博物馆工地

2012 年，90 岁的吴良镛先生获得“2011 年度国家最高科学技术奖”。评审意见写道：“他建立了以人居环境建设为核心的空间规划设计方法和实践模式，为实现有序空间和宜居环境的目标提供理论框架。他组织科学共同体，发挥各学科优势；成功开展了从区域、城市到建筑、园林等多尺度多类型的规划设计研究与实践。”此后，国家天文台将一颗小行星命名

为“吴良镛星”。

吴先生对学科的发展还有着更深远的思考：“面对新的科学发展形势，我建议在我国现有的13个学科门类基础上，增设‘人居科学’为第14个学科门类，以建筑学、城乡规划学、风景园林学为核心一级学科，与相关学科交叉，形成动态、开放的学科体系。”吴先生寄希望于学界的共同努力，他提倡在科研、实践的发展道路上，走一条融合之路，将科学、人文、艺术结合起来，追求合乎本时、本土之“范式”，探索规划改革创新之道。韩愈《复志赋》云：“朝骋骛乎书林兮，夕翱翔乎艺苑。”吴先生以此来比喻求索生涯。“回顾几十年来我所进行的学术探索，都不能摆脱时代的深刻影响，是一个不断回应时代落在我们建筑学人身上的任务的过程，要不断‘探索新路’。”

吴先生期许着，能让自己以一种积极的精神面貌面向未来，促使自己力所能及地不断探索广阔的新天地，不断探索明日之人居。“我现在已经是‘行百里者半九十’，剩下的十里路可能会更加艰难，但是我不希望轻易失去这最后的‘人生单元’，我要积极去完成尚未完成的事。”

记者手记

永不停息的探索

在《中国大百科全书》人居环境科学学科编委会的间歇时间，记者走进吴良镛先生的办公室看望先生，本以为刚刚一个多小时端坐在会场的吴先生会稍事休息，没想到，他正坐在书桌前，专注地阅读一份泛黄的老报纸的剪报，细细读完一页，再翻一页，似若有所思。

见记者来访，吴先生放下剪报，笑容温蔼地说，现在自己的许多时间和精力都放在口述历史的整理上，这项工作庞大艰巨，预计持续到2019年底才初步完成。

为此，他的助手经常一周要到他家中两三次甚至更多，每次都要工作好几个小时，令人越发感佩于他旺盛的学术精力和执着不懈。

与吴良镛先生共事过的人，无不钦佩于他远超常人的勤奋与刻苦。他的学生、清华大学建筑学院教授吴唯佳回忆，在滇西北规划研究的过程中，吴先生白天布置任务、讨论，团队抓紧工作，晚上形成草稿后塞到他的门缝里，然后吴先生清晨4点多起床，在草稿上加工，当天再布置新任务，工作团队可以说是“连轴转”，很快就形成了研究成果。

如今已近期颐之年，依然前行不止。近年来，吴良镛先生呼吁，在城市和建筑中对本土文化“要有一种文化自觉的意识、文化自尊的态度、文化自强的精神”。他关心首都，关心京津冀的发展，关心国家的未来。2017年，95岁的吴良镛前往雄安新区，就新区规划建设提出自己的意见建议。他一直坚持建筑师要紧紧跟上社会的发展，要有坚强的毅力和爱国的精神。

探访吴先生之后，记者脑海中时常闪现着两个画面：一个是在洒满春日阳光的书桌旁，望百之年的老人孜孜不倦工作的身影；另一个是谈及城市、人居，谈及热爱的工作时，吴先生满含笑意的眼睛中，闪烁的如青年人一般的明与光。

库尔班示范安塞腰鼓（均受访者供图）

库尔班·尼亚孜

库尔班·尼亚孜，1964年生于新疆乌什。现任新疆维吾尔自治区乌什县前进镇国家通用语言小学校长。2003年5月，他拿出积攒的60万元，在家乡创办了这所国家通用语言小学，并挨家挨户动员乡亲们送孩子学习双语，用教育改变贫穷落后面貌。他不断创新教学模式，摸索教学方法，提高教学质量，积极开设国学课堂，通过设立孔子像，组织学生背诵古诗词、唱京剧、练书法等，大力弘扬中华传统文化，使千余名少数民族学生改变了命运，对新疆国家通用语言教育发展起到了示范引领作用，为弘扬中华文化、增进民族团结作出了积极贡献。

2017年11月，库尔班获第六届全国道德模范提名奖。2018年，获“改革先锋”称号。

库尔班·尼亚孜：践行民族团结进步的好校长

王星

8 月初的南疆阿克苏，炽热的阳光足可持续到晚上八九点。

2019 年夏季，正在放暑假的乌什县前进镇国家通用语言小学的同学们，已经早早集结到学校。学校按照惯例安排了一个为期十天的免费“暑托班”。这十天，学生们全员住校。白天太阳毒辣的时候，大家就在教室里学学国学、画画国画、弹弹琵琶、拉拉二胡。等傍晚阳光没那么刺眼时，800 多名学生会集中到操场，统一排练库尔班校长今年给大家安排的新项目——扭秧歌。

晚上 7 点多，操场上的阳光温和了些。随着老师一声令下，几百名维吾尔族学生兴高采烈地从教学楼跑了出来，手里拿着鲜艳的扇子、花伞，很快找准了自己的位置。音乐响起，这些扇子、花伞随着孩子们轻快的脚步翩翩起舞。此时，站在一旁的库尔班突然变得严厉起来。他时不时走进队伍里，帮助孩子们纠正动作。讲到兴头上，库尔班还会亲自示范，告诉孩子们扭秧歌动作的韵味所在。

记者好奇，排练得这么认真，是要参加什么演出活动吗？

“不是啊，我们日常都是这样训练的。去年我让他们学了安塞腰鼓，今年是扭秧歌。我想让我们的少数民族学生，多接触中华民族博大精深的传统文化，从小培养起对中华文化的兴趣和认同。学这些课程对他们而言，并不是为了表演，而是多掌握一门才艺。”说着一口流利普通话的库尔班，认真作答。

教育是光、光多了黑暗就少了。

库尔班尼亚孜

库尔班寄语

托什干河对岸的风景

库尔班的家乡乌什县，是一个以维吾尔族为主体的边境小县，地处新疆阿克苏地区西部、塔里木盆地西北边缘、托什干河上游地带的天山南麓。许多人一辈子都没有走出过乌什县。

可库尔班与他们不一样。9岁那年，他在父亲的带领下，第一次来到了托什干河畔。快接近波涛汹涌的河水时，库尔班感到害怕，不敢再往前了。父亲便问他："库尔班，你觉得这是不是世界上最大的河？"当时的库尔班，从没走出过前进镇，在他看来前进镇就是他的整个世界，家门口的大巴扎就是世界上最热闹的地方。这时，父亲告诉他："库尔班，等你长大了，走出乌什县，就会看到比托什干河更宽更长的河。到时候，你就会知道，世界其实很大！"

越过托什干河，是新疆建设兵团第一师四团所在地。父亲带着库尔班走进了四团。这时库尔班才知道，原来早在十年前，刚结婚的父亲就背着家里人悄悄越过托什干河来到四团，跟兵团职工学习蔬菜种植，一待就是几个月。那天，第一次走进四团的库尔班，被眼前的"世界"惊呆了。市场里，除了馕和抓饭，还有一笼笼的白馒头；大街上，一辆辆“凤凰牌”自行车擦肩而过；房间内，不时传出阵阵悠扬的小提琴声……原来，当时的四团有很多上海来的知青。从和他们的交流中，库尔班知道了上海，知道了黄浦江……从那以后，库尔班一有空便往河对岸的四团跑，心中也慢慢萌发了长大后走出家乡的念头。

“没到四团时，我的梦想是当一名木匠，到了四团我才知道山外有山、人外有人，原来外面还有不一样的世界！”库尔班告诉记者，通过和四团的汉族小伙伴深入交流、他的汉语越说越流利。1982 年，库尔班如愿考上了新疆大学汉语言文学系，成为镇上的第一个大学生。毕业后，他被分配到阿克苏职业技术学院当了 13 年的老师。“虽然当上了老师，但我一直觉得自己的普通话说得还不够标准，汉字也写得不好看。那时一上完课，我就赶紧把黑板上的字擦掉，害怕被其他班的学生看到，笑话我。”库尔班回忆道，在那种巨大的心理压力下，1999 年，他向学校申请了停薪留职。

随后的两年里，库尔班先后到义乌、温州等地闯荡做生意，成功掘得第一桶金。回到家乡后，库尔班开了批发店、超市和药店。可他发现，这里的乡亲们依旧只关心家里的事情，以为世界不过如此。有一次在自家药店，库尔班看到一个小女孩脸上长满了水痘，就赶紧告诉孩子的奶奶该如何治疗，没想到却换来老人家的严厉斥责：“是我家孩子长得太漂亮了，被人嫉妒。”渐渐地，库尔班意识到，打针吃药只能解除身体上的痛苦，却治疗不了

库尔班与学生们在一起

知识的匮乏。他觉得自己该为家乡人民做点什么。

几个月后的一个早上，在去乌什县县城的班车上，库尔班遇到三个背书包的孩子，他们正要去县城的学校学国家通用语言。看着孩子们脸上自信的表情，库尔班突然萌发了一个想法——干脆在家乡办一所国家通用语言学校，让家乡的孩子们也能从小学习国家通用语言，因为只有走出去，才能看到更广阔的世界，而学好国家通用语言就是打开这扇门的钥匙，可以让孩子未来的路走得更远。

辛苦支撑七年终结硕果

拿定主意后，库尔班拿出全部积蓄 60 万元，在前进镇兴建起了国家通用语言小学。学校的第一位老师李红，就是库尔班经朋友介绍从四团请来的。盖了学校，招了老师，可生源是个大问题。在维吾尔族人口占 99.5% 的前进镇，绝大多数人自己都不会说国家通用语言，更别提把孩子送去学国家通用语言了。库尔班和老师们只得挨家挨户上门做宣传，苦口婆心地动员家长，这才吸引了 80 多名学生报名入学。

开学第一天，孩子们准时坐进课堂。学校操场的栅栏外，站满了将信将疑的家长。没想到才过 2 分钟，教室里就“炸锅”了。由于孩子们无法和说普通话的老师进行语言沟通，老师的一句“同学们好”就把有的孩子吓哭了。一时间，哭声四起。孩子们纷纷跑了出来，不一会儿全跑回了家。

第二天，库尔班只得再次挨家挨户走访。当时学校定的学费是每学期 600 元，库尔班向家长们承诺，只要再把孩子送来，一个月后如果还是觉得不满意，学费他双倍退还。就这样好说歹说，才把孩子们又请了回来。

这一次，库尔班请来了会快板的老师，新奇的快板声一响起，课堂氛围立马变得不一样了。孩子们的好奇心取代了恐惧感。库尔班见状，干脆一人发了一副快板，让孩子们边打快板边跟着节奏学习。刚开始的两周，老师们还把日常生活中的常见物品拿到学校，“喝水”“吃饭”“刷牙”“看书”……一个词一个词地教孩子这些基本生活用语。没过多久，学校的教学逐步进入正轨。时至今日，快板仍旧是这所学校的教学特色之一，每个学生都能熟练地打着快板，背上几段《三字经》。

办学初期的库尔班，曾面临各种困难与质疑。有人说库尔班是个骗子，办学校是假的，等土地升值后，再卖出去挣钱是真。有人来砸招牌、有人推倒围墙，还有人干脆点火烧学校……库尔班的记忆中，那段时间人多的地方他都不敢去，生怕面对那些乡亲质疑的目光。最让他难受的，还是学生和老师的流失。

“我们第一届学生招了 80 多个，到七年后毕业时还留着的，不过 38 个。老师更是年年招，年年都有人走。这些年学校前前后后走了 200 多个老师了。”库尔班说，给他印象最深的是一个名叫陈红的女老师，人非常勤奋，书也教得特别好，学生们都非常喜欢她。“有一段时间，她不停地打电话，我猜她应该是考上了公办学校。有天晚上，所有老师都睡着了，我发现就她的教室灯还亮着。走过去一看，陈红一个人坐在教室里哭，还把在学校工作了三年的教案本和学生的作业本都集中在讲台上。她说，校长对不起，我要走了。我说没有关系，应该到公办学校去。我们学校哪一天要是也纳入了国家的正式指标，我还邀请你回来。”

陈红走的那天，库尔班特意趁孩子们起床前将她送到汽车站。没想到，一群学生已经整齐地站在大巴车前方，手里拿着从家里带来的核桃、馕等食物。不知谁哭出了第一声，人群顿时哭声一片。库尔班说，这样的场面，他经历了太多次，几乎每一次，都会让他怀疑自己坚持下去的意义。

幸好，付出总有回报。整整七年之后，库尔班等来了开花结果的那一刻。

2010 年 5 月 28 日，是学校第一届毕业生成绩揭晓的日子。凌晨，库尔班就和老师们早早地守在了电脑前。早上 8 点，内初班的分数线与成绩

库尔班与学生们在孔子像前合影

公布了，农村户口分数线170分，城市户口分数线225分。

学校第一届38名毕业生中有32人报名参加了这次考试。库尔班记得，当时自己在办公室里来回踱了好久，副校长李红握着鼠标的手也一直在发抖，就是不敢点进去查成绩。犹豫了半天，库尔班想到了个主意——先从班上成绩最差的同学开始查："先查哈力·木拉提吧，这个孩子平时特别调皮，我觉得他考上内初班的希望不大。"李红一点鼠标，哇地大叫了一声。库尔班定睛一看，227分！他的心越跳越快，李红则继续从后往前查，230分！ 247分！ 228分……查了六七个孩子后，库尔班忍不住哭了："李老师，别查了，孩子们太争气了！我们成功了！"一瞬间，办公室里所有的老师哭作一团。除了6个没报名的孩子，第一批32个孩子全部考上了内初班。更值得一提的是，满分为300分的试卷，学生穆萨·图尔贡考了290分，排名阿克苏地区第一，位列全疆第27名。

在学生心中埋下"种子"

从那以后，库尔班这所国家通用语言学校成了当地名副其实的"香饽饽"。秋季招生时，蜂拥而至的家长把学校围得水泄不通，除了本镇的，还有周边的、县城的，乃至阿克苏的家长。招生名额一抢而空，很多人还会想尽办法找到库尔班要求帮助孩子入学。库尔班告诉记者，每到8月，自己连电话都不敢接，因为基本都是打来要名额的。

据统计，学校成立 16 年来，共有九届毕业生，486 名学生考取新疆区内初中班，录取率达 87%。2016 年，第一届学生中的“状元”穆萨又以 701 分的高分成为阿克苏理科状元，考取清华大学，成为乌什县走出去的第一个清华学子。还有好几个学生考上了上海、天津等地的重点院校。

据库尔班介绍，近年来，当地各级政府部门对学校的发展越来越重视。乌什县委、县政府两次无偿划拨 1.5 万多平方米土地，乌什县教育局选派 4 名公办教师支教；自治区教育厅拨付项目资金 1647.12 万元，建设了新校区；阿克苏地区用配套资金帮学校购置床铺、被褥、灶具等；学校被纳入国家义务教育保障机制范畴，在校学生与公办学校学生享受同等的“两免一补”；享受与义务教育阶段公办学校同等待遇的义务教育经费、取暖费、营养餐补助资金……

细数着这种种“利好”，没想到库尔班却哽咽了：“回想办学之初，为了心无旁骛地把学校办成，顾不上家的我曾和怀胎四月的妻子吵了一架，又气又怕的妻子就含泪把孩子引产了。我一直觉得很对不起她。后来学校办成功了，我们想要孩子却要不上了。幸好，学校源源不断地有学生来，我们用自己的努力，帮助他们走出乌什、走出阿克苏、走出新疆，乃至走到北京、上海，我觉得我们这么多年付出的汗水和泪水也就值得了。”

在库尔班看来，学生的学习成绩固然要抓，但在南疆的广大乡镇及农村，培养当地少数民族孩子对中华民族的文化认同更为重要。每周一的升国旗仪式上，库尔班都会带领全校师生面对国旗，举手庄严宣誓：“我宣誓，我是中华民族的一分子，作为炎黄子孙，我感到非常自豪！我爱伟大的祖国，我愿做民族团结的维护者！”在学校的国学堂，墙上挂着 24 张图板，目的是让孩子们从小了解我们都是中国人，我们是中华民族大家庭的一员，我们的文化是中华文化，我们的共同追求是实现中华民族伟大复兴的中国梦。

2018 年，库尔班特地从延安请来老师教学生们安塞腰鼓，红红火火的学生腰鼓队在小镇上一出名，也激发起了其他村民对安塞腰鼓的兴趣。渐渐地，腰鼓队竟成了乌什县的一道独特的风景线。截至目前，乌什县的 9 个乡镇都有了自己的安塞腰鼓队。预计到 2019 年底，全县将有上万人学会安塞腰鼓。

“我常跟学生们说，一滴水只有汇入大海，才能获得永久的生命；一个民族只有融入祖国大家庭，才能得到永续的发展。”库尔班告诉记者，在中华民族传统文化熏陶下长大的他深信，要实现中华民族大团结，长远的和最根本的就是要增强文化认同，建设各民族共有的精神家园，文化认同既是最深层次的认同，也是民族团结之根、民族和睦之魂。因此在课堂上，他经常给学生讲“愚公移山”“大禹治水”“孟母三迁”“孔融让梨”等故事，再让学生们通过“小手拉大手”，回家把这些故事告诉家长，从而让家长们更加重视教育。

记者看到，在前进镇国家通用语言小学，除了常规文化课学习，课余时间，学生们可以自由选择唱京剧、弹古筝、拉二胡，或是练习毛笔字、画国画、剪窗花，感受中华传统艺术的魅力。回到家，孩子们既欢度诺鲁孜节、古尔邦节、肉孜节，也会在春节吃饺子、端午节吃粽子、中秋节吃月饼。每年暑假，学校都会选拔一批品学兼优的学生到北京、浙江等地参加“夏令营”活动，让这些农村孩子开阔视野、增长见识，树立报效祖国的远大理想。

库尔班和他的团队始终坚信，只要从小让孩子们接受中华文化的熏陶，爱国的种子便会在他们心中扎下根，自然而然地就会同各种错误思想“绝缘”，从灵魂深处拥护和维护民族团结，新疆的社会稳定、长治久安便有了牢固的思想基础、群众基础和旺盛的生命力。

记者手记

新时代的库尔班

和库尔班·尼亚孜校长见面前，他作为全国人大代表和新疆维吾尔自治区人大常委，刚刚结束在伊犁的学习调研。从阿克苏返回乌什县的车上，他兴奋地和记者聊了一路在北疆的所见所闻，听得出，他很为家乡乌什县的发展着急。

中午时分，记者跟随库尔班走进学校，他径直推开了门卫室的木门。“我们就在这里聊吧。”随手拉过张板凳坐下，库尔班就滔滔不绝地打开了话匣子。

“为什么不去办公室呢？”

聊了好一会儿，他的一句“我在学校里从来没有办公室”解开了记者的疑惑：“刚开始学校条件不好，就没有设办公室。后来学校反响好了，学生猛增，我们又把多的房间都腾出来给学生了。这样也让我意识到，其实学校的每个角落都是我的办公室。每次一进学校，我就到教室，听老师上课，看孩子们的作业，发现问题便能及时纠正。”

库尔班说，他的父亲是一名老党员。之所以给自己取名库尔班，正是源于20世纪60年代那个库尔班大叔巨大的影响力，他是爱党、爱国、敢于奉献的模范人物，所以父亲也希望他长大后能像库尔班大叔一样，做一名堂堂正正的中国人。“其实我只是一个普通的办学者，没想到国家给了我这么大的荣誉，我一定会继续努力，让更多孩子享受到高质量的教育，让大家也记住我这个新时代的库尔班。”

胡福明接受专访（叶志明摄）

胡福明

胡福明，1935 年 7 月生，江苏无锡人。1955 年 9 月考入北京大学中文系新闻专业，1959 年至 1962 年就读于中国人民大学哲学研究班，毕业后到南京大学政治系（后更名哲学系）任教。曾任系党总支副书记、副系主任、副教授、教授。1982 年 11 月调至江苏省委工作，历任江苏省委宣传部副部长、省委常委、省委党校校长、省哲学社会科学联合会主席、省社会科学院院长、省政协副主席等职。1978 年 5 月 11 日《光明日报》特约评论员文章《实践是检验真理的唯一标准》的主要作者。2013 年，荣获首届“江苏社科名家”称号，2018 年，获得“改革先锋”称号。

胡福明：思想的脚步要紧跟时代脉搏

叶志明

一介书生，忧国忧民，一篇文章，推动了真理标准大讨论，开启了一场影响深远的思想解放运动的序幕。他被誉为“真理标准大讨论的代表人物”，2018年，获得了“改革先锋”称号。

他以共产党员的巨大勇气和知识分子的强烈担当，勇开思想先河，勇立时代潮头，冲破“两个凡是”思想禁锢。作为主要起草人，1978年5月11日在《光明日报》发表《实践是检验真理的唯一标准》，在中国理论界炸响一声“春雷”。在邓小平同志支持下，全国范围内掀起了一场关于真理标准问题的大讨论，拉开了解放思想的序幕，对于重新确立起我们党的马克思主义思想路线具有重要历史意义，深刻影响了中国的历史进程。最近出版的《改革先锋》给予了这样的评价。

面对荣誉，胡福明显得格外淡然。他说，这篇文章是集体智慧的结晶。“国家兴亡，匹夫有责”，作为一名理论工作者，他当年起草撰写这篇文章，只是起了一个引子的作用，归根到底是党的需要、人民的需要，是历史的需要、时代的需要。

书生意气：总要有人站出来的

金陵的仲春，微风送暖，细雨如酥。庭院里的茶梅、海棠绽放红的、粉的花朵。

胡福明每天上午总要看一会儿央视新闻。说是看新闻，其实是听新闻。年轻时留下的眼疾，现在很影响视力。

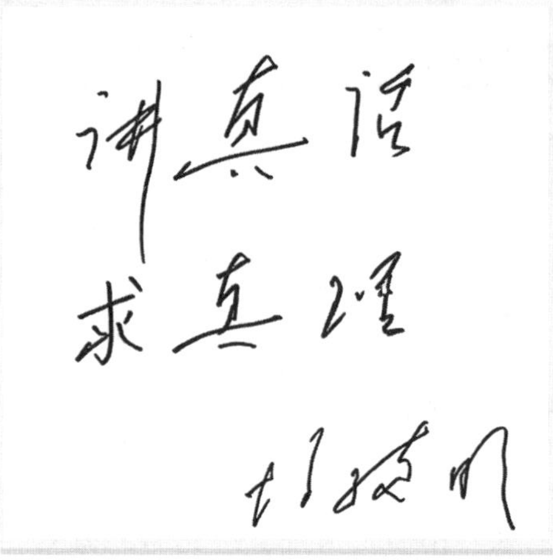

胡福明寄语（除署名外，均受访者供图）

听完央视新闻，他慢慢地走到客厅进门处的方桌后，惬意地坐在一把藤椅上。方桌的前面，依次摆放着《马克思恩格斯选集》《毛泽东选集》《习近平谈治国理政》《求是》《新华文摘》等书刊，他的左手边是一叠最新的报纸，《人民日报》放在最上面。《人民日报》有重要的社论、评论，他都要请老伴读报，他仔细地听。

他说，读《人民日报》的社论、评论，研究和思考其中的重要内容，是他几十年来养成的生活习惯。

1977 年的早春，乍暖还寒，一篇包括《人民日报》在内的“两报一刊”刊登的社论，让胡福明陷入苦苦思索之中。细读这篇题目为《学好文件抓住纲》的社论，文中提出的“两个凡是”让他心头阵阵发紧。

前一年金秋十月，粉碎“四人帮”、结束“文革”动乱，作为南京大学一名哲学教师，他也是以喝酒吃螃蟹的方式来庆祝。在南京大学和江苏省揭批“四人帮”的大会上，他都是第一个上台发言。他拿起搁置已久的笔，以笔代矛，在《南京大学学报》上连续发表了多篇文章。“粉碎‘四人帮’后，我认为中国面临历史变革的重大机遇，就是要另辟一条社会主义现代化建设的道路。”他说。

“两个凡是”的提出，使得拨乱反正和平反冤假错案遇到阻碍，揭批“四人帮”也出现了降温，开辟社会主义现代化建设新道路遇到了巨大阻力。胡福明感到痛苦迷茫，寝食不安。他觉得自己有必要站出来批判“两个凡是”，也深知其中的政治风险。在“文革”初期，因为在所谓的批判南大校长匡亚明时说了几句公道话，他被打成“匡亚明黑帮”。他说：“我已经被打倒过一次了，还会有第二次吗？”

在那五六个月里，胡福明陷入了难以名状的煎熬之中。一个知识分子的忧国忧民、家国情怀，一名马克思主义理论工作者的神圣使命和责任担当，驱使他下定决心。“不能再拖下去啦！再拖下去，人民受不了，国家受不了啊！天下兴亡，匹夫有责啊！”他说，“总要有人站出来的！我原是贫穷的农家子弟，是党和国家培养了我这么多年，我不站出来谁站出来？!”

寒门求学：将自己所学报效国家

胡家世代务农。“我老家在无锡长安乡胡巷村。家里太穷，一个哥哥、一个姐姐和一个弟弟被送人，两个弟弟病死。我特别喜爱读书，读了几年，因为交不起学费而几度辍学。”胡福明回忆道。

1949年，也是在这样的春天，无锡解放了。胡福明看到，解放军在他家乡两里外的马镇，押解着一队投降的国民党军队走过。事后他知道，解放军百万雄师过大江，突破长江天堑，最东头的战场就是在无锡北面的江阴。他记得，当时无锡这边的战斗很顺利，没有多少炮声，国民党军队兵败如山倒。

解放了，翻身了。胡福明感受最深的是，穷苦人家终于能吃饱饭，孩子们终于能如愿上学了。他说：“小时候，春天的时候是米面掺和着野菜度日，秋冬季节则是靠吃南瓜充饥果腹。”一直到现在，他都不爱吃南瓜。由于营养不良，他特别瘦弱。

失学的事让他记忆深刻。有一年他辍学在家，抱着弟弟在学校墙角听老师讲课。“有一次，父亲有事找我，找了半天没找到，最后在学校墙边找到了我。他十分生气，打了我一巴掌。”

他说：“我没哭，但是父亲却哭了。那是父亲第一次打我，也是唯一的一次打我。后来，秋天补交了学费，我才复学读书。”

1949年遇到春荒，家里交不起一学期一石大米的学费，他当众遭责

胡福明（左一）在校园

骂羞辱，被责令退学，幸亏同村本家的老师胡大公用自己的薪水垫付学费，他才得以继续上学。“后来我才知道，胡大公老师是中共地下党员。”他说，“无锡解放后，靠着政府助学金，我读完了初中，成为长安中学第一届毕业生。所以，我从心底里感谢共产党、感谢新社会。”

16岁那年春天，胡福明考进苏南无锡师范学校。三年师范读书，学费书费伙食费等均由国家负担。“我不仅吃得饱，长了身体，而且学习文化知识，提高了思想觉悟。”他说，“星期六下午，我步行20里路急赶回家，只花了2小时。到家后就立即挑粪、除草、锄地干农活。星期天劳动一天。星期一天蒙蒙亮步行回学校吃早饭，不误上课。遇到夏种、秋收的农忙时节，还要请假回家干农活。我和母亲必须种熟三亩地的作物，才能生活。”

三年后毕业，他被分配至南京的省总工会干部学校。那年夏天，为培养社会主义建设人才，国家号召机关的年轻人报考大学。胡福明做起了“大学梦”，他只填报了三个志愿，分别是北京大学的中文系、历史系、哲学系。他说，要考就报考最好的，非北大不去。8月，他收到入学通知书，被北大中文系录取。寒窗苦读四年，他又被推荐进入中国人民大学哲学研究班学习三年。

从一个几度失学的农家子弟，到先后就读于首都两所顶级高等学府的高材生，又成为著名的南京大学的一名哲学教师，胡福明深知自己的成长得益于党和国家的培养。他心怀感恩，他服从国家的安排，放弃了当初“做一名记者”的个人志向，全身心投入哲学的学习和研究之中，从中确立人生发展的价值和方向；他懂得责任和使命，他立志将自己所学报效国家、服务人民，哪怕遇到困难、遭受挫折。

学人本色：坚守底线独自上路

在南大执教期间，他确实遇到了不少坎坷。他研究马克思主义哲学，他心中始终坚守底线，不唯上、不唯本本，一切从实际出发，实事求是讲真话，即便闭口沉默也绝不昧着良心说假话。这让他吃了不少亏。可江山易改，本性难移，他初心不改。

内心激烈斗争了五六个月后，他终于下定决心，准备独自上路。他写文章做研究，总喜欢与周围其他老师一起交流探讨。“这一次，批判‘两个凡是’风险太大，结果难料。我决定不跟任何人说，自己一个人‘单干’。如果要坐牢，就我一个人去，绝不连累他人。”他说。

那一年夏天，胡福明的妻子张丽华生病住院。每天晚上，他都到医院陪护。暑热难耐，无法睡觉，也无地方可睡，胡福明就把《马克思恩格斯选集》《列宁选集》《毛泽东选集》陆续带到医院，在病房走廊里，他蹲着身子或者索性坐在地上，趴在椅子上查阅资料，草拟文章提纲。有时实在想睡了，就把三张椅子拼起来躺一会儿，醒了再看、再写、再改。五天后，妻子出院了，提纲大致也写成了。

在构思过程中，他提出了“实践是检验真理的标准”的主题。文中还引用了革命导师许多著名论述。这既是为了达到批判的目的，也是出于保护自己的考虑。8月底，完成初稿近八千字，他将文章投寄给了《光明日报》。在此之前的一次理论座谈会上，他认识了《光明日报》编辑王强华，王强华向他提出了约稿的邀请。

第二年1月，《光明日报》寄来了文章小样，王强华回信说“(文章)要说什么，我们知道，要用，请你做一些修改”。胡福明对文章进行了几

1998 年，胡福明在纪念真理标准讨论 20 周年大会上发言

次修改。4 月，他赴京出席全国第一次哲学研讨会，专程来到光明日报社，《光明日报》总编辑杨西光为此召集了中共中央党校和《光明日报》多位学者和编辑，讨论文章的修改。胡福明说，大家都提出了很好的修改意见。杨西光的意见是，这篇文章如果放在哲学副刊发表可惜了，要作为重要文章在一版刊发。文章要加强针对性、战斗性，要写得更严谨，不能让人家抓小辫子。

那也是春天，胡福明回忆道，白天他参加哲学研讨会，晚上修改文章，第二天一早将修改的文章小样送回《光明日报》。这样，来来回回又修改了好几次。在白天的研讨会上，他曾经发言提出了社会主义社会主要矛盾不再是阶级矛盾，以此表达不能再搞“以阶级斗争为纲”的观点。他为《光明日报》撰稿一事也已为圈内人所知。许多人支持他，也有人为他担心。

酝酿一年，几经修改，这篇文章在《光明日报》刊发后犹如炸响了一声春雷，真理标准大讨论为乍暖还寒的中国迎来了冰雪消融、春回大地，改革开放大潮如一江春水澎湃向东！

家乡情结：关心苏南改革新实践

一篇文章推动了一场真理标准的大讨论，也改变了胡福明的人生轨迹。四年后他被调任省委宣传部副部长，之后历任省委常委、省委党校校长、省社科院院长、省政协副主席等职。

在众多人生角色中，他最看重的是南大教师。他说，如果让他自己选择，他愿意继续站在三尺讲台上做一名普通的教师，继续从事哲学研究。相比较这些职务，他更喜欢别人称他“老师”。

无论职务升迁、工作变动，他始终保持着书生意气、学人本色。特别是在担任省委党校校长、省社科院院长期间，他组织了苏南现代化课题组，对苏、锡、常三市经济社会发展的实际水平和发展经验，进行系统的调查和评估。“吴仁宝是我的好朋友。我们很早就认识，有几十年的交情。”他说，“我一年要去华西村好几次。”两位无锡老乡，一个在乡镇企业一线滚爬摸打，一个在理论战线关注改革实践。他对吴仁宝大胆试大胆闯、敢为人先的劲头很赞赏。有人说，华西村被誉为“中华第一村”，最早就是胡福明概括提出来的。对此，他谦逊地说，这个是谁先提出来的不重要，关键是要为华西村等乡镇企业改革发展做一些梳理和总结。胡福明因此撰写了著述《苏南乡镇企业的崛起》，合作出版了《论县域经济》，主编出版了《苏南现代化》《中国现代化》丛书等。

中国的社会主义改革发展，是中国人民凭借自己的实践奋斗出来的。他说，实践出真知，一切从实际出发，中国的改革发展之路没有现成的经验可以照搬照抄，没有金科玉律，也非一成不变。实践发展永无止境，解放思想永无止境。

记者手记

享受思考的快乐

采访那天，胡福明刚收到《改革先锋》一书。寄来了五本，很多人要，他自己只留下了一本。留作纪念，一本够了。对于2018年底参加庆祝改革开放40周年大会，并获得“改革先锋”称号，胡老既感到光荣，又表现得特别淡然。

他说，那篇文章顺应了时代和人民的需要。他一再表示，在文章修改过程中，领导和编辑、中央党校的老师，都提出了很好的意见。那篇文章不是他一个人的功劳，是集体智慧的结晶。在那个年代，要求拨乱反正，要求推进社会主义现代化建设、让人民过上好日子的呼声很高，人心所向、大势所趋。就是他不写那篇文章，也一定会有人站出来撰写这样的文章。

胡老那天谈兴甚浓，谈了约6个小时，老人家不显疲惫。他说话语速慢中带快，夹着浓厚的无锡乡音，一杯茶，两盒烟，三只打火机，听他讲述那些或远或近的过往，他的求学经历、教师生涯、学人故事，仿佛是在听一位白发老教授传道解惑。他记忆力极好，对一些人的姓名记得分毫不差。他会告诉你，这人姓甚名谁，什么笔画，怎么写，一如他写作讲课时的严谨。氤氲中那些往事恍如昨日，所有的惊心动魄、云谲波诡，在谈笑间慢慢散开。

他知道抽烟不利于健康，但是有助于思考问题。他习惯了。几十年来，一直这样抽着烟思考问题。他不喜欢人家称他什么家，他说自己就是一名理论工作者。他喜欢思考，他享受思考的快乐。早些年，他更愿意出去走走，到老家无锡附近，到苏南改革实践的一线去走走看看，一边走着看着一边思考。现在腿脚不便，行动慢了，但是思考不能停止，思想的脚步要紧紧跟上时代的脉搏。

钟南山近照（均受访者供图）

钟南山

钟南山，1936年10月生于江苏南京，我国呼吸病防治的领军人物，中国工程院院士、广州医科大学呼吸内科学教授、国家呼吸系统疾病临床医学研究中心主任；在《新英格兰医学杂志》《柳叶刀》等国际权威刊物发表SCI论文200余篇；出版各类专著近20部；主持制定多项甲流、慢性咳嗽、慢阻肺等多种疾病诊疗指南；先后主持国家“973”、“863”、“十五”、“十一五”、“十二五”科技攻关，国家自然科学基金重大项目，WHO/GOLD委员会全球协作课题等重大课题十余项。

1995年被评为全国先进工作者，2003年被授予“全国五一劳动奖章”，2004年获中国卫生领域最高荣誉“白求恩奖章”，2009年被评为“100位新中国成立以来感动中国人物”，2016年获国家科学技术进步奖二等奖、中国工程院光华工程科技奖成就奖，2017年获美国胸科学会“呼吸医学巨人（Giant）”殊荣，2018年获“改革先锋”称号。

钟南山：医中勇士，患者铠甲

付鑫鑫

2019年8月，钟南山出差5趟，来去匆忙。8月29日，钟南山出国参加学术研讨会；8月31日，南航一架新加坡飞往广州的航班上，一位9岁男孩突发过敏，同航班的钟南山亲自问诊检查，在确认孩子没有危险后离开。9月2日，#男孩飞机上突发过敏遇到钟南山#登上热搜。

在钟南山的心中，病人始终处于第一位。医院里，周三上午查房、周四下午门诊是他固定的日程。

2003年初，“非典”来袭，他不顾生命危险，夜以继日地工作，曾一连38个小时没合眼。他说：“病人的生命重于一切。医院是战场，作为战士，我们不冲上去，谁上去？”其时，他已六十有七。

从医数十年，不论冬夏，钟南山都会把听诊器捂热了，再放到病人身上听诊。一些外地病人过来看门诊，钟南山会关心地问：“有没有亲戚在这边？有没有地方住？”……

努力守护
“自由呼吸”
钟南山

钟南山寄语

2007年，钟南山在《柳叶刀》上发文，羧甲司坦除可预防慢阻肺急性加重外，还可显著减少医疗费用；2017年，钟南山团队在《新英格兰医学杂志》上发布研究成果，证明慢阻肺早期干预有效……

除了临床、科研，他还不忘教学，坚持推动医学教育改革创新，成立“南山班”，培养一大批拔尖人才，“我们的目标不是培养英语流利、却去国外实验室干活的高级打工仔，而是创新型的中国医学实用人才”。

钟南山的人生字典里，从没有“停步”二字，“我有周末，但我要干活。现在人活得长，80 多岁还能干很多事呢”。

白鼠“饲养员”的医生梦

我决心竭尽全力除人类之病痛，助健康之完美，维护医术的圣洁和荣誉。救死扶伤，不辞艰辛，执着追求，为祖国医药卫生事业的发展和人类身心健康奋斗终生。

——《医学生誓词》

20 世纪 30 年代的中国，军阀混战，民生凋敝。

1936 年 10 月，钟南山生于南京中央医院。因医院地处钟山以南，父亲钟世藩为子取名“南山”。次年冬，钟南山随家人西迁至贵州贵阳。在贵州的房子被日军飞机炸掉后，钟南山一家就栖身在医院一间临时的小房子里。

钟南山的父亲钟世藩，是我国著名儿科专家，毕业于北京协和医科大学，曾任南京中央医院儿科主治医师，中华人民共和国成立后成为广州中山医科大学一级教授。

家庭环境的熏陶，成就了钟南山的职业理想。为研究乙型脑炎病毒的培养和分离，钟世藩自费买来小白鼠在自家书房做实验。家里的三楼全是小白鼠，幼年的钟南山每天都要去喂小白鼠，乐在其中。有人来找他父亲，问邻居住址，邻居说，“闻到什么地方老鼠味道大，就是他们家了”。

1946 年，钟家迁至广州，钟世藩任广州中央医院院长兼儿科主任。钟南山从小耳闻目睹父亲和其他医生对病人的态度及做法。深夜，也有家长带着孩子到家里看病，孩子康复后，家长非常高兴，钟世藩也很开心。

1955 年，钟南山以优异成绩考入北京医学院（现北京大学医学部）医疗系。大学里的钟南山，不仅是一名“学霸”，而且是名“活跃分子”，积极参加各种文体活动，田径、游泳、篮球、举重都是他的至爱。大三那年，钟南山参加北京市高校运动会，获得 400 米第一名。1959 年 9 月，他在首届全运会上获得 400 米栏冠军，并打破全国纪录。毕业后，他婉拒北京体校邀请，留校从事放射医学教学。1960 年，他获得北京市运动会男子十项全能亚军。

钟南山对体育运动的酷爱，也为他带来了人生伴侣李少芬。在一位朋友家里，钟南山认识了当时国家女子篮球队队员李少芬。两人一见如故，此后，在学业上互相帮助，在球场上互相鼓励，最终喜结连理。1969 年，钟南山参加下乡医疗队，来到河北宽城，遇到病人却束手无策。作为医学毕业生，钟南山很自责。1971 年，在妻子李少芬的帮助下，钟南山离开北京，到广州第四人民医院（现广州医科大学附属第一医院）成为一名医生。

大学时的钟南山

“我在学校做师资，从事新专业，后来搞放射生物化学，一直都服从分配，从来都是标兵、先进。从 1960 年毕业到 1971 年，整整 11 年我都没做医生！做医生是我的愿望，但不是我所能选择的。挑到了这个医院，还是因为我爱人。”钟南山说。

中国学者的赤子心

在我的学术生涯中，曾经与许多国

家的学者合作过，但我坦率地说，从来未遇见一位学者，像钟医生这样勤奋，合作得这样好，这样卓有成效。

——钟南山在爱丁堡大学的导师弗兰里教授

于其归国时写给中国驻英大使馆的信

到医院工作不久，钟南山将一位咳出黑红色血的病人误诊为结核病，次日发现是消化道呕血，病人险些丢了性命。这件事刺激了钟南山，他开始付出从未有过的努力，跟着医生余真学习，晚上回家还继续研究功课。

余真后来回忆：不过两三个月，原先粗壮黑实的运动员体格，减了不止一个码。外人甚至向她打探钟南山是否健康出了问题。8 个月后，其他医生评价钟南山，“顶得上一个主治医生啦”。

1978 年，第一届全国科学大会在京召开，钟南山作为广东代表参会。他与副教授侯恕合写的论文《中西医结合分型诊断和治疗慢性气管炎》，被国家科委评为全国科学大会成果一等奖，也因此获得赴英国爱丁堡大学深造的机会。

1979 年 10 月，年过不惑的钟南山远渡重洋。在爱丁堡大学，钟南山从巡查病房等点滴做起。白天参加查病房，参观皇家医院各系的实验室，晚上泡在资料室“加班充电”。为完成关于“一氧化碳对血液氧气运输的影响”的实验设计，他从自己身上抽了 800 毫升的鲜血测试校正，修复了一台血液气体平衡仪，并在自己体内做实验，得到大学教授的表扬。

在全英麻醉学术研究会上，钟南山做的《关于氧气对呼吸衰竭病人肺部分流的影响》报告与英国麻醉学权威克尔教授的结论完全相悖！但前者用大量的实验数据和严密论证，对会场提问一一作出解答，获得全场评委的一致通过。

在英国求学期间，钟南山对呼吸系统疾病的防治研究取得 6 项重要成果，完成 7 篇学术论文，其中有 4 项分别在英国医学研究学会、麻醉学会及糖尿病学会会议上发表。回国前，爱丁堡大学极力挽留他，但钟南山说："对自己祖国的热爱，不仅出自血浓于水的感情，更源自对祖国深厚文明底蕴的理解和骄傲。"

1981 年 11 月 18 日，钟南山从伦敦飞回祖国。

勇敢战士的真性情

我只想搞好自己的业务工作，以及做好防治疾病的工作，这本身就是我们最大的使命。一个人在他的岗位上能够做到最好，这就是他的最大使命。

——2003 年 4 月 26 日，钟南山回答记者的提问

2003 年的"非典"疫情，让举国"谈'非典'色变"的同时，也让国人记住了钟南山这个名字。2002 年 12 月 22 日，广州医科大学附属第一医院呼研所接诊的第一例"非典"患者是从广东河源市人民医院转来的，随后患者出现呼吸衰竭，随行医生、护士和司机也发生感染。2003 年 1 月，河源市人民医院多名医务人员染病。广东省内接连出现相同病例，截至 2003 年 1 月 20 日，中山市发现 28 例此类病人。21 日钟南山赶到中山，会同广东省卫生厅专家组，对病人进行会诊和抢救。22 日，专家们起草《中山市不明原因肺炎调查报告》，首次将这一怪病命名为"非典型肺炎"。随后，钟南山被任命为广东省"非典"医疗救护专家指导小组组长。

面对突如其来的疫情，钟南山态度很明确："病人的生命重于一切。医院是战场，作为战士，我们不冲上去，谁上去？"挺身而出的钟南山，忘了其时自己已年近古稀。钟南山不顾生命危险，夜以继日地工作，一连 38 个小时没合眼。他累倒了、发烧了，左上肺有炎症，全身乏力，但据观察体会，他认为，自己得的不是"非典"。为免影响士气，他选择在家治疗，没地方挂吊瓶，就在走廊门框上钉了一根钉子，至今没拔掉。5 天

后，肺部阴影消失。休息了两天，他回到医院。当时除了家人和一名打点滴的护士，没人知道钟南山病了。

广东“非典”病原研究发布会

2月11日，在广东省卫生厅召开的记者见面会上，钟南山以院士声誉担保“‘非典’并不可怕，可防、可治”。2月18日，北京疾控中心的专家称，引起“非典”的病原基本确定为衣原体，而广东医疗界人士并不认同这一结论。于是，广东省决策层采纳钟南山的意见，坚持和加强了原来的防治措施。如今回忆起来，钟南山说：“如果当时没有广东卫生部门领导的支持，我想会多死亡几百例病人。”这句感受的背景，来自当时对“非典”病因和治疗方案上的不同声音。

钟南山和攻关小组全力以赴钻研疾病的救治方法。在医学界，用类固醇治疗病毒性感染是大忌，对病人使用皮质激素，也与传统治疗肺炎的方法相反。但钟南山将以上措施写入《广东省医院收治非典型肺炎病人工作指引》，3月9日下发各地市与省直、部属医疗单位。

3月是广东“非典”最严峻的时段，6家专门用于接纳“非典”病人的医院已不堪重负；3月17日，广东省全省累计报告病例首次突破1000例。此时，钟南山说出了至今仍被世人记住的话：“请把最危重的‘非典’病人往我们这里送！”

钟南山团队当时提出的“三早”（早发现、早诊断、早隔离）以及“三合理”（合理使用皮质激素、合理使用无创通气、合理防治继发感染）的防治措施，成为我国“非典”诊治指南的基础，使得广东省“非典”病死率全球最低（3.8%）、我国“非典”的总体病死率位于国际上较低水平（6.6%）。

4月11日下午，呼研所拟于次日下午在广州举行发布会，宣布“非典”病原和一个月前香港专家发现的一样，是一种新型冠状病毒。

谁料，钟南山被要求参加4月12日在北京召开的一场新闻发布会。在记者的追问下，面对“是不是疫情已经得到控制”的提问，钟南山大声说:“现在，病情还在传染，怎么能说是控制了？我们顶多叫遏制，不叫控制！连医护人员的防护都还没有到位。”现场哗然。

4月16日，世界卫生组织在日内瓦宣布，正式确认冠状病毒的一个变种是引起“非典”的病原体。钟南山的坚持再一次被印证，“科学只能实事求是，不能明哲保身，否则受害的将是患者。书本上没有的，只能在实践中摸索”。

妙手仁心的创新力

作为一个医生光给病人鲜花是不够的，他还要给稻穗。稻穗是什么呢？就是实在的东西，也就是实实在在地给病人正确的诊断治疗，让他恢复健康。

——钟南山在一次庆祝大会上的讲话

通过“非典”事件，钟南山建言献策推动公共卫生应急体系建设，积极倡导与国际卫生组织合作，主持制定了我国“非典”等急性传染病诊治指南，最早制定出《非典型肺炎临床诊断标准》，探索出了“三早”“三合理”的治疗方案，在全世界率先形成了一套有明显疗效的防治经验，并得到世界卫生组织的肯定。

十六年，弹指一挥间，不变的是钟南山仍坚守在抗击疫情第一线。他主动承担起突发公共卫生事件代言人的角色，在雾霾治理、室内空气污染、甲型流感防控等公共卫生事件中敢于发声、传递真知。他带领团队探索建立符合中国国情的呼吸道重大传染病防控体系，建立了国际先进的新发特发呼吸道重大传染病“防—治—控”医疗周期链式管理体系，对圆满处置 H5N1、H1N1、H7N9、H5N6、MERS 流感等突发疫情发挥了积极作用。

“未来，我的工作关注点在慢性病上。”钟南山说，在全球，慢性阻塞性肺疾病已成为第四大致死疾病。据推算，大约 95% 的慢阻肺患者属于早期，没有症状或只有轻微的症状，绝大部分都没检查过或看过医生；直到有明显症状时才去看医生，但此时已是慢阻肺中晚期患者，肺功能降低了 50% 以上，错过了最佳治疗时间。

2009 年，在罗马举行的国际慢阻肺大会上，钟南山提出：“能不能像控制高血压、糖尿病那样，对慢阻肺进行早期干预？”这一想法引发共鸣。2017 年，钟南山团队在《新英格兰医学杂志》发表研究成果，提出慢阻肺早期防治的新理念。

与此同时，钟南山发现，“中医药和中国传统医学在未来的发展空间很大”！比如，玉屏风颗粒可显著减少中重度慢阻肺患者急性加重的风险。又比如，打太极拳对改善慢阻肺患者功能状态方面的效果与传统肺康复锻炼相当。

此外，血必净注射液可显著改善重症社区获得性肺炎患者的严重程度指数，降低死亡率，减少机械通气持续时间和 ICU 住院时长。该项研究论文已于 2019 年 6 月 3 日在线发表于《重症医学》杂志。

他常说：“科研既要顶天，也要立地。顶天就是抓住国际前沿、国家急需项目，立地就是要解决老百姓的实际问题。顶天的研究不能立地，不能缓解患者的痛苦，意义就会打折扣。”

问及心愿，钟南山又说起自己的三个追求：“第一是促进呼吸中心全方位建成；第二个，我研究了 26 年的抗癌药，现在已经走过大半路程，希望搞定；第三个，我希望把慢阻肺的早诊早治形成全国乃至全世界的治疗思想。”

记者手记

“我还能干！”

光看外表，您绝对想不到，钟南山先生2019年已八十有三。对此，他开玩笑自诩是“80后”。

耄耋之年，本该含饴弄孙，他却仍然坚守一线，可见他对医疗事业的热爱与赤诚。每周四下午，他在广州医科大学附属第一医院呼吸科出门诊，经常干到晚上7点多；每周三上午，他会出现在病房，带着学生查房、会诊，常常忙到中午12点多……此外，他还继续科研、出差开会，马不停蹄。雷打不动的是，他坚持每周锻炼3次以上，每次锻炼约1小时。“运动对我保持身体健康起到了关键作用，自己身体不行，何谈治病救人？”

只有非常难得的辰光，钟南山不得不承认自己老了。“非典”以后，他的身体出了不少状况：2004年得了心肌梗塞，做手术装了支架；2007年出现心房纤颤，逼得他告别篮球场；2008年得了甲状腺炎，短短两个月瘦了5公斤；2009年又做了鼻窦手术……挺过来以后，钟南山又会说：“我觉得，我还能干！”

至于传承衣钵的年轻人，他坦言：“年轻人有理想，更要有梦想；有要求，更要有追求；有志气，更要能争气；有热情，更要有激情。要知道，病人的信任是医生最大的动力，病人的康复是对医生最大的鼓励。”

禹国刚近照（均受访者供图）

禹国刚

禹国刚，1944 年生于陕西安康，毕业于西安外国语学院。1981 年担任深圳爱华电子公司党委秘书兼日语翻译，1983 年赴日留学，学习金融证券；1988 年起，负责筹建深圳证券交易所，学习借鉴境外证券市场法律法规和业务规则，牵头拟订《深圳证券交易所章程》等重要文件，奠定了深圳证券交易所制度基础，促进了我国证券市场的规范化发展。曾担任深圳证券交易所副总经理（法定代表人），推动深圳证券交易所第一个同步实现“四化”——交易电脑化、交收无纸化、通信卫星化、运作无大堂化。2018 年，获得“改革先锋”称号。

禹国刚：资本市场"从无到有"的见证者

王星

8 月中旬的一个清晨，记者如约来到禹国刚位于深圳福田区的寓所。尽管今年已经 76 岁，但精神矍铄的禹国刚仍将每天的日程排得满满当当。最近他在忙的一桩大事，就是参与推动深圳证券山公园的建设。

2018 年 12 月 20 日，中国证监会发布《中国证监会致禹国刚同志的贺信》，向"改革先锋"称号获得者——深圳证券交易所第一任副总经理、主要筹建者禹国刚表示热烈祝贺并致以崇高敬意。

很多股民当时都纳闷了，禹国刚是何许人也？查阅他的简历，同样令许多人很疑惑：他是土生土长的陕西人，为什么要跑到深圳去闯荡？进大学最初学的是俄语，毕业时他为何能说上一口流利的日语？国家选派留学生时，为什么招考小组在京津沪这些直辖市都没找到合适的人选，人在深圳的他却能一举突围……

"这些事看似偶然，其实也包含着一些'必然'的因素。听我慢慢给你讲吧！"禹国刚笑道。

从煤矿工人到证券金融"留学生"

1964 年，禹国刚考入西安外国语学院（现西安外国语大学）俄语专业。作为新中国最早建立的四所外语院校之一，当时西安外国语学院的俄语专业不论是师资力量还是教学水平在国内都赫赫有名。只可惜，彼时中苏关系已开始恶化，学俄语今后究竟能派多大用场，禹国刚心里悄悄打下了一个问号。细心的他还注意到，给自己教俄语的年轻外教每晚都会利用休息时间去夜大进修英语，禹国刚开始认真思考起自己的未来。在书海遨游中他发现，鲁迅、郭沫若当年都是去日本留学，孙中山也曾多次到日本，日本究竟有什么值得学习之处？禹国刚对日本产生了强烈的好奇。

多读书心中自负
勤学习万事皆通
禹国刚书

禹国刚寄语

有没有可能改学日语？他将自己想要转学日语的想法告诉了当时西安外国语学院的院长张治平。开明的张治平当即表态全力支持。但那时学校还没有开设日语专业，上哪儿去找老师呢？在张治平的支持下，禹国刚几经周折找到了当时西安公路学院（现长安大学）的一位归国华侨胡秋金老师，请他来学校办起了日语班，自此开始了日语学习。等到大学毕业时，禹国刚已是班上日语学得最好的学生之一。

毕业后，禹国刚被分配到铜川矿务局下属的煤矿，成了一名煤矿工人。每次回到地面，身上除了牙齿是白的，其他地方全是黑的。原本，禹国刚的未来可能跟证券金融没有任何关系，但两次转折却让他的人生彻底改变。

第一个转折，由来自煤矿工友的一封信引发。当时这位深圳籍的工友回到了老家，进入了爱华电子公司工作。信中，工友劝禹国刚去深圳打拼：“你别看现在的深圳很荒凉，但它可能是未来‘中国的旧金山’。”这句话，打动了内心渴望去外面看一看的禹国刚。

从陕西到广东，路费是一笔不小的开支。为此，禹国刚用自己最值钱的两样家当——一台三洋收录机和一台 14 寸黑白电视机换来了 600 多元，在 1981 年春节前带着家人来到了改革开放的前沿阵地深圳，随后加入爱华电子公司担任党委秘书兼日语翻译。

第二个转折，源自一次全国范围的招考。当时，日本友人冈崎嘉平太向时任全国人大常委会副委员长兼中日友好协会会长廖承志提议，在中国选派两人到日本学习证券知识。1982 年，共青团中央和北京对外贸易学院成立了联合招考小组。当时的招考有两个条件，一是日语要好，二是要懂金融证券的基础知识。日语好的人不难找，但又要同时懂金融证券，就比较难了。招考小组在北京、天津、上海三个直辖市都没找到合适的人选。1983 年春，招考小组南下广州，并通过深圳市团委联系到了禹国刚，让他到广州参加选拔考试。

谈到三十多年前这场改变自己人生轨迹的考试，禹国刚记忆犹新："当时开考时间还没过半，我就已经答完了题目。看到卷面上有些字迹涂改不太整洁，我就跟监考老师申请多要一张试卷来誊抄一遍。被惊到的监考老师站在禹国刚身后看着他重新答完了试卷。"笔试完，禹国刚当即被叫到二楼参加了日语口语考试以及金融证券知识考察，同样顺利通过。面对考官们意外的表情，禹国刚这样解释："半年前我在深圳市委政策研究室借过一本金融证券方面的书，当时我认真读了，还做了些读书笔记。参加考试前，我把笔记又翻了一遍。"招考组当即拍板，禹国刚就此成为新中国第一批选派到日本学习证券的留学生。

在禹国刚看来，不管在何等境遇之下，只要坚持用心学习，就一定会有收获。留日期间，禹国刚一如既往地勤奋刻苦，积累了大量证券市场理论和操作经验，为日后负责参与筹建深圳证券交易所打下了扎实的基础。当时，日本《朝日新闻》得知中国派留学生来学习金融证券时，还派一名资深记者前来采访禹国刚："你们是社会主义国家，派你们来学证券股票，有用吗？"禹国刚当时只回答了一句话："我们中国有一句俗话，学习是不会白学的。"

没有"准生证"，"孩子"落地了

1984 年，禹国刚学成归来。由于当时我国还未建立证券市场，所以禹国刚仍旧回到了爱华电子公司，负责电器业务的开拓经营。正干得如火如荼之际，时任中国银行深圳分行行长张鸿义找到禹国刚，问他愿不愿意去银行“学以致用”。众人一番努力后，禹国刚被调到中国银行深圳分行。20 世纪 80 年代中期，深圳证券市场开始萌芽。1988 年 4 月 1 日，深发展股票在特区证券公司柜台交易。随后，深圳市国投证券部和中行证券部相继开业。

1988 年 5 月，时任深圳市委书记兼市长李灏提出，深圳经济特区应该利用政策优势创建深圳资本市场：“作为改革开放试验田的深圳，在资本市场的试验探索中也应先行一步，为在全国推广积累更多的经验，让深圳在通向资本市场之路上也做一回‘拓荒牛’。”当年 6 月到 9 月，深圳举办第一批资本市场培训班，共培养 200 多位金融证券方面的人才。11 月，深圳市成立资本市场领导小组，由时任深圳市副市长张鸿义担任组长，委任禹国刚为领导小组下面的专家小组组长。

在专家小组，禹国刚和同事们做的第一件事就是翻译了 200 多万字的英文资料。

深圳的国贸三楼，是深交所筹备组最初的办公所在地。所谓的办公室，不过是几间仓库改建而成，禹国刚和同事们常常蹲在小茶几前，修改着他们的“创业蓝图”。功夫不负有心人，在借鉴各方资料的基础上，禹国刚带领专家小组草拟了《深圳市股票发行与交易管理暂行规定》《深圳证券交易所章程》《深圳证券交易所股票交易程序与清算制度》等 30 多万字的法规和规章制度。

经各路专家、学者多方论证修改，1990 年 3 月，《深圳证券交易所筹建资料汇编》应运而生，因其封面为蓝色而被称为“蓝皮书”。这本“蓝皮书”不仅成了打造深交所的“蓝图”，也为上海证券交易所的创建提供了重要借鉴。

1990 年 5 月，深交所筹备工作基本完成。禹国刚等人前往北京向中国人民银行总行报批深交所开业一事。没想到，当时央行监管司的领导

1984 年春天，禹国刚（左）和蔡靖华（右）在日本东京证券交易所实习

却建议给深交所换个名字："深圳证券交易所这个名字太敏感没人敢批的，我建议你们改个名字，叫深圳证券市场。"

随着股份制改革的推行，股票逐渐为老百姓所认识，柜台交易在深圳日趋红火。1990 年上半年，深圳"老五股"节节攀升，很快进入到狂热阶段。仅在 5 月 25 日至 6 月 17 日短短 20 天内，"老五股"的股价分别有了 100%—380% 不等的涨幅。赚钱效应驱动越来越多的人涌进了深圳股市，但落后的柜台交易远远无法满足需要，由此导致的黑市交易、内幕交易等乱象频发。这让禹国刚看在眼里、急在心里："必须想办法尽快让深圳证券交易所运作起来，让深圳'老五股'进入深交所进行集中交易，从而帮助深圳股市朝着规范化方向发展。"

原本，深交所计划 1990 年 8 月开市，没想到临近开市前，两次从北京传来"不能开"的风声。情急之下，禹国刚便找到时任深圳市委书记李灏当面汇报此事。

1990 年 11 月 22 日，李灏带着郑良玉市长、张鸿义副市长等人来到深交所筹备组。李灏进会议室说的第一句话就是："今天我们是来拍板的。"禹国刚自信回应："只要今天你们拍板，明天我们就能开业！"在市领导面前，准备充分的禹国刚带同事“表演”起来：他们请出红马甲，先上板竞价，拿油笔写白板，紧接着进行口头唱报手势买卖。演播室里，模拟电脑成交画面如海水潮起潮落变化着……大家都看出了神。散会前，李灏明确表示：“1990 年 12 月 1 日，深交所开始集中交易，这件事我们今天在这里就最后拍板定了，今后不再开会研究！”

令禹国刚终身难忘的这一天终于到来。1990 年 12 月 1 日上午 9 时，在深圳国际信托大厦 15 楼，禹国刚和另一位筹建人王健一起为深圳证券交易所鸣钟开市，清脆的钟声在大厅响起。身穿“红马甲”和“蓝马甲”的工作人员随即投入集中交易工作。新中国第一家按照国际惯例进行集中交易的证券交易所——深圳证券交易所就此诞生了。

退休后的闲暇时间，爱好广泛的禹国刚时常在家中拉起手风琴

在当时已开展柜台交易的深圳“老五股”中，股本较小的“深安达”率先完成了股票的标准化和集中登记以及集中托管等工作，从而成为在深交所第一只集中交易的股票。当日上午，“深安达”股票成交 5 笔共 8000 股。

18 天后，上海证券交易所也开始了集中交易。

在禹国刚看来，如果把“集中交易”比作生孩子，那深交所便是“先生孩子”，“后领准生证”，直到 1991 年 4 月 11 日才经中国人民银行总行批准成立。他坦言，在当时的政治环境中，股份制、证券市场到底姓“资”还是姓“社”一直争论不休，直到 1992 年邓小平第二次视察深圳发表南方谈话，这场争论才尘埃落定。那时，深交所开市已经两年了："幸好当年我们众志成城让深交所这个'孩子'在没有'准生证'的情况下先落了地，要不然很可能就没有今日深圳如此繁荣的资本市场了。"

短短三年实现"四化"

在禹国刚内心深处，还有一次惊心动魄的秘密救市让他同样捏了一把汗。

1991 年 4 月 22 日，这一天，深交所的成交量为零。在此之前，深圳股市已连续下跌五个月。1991 年 9 月 5 日，深证股价指数由基日（1991 年 4 月 3 日）的 100 点跌至 45 点，股市市值也由 50 亿元跌至当日的 35 亿元。

在禹国刚和王健等人的积极建议下，深圳市相关领导同意由股市"调节基金"出面，联手深圳市国际信托投资公司和深圳市投资管理公司，两家公司各出资 1 亿元，统一由"调节基金"指挥买进"深发展"托市。

1991 年 9 月 7 日，"救市军团"入市，用 2 亿元资金展开了与总市值 50 亿元空头市场的奋力周旋。"救市资金在'深发展'每股 13.75 元的价位往上托，那时候一个价位 5 分钱，刚托了没几个价位，有的玩股老手可能就意识到有人在救市了，很快便有大抛单砸来。"禹国刚回忆，当时"救市军团"只能和对手打起游击战，而非一味死守某个价位。9 月 10 日，"调节基金"5000 手接 5000 手好多个回合吃进"深发展"，一路厮杀至收盘时，将龙头"深发展"的股价抬至 13.95 元的价位。两天后，"深发展"股价升至 14.50 元。

"我那时一直想，这么多钱砸进去，如果失败了，钱打水漂了，都不知该怎么面对，当时深圳市一年的财政收入不过三四十亿元。所幸最终努力的结果还是如愿以偿，牛市重现。"禹国刚说。

国际证券界，美国纳斯达克于 1971 年最早实现交易电脑化和运作无大堂化。新加坡证券交易所于 1987 年最早实现了交收无纸化。而初生的深圳证券交易所则在短短数年间最早全面实现了“四化”——交易电脑化、交收无纸化、通信卫星化、运作无大堂化。而这，也是此生最令禹国刚骄傲的成就之一。

目前在全球范围内，能做到电子记账而不使用实物股票的只有深交所、上交所、台湾证券交易所和新加坡证券交易所。纽约、伦敦、东京这些世界著名证交所由于发行股票历史长，流通在外的股票多，想实现交收无纸化也绝非易事。在禹国刚眼里，深交所成立之初如同白纸，可以在上面画最美的图画。“当初 1988 年我们专家小组在翻译资料的时候，就知道新加坡证交所发明交收无纸化这一现代化的交收模式，到 1992 年 2 月 25 日，深交所已经全面实现交收无纸化。”

1993 年 4 月 13 日，深交所发明的证券卫星通信系统开始传播股市行情和成交回报。更新后的卫星通信系统具有双向传递行情、成交回报和委托报盘三种功能。1993 年 7 月 28 日，深交所 TANDEM 大机网络自动撮合交易系统正式推出。两套系统强强联合，构成深交所大机网络自动撮合交易系统。自此，全深圳的几十家证券营业部和全国各地的券商全部与深交所联网，这样一来证券营业部就不需要再派“红马甲”进驻交易所，而是可以由各地营业部直接报盘进入深交所自动撮合系统，实现自动成交。

这意味着深交所在短短三年时间全面实现了“四化”，造就了深交所在 2010 年成为全球 IPO 融资金额第一的资本市场。禹国刚自豪地告诉记者，时至今日，深交所各项技术依旧是全球领先的，也是为全球同行赞赏和羡慕的：“深交所的第五版交易系统每秒的委托峰值是 30 万笔，其容量和安全性都是全球第一。我想我这辈子最高兴的，就是能在时代的际遇里，为深交所的创建和发展付出个人的小小力量，助力深交所跳跃式发展，实现‘四化’，成为全球领先的证券交易所。”

记者手记

机会垂青有准备的人

和禹国刚先生的会面，约在了早上七点。刚坐定，他就要我记下八个字——爱国、勤奋、博学、创新。

他说，这是他一辈子的为人处世之道，也想送给现在的年轻人。早年在西安外国语学院读书时，禹国刚总是最早到操场锻炼的人；好不容易请来了日语老师，他悉心照顾，成了和老师相处时间最久的学生，日语自然学得最好；离开校园工作的十几年，哪怕是在煤矿当工人，禹国刚每天不忘的，是用收音机收听对日广播，巩固日语；来到深圳闯荡，他又坚持读书，自学金融知识……

毫不夸张地说，摆在他面前的那一次次重大机遇，如果少了这些点滴汇聚的努力，恐怕很难成就今日的禹国刚。

尽管已退休多年，禹国刚的心从未离开过资本市场。科创板、注册制、《证券法》修订……聊起这些，禹国刚同样头头是道。最近，76岁的他正在积极参与推动人生的“第三件大事”——深圳证券山公园的建设，希望使其成为我国改革开放的“国家记忆”。“我希望现在的年轻人能静下心来好好读书，学真知，也要学书本外的知识，多开拓创新，还要多积攒人生的经验，因为机会往往垂青有准备的人。”那一刻，面前的禹国刚，语重心长。

谢辰生近照（李扬摄）

谢辰生

谢辰生，1922 年生于北京，祖籍江苏武进，著名文物专家。现任中国文物学会特邀学术专家、国家历史文化名城专家委员会委员。20 世纪 40 年代起任郑振铎业务秘书，开始从事文物保护工作。中华人民共和国成立后，就职于国家文物局，负责政策法规的起草和制定工作，起草中国第一个文物法令。主持起草 1961 年国务院《文物保护管理暂行条例》、1982 年《中华人民共和国文物保护法》等法律法规。他推动设立“文化遗产日”，力促《历史文化名城名镇名村保护条例》出台。

谢辰生：祖国文物守护人

李扬

1949 年，他起草了新中国第一个文物法令，此后成为新中国一系列文物法规制定的主要参与者和执笔人，被誉为“文物一支笔”；在“文革”中，他不顾安危上书中央，执笔起草中共中央保护文物图书的文件；改革开放之后，他起草第一部《中华人民共和国文物保护法》（以下简称《文物保护法》），坚持文物工作“保护为主”；21 世纪以来，面对房地产开发浪潮，在古城存废的历史关头，他更是与“推土机”抗争，全力推进了我国历史文化名城保护的立法进程。他，就是被誉为文博界“国宝”的谢辰生先生。

文物事业早已融入了他的生命，可以说，谢辰生先生是新中国 70 年来文物工作的历史见证人，更是推动文物保护事业发展的坚实、坚韧的力量。正如与他相知相交超过半世纪的史学家金冲及先生所言：“在郑振铎、王冶秋两位前辈之后，人们称辰生同志为‘祖国文物的守护人’，他当之无愧。”

追随郑振铎，“把保护搞好，把政策搞好”

花白的头发，清癯的面庞，身着藏蓝色中式对襟袄，在冬日阳光的映衬下，96 岁高龄的谢辰生先生散发着一种柔和而安详的气息。

近两年，谢老的视力开始衰退，但耳力依然很好，思维也十分清晰。谢老的女儿告诉记者，2018 年上半年谢老还曾到外地参加会议，6 月做了肝囊肿微创手术，经过半年休养，状态逐渐恢复。就在不久前，他还冒着严寒，出席了一个有关历史文化街区保护的会议，这着实令人钦佩。

事实上，谢老在 71 岁那年就被确诊膀胱癌，后转移成肺癌，但是 20 多年来，他没有向疾病屈服，还学会了与肿瘤“和平共处”。手术、化疗，出了院继续奔走、写信、开会、考察……这种状态差不多持续到 95 岁。

记者问谢老：“是什么动力让您对文物事业始终全身心地投入？”

谢老不假思索地答道：“因为我这一辈子在搞保护文物啊！这是我应该尽的责任。”语气和缓，却清晰有力。

“平生只做一件事”的谢辰生先生，从何时开始与文物结缘？这要从 1946 年说起。那一年，24 岁的谢辰生跟随大哥、史学家谢国桢来到上海，为北方大学购书，文物专家徐森玉设宴款待。席间，郑振铎先生谈及自己手头工作繁多，急需人手协助，徐森玉当即就把谢辰生推荐给郑振铎，商定第二天就投入工作，协助郑振铎进行战时文物的清理工作，并参与徐森玉主持的《中国甲午以后流入日本之文物目录》编制。自小就喜欢文史和文物的谢辰生抓住了这难得的机遇，由此，正式走上了文物研究之路。

1949 年 11 月，郑振铎被任命为中央文化部文物局局长，赴京上任后，他把自己的秘书谢辰生叫来北京，说：“你搞文保工作吧，这事比研究更重要。”当时，谢辰生一心想走研究之路，郑振铎说：“文物的保护是第一位的，没有保护就没有研究。”

郑振铎还告诉他：“一定要把保护搞好，把政策搞好。”这些话仿佛是照亮前路的明灯，谢辰生牢牢记在了心中，“是郑振铎先生给我这辈子定在了文物事业上。到现在为止，我也是在执行他交给我的任务。”

郑振铎交给他的第一个任务，就是起草新中国最早的一批文物保护法令。“现在最要紧的问题是斩断魔爪，不能再让文物大量外流。”郑振铎说。

年轻的谢辰生最初对文物法规一无所知，郑振铎手把手教他，将大量古今中外的材料交给他参考，告诉他法律的精神是什么。就这样，在郑振铎、王冶秋、裴文中等人的指导和帮助下，谢辰生开始起草新中国第一批文物保护的政令法规。

谢辰生寄语（受访者供图）

1950 年 5 月 24 日，中央人民政府政务院颁布了《禁止珍贵文物图书出口暂行办法》《古文化遗址及古墓葬之调查发掘暂行办法》《关于保护古文物建筑的指示》等第一批保护文物的法规。法规颁布后，文物大规模外流的情况很快得到遏制。这标志着过去听任中国珍贵文物大量外流的时代结束了，近代以来中国文物大量被破坏、被盗掘、被走私的历史结束了。

谢老回忆道，中国历史上从未有过的由国家进行的大规模文物保护管理和考古发掘工作由此展开了。

1953 年，中国开始进行第一个五年计划，为了配合基本建设，该年 10 月，政务院下发了由郑振铎亲自起草的《关于在基本建设工程中保护历史及革命文物的指示》；1956 年，又下发了由谢辰生起草的《关于在农业生产建设中保护文物的通知》。

随着建设的发展，国家进一步提出“既对文物保护有利，又对基本建设有利”和“重点保护，重点发掘”方针。谢老回忆说，1954 年对北海团城的保护，是执行这一方针最好的例证。当时，北京市在拓宽马路的计划中，要拆掉有着 800 年历史的北海团城，郑振铎先生坚决反对，梁思成也写信给周恩来总理表示反对。1954 年夏天的一个下午，周总理突访团城实地考察，在团城足足坐了两个小时，最后说：“拓宽马路是可以的，但是不能拆团城。”周总理最终决定将一街之隔的国务院的围墙向南退了 20 米，保住了团城。

1956年，关于是否拆除北京城墙的争论很激烈，谢辰生和罗哲文都坚决反对拆城墙，他们被称作“城墙派”。谢辰生主张：“凡是可拆可不拆，或不是在今天非拆不可的东西，应‘刀下留人’，多展开讨论，甚至多留几天，或几年再动手。”在辩论中，他提出“宁可多保，不使错拆”。

为此，谢辰生执笔起草了文化部建议国务院保护北京城墙和西安城墙的报告，尽管北京城墙没保住，成为他至今的遗憾，但所幸保住了西安城墙。1961年，国务院公布的第一批全国重点文物保护单位名单中，西安城墙赫然在列。

“为什么要保护文物？文物是民族文化的载体，对一个国家和民族来说，历史是根，文化是魂啊。一件文物一旦被拆毁了，依附在其上的珍贵价值也就不复存在了。我们怎么能让自己的国家民族断根丢魂？”谢先生说道。

执笔立法，为文物事业建章立制

有人说，谢辰生的人生经历就是半部新中国文物保护立法史，这话一点都不为过。新中国第一批保护文物的法规、第一部《中华人民共和国文物保护法》，以及改革开放以来许多文物工作的法令条例，几乎都是他参加起草或主持起草的。

“法律条文应该是硬邦邦的，是结论不是讨论，不能有太灵活或者不严谨的表述。今后《文物保护法》的修订，只能从严，不能从宽，这个原则必须长期坚持。”这是谢老从事文物立法数十载所总结的深刻洞见。

20世纪50年代末，“大跃进”高潮过后，为了纠正过往的偏差，迫切需要一部全面系统的法律。因此文物局开始起草《文物保护管理暂行条例》（以下简称《条例》），由谢辰生执笔，前后写了11稿，历时一年多，终于在1960年11月17日由国务院全体会议通过。《条例》第一条就明确规定，“一切具有历史、艺术、科学价值的文物，都由国家保护”。

《条例》还第一次提出“全国重点文物保护单位”的概念。谢老至今还记得在国务院全体会议讨论通过第一批全国文保单位时的一段小插曲。当时，会议由陈毅副总理主持，陈毅看到文件后突然站起来说：“这个会议，我不能主持”，“我们是五千年文明古国，那么多文物，你们提出才保护 180 处全国重点文物，这不行”。工作人员赶快告诉他，这只是第一批，还有第二、第三批，还有省级、县级文保单位。陈毅一听，说“这可以”，才坐下来。

“文革”中，“破四旧”危及文物，谢辰生和同事们挺身而出，大声疾呼要划清文物与“四旧”的界限，他提出“文物是史料，有的文物不砸还可以作反面教材、历史见证”。1967 年，他先是起草了《关于保护革命文物和古代文物的倡议书》，之后又受命为中共中央起草《关于在无产阶级文化大革命中保护文物图书的几点意见》。自此之后，大规模破坏文物的现象得到了一定遏制。

北京古观象台的保留，也是谢老至今津津乐道的事件。1968 年，北京准备兴建中国第一条地铁，正好要从一座 500 年历史的古观象台底下穿过，按计划，施工单位要把观象台拆掉并移放到他处保存，谢辰生和罗哲文两人思来想去，最后还是给周总理写了报告，希望这座明清两代进行天文观测的观象台能够原址保护。周总理看后，立即批示“这个天文台不要拆”，还批了一大笔经费，让地铁绕道。

1977 年，时任国家文物局局长的王冶秋开始组织制定《文物保护法》，谢辰生作为主要起草人开始着手起草这部重要的法律。这部法律的起草历经 5 年，数易其稿，最终于 1982 年公布实施。《文物保护法》规定，“文物保护单位在进行修缮、保养、迁移的时候，必须遵守不改变文物原状的原则”，还提出“具有重大历史价值和革命意义的城市，由国务院公布为历史文化名城加以保护”。这部法律成为改革开放以后国家文物工作的根本依据。

此后在20世纪80年代的发展建设中，文物界内部关于文物保护也曾出现严重分歧，甚至有人提出“以文物养文物”，谢辰生反对这种思路，他顶住各种压力，始终坚持“保护为主”的立场。终于在1987年11月，国务院下发《关于进一步加强文物工作的通知》（以下简称《通知》），强调“加强文物保护，是文物工作的基础，是发挥文物作用的前提。离开保护就不可能发挥文物的作用”。谢辰生全程参与了这份《通知》的起草，他坚持“保护为主”的原则，至此，“以文物养文物”的思路从国家层面被彻底否定了。

2013年初冬，谢辰生在北京安贞里家中（吴澍摄）

言及此，谢辰生先生颇为感慨：“从共和国成立至今，我们的文物保护方针，排除了来自各方面的干扰，指导思想始终坚持把保护放在第一位，依靠群众来保护文物，依靠法制来保护文物。70年来，文物工作正确的方针没有变过，这多不容易啊！”

奔走疾呼，热血丹心护古城

1995年，谢辰生从国家文物局顾问的岗位上离休，此时他年过古稀，并查出癌症。而恰恰这时，中国历史文化名城保护工作却四处告急，每一道拆迁令，每一条胡同的命运，都牵动他的心，使他无法停下脚步。

2000年，在危旧房改造中，一片片老城胡同在推土机的轰鸣中消失，令文保界扼腕痛惜。“我小时候住在白塔寺的小水车胡同，回想那时家里一进进的四合院，垂花门、丁香花、藤萝架，真漂亮！”谢老说，“北京作为历史文化名城，在全世界是独一无二的，但是20世纪90年代以来，由于错误的危旧房改造方式，对胡同、四合院大拆大建，推平头、盖大楼，对古都风貌造成了相当严重的破坏。”

他认为，拆掉古建就是拆毁历史。2002年，他和郑孝燮、侯仁之、张开济、吴良镛、罗哲文等25位老专家一起致信中央领导，紧急呼吁“立即停止二环路以内所有成片的拆迁工作”。

2003年3月，谢辰生又两度因四合院的保护问题致信北京市领导，他写道：“四合院是古城的细胞，毁掉四合院，古城的生命也就消失了。”

2003年8月，心急如焚的谢辰生再度提笔，写信给中央领导，表达对北京旧城改造的忧虑，呼吁尽快出台措施对四合院严加保护，禁止拆除，并写道：“今后我只要有三寸气在，仍将继续为保护祖国文化遗产而努力奋斗，向一切危害我们党的事业的种种不良现象作不懈的斗争。”最终，国家领导人在谢辰生来信上就历史文化遗产和古都风貌保护作出重要批示，大规模拆除被喊停。

北京市制定了《北京城市总体规划（2004—2020年）》，明确提出历史文化名城的整体保护原则，并对保护“胡同—四合院”传统建筑形态作出具体规定。可以说，正是在谢辰生等一批文保专家锲而不舍的努力下，旧城改造从此走上了政府主导、公益性优先的道路。

老城改造每到关键时刻，都会听到谢老的声音。故宫博物院前院长单霁翔这样评价他：“在一次次呼吁、一封封上书中，许多文化遗迹、名城街区得以存世保全、传承后代，许多错误做法得以及时纠正、惠及后人。”

那些年，许多认识、不认识的人都会向他求助，他家的电话也几乎成了民间“文保热线”。

2013年，当他听说始建于隋唐、有1500年历史的陕西韩城古城正遭到破坏，要打造旅游景观时，他对此感到非常气愤。紧要关头，谢辰生紧急请求建设部门叫停这种破坏。他又致信中央领导，呼吁必须制止盲目重建古城。最终，这封信得到了中央领导的重视和批示，中央领导支持了他的意见。“可以说，我们打了个大胜仗。”老先生的语气里满是欣慰。

时至今日，谢老常常回忆起自己在抗美援朝战场，听到祖国慰问团唱的一句歌词：“我保卫什么？保卫家乡，保卫家乡门前的老松树，叫它千年绿来万年青。”在他心目中，文物就是家门前的那棵“老松树”，是他永远的“乡愁”，让他愿意倾毕生之力为之奋斗，为之守护。

记者手记

青山在，人不老

谢辰生先生曾说：“我痴迷于文物保护，是因为我爱我的国家，爱我的民族。”

如果问谢老的长寿秘籍是什么？这，或许就是他的答案。采访中，谢老的学生告诉记者，身体不舒服时，他常常用手抚摸前胸，表情也有些痛苦，但每当有人跟他谈起文物来，他的状态就会明显好转，似乎忘掉了身体的不适。

2018年，由于身体原因，谢老大幅缩减了工作，但4月出版的《谢辰生口述：新中国文物事业重大决策纪事》，使他再度走入公众的视线。他在书中详述了新中国文物事业诸多重大决策的过程，以及他从70年文物工作的实践中摸索得来的精深识见。

“他是真正的士，以天下为己任，以民族大义为己任。”这部书的撰写者、南京大学姚远教授告诉记者，谢老在讲述中多次嘱咐他，务必要讲清楚“保护为主、抢救第一、合理利用、加强管理”这16字方针的内涵，谢老认为“离开了保护就不可能发挥文物的作用”这一重要原则，是70年来中国文物工作基本经验的科学总结，应当毫不动摇地长期坚持。

谢老对文物保护的态度，总是那么坚定不移。采访中，最让记者难忘的是谢老反复谈到北京城的保护，几乎在讲完每个阶段的回忆后，都会提一句北京城，如同一个饱经风雨的老人对后辈的絮絮叮咛与嘱托，听了让人为之动容。

“北京城，已经拆了的没办法，没拆的一定不要拆了，必须要保存。”“北京的文物不能再少了，北京城的轮廓不能变。”“北京城仅有的这些东西，剩多少就要保多少。”……

从中我听到了他对古城保护的坚定、坚韧与坚守，听到了他对祖国珍贵文化遗产所怀有的深切的爱！

“江山留胜迹，我辈复登临。”这是谢老所钟爱的孟浩然的诗句。多少世事皆成过往，只有那些经由他奔走呼吁而保存下来的古城与文物，最终沉淀为祖国文化遗产的珍贵记忆，永不褪色。青山在，人未老，惟愿谢老身体健康，仍能以不灭的激情继续守护着祖国的文物与瑰宝。

2016年11月，马盛德率中国代表团参加联合国教科文组织保护非物质文化遗产政府间委员会第十一届常会，"二十四节气"申遗成功
（受访者供图）

马盛德

1959年冬，撒拉族人马盛德出生于青海省循化撒拉族自治县街子镇。

1971年，12岁的他进入中央民族学院（今中央民族大学）艺术系，学习民族舞蹈。

1977年至1994年，他回到青藏高原，回归舞台。

1995年考入中国艺术研究院研究生部，成为我国第一个撒拉族硕士研究生，毕业后留院。

2001年，由中国艺术研究院舞蹈研究所调至该院科研管理处，组织了诸多大型"非遗"高层论坛。

2009年，国家文化部成立非物质文化遗产司，马盛德担任副司长，后担任非物质文化遗产司主持工作的巡视员。

2017年退休后受聘为10余所大学客座、特邀教授，迄今已开设近百场"非遗"讲座。

马盛德：中华“非遗”守望者

江胜信

中国的“非遗”元年，是从2001年昆曲成功入选联合国“人类口头和非物质遗产代表作”名录算起，2019年已是第19个年头。

这些年间，马盛德既是“非遗”保护的同行者，更是“非遗”保护的推动者和引领者。他参与了古琴、热贡艺术、“二十四节气”等的成功申遗，见证了2006年起每年6月第二个星期六“文化遗产日”的设定和2011年《中华人民共和国非物质文化遗产法》的颁布，指导和主持了诸多大型非遗论坛、展览，推动了“非遗传承人群研修研习培训计划”。

马盛德退休之前的头衔固然使他成为“非遗”领域的权威人士，而他另有一张颇为显眼的“名片”——他有着少数民族撒拉族身份，有着数十年的科班学习、舞台实践和田野考察的履历，曾是国家“非遗”保护工作专家委员会舞蹈组委员。在种种场合比如诸多“非遗”讲座、媒体采访及国际学术交流中，他总是强调：“国家层面推进的‘非遗’保护中，少数民族的‘非遗’受到特别的重视，选我来文化部做‘非遗’保护的管理工作，本身就是很有说服力的例子……”

12岁的少年大学生

胡赛尼到了上学的年纪，街子小学的老师给他起了学名——马盛德。很多年后，中国艺术研究院终身研究员刘梦溪先生看到这个名字后说：“‘吾邦有盛德’‘君子盛德’，盛德在古文里是个很好的词呐，你的小学

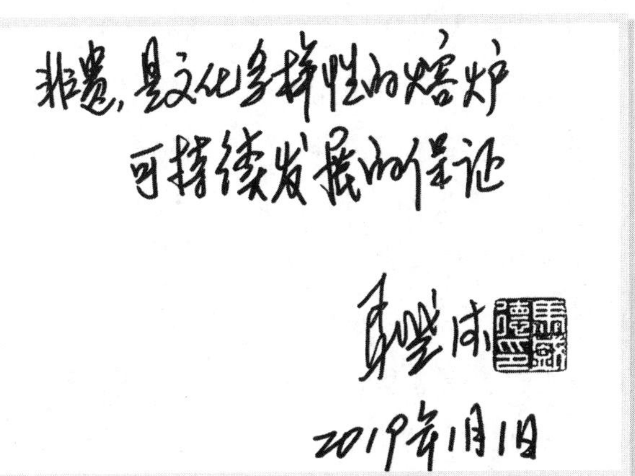

马盛德寄语（江胜信摄）

老师有水平。”

1959 年至 1961 年是“三年自然灾害”时期，纵是三头六臂也无法让地里产出更多粮食。作家莫言在小说《蛙》里提到，“三年自然灾害”使山东高密乡的出生率几乎为零。远在西部山区的团结大队也是同样境况。1959 年冬，马盛德出生。他是家里最小的孩子，上有 4 个姐姐、2 个哥哥，村里与他同龄的小伙伴没几个。

孩子们上学松散，马盛德有时逃学。老师到家里喊他，他就躲到院子里的杏树上。这真是棵神奇的杏树，全村庄的杏树里，就属它结的杏子成熟最早。这可帮了大忙了，在旧的粮食即将吃光、新的粮食还没收下来的时候，父亲就用背篓背着杏子，到邻近的藏区或回族山区换些吃的，缓解家里青黄不接的窘迫。

转眼到了小学五年级。1971 年 11 月的一个星期天，马盛德正和同伴在学校打篮球，远远站着几个陌生人。他们是北京和西宁的老师，翻山越岭来这里是为了给中央民族学院艺术系招收工农兵学员。马盛德和比他略大的一名男生和一名女生被选中了。

一听要到伟大的首都读书，能看见天安门，马盛德又惊又喜。父亲却有些担忧："你才 12 岁，太小了，想家怎么办？""那我也要去。"

第一次坐火车，第一次坐"大轿子车"，第一次看到大学校园……带着一路的兴奋劲儿，马盛德他们来到了中央民族学院 18 号楼艺术系，这座楼是梁思成设计的，古朴而气派。老师领他们到排练厅，分发练功服，等学生们换好衣服，便开始测量每个人的腿长和臂长，柔韧度和弹跳力。

"我们傻眼了，这才知道是来学跳舞！"

在撒拉族的传统社会观念里，露胳膊露腿搞艺术不算个正经职业。马盛德坦承："如果早知道是学跳舞，家里人肯定就不让来了。"可见，前去招生的老师们是做足了"功课"的，他们知道撒拉族人的这一观念，因此只说"让孩子去北京上学"，而只字不提"跳舞""艺术"。

后来有个故事：有一名摄影记者去排练厅，拍到了与马盛德同来的撒拉族姑娘一身短打扮练功的照片。为了宣传撒拉族第一代学舞蹈的大学生，照片被登在了《民族画报》上。很快，家乡循化县文化馆的橱窗里贴出了画报。有人看到后告诉了女学生的家长，在家长的要求下，这张画报撤出了橱窗。

工农兵学员三年学制的大学生活新奇多彩，冲淡了马盛德的思乡之情。马盛德个头小，被分在小班，洗不动的厚衣服老师给洗，大班或高年级的同学抢着帮忙，各民族学生和睦相处。那个年代物资紧缺，中央民族学院却受到国家特别照顾，每个学生每月有 18 元助学金，"我们学舞蹈和吹铜管乐的学生因为体力消耗大，每月还能分到 4 斤糖呢，2 斤白糖 2 斤红糖，作为营养补助。"课外活动相当丰富，每到"五一""十一"就去游园。"还常到机场、火车站去，56 个民族的学生穿着民族盛装，拿上鲜花唱啊跳啊，欢迎外宾。"马盛德回忆道。

与马盛德沉浸在欢乐的大学生活中不同的是，老师却有点发愁："怎么老不见这孩子长个儿呢？"整个大学期间，马盛德因为身高问题，只能跳《拾青稞》这类儿童剧。直到 15 岁大学毕业，他才开始蹿个头，竟蹿成了 1.83 米的大高个儿。

马盛德毕业后留校，给民族舞蹈教育家马跃当助教。中央民族大学舞蹈学院流行一句话：“不会跳《奔腾》就别说你会跳蒙古舞。”蒙古族男子群舞《奔腾》的编舞，正是云南籍回族人马跃。

2016 年 11 月，中央民族大学大礼堂举办了少数民族舞蹈教育研讨和教学展演活动，开幕仪式上，马盛德作为校友代表致辞：“今天我站的这个舞台，是我记忆里最难忘、最亲切的地方……看到母校的辉煌成果，我无比自豪。”

“金色谷地”的舞台多面手

结束了 3 年的助教生涯，18 岁的马盛德回到青海，在隆务河畔的“金色谷地”——热贡，一待就是 8 年。沉入民间，浸润于精深的藏文化，滚打于基层舞台，这 8 年，为马盛德以后踏上舞蹈研究与“非遗”保护之路积蓄了后劲十足的能量。

在青海黄南藏族自治州歌舞团，马盛德是个多面手：既是演员，又是舞蹈教练，还担任编舞。他数度摘得全省乃至全国大奖，被收入由著名戏剧家曲六乙编著的《中国少数民族戏剧通史》。1979 年 11 月，马盛德作为青海省舞蹈界的一名代表，参加了中国文学艺术界第四次代表大会，在人民大会堂聆听了邓小平同志的大会祝辞。

2005 年 5 月，马盛德在新疆考察维吾尔族刀郎舞蹈（康玉岩摄）

在马盛德创作的诸多佳作

中，大型藏戏《意乐仙女》颇值一提。作为从民间藏戏到舞台藏戏的成功探索，《意乐仙女》具有里程碑意义。该剧有 8 场戏，其中 7 场都是以大场面的舞蹈来支撑，编舞全由马盛德一人完成。1983 年至 1985 年，《意乐仙女》赴全国 7 个省、自治区、直辖市巡演，在北京的民族文化宫，第六届全国人大代表和全国政协委员欣赏到了这朵瑰丽的“藏戏之花”。

此后近 10 年，马盛德先后在青海民族大学、团省委宣传部、省文化厅艺术研究所工作，频频穿梭于舞台、田野和书斋。他曾用 3 个多月时间，与同事一道在青海塔尔寺与僧人同吃同住，学习了解面具舞羌姆舞的服饰道具及图案色彩，舞蹈动作及象征含义，表演流程及严谨仪轨，运用摄像、图片、文字等手段完成了对羌姆舞的完整记录。

回归书斋的大龄研究生

35 岁时，大龄青年马盛德迎来了人生的大转折——1995 年他重回课堂，在中国艺术研究院攻读舞蹈史论专业硕士研究生。这一转折的铺垫，是 1991 年夏季在兰州举办的西北地区“舞蹈生态学培训班”。

参加培训的马盛德有幸认识了两位主讲的先生——舞蹈表演艺术家、舞蹈理论家资华筠和语言学家王宁教授。其时，在舞台上渐感体力不足的马盛德已在考虑转型问题，但对于如何将理论与实践相结合感到很困惑，因而感叹“不识庐山真面目，只缘身在此山中”。而两位先生以“舞蹈生态学”启蒙了他，令他茅塞顿开，骤然窥见了斑斓的新世界。

此后，马盛德尝试着运用舞蹈生态学的方法，以舞蹈的外部形态为切入点，把握舞蹈的动律、节奏、风格，研究舞蹈地理环境、历史源流、风俗习惯等生态因素对舞蹈的内在作用，并陆续发表了一些文章，并因《玉树“求卓”藏舞的民族特点及现代变革》一文受邀参加了国际舞蹈会议。那种在大会上宣读论文的快乐，比起舞台上谢幕时的掌声，似乎带给他更为深层而持久的余波，于是，他认定了考研之路。

从舞台转向书斋，一个感性，一个理性，本就是很大的挑战，再加上文化底子差、母语是撒拉语，英语得从 ABC 学起，马盛德破釜沉舟，干脆用整整一年时间脱产备考。

那会儿，中国艺术研究院坐落于恭王府。恭王府是文保单位，不能新建房屋。研究生部的宿舍和教室是类似于建筑工地的临时建筑，四处透风，冬天很冷，夏天酷热，因此有了两个雅号，冬天曰“耶路撒冷”，夏天曰“萨拉热窝”。学校没有清真食堂，一日三餐，马盛德就用挂面、鸡蛋、馒头、咸菜对付。恭王府附近，有个撒拉族老乡开了间餐馆，瞅见瘦成条儿的马盛德，那老乡总要抓起羊肉串塞给他。

苦的是皮肉，乐的是精神。马盛德说：“我近距离地聆听了国内、国际一流专家学者的教诲。在读书与思考的过程中，我享受到了理论带来的快乐和内心的充实，这种成就感和满足感完全抵消了求学生活的清苦和艰难。”

毕业论文答辩时，好几个同学被老师们的轮番提问给问哭了，马盛德往那儿一站，老师们的眼神里立即一致流露出同情和赞许：“老马，这几年你可真是不容易啊！”作为大龄研究生，马盛德被同学们唤作“老马”，年岁更大的老师们也跟着这样叫。

马盛德的毕业论文《西北地区撒拉族、回族、维吾尔族婚俗舞蹈比较研究》写得很扎实。有关文献史料十分稀少，马盛德干脆下笨功夫，从家乡的街子镇、孟达乡开始，寻访青海、甘肃、宁夏、新疆多地的专家学者、民间艺人，用田野考察的第一手材料来支撑对问题的研判。

马盛德发现，撒拉族、回族、维吾尔族尽管有着同一种宗教信仰，但其各自的婚俗舞蹈却呈现出截然不同的演变轨迹：撒拉族的《堆依奥依纳》已完全从生活中消失，回族《宴席舞》处于式微状态，而维吾尔族的《纳孜尔库姆》却一直兴盛不衰，这是由它们各自不同的社会历史背景、自然环境、宗教文化表现形式、社会进程、艺术本体等因素共同作用的结果。

2016 年，马盛德参加“中非文化多样性保护论坛”
（李昱明摄）

这印证了在马盛德的童年里，为什么始终没有看到自己民族原生状态的舞蹈。而童年没有看到的，他在后来的寻访中看到了。1996 年 12 月的一个冬夜，他来到撒拉族民间艺人韩阿卜都的小院。老人在炉子上烤了一些土豆招待他，两人边吃边聊。在马盛德的请求下，老人在月光下表演了撒拉族民间舞蹈《阿里玛》《依秀儿·玛秀儿》的一些片段，动作并不华丽但韵味十足。那会儿，马盛德生活拮据，无法购买摄像设备留下这珍贵影像，但他把这些动作学了下来，记了下来。

马盛德又从渐行渐远的撒拉族婚宴舞蹈《堆依奥依纳》中挽留住了民族文化的些许遗珍。“举行婚礼”用撒拉语说就是“堆依奥依纳巴”，“堆依”是指骆驼，“奥依纳”是指跳舞，结婚和骆驼跳舞有关系吗？当然有，马盛德娓娓道来。

相传 700 多年前，中亚细亚的一支英雄部落——撒鲁尔部落进行了一次大迁徙。他们牵上一匹白骆驼，带上一部《古兰经》，跋山涉水一路向东。将要翻越第 30 座大山时，驮经的骆驼不见了。大家四处寻找，终于在循化街子河东边沙坡下的泉水边看到了它，它此时已变作泉边一尊石头，《古兰经》在石上安然无恙。泉水清甜，土地肥沃，大家便在这里定居繁衍，形成了后来的撒拉族。那池清泉被撒拉族人称作“骆驼泉”。

撒拉族只有语言，没有文字。撒拉族人完成历史传承的最直观方法，便是在婚礼上跳骆驼舞，以朗诵、吟唱和简单的舞蹈动作，在“你从哪里来”“你怎么来”的答问和演示中，完成对先民伟大功绩的追念。

如今，骆驼舞不跳了，而“骆驼泉”口述传说和撒拉族婚俗，则双双成为国家级“非遗”。撒拉族婚俗有着“变”与“不变”，变的是骆驼舞这一文化表现形式，但宗教文化和民族文化的内核并没有变，其基本的婚礼仪轨依旧，是不断发展并融入现代生活的“非遗”。

如今，马盛德在学术研究方面已有不少成果，承担了国家重点课题，先后出版了《人神共舞：青海宗教祭祀舞蹈考察与研究》《中国民舞》《西北地区信奉伊斯兰教民族婚俗舞蹈研究》等专著，其中《中国民舞》被推荐为“首届全国百种优秀民族图书”。

记者手记

“非遗”要活在生活里

2018年12月11日，马盛德回到母校中央民族大学，作了一堂题为《非物质文化遗产保护的中国实践》的讲座。他强调了“非遗”的基本特点和规律：世代相传、活态传承；具有一定的文化表现形式或载体；从古至今是人的一种生活方式；它是共享的，是不断被再创造的；具有活态流变性与恒定性规律。

这也意味着“非遗”是活的、动态的，而一旦失去生存土壤，它就不再是“非遗”。马盛德拿家乡的连枷号子这一民间音乐表现形式来举例。连枷是过去使用的一种简单农具，打麦时，农民排成排，喊着有节奏的号子抡连枷，这使打麦子的动作有了舞蹈的动感，培育了协作精神，增添了劳动乐趣，提高了工作效率。但在今天，农业实现了机械化，脱粒机代替了连枷。“我们不能为了保护连枷号子这种历史上的‘非遗’而恢复落后的生产方式，脱离了现代生活的‘非遗’必死无疑，但这不意味着我们就可以听之任之。”马盛德说，“通过视频、音频、图片、文字，我们可以把它数字化保存，留住乡愁，留住文化的根，它还能为今天的文艺创作和文化旅游提供灵感，提供素材。”

马盛德总结道：“我们的‘非遗’只要还有一口气，就不能进博物馆，要活在人们的生活里、社区里。但‘非遗’保护不能以牺牲人民大众追求美好生活的权利为代价。”

也有穿越千年而依然鲜活的“非遗”。讲座上，马盛德为大家放了一小段视频，那是2016年11月30日在埃塞俄比亚首都亚的斯亚贝巴，中国的“二十四节气”通过评审、被宣布列入联合国教科文组织《人类非物质文化遗产代表作名录》的激动一刻，作为中国代表团的领队，马盛德在“CHINA”的桌签后站起鼓掌致谢，姿态谦谦有礼，神情难抑激动。二十四节气是中国农耕文明的精粹，是中国人特有的时间知识体系和民族文化认同的重要载体，什么节气对应什么农事，穿什么衣服吃什么东西，这是中国人的常识。每当看到《新闻联播》播报农历和二十四节气，马盛德就总是想起那令他难忘的激动一刻。

这堂讲座，马盛德从故乡街子镇讲到中央民族大学和中国艺术研究院，从藏戏讲到其他戏曲和“非遗”的各个门类，从舞台实践讲到田野考察和“非遗”保护，这背后既可见他颇为传奇的人生轨迹，又可在他身份的一次次变换中看到“不变”——不变的乡愁。

程泰宁近照（均受访者供图）

程泰宁

程泰宁，1935年生于江苏南京，现居浙江杭州，建筑学家、中国工程院院士，东南大学建筑设计与理论研究中心主任、教授、博士生导师。在梁思成、杨廷宝等中国第一代建筑设计先驱之后，他从业60余年，主持设计国内外工程150余项。其中杭州黄龙饭店、杭州铁路新客站入选《中华百年建筑经典》；加纳国家剧院、马里共和国议会大厦入选国际建筑师协会（UIA）主编的《20世纪世界建筑精品选》（全球百年千件优秀作品）。2000年，被评为中国工程设计大师；2004年，获中国建筑师最高奖“梁思成建筑奖”。

程泰宁：“建筑”本天成，妙手偶得之

付鑫鑫

2019 年，建筑师程泰宁和学生们欢聚一堂，共同庆祝自己的 83 周岁生日。他说，和学生们在一起，是他最开心、最放松的时光。

“学生们都成家立业了，分散在各地。但每年他们都会在教师节或我生日时来杭州看我。大家吃顿饭，聚上一聚。”程泰宁露出孩童般的纯真笑容。

程泰宁很少应酬，共享晚餐算是比较大的“娱乐”，通常只对学生和亲朋好友开放。他惜时如金、严于自律，一年 365 天，只休息 5 天——春节 3 天、国庆 2 天。每天早上 6 时 30 分起床，9 时整上班，19 时下班，晚上锻炼 40 分钟，23 时 30 分上床休息，“我睡眠不好。晚睡一些，早晨不会醒得过早。”

年至耄耋的程泰宁颜值“非常能打”，乍看貌似花甲。他身体硬朗、精神矍铄。聊起一生挚爱的建筑设计事业，程泰宁有说不完的话。

有趣的是，交谈中程泰宁会不时冒出一些南京方言、吴侬软语和西南官话。很难想象，面前这位温文尔雅、和蔼可亲的建筑大家，在经历了命运多舛的前半生之后，依然葆有对中国建筑事业的满腔热忱。他始终坚信，中国建筑师应以一种独特、同时也能为世界所理解的建筑作品和设计理念与国际接轨，并为世界建筑的多元化发展作出贡献。

2 岁西迁，“武侠小说迷”闯入建筑殿堂

古都金陵有几大景观——明孝陵、明城墙与甘熙故居（也称“甘家大院”）。

程泰宁的母亲出身于南京名门望族甘家，外祖父曾任中华民国临时政府参政院参政；祖父、父亲都是南京国民政府公务员。1937 年 11 月，国民政府迁往陪都重庆。程家随之逃难，住在重庆乡下。

“因为父亲工作变动，我从 2 岁到 13 岁跟着家人换了 5 个城市、5 个学校，至少经历 7 次搬家。”在这期间，程泰宁所受的教育算不上系统。不过，他对书的喜爱与生俱来。他读过唐诗宋词、《古文观止》，也看过四大名著，但最爱的却是武侠小说。程泰宁还给自己取了一个名号“镇三山辖五岳踏浪无痕鬼见愁小诸葛程泰宁”。

读初中，程泰宁写过几万字的武侠小说准备投稿；高中时，他是《文汇报》的特约通讯员，还到上海圆明园路（文汇报社旧址）开过会。

“看书对我有什么影响？也许是培养我跳脱的思维吧！”程泰宁告诉记者，幼年的他，在大人眼中堪称“顽劣”。在镇江念初一时，一次课堂上，程泰宁与老师起了争执。老师一怒之下，强迫他跪在学校里人来人往的大台阶上。面对来来往往的同学老师，程泰宁一点儿也不羞愧，“因为我觉得自己没有错”。

同时，爱读书的程泰宁对外界十分敏感。“家”住长江边，他经常坐在长廊上看江水、行船、流云，一看就是一两个小时。“我惊奇于云朵的千变万化，也在想象那些大大小小的船只从哪里来，又驶向哪里去……”程泰宁沉浸在对如梦似幻、妙趣“童”生的美好回忆中。

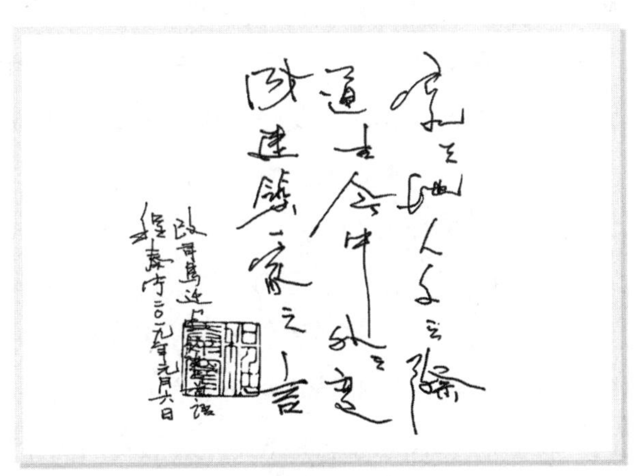

程泰宁寄语

“我特别喜欢坐在自

家厨房矮凳上，痴望着那片积满灰尘、加上漏雨而显得斑驳的墙面，从中寻找新的变化、千奇百怪的图形。这使我后来读中国画论关于用笔如‘屋漏痕’的描述以及现代艺术对模糊性的强调，变得容易理解。”他说。

程泰宁晚上睡觉，会习惯性地用手把被子的前部稍稍撑开，形成一个围合的“洞穴”。油灯昏暗的灯光渗进“洞穴”，在洞顶幻化成五彩斑斓的光晕，奇幻而瑰丽。

原以为，那些色彩斑斓的光晕、变幻万千的图形以及令人沉迷的武侠传说可以开启程泰宁的“文学梦”。谁想，1952 年中国高等院校院系调整，为方便就业，程泰宁顺从了父亲意见，高考填报纺织、机械和建筑 3 个专业，结果以第三志愿被南京工学院（现东南大学）建筑系录取，误打误撞地闯入建筑殿堂。

大学生涯，程泰宁最难忘的是恩师杨廷宝——近现代中国建筑设计第一人。而让他感受最深的是杨先生所说“建筑设计无定式、无成法”。

有一次，杨廷宝布置作业。积极表现的程泰宁一口气画了四五个不同样式的方案，满心希望得到老师好评。谁想，杨老看了第一个方案说“可以”，看了第二个也说“可以”，看完最后一个还说“可以”，并无一字表扬。沉不住气的程泰宁脸上写满了“不高兴”。

杨老看出他的情绪，耐心解释说：“这几个方案其实都能做好。做设计无定式、无成法，只要坚持做下去，总能做好。”当时的程泰宁听了杨老的一番话，不甚了了。后来，随着实践增多，他日益体会出“无定式、无成法”的深刻含义。

“现在，人们很关注建筑形式，什么‘欧陆风’‘现代风’‘新中式’。其实，脱离了时代和环境去评价一种建筑是没有意义的。项目的基地条件、功能要求，特别是建筑所处的时代、地区的自然环境和人文背景不同，就会产生不同的建筑样式。对形式的固化理解、对某种‘程式’的跟风，正是今天‘千城一面、万楼一貌’的重要原因。”程泰宁如是说。

与建筑的形式美比起来，程泰宁更重视建筑的“传情”。“在建川博物馆·战俘馆，我想突出的是一种氛围与意境——压抑、扭曲、悲怆——这是我对战俘人群的理解。有的观众在参观战俘馆时能流泪，这是设计者与参观者产生了情感共鸣。所以，我非常希望中国建筑师能更自觉、更充分地去表达意境之美。”

45 岁“南下”，一心只想安静做设计

1956 年，程泰宁大学毕业分配到北京。1957 年“反右”，他被下放到广东江门。1958 年“大跃进”开始，程泰宁返回北京的建工部建筑科学研究院参加国庆十周年十大工程。从 1958 年到 1963 年，程泰宁参加了北京人民大会堂、南京长江大桥桥头建筑等方案设计，还参加了国家歌剧院、国家体育场以及古巴吉隆滩胜利纪念碑等一系列国内、国际设计竞赛。

“我对建筑发自内心的喜爱，都是那几年锻炼培养起来的。不是说刚毕业就设计得有多好，而是有了做大项目的经验，内心特别自信！”眉眼间，仍可窥见程泰宁当年的意气风发。

可惜好景不长。1964 年，程泰宁被抽调到兰州参加“四清”。1966 年返回北京，正值“文革”开始，程泰宁先后被下放到河南干校、山西临汾。在临汾地区设计室，程泰宁工作了 11 年。他一面想方设法为自己创造建筑设计机会，补上之前缺失的工程基础；一面抓紧时间看书画画，加强建筑素养。

20 世纪 80 年代，北京、天津的几家单位都来商调程泰宁，包括当时建工部的老领导也力邀程泰宁回京，但都被他婉拒。“我只想找个安静的地方做设计，所以到了完全陌生的杭州。”他说。

1982 年，杭州第一家合资饭店黄龙饭店筹建，业主方选择了美国和香港的知名建筑师做设计，程泰宁也想争取这个项目。可当时，无论是

加纳国家剧院

南京美术馆新馆

他所在的单位，还是他个人都完全不在业主方的考虑范围内。无奈之下，程泰宁表示愿意“陪太子读书”——无偿提供比选方案，供外方建筑师参考。没过多久，美国设计方因其他项目退出竞争，只剩两家设计机构竞争，程泰宁由“陪读”走上平等竞赛的舞台。

黄龙饭店的方案做了整整一年，共有三轮修改，终审在北京举行，由国家旅游局主持。会场上双方介绍完毕，香港的酒店管理公司对杭州方案提出不少意见。关键时刻，主持设计人民大会堂、革命历史博物馆的张镈、张开济等人，针对港方提出的各种管理问题，做了有理有据的充分论证。最终，程泰宁的方案以全票胜出。

事后，程泰宁总结，他的设计方案之所以取胜，源于一开始他就意识到项目的复杂性，需综合考虑好功能、流线、结构、经济、管理等问题，特别是建筑与自然环境的关系。“这次的成功，主要是中国哲学中的整体性思维带来的重大启发。”厚积薄发，人生地不熟的程泰宁因为设计杭州黄龙饭店一战成名。2004 年，黄龙饭店入选《中华百年建筑经典》；2017 年，入选《中国 20 世纪建筑遗产名录》。

67 岁开始创业，最不像老板的学者

1985 年，程泰宁来沪出差，在报纸上看到由中国援建的加纳国家剧院正面向全国招标。第二天报名截止，程泰宁立即发电报到北京报名。

他的方案中标了，可当时程泰宁并不了解加纳，仅凭经验设计了一个中规中矩的方案。后来，因场地变换需重新做方案。他让同事奔赴加纳调研半年，带回大量舞蹈、雕塑、壁画等关于非洲文化的照片和资料。加纳民族热情开朗的性格、豪迈奔放的非洲舞以及酋长制的传统文化，让程泰宁捕捉到设计灵感。一个全新的国家剧院建筑形象跃然而出。这个项目后来与他另一个在非洲的作品马里共和国议会大厦，共同入选国际建筑师协会（UIA）主编的《20 世纪世界建筑精品选》。

说到这，程泰宁起身从书柜里找出一本美国出版的少年科普读物《世界建筑图集》。16 开的硬皮画册不厚，仅收录 80 个国家 100 多个建筑。翻开书，中国的布达拉宫和万里长城赫然在列。“这是朋友旅游带回来送我的。”他笑着说，“没想到加纳国家剧院也在书里。”而在当地流通的面值 2 万加纳塞地的纸币早已印上剧院图案，显然，这个建筑的形象已走入加纳人民心中。

1995 年，对建筑设计还没“干过瘾”的程泰宁面临“退休”。尽管有各种公司、机构想高薪聘请他，但他知道，这些并非自己期望的“探索建筑创作之路”。2002 年，他从报纸上偶然得知，建设部即将试点改制——对以“名人（院士或大师）＋设计大院”形式新创办的设计机构予以放宽特批。最终，程泰宁携手中国联合工程公司，创办中联程泰宁建筑设计有限公司（现中联筑境建筑设计公司）。

2008 年，母校东南大学希望程泰宁能回宁“传道授业解惑”，他欣然接受。

这期间，程泰宁陆续设计了杭州铁路新客站、浙江美术馆等不同类型的建筑项目。在他看来，一个好的建筑方案需综合处理好功能、形式、场地、技术、经济和文化等各要素之间的关系，而建筑设计就是要找到那个平衡点。

2004 年，程泰宁提出“天人合一”“理象合一”“情景合一”的中观层次建筑创作理论。2010 年以后，他开始思考能否从哲学、美学层面出发，打通古今、融合东西，建立一种基于中国当代情境的建筑理论体系，也就是从哲学境界、美学意境、语言载体 3 个层面来解读建筑创作。

程泰宁反对照搬传统建筑中那些具象的形式元素来表达中国文化。他认为，这种表面化、低层次的设计反而影响建筑创新。他很赞成冯友兰先生提出的“抽象继承”：“我们要继承的不是马头墙、大屋顶，而是要继承传统文化的精神。并且在当代语境下，对传统的文化基因进行辨析、重组，逐步建构起中国现代文化，以此来推动科技、文化包括建筑文化的发展。”

程泰宁非常欣赏王阳明所说的“夫大人者，以天地万物为一体者也”。作为“大人”、一个有思想高度的建筑师，就是要把建筑作为天地万物中的一个元素来理解。一个好的建筑作品一定是在全盘考虑自然环境、文化背景、功能技术等一系列因素后“自然生成”的，“建筑本天成，妙手偶得之”。

他举了自己设计的一些例子，包括刚刚竣工的温岭博物馆。远看，他采用非线性的语言塑造了一块“石头”：“乍看它有点‘怪’。但在高楼林立的环境中，作为一个城市的主要文化建筑，要有自己的气场。博物馆表达了温岭市四大文化之首的‘石文化’，又恰恰建在石夫人山下，和自然、人文环境很契合。‘石头’的瘦、透、皱、漏，别有一种中国韵味！”

程泰宁强调说，中国的建筑设计应该“写自己”，完全照搬西方不可取。“我比较反感学生动辄讲国外是怎么做的！当前世界文化格局正在重构，中国建筑师的路既不在西方，也不在后方，而是在前方。我们不应该以模仿趋同，而应该以一种独特、同时也能为世界所理解、所共享的建筑作品和理念与国际接轨。”

2018年启动建设的南京美术馆新馆，程泰宁赋予其主题为“云中山水　写意金陵”。新馆周边有很好的绿化带，因此，他将美术馆距基座18米架空，最大程度地引入自然山水与城市景观，建筑成为全方位对外开放的立体园林。散落布置在高架层及下沉广场中的文化休闲与商业服务设施，为观众和市民休憩创造了条件。“我觉得美术馆不仅仅是艺术殿堂，也可以是全方位向市民开放的文化休闲场所。”

“中国文化，包括建筑文化，要往前发展，必须建立自己的价值体系。很多人，包括我尊敬的学者李泽厚先生都说‘西体中用’，但我主张‘中体西用’，在某些方面需要‘互为体用’。我们不是去西方这棵大树上嫁接一个新枝条，而是要培育中国本土这棵大树不断壮大，这是中国建筑师的责任。”程泰宁最后说。

记者手记

出走半生，归来仍是少年

第一次与程泰宁先生见面，是在一次建筑论坛上。从礼堂末排往舞台中央远眺，他身着黑色便装，瘦小精干、神采奕奕，全无龙钟老态。交换名片之后，即作道别。

待到第二次见面采访，已是一周后。程先生第一句话竟是“我们是不是见过？”记忆惊人，可见一斑。

在公司，程泰宁被戏称为“老爷子”。他基本不插手公司事务，放手给总经理打理，自己只管“画图”。在学校，学生们当面叫他“程老师”，背后叫他“老大”。除了日常学术讨论，他还总惦记着这个学生有没有找朋友，那个学生最近工作顺不顺，这次怎么没带小孩到杭州玩……生活中，“老大”很新潮。他喜欢新玩意——听中外流行歌曲，用最新的 iPad 画图，出门买东西会用支付宝。同时，他又很“恋旧”，喜欢听古典音乐、看古典戏剧和舞蹈。

前半生，颠沛流离的生活在他身上打磨下不少印记。后半生，他兢兢业业，设计了 150 多项国内外工程，总结出建筑一家之言——“语言·意境·境界”。

不过，在光环背后，程泰宁并非全无遗憾。最近一次遗憾是痛失“北京城市副中心大剧院”项目。在参与竞标的 10 家世界顶级建筑设计公司中，最后只有他和一家外国公司进入决赛，但功败垂成！

所幸，程泰宁从不因“遗憾”或挫折而停下脚步。他对建筑始终痴迷，“和文学作品一样，建筑设计给人以无限的遐想，创作空间非常大。待到项目建成，会听到不同评价，就像‘一千个人心中有一千个哈姆雷特’”。

“建筑设计是一个未完待续的艺术，这是最令我着迷之处。”程泰宁一语道出自己作为建筑师的快乐真谛。

汪同三近照（均受访者供图）

汪同三

>>>>>>>>>>>>>>>>

汪同三，1948 年生于江苏南京，长于北京。经济学家，中国社会科学院学部委员，曾任中国社会科学院数量经济与技术经济研究所所长。参与建立我国第一个宏观经济计量模型；参与国家科委重点项目“技术进步与产业结构研究”，1989 年获中国社会科学院科技成果一等奖、孙冶方经济科学奖；作为“中国经济形势分析与预测”项目主要负责人之一和第一执笔人，推出我国第一本经济蓝皮书《中国经济形势分析与预测》；“中国经济形势分析与预测”项目获国家科学技术进步奖二等奖。曾多次作为起草小组成员参加政府工作报告起草。

汪同三：做了半辈子“模型”的经济学家

陆正明

汪同三的学术生涯中，有许多个“第一”和“破格”：中国第一批数量经济学硕士，中国第一个数量经济学博士，破格晋升副研究员，破格晋升研究员，参与搭建第一个由中国学者设计的中国经济模型，第一次将“大道理论”应用于我国技术进步与产业结构研究，作为第一执笔人推出了我国第一本经济蓝皮书，被推选为中国社会科学院首批学部委员。

汪同三说：“我从来没有想过要当研究员，更没想过要当学部委员。人生中、工作中，遇上了这些事，就认认真真地去做，做好本职工作。把工作认认真真干好了，这些东西自然就来了，只能是水到渠成、瓜熟蒂落。”

命运推他走进数量经济学天地

让数量经济学
更好地为国家繁荣
做出贡献！
汪同三
2019.1.3

汪同三寄语

在70多年的人生道路上，汪同三曾多次站在十字路口。每一次命运都推着他，一步步走进数量经济学的天地。

虽然父亲汪敬虞在中国科学院经济研究所工作，但汪同三高中时的职业梦想是当一名化学家。看到化学老师把各种不同的液体混到一起，变色、凝固、沉淀、冒烟、燃烧，种种变化很是奇妙。为了探究这奇妙背后的奥秘，他定下的高考第一志愿是北京大学化学系。如果不是“文化大革命”开始，高校停止招生，以他在北京四中相当不错的成绩，如愿以偿是大概率事件。

汪同三与父亲汪敬虞一起泛舟颐和园

1974年北京市教育局到内蒙古招收插队的老三届高中生回京充实中学师资，已插队多年的汪同三顺利入选。此时恰好家里给他办成了因困返京手续，这个回京当老师的大好机会就让给了别人。回到北京，在等待安排工作的半年里，汪敬虞也从干校回来，协助范文澜老先生编纂《中国通史》，为父亲誊清手稿就成了汪同三的日常事务。“我对经济学的初步了解是从那时开始的。通过给父亲抄稿子，我知道了两个经济史知识，一是明清两代以‘朝贡’方式进行的对外贸易，二是‘摊丁入亩’和‘火耗归公’。”

1978年，作为恢复高考后的第一批考生，汪同三的第一志愿是北京大学物理系，但因年龄略大，被北京师范学院数学系录取。受父亲影响，大学期间他开始学习经济学理论，无意中开始储备“比数学家更懂经济，比经济学家更懂数学”的数量经济学家知识。毕业时，中国社会科学院刚刚组建数量经济与技术经济研究所（以下简称“数技经所”），他顺利地成为我国第一批数量经济学硕士研究生。1985年，汪同三完成研究生学业，去一家大公司干了半年，终因无法适应“办公室政治”，回到了数技经所，此后再也没有离开。

龙王庙里的世界级培训班

研究了半辈子，汪同三用一个词来描述数量经济学的精髓："均衡"。他说："数量经济学就是通过数学模型，综合各种经济要素搭建一个合理、均衡的框架，使整体经济在一个统一的框架下达到平衡、协调。它既可以对当前的经济运行状况作出评估，也能对未来经济变化进行预测。"

梳理学科的历史，汪同三感慨良多。他说："20 世纪二三十年代，苏联就有经济数学；在美国，这门学科被称为计量经济学。1949 年以来，有一批在国外接受过计量经济学训练的学者回来报效祖国，但那时我国的理论界、学术界主流认为，我国实行的是计划经济，经济数学、计量经济学体现了资产阶级的经济理论，是'庸俗的''为资本主义制度诡辩的'资产阶级学说，这些人回国后都没能做自己的本行，大多改行从事数学、统计方面的教学和研究。我知道至少有两位，一位叫浦山，是获诺贝尔经济学奖的计量经济模型创始人劳伦斯·克莱因的同班同学。浦山回国后一直没有从事他的专业研究，倒是在外事、外交和世界经济研究方面做出了成绩。另一位老先生叫孙世铮，被安排到经济所，却让他研究中国经济史。直到 20 世纪 80 年代，人民出版社才出版了他的一本小册子《经济计量学》。"

汪同三说，20 世纪五六十年代，从事经济学研究的老一辈学者就已发现当时我国经济学研究缺乏数学根基，难以用量化的科学方法对经济作出判断。在中国第一个倡导将数学引入经济学并付诸实践的是孙冶方。1957 年，孙冶方来社科院经济所当所长，发现许多研究人员只有初中、高中数学水平，就请了中国科技大学的老师给他们补课。"我的导师张守一先生的高等数学知识就是在那时候补的。孙冶方还曾经与山西省合作，运用投入产出法设计山西重化工基地建设的规划。但'文革'一来，这些都成了他的罪状。”

改革开放后，1979 年美国科学院代表团访华，劳伦斯·克莱因是其中的成员。克莱因对中国当时的经济状况做了一番调查，向国家领导人提出，要进行经济体制改革，必须学会运用经济计量学。那时“文革”结束不久，国家没有财力大批派遣留学生，“请进来”是唯一的办法。1980 年，由社科院主办，请克莱因牵头，并由他邀请了邹至庄、刘遵义、萧政、粟庆雄、安德森、安藤 6 位美国教授来中国举办计量经济学讲习班。其中，安德森是美国科学院院士，邹至庄、刘遵义是世界级的计量经济学大师，师资力量堪称世界级。

讲习班主持者是汪同三的导师张守一。师生闲聊时，曾多次谈及当年情形，汪同三记忆十分深切。讲习班的授课地点在颐和园南湖岛龙王庙，学员 100 人，来自全国各地。时值盛暑，大殿三面是墙，仅一面有门窗，殿中没有空调，只是放了几台电扇，老师、学员都热得汗如雨下。按照当时的规定，只能给授课老师提供热茶，有一天，张守一陪美国老师逛颐和园，美国人看到路边卖北冰洋汽水，问他能不能买些。张守一自作主张买了两箱，报销时还写了检查。

美国教授们讲的内容，学员们并不能完全听懂，唯一的办法是大家拼命记笔记，晚上再凑一起整理出一份比较完整的讲义。讲习班办了 40 天，这份由 40 天笔记整理出来的讲义，成为中国最早的经济计量学教材。这个讲习班被称中国数量经济学的“黄埔一期”。

做中国人自己的经济模型

克莱因因创立经济波动和经济政策分析的计量模型，并通过计量建模分析宏观政策效应而获 1980 年度诺贝尔经济学奖。他还倡建和主持了迄今规模最大的世界经济分析、预测模型 LINK PROJECT，把世界各个国

2016 年赴香港解读《政府工作报告》

家的模型连接到一起，研究一个国家出现的经济问题对世界经济的影响，以及世界经济环境对一个国家经济的影响。

20 世纪 70 年代 LINK 创建时，我国在这个领域尚属空白，中国模型只能由外国人做，克莱因一直觉得这是一个遗憾和缺陷。1986 年，中国有了数量经济学人才，他再次提出希望能有中国人自己做的中国经济模型加入 LINK。搭建中国模型的任务，由国家计委、中国社科院和复旦大学成立工作小组共同承担。回到数技经所攻读博士学位的汪同三作为主要研究人员，参与了模型设计。1987 年初，由中国经济学家自己设计的模型在美国宾夕法尼亚州完成了与 LINK 的联结，这也是中国模型首次参加世界联结。建立中国模型是汪同三博士学位论文的一个重要部分。

1987 年，数技经所投标承担了国家科委软科学重点项目“技术进步与产业结构研究”，研究采用定性和定量相结合的方法，首次在国内采用了“大道模型理论”，设计中国的大道模型体系。汪同三是这次模型的主要设计、研究和分析者之一。汪同三说：“‘大道理论’的核心观点是从出发点到目的地从距离上看是直线最短最近，但真正走起来，却不一定最快。直线可能是山间小道，泥泞崎岖。高速公路距离虽远，用时却少得多。所谓‘大道’，就是要找出经济长期增长的高速公路，能够以最佳效率奔向目标。在中国，这条道路的关键是结构，是怎样凭借技术进步和产业结构优化，实现翻两番的目标。”他说，这是一个非常复杂、要在计算机上做大量运算的项目。数技经所没有合适的大型计算机，于是同国家信息中心合作，在他们的机器上做。因为需要处理的数据太多，常常要连着几天夜里加班。

最终，课题组根据研究成果，提出一系列政策建议，为有关部门制定产业结构政策提供了参考，并出版了系列专著《技术进步与产业结构研究》，1989 年获中国社会科学院科技成果一等奖、孙冶方经济科学奖，后获国家科学技术进步奖二等奖。

从“总理基金项目”到中国第一本经济蓝皮书

20 世纪 80 年代末至 90 年代初，中国经济经历了一番较大的起伏。中央领导同志邀请了一批专家到中南海座谈，探讨社会科学如何为经济稳定和社会稳定服务。当时，数技经所为 LINK 做的中国经济模型已经在所里运行了几年，对中国经济尝试进行一些分析、预测。数技经所所长李京文说，我们有一项研究，用来预测国民经济运行。我们和诺贝尔经济学奖得主劳伦斯・克莱因合作，已经有了几年的经验积累，建立了模型。但是要实际运用于国民经济预测，模型还要完善、维护和修正，需要经费。

汪同三说，直接给总理打报告要经费，数技经所谁都没做过。李京文所长回来就跟大家讨论报告怎么写。20 世纪八九十年代，社科院承担的国家重点社会科学研究项目也就是一年两三万元。考虑到做模型需要大量运算，要用计算机，要维护，花的钱多些，就壮胆做了个每年 12 万元、5 年 60 万元的预算。按以往惯例，最后批下经费一般要比申请的少一些。没想到报告呈上去后一点没打折扣，财政部从总理基金中支出此项经费。这个项目就是一直做到现在的“中国经济形势分析与预测”，也被大家称作“总理基金项目”。5 年后，此项经费提高到每年 15 万元、5 年 75 万元。到第三个五年，财政部把这个项目列入社科院的拨款，就不用再专门打报告了。

自 1991 年起，数技经所都会发布年度《中国经济形势分析与预测》经济蓝皮书。汪同三说：“这其实是‘总理基金项目’的副产品。承担了这个项目后，我们要给中央写报告，一年两次，春天的报告主要对当年做预测，秋天的报告预测当年余下的月份以及下一年。我们自己觉得项目的成果还是有价值的，能够为学术界和社会各方面提供一点有益的信息。开始我们只是把报告作为内部参考资料，自己印。做封面的时候，所里只找到了蓝色封皮纸，于是就成了‘蓝皮书’。再后来，有出版社愿意公开出版，用的也是蓝色封面。据说，政府的报告用白封面，第三方机构的报告用蓝封面，是国际出版界的惯例，我们误打误撞蒙对了。”

《中国经济形势分析与预测》经济蓝皮书已经连续出版 20 多年，成为一份国内外广泛关注的权威报告，每次它的预测都会被媒体争相报道。汪同三说：“经常有人问我，你们的预测有哪些是准的？从数量经济学来说，这是个无法正面回答的问题，因为经济计量学的基础是概率论，也就是可能性。如果我们的预测和国家统计局的结果完全吻合，那只能说是瞎猫碰上死耗子。面对不同的概率，每个人根据自身的情况会有不同的选择，从而导致不同的结果。天气预报说 90% 概率会下雨，有人身体好，就可能赌那个 10%，不带伞出门；有人身体弱，预报下雨的概率是 30%，他就要带上伞了。”

汪同三说，除了预测，他们做这个课题，更重要的是有三个价值。一是可以观察经济综合协调的状况；二是预测经济的拐点，判断经济发展的趋势有没有变化；三是分析问题。“这个课题叫‘中国经济形势分析与预测’，分析在前面，研究经济中存在什么问题、为什么产生问题、怎么样解决问题。这是我们心目中重要的部分，也是真正有价值的部分。”

记者手记

长者之风，家门相传

2006年，中国社会科学院首次设学部委员和荣誉学部委员，作为社科院最高学术职务和荣誉称号。汪同三被推选为学部委员，他的父亲汪敬虞老先生被推选为荣誉学部委员，两代人成为社科界少见的“父子委员”。只是父亲一生“向后看”，致力梳理中国近现代经济史；儿子是“向前看”，评估当下，预测未来。

采访时，记者给汪同三带去了一份1962年7月5日的《文汇报》，上面有一则“郑友揆、汪敬虞等来沪搜集经济史料”的消息。汪同三说：“这事我有印象。那次父亲出差了很久，有好几个月。他要编中国近代经济史。他们老一代的学者做学问、写历史，收集资料的工作都做得极其仔细。”

提及父亲行状，汪同三总以“他们老一代知识分子就是这样”做结束语，大有“虽不能至，心向往之”之态。在他心目中，父亲是一个认真到令人难以想象的人。中华人民共和国成立前夕，汪敬虞在中央研究院社会研究所任助理研究员，有人通知他被选派去英国做访问学者，他就在南京等着。其时，百万大军已布阵长江北岸，南京国民政府各机构一片慌乱，争相逃离，哪里顾得上还有个书生等着去英国。汪敬虞却觉得既然有人通知，发生变化也应当有人来通知，于是就一直等着，直到等来南京解放。“他做人一板一眼到这种地步。”汪同三说。

中华人民共和国成立前，汪敬虞协助后来任社科院经济研究所所长的巫宝三先生编《中国国民所得（一九三七年）》。有人提出，外资工厂投资是中国工厂的3倍，产量也可以按3倍估算。汪敬虞认为估算虽然省事，但未必符合实际。他宁愿用笨办法，一家家企业收集数据。迄今，这部书仍是中国近代经济史研究者需要经常引用的资料。

汪同三说，父亲经常把自己的文章、书稿放在一边，帮别人看稿、提修改意见，发表时却不署名。这是老一代学者普遍的长者之风。

如今，年过七旬的汪同三也进入了“长者”行列，社科院研究生院的学生以“儒雅潇洒，慈眉善目”形容这位博士生导师。汪同三愿意与年轻人分享自己30多年从事数量经济学研究的感悟。他对学生们说，要做好学问，一是要多读书，网络检索发达，但不能完全替代读书，做学问仍然要有当年马克思把大英图书馆石板地面磨出脚印的精神；二是必须学好外语，外语在精不在多，关键在于熟练掌握；三是经济学不是束之高阁的庙堂哲学，学习经济学是为了解决实际问题，为人民谋福利；四是要学习他人的先进经验，特别是国外的先进技术和研究方法，数量经济学更是如此。

柳鸣九看到自己翻译的《局外人》
（江胜信摄）

柳鸣九

柳鸣九，1934 年生于湖南长沙，1957 年毕业于北京大学西语系。作为法国文学研究领域的泰斗级人物，柳鸣九享中国社会科学院“终身荣誉学部委员”称号，获中国“翻译文化终身成就奖”，长期担任中国法国文学研究会会长、名誉会长，被法国巴黎大学定为博士论文专题对象。他在法国文学史研究、理论批评、散文写作、名著翻译、大型丛书编纂等方面均有令人瞩目的建树，著作等身，主要作品已汇集成 15 卷共计 600 万字的《柳鸣九文集》。

柳鸣九以卓有学术胆识著称：早年提出文学“共鸣”说，1978 年对“日丹诺夫论断”揭竿而起，1980 年大声疾呼“给萨特以历史地位”，20 世纪 80 年代末提出重新评价左拉及其自然主义，近年又倡导文学名著翻译新标准“化境”。

柳鸣九：为了一个人文书架

江胜信

2018年，85岁的柳鸣九先生获得了中国翻译界最高奖——翻译文化终身成就奖。这对他而言是一份意外犒赏，因为在他的多个身份中，比如终身荣誉学部委员、文艺理论批评家、散文家、出版家……“翻译家”往往是靠后提及的。

柳先生的译作有《雨果论文学》《磨坊文札》《莫泊桑短篇小说选》《梅里美小说精华》《小王子》《局外人》等，仅占15卷《柳鸣九文集》的最后3卷，柳先生坦言对此“深感寒碜”。然而，翻译文化终身成就奖却给出了隆重的颁奖词：“柳鸣九先生是我国法国文学研究翻译界的领头人……”柳先生不免揣测：“这应该不限于对我译作的肯定，也是对我为西方现当代文学译介所做的劳绩的认可。”

柳先生曾以三卷本《法国文学史》和上下册《超越荒诞——法国二十世纪文学史观》完成了对法国文学全过程的梳理和评价，曾策划“法国现当代文学研究资料丛刊”和“西方文艺思潮论丛”，主编了《雨果文集》20卷、《加缪全集》4卷、“世界短篇小说精品文库”18卷、“法国二十世纪文学丛书”70卷、“外国文学名家精选书系”80卷……近些年，柳先生在帕金森、脑梗等恶疾围攻下依旧笔耕不辍，推出了《外国文学名著经典》70种、《外国文学名著名译化境文库》（以下简称《化境文库》）近100种，发起“译道化境论坛”，出版了《纪念文集》与《化境文库》第一辑，并开始张罗“情操”系列书函的编译。中国社会科学院荣誉学部委员、理论批评家钱中文赞叹：“柳鸣九先生以惊人的毅力和智慧，亲自建筑起一座法国文学与世界文学的书城。”而柳先生则将“书城”谦称为“书架”：“我有‘为了一个人文书架’的人生追求。”

正是通过这一“书城”或“书架”，我们遇见了《约翰·克利斯朵夫》《变形记》《局外人》《尤利西斯》《荒原》《追忆似水年华》……年轻读者恐怕想不到的是，这些已在今天得到公认的西方现当代文学经典却曾带着“衰颓”“腐朽”的标签，被长期拒之门外。

是谁第一个冲上去，当众把这些标签给撕了下来？是柳鸣九。1978年，44岁的柳鸣九提出“重新评价西方现当代文学的几个问题”。他打破思想禁锢的这一勇敢举动，后来被学术界称为“卓有学术胆识”。

请走“拦路虎”

柳鸣九于1972年动笔、1991年出齐的三卷本《法国文学史》，历经数十载，依旧是迄今为止国内规模最大的多卷本外国国别文学史。其第一卷“前言”里宣称：“只写到19世纪，20世纪部分日后将另行成书。”柳鸣九当时不好言明的真正原因是：20世纪之前的法国文学尚有马恩论述可依，可20世纪以后的法国文学却被一个叫日丹诺夫的人泼了一身脏水。不请走这只“拦路虎”，没法接着写。

在1934年全苏作家代表大会上，日丹诺夫给20世纪资产阶级文学下了如下论断：“现在，无论题材和才能，无论作者和主人公，都在普遍堕落……沉湎于神秘主义和僧侣主义，迷醉于色情文学和春宫画片，这就是资产阶级文化衰颓与腐朽的特征。”

对此，柳鸣九不以为然，他深知20世纪文学艺术在规模、分量、深度、价值与意义上，丝毫不逊于西欧古典文学艺术。柳鸣九之所以有这样的“知”，缘于他拥有一扇向外部世界眺望的“窗”，那便是钱锺书、李健吾两位西学大师多年经管的中国社会科学院外文所书库。柳鸣九回忆道："这个书库所藏的大量外文报纸杂志、图书资料在当时算得上居全国之首，西方现当代文学名著经典应有尽有。多年之中，我几乎每天都在这里流连忘返……"

"只要日丹诺夫论断仍然高悬，我就会丧失一个世纪的学术空间。"所以，1978 年 5 月真理标准大讨论甫始，柳鸣九看到转机，就决定在西方 20 世纪文学的评价上有所作为。

"文革"期间挨批的经历又让他感觉到谨慎的必要性。他采取"兵出斜谷"的策略，一方面全力以赴又不动声色地准备檄文，另一方面，他着手为其编辑的《外国文学研究集刊》组织关于"重新评价西方现当代文学"的笔谈。柳鸣九的"算盘"是："在'重新评价'问题上先造势，作为将来我发表大块头文章的铺垫。"

"但实际情况却是这位仁兄径直上场，高腔亮相。"柳鸣九将后来的意外笑称为"天上掉下了馅儿饼"——1978 年 11 月，在中宣部与中国社会科学院的领导下，由外国文学研究所主办的全国第一次外国文学工作会议在广州举行，经由所长冯至推荐，柳鸣九在会上就重新评价西方现当代文学做了长达五六个小时的长篇报告。为什么冯至要把柳鸣九推到前台？柳鸣九认为最主要的原因是："他内心深处藏有一份对西方现当代文学的熟稔与神交，他早年留学德国写的博士论文就是以象征派诗人里尔克为研究对象的……他内心深处是乐于见到有人出来为西方 20 世纪文学说说话的。"

在《重新评价西方现当代文学的几个问题》的报告中，柳鸣九为 20 世纪西方文学描绘出完全不同于日丹诺夫论断的进步形象：从 20 世纪初的反战文学，到稍后的批判现实主义文学、三四十年代的反法西斯文学、抵抗文学，一直到战后的存在主义文学、新现实主义文学、"愤怒青年"文学、"黑色幽默"、荒诞派戏剧以及新小说派……都蕴含着诸多有助于人类发展的社会意义，比如对社会弊端的揭示与批判、对社会公正的召唤与追求、对战争与暴力的反对、对独裁与专制的抗议、对自由理想的向往、对善良人性的歌颂……

这份长篇报告使时年44岁的柳鸣九品尝到了成功的滋味。伍蠡甫、杨宪益、叶君健、草婴、杨周翰、李赋宁、梁宗岱、金克木、方平、王佐良等师长辈名流纷纷向他表示赞赏。第二天，中宣部副部长周扬莅临大会，北大的朱光潜把缩在人堆里的柳鸣九拉出来介绍："这是柳鸣九，他昨天在会上做了一个很好的学术报告。"

柳鸣九寄语（除署名外，均受访者供图）

这次盛会是在划时代的党的十一届三中全会召开之前一个月举办的，柳鸣九将其比作"大戏正式开场之前烘托气氛的锣鼓"。此后，对西方20世纪文学的译介、讲授、研评骤然兴起，蔚然成风。

给萨特办理入境"签证"

"一个研究资料文库，一个理论园地，一个作品文库"，即"法国现当代文学研究资料丛刊""西方文艺思潮论丛""法国二十世纪文学丛书"，这便是柳鸣九为重新评价西方20世纪文学所提供的基础而充足的论据、论证。

《萨特研究》是"法国现当代文学研究资料丛刊"的创刊号，此后还有《马尔罗研究》《新小说派研究》《尤瑟纳尔研究》等。

"中国萨特研究第一人"，柳鸣九至今都不知是哪位原创者把这顶颇有分量的桂冠送给了他，不过，他大大方方领受了："这并非信口开河、胡乱吹捧，而是事出有因、有根有据。"

早在1955年，萨特曾携终身伴侣西蒙娜·德·波伏瓦访问中国，但未安排任何学术活动。萨特的《存在与虚无》和《毕恭毕敬的妓女》早在"文

1981 年，柳鸣九在法国萨特墓前

革”之前就被译成了中文，但前者艰深，柳鸣九猜测“读懂它的中国人大概不到一个营”；后者并非萨特的代表作，仅仅是投合了当时国内的反美情绪。柳鸣九认为，一个作家真正进入另一个国家的主要标志应该是一定程度的本土化。

如何使萨特本土化呢？柳鸣九至少做了两方面努力。“一方面是我在《萨特研究》的‘序言’中所说的，要‘撩开萨特那些抽象、艰深的概念在他的哲学体系上所组成的厚厚的、难以透视的帷幕’，不‘撩开’就无法使中国接近萨特。另一方面，要标出‘入境’的‘口岸’‘着陆点’，使此‘舶来品’契合本土的需求，萨特强调了个体的自由创造性和主观能动性，显示了其作为‘舶来品’的有用性、效应性。”

萨特哲学是在他逝世两个月之后，以其“自我选择”的哲学思想“入境”的，其标志是 1980 年 7 月号《读书》杂志发表的《给萨特以历史地位》。“萨特是属于世界进步人类的。”“我们不能拒绝萨特所留下来的这份精神遗产，这一份遗产应该为无产阶级所继承，也只能由无产阶级来继承。”柳鸣九的呼声犹如石破天惊。

次年即 1981 年，柳鸣九编选的《萨特研究》出版。该书翻译了萨特《苍蝇》《间隔》《恶心》三部哲理文学作品与《为什么写作》《七十岁自画像》《答加缪书》三篇重要文论的全文，分述了萨特其他八部重要作品的内容提要，编写了相当详尽的萨特生平创作年表与相关两位作家即波伏瓦与加缪的资料，挑选了法国文坛对萨特的评述文章及萨特逝世在国际上引起的反应。全书篇幅近 50 万字，构成一个相当高质的“拼盘”。“给萨特以历史地位”成为其 2 万字长篇序言的重要组成部分。

该书经纬纵横、点面互补地描绘出一幅历史社会与文学发展背景上完整的萨特画像，出版后大受读者追捧，一时颇有“洛阳纸贵”之势。萨特的存在主义哲学以“自我选择”的方式，强调人的主体意识和自我创造，让经过真理标准讨论之后、改革开放之初的中国人，对自己的生存状态和命运进行反思。

“萨特热”也经历了潮起潮落，但柳鸣九坚信萨特“自我选择”的精神展台不会无人问津，“只要人类的主体意识取向、主体实践活动存在一天，就会对这种积极进取的哲理有所需求”。

柳鸣九的新书《友人对话录》由中央编译出版社推出。该书“序言”中说：萨特的“自我选择”哲学是对个体意识的承认、尊重、强调，契合了走向改革开放的中国人在个体精神和主体意识上的苏醒。纵观中国改革开放的历程，如果没有个体意识的渐醒、个性特征的张扬、个人价值的实现，就不会有主人翁意识、主观能动性、人民主体地位和公民权益的被尊重，也不会有“我的青春我做主”“有体面的劳动、有尊严的生活”，更不会有“人民的梦”“中国梦”……

倡导翻译新标准

柳鸣九被学界谑称为“重新评价专业户”，在重新评价西方现当代文学、重新评价萨特和存在主义、重新评价左拉和自然主义之后，他近年来又开始重新评价“信达雅”。

“信达雅”是《天演论》译者严复于 1898 年提出的，“求其信，已大难矣！……信达而外，求其尔雅”。100 多年间，“信达雅”三个标准引起多次争论，遭到各种质疑。直译说、意译说、硬译说、信达切、“忠实、通顺、美”“自明、信达、透明”……各种新说法欲取而代之。

鲁迅特别强调“信”，主张硬译。鲁迅的精神地位和学术地位，使其倡导的“硬译”二字成为一两代译人心中的译道法典。中华人民共和国成立初期的北大教授高名凯把硬译术愚忠似地用到极致，结果被撤了教席，所译的几十本巴尔扎克的书全成了废纸。

20 世纪 80 年代，柳鸣九在西蒙娜·德·波伏瓦寓所

柳鸣九不建议用“信达雅”三个标准来泾渭分明地衡量翻译的优劣：“在译界，一方面形成了对‘信’的顶礼膜拜；另一方面形成了对‘信’的莫名畏惧，在它面前战战兢兢，生怕被人点出‘有一点硬伤’。对‘信’的绝对盲从，必然造成对‘雅’、对‘达’的忽略与损害。”

2017 年 11 月 12 日，柳鸣九在中国大饭店组织了“译道化境论坛”，邀来 10 多个语种的 36 位翻译家共同探讨外国文学名著翻译新标准。众翻译家颇为推崇的是钱锺书的“化境”说。

1979 年，钱锺书在《林纾的翻译》一文中，提出了“文学翻译的最高标准是‘化’”。钱先生对“化”做出如下解释：“把作品从一国文字转变成另一国文字，既能不因语言习惯而露出生硬牵强的痕迹，又能保存原有的风味，那就算得入于‘化境’。”他同时也坦陈：“彻底和全部的‘化’，是不可实现的理想。”

“化”不可实现却可追求。“其实，如果还原到实践本身，似乎要简单一些。”柳鸣九的方法是：“先把原文攻读下来，对每一个意思、每一个文句、每一个话语都彻底弄懂，对它浅表的意思与深藏的本意都了解得非常透彻。然后，再以准确、贴切、通顺的词汇，以纯正而讲究的修辞学打造出来的文句表达为本国的语言文字。简而言之，翻译就这么回事。”

记者手记

柳鸣九的“沉思之亭”

长期以来，柳鸣九有一个习惯，每当他有一种新书出版问世，他总要把第一本样书放入书柜以备观赏。最初，“展品”只占书柜一层，随着岁月的流淌，“展品”不断增加，一层变两层，一个书柜变成两个书柜。

不论是什么时候，坐在沙发上，面对着这两个书柜，柳鸣九总有赏心悦目、沾沾自喜之感。“疲惫时，我在这里得到酣畅的休息，恢复了元气；苦恼时，我在这里得以豁然开朗，如释重负；陷入困顿或遭到打击时，我在这里获得温馨的慰藉与安抚；无所事事时，则在这里又获得起步前行的方向。因此，这儿是我的‘绿洲’、我的‘家园’、我的‘疗养胜地’、我的‘加油站’……”

这儿也是柳鸣九的“沉思之亭”。几十年前，柳鸣九在巴黎枫丹白露见过一座圆筒状的小亭，听说那是拿破仑常去独自沉思的处所。柳鸣九将眼前的这两大柜子书视作一份清单、一份劳绩、一个过程。“它面前的这个空间，自然成了我的‘沉思之亭’，它标明意义与启示，唤起往事与回忆……我劳故我在，这也是我的存在状态和存在本质。”

赵季平近照（均受访者供图）

赵季平

赵季平，1945 年 8 月生于甘肃平凉，1970 年毕业于西安音乐学院作曲系，1978 年进入中央音乐学院作曲系学习，现任中国音乐家协会第八届名誉主席。他是我国目前电影音乐界获奖最多、奖次最高的音乐家。经他配乐的电影《红高粱》《孔繁森》分别获得第八届、第十六届“金鸡”奖最佳作曲奖，《五个女子和一根绳子》获法国“南特”三大洲电影节最佳音乐奖，电视剧《水浒传》获第十六届“飞天”奖最佳音乐奖，其中《好汉歌》获最佳歌曲奖，《嫂娘》获第十八届“金鹰”奖最佳音乐奖。

赵季平：我的音符，长于泥土中

施雪钧

前不久，在湖南师范大学音乐学院举办的“赵季平音乐创作国际学术论坛”上，中唱上海分公司向全球首发了一套五张“赵季平音乐作品经典系列”黑胶唱片。这是中国最老牌唱片公司花巨资，从德国全套引进黑胶生产流水线后，出版的首套名家唱片。

中国的电影大片、热播电视剧的配乐，近乎一半出自赵季平之手；影视作品的音乐中，走红的主题歌，赵季平三分天下有其一；保守估计，有三代人、超过 8 亿中国听众，听过他的音乐。那年中国女排在欧洲打比赛，到了紧要关头，忽然观众席上呼啦啦地唱起了《妹妹你大胆地往前走》……

赵季平，在 20 世纪 80 年代电影《黄土地》以来的几十年间，开创了中国影视音乐的一个“黄金时代”，导演张纪中说：“他给中国电影，带来了无法抗拒的音乐力量……”

这仅仅是电影音乐。在音乐创作诸多领域，赵季平涉猎甚广，包括交响乐、协奏曲、室内乐、歌剧、民族管弦乐、舞剧、艺术歌曲等，他的作品，题材之广、数量之多、质量之高，令人叹服。

泥土芬芳承载大气象

一个作曲家的黄金储备，就是他对生活的思考和观察的储备，换句话说，就是要有内容丰富的外部经历和内心经历。

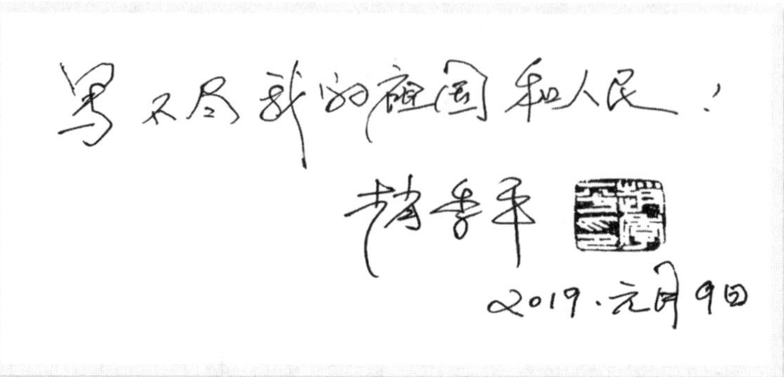

赵季平寄语（除署名外，均施雪钧摄）

赵季平难忘第一次“触电”的经历。1984年，他与陈凯歌、张艺谋、何群等年轻导演到陕北采风。在延安的窑洞里，他们听了农民歌手贺玉堂唱了整整一晚的陕北民歌。是夜，赵季平满脑子都是贫瘠村落的一个个画面。

在米脂县，他们住进脚夫歇脚的大车店。“这晚，睡在炕上，我们盖的被子与土地一样黑，上面都是‘小爬虫’，那条件，你想象不出有多艰难。可电影《黄土地》中的穷苦农民，却一个个变得栩栩如生起来，有筋骨、有血性、有情感。”赵季平说。

云层急剧的碰撞与刺激，便产生出奇妙的电闪雷鸣。作曲家灵感忽现，音乐从灵魂中汩汩流淌出来。很快，赵季平写出了主题曲《女儿歌》。这晚，在窑洞里，几位导演将灯熄灭，黑暗中，传来了如泣如诉、摄人心魄的歌声。灯亮后，每个人眼中，都噙着泪花……

这是一次难忘的艺术“炼狱”！正是这次成功，锻造了赵季平的未来。

此后几十年中，无论在与陈凯歌合作《霸王别姬》《风月》《梅兰芳》，还是与张艺谋合作《红高粱》《菊豆》《大红灯笼高高挂》《秋菊打官司》，与张纪中合作《水浒传》《笑傲江湖》《倚天屠龙记》等影视片，赵季平都如同旅行家，用“脚”在写音乐。写《水浒传》音乐，他行走在齐鲁大地；写《乔家大院》，他数次深入山西忻州、河曲一带采风；写《狼毒花》，他多次前往陕晋蒙边区；写《大秦岭》，他走进秦岭山区腹地……

赵季平的音乐，在思想性和艺术性方面，达到一种新的境界。他将音乐与电影情节的结合，发挥到极致，如同中国建筑艺术的榫卯结构，丝丝入扣，严密无间。音乐，塑造出了一个个电影的灵魂，直击人们的心灵。

所有的成功，赵季平都归结为“站在泥土地上写作，与民族音乐血脉相通”。他吸收融汇各种戏曲和民间音乐的风格、节奏、音阶等语汇，当作音乐母语使用。

这种“泥土气”，成就了赵季平音乐的气象万千。譬如，《红高粱》中震天撼地的48支唢呐群，《菊豆》中远古幽灵般的埙，《五个女子和一根绳子》中娓娓诉说的南音尺八，《心香》中清新飘逸的箫和古琴，《霸王别姬》中倾诉心声的京胡，《秋菊打官司》中的弹月琴，电视剧《乔家大院》中令人叫绝的晋胡和二股弦这两件地方特色乐器的运用，电视剧《大宅门》主题曲中糅进的京韵大鼓、京剧、平剧、豫剧、梆子、民歌、通俗七种音乐元素……

民间音乐的绝妙元素信手拈来，成为赵季平音乐作品的标记。这基因传承，来自他的父亲——“为大众而艺术”的中国画一代宗师赵望云。

赵季平说：“我的艺术，继承了先父的基因。父亲的作品，追求的是人民性。他的艺术追求，从小就植入我心。所以我特别关注民间的东西，我的音乐中，大量是老百姓的声音，可能和我父亲画笔下的穷苦百姓和劳动民众，有千丝万缕的联系。”

山水灵境，万种风情，给了赵季平“洗尽尘滓，独存孤迥”的灵感。他的大脑，成了中国民间音乐和戏曲的巨大储藏室。他的音乐作品，跳动着生活脉搏，有民间音乐的根。

然而，光环、鲜花、荣誉、名利，与世无争的赵季平都看作过眼烟云。他说：“我的音符，长于泥土中。”

中西合璧成就大格调

追求“中国风格、中国气质、中国精神”，是赵季平创作意境的大格调。

“我经常做的功课是，一边采风，一边悉心研究国内外大师的总谱，研究他们的语汇和技巧，一手伸向传统，学习民间艺术；一手伸向世界，借鉴国际音乐优秀成果。这就是我今天的创作状态。我要用中国音乐的母语，与世界对话。”赵季平告诉笔者。

日本作曲家武满彻很欣赏赵季平的艺术独创性。2000 年，由他推荐，柏林爱乐在“夏季森林音乐会”上演了赵季平的交响音画《太阳鸟》、交响叙事曲《霸王别姬》，时间长达 20 分钟。这是中国音乐作品在国际“艺术珠峰”上“零的突破”。

可容纳 2.2 万人的柏林“瓦尔德尼森林剧场”，有着世界性声誉，是音乐名家们的梦想驿站。因为在欧美特别是德国，乐团的等级森严，分甲级乙级，或者 A 级 B 级，乐团要上演一部中国作品，是件极困难的事，有时往往需要全体演奏员投票后，才能作出演奏决定。

而此次，是国际乐坛对中国作品、中国作曲家的认可，也是中国音乐的荣光时刻。因为，在西方人眼中，赵季平是“最具东方色彩、中国风格的作曲家”，其作品渗透着中华传统的精髓、中华美学精神。他的音乐，既具有一种特殊的门德尔松式的优美和雅致，以及洗练明晰的结构，又极具张力，有品位、有风格、有个性。他被公认为是一位集音乐纯洁、甜美、匀称、优雅于一身的旋律大师。他的音乐，符合东西方听众的听觉审美，其音乐中丰富细致的情感表达，能触动听众感官纤维中最敏感的神经。

在创作中，赵季平没有照搬模仿西方现代音乐的作曲思维和技法，而是将其运用到中国传统音乐的思维中，并将它中国化。这使得他的中国视野扩展为国际视野，成了中国音乐“走出去”的先行者。

“越是民族的东西，越要与时代同步，越要走向世界、感染世界。民族音乐如果锁在家里，那如何向外寻觅知音，产生共鸣，成为世界的精神财富？在多元化的世界里，音乐界也要解放思想，对外开放，让世界认知中国音乐，让外国人对中国文化肃然起敬。”赵季平说。

他的《第一小提琴协奏曲》创作便是如此。这部国家大剧院的委约之作，创作历时一年，但作品却酝酿了近十年。他心无旁骛，定下创作宗旨，要写出一部“思想精深、艺术精湛”的作品。这部表现人间大爱、人性回归的作品，在 2017 年 10 月 10 日国家大剧院的首演中，便获得极大成功。赵季平很欣慰。他说：“令我感动的是，首演后观众反响非常强烈，懂音乐的、不懂音乐的都很喜欢。之后，国家大剧院还带着这部作品到北美巡演，外国听众也很喜欢。”

而他创作的大提琴协奏曲《庄周梦》，同样也被国际乐坛一线演奏家带进西方国家的音乐厅。这部作品，无论在文化内涵还是技术层面，都堪称上乘之作。以至于大提琴演奏者马友友在首演前，作了大量的特别研究和艺术阐释。首演成功后，《庄周梦》成了他在各国演出的保留曲目。

《庄周梦》在国际乐坛处处遇知音。比利时皇家音乐学院一位教授特别钟爱这部“美妙得难以形容”的作品，在比利时和中国，都上演了此作。

面向大众呈现大情怀

赵季平深爱大西北。指着脚下土地，他多次对笔者说：“对西安这个地方，我有一个情结——‘不浮躁，人心静’。艺术创作，最需要的就是不浮躁。我的磁场就在这！”

儿子赵麟，解释了他父亲的“磁场”一说。“我父亲一直不离开西安，很大原因在于家族的基因和传承。我爷爷 20 世纪 40 年代来到陕西，安

赵季平（左一）向湖南师范大学校领导赠送“赵季平音乐作品经典系列”唱片

家西安后，画遍了大西北的人民和土地。到了父亲这一辈，他用音乐，继续描绘大西北……”

赵季平出身于名门世家。父亲赵望云，与张大千、徐悲鸿等名家画友多有往来。自小，赵季平和兄弟们就在文人荟萃的浓厚文化氛围中受熏陶。赵家七兄弟中，出了三个音乐家、两个画家。

在家中，哥哥、弟弟自小就有画画天赋，而赵季平却显不出有何能耐。溺爱他的母亲，称他为“傻四”。可“傻四”对戏文与音乐，特别有感觉。或许，拉一手好京胡、能唱全本京剧《玉堂春》的超级京剧迷父亲，将文艺基因，重点传给了他。

赵季平说：“对音乐，我简直是入迷。我们家住在西安碑林，碑林里每天放广播，那时我还没有上学，不爱听广播，就自己哼哼，瞎编调。在小学三年级的一次晚会上，每个小朋友都站起来报志愿。我站起身，脱口就说将来要当作曲家。到了小学六年级，我在院子里组织起‘球拍扫帚乐队’，球拍当小提琴，扫帚当大提琴，我拿着诗，瞎编了一曲，指挥一群孩子，教他们唱。父亲看到后，常在一旁笑。”

然而赵季平却非常喜欢看父亲画画。一有空，他就钻进父亲的画室，时不时地在一旁“指点江山”。看到精彩之笔，会如京剧票友一般大声喝彩。久而久之，使得他对色彩及画面极为敏感，无意间练就了画家观察事物的独特眼光。他觉得，父亲的画中有诗、有音乐。

1970年，赵季平从西安音乐学院毕业后，被分配到省戏剧研究院。

当时，父亲被下放到农村，赵季平坐长途班车去乡下看他。“在棉花地里，我沮丧地告诉了父亲，不料他听后非常高兴。‘到那好啊，你在学院学的东西，是书本上，是基础。你要把民间音乐这一课补上，那可是个戏窝子，你要坚持住！’父亲这番话启发了我，犹如播下的种子。在那，我一个猛子扎了21年。磨炼，是最好的课。”他接着说，“从小，父亲从来不打我们，也不给我们什么压力，但有时他几句话，就让你受用一辈子”。

的确，赵望云在长期旅行写生中炼成的坚毅性格，人道主义精神，远大、独到的眼光，形成了超乎常人的精神信仰和人格力量。这个被冯玉祥称为“顶爱国”的画家，潜移默化地影响了他的儿女们。

早在20世纪30年代，赵望云的农村写生，开辟了中国创作的生活之路。他发表在《大公报》上反映中国农村破产和劳苦大众生活的画，冯玉祥配上了打油诗，让赵望云监工、老舍作序，刻成48块石刻，耸立在泰山脚下；20世纪30年代之后，他的塞上写生、西北写生，用中国的画笔和技法，记录了一个时代。赵望云把生活转到画面上，而赵季平，又将父亲的画面转到音乐中。

很多年后，人们发现，赵季平的文化遗传，子承父脉。赵望云曾说，“美术是凝固的音乐”，现在，赵季平让“音乐成了流动的美术”；赵望云一生“为大众而艺术”，儿子赵季平一生是“艺术为大众”。与西北有着特殊情缘的父亲，将天生怀有对劳动者尊重的个人情怀等“基因”，都遗传给了“傻四”。

赵季平（右二）在百年老店中唱上海分公司音像资料库

这种“扎根生活”的家训，使赵季平没有偏离父亲的艺术思想。他的音乐，始终面向大众，人人都能在一种音乐体裁中认识到它的美。

可贵的是，赵季平的家风，正代代相传。赵季平常用父亲的艺术人格和思想，教育儿子。他告诉赵麟：“当年，你爷爷坐着大车，骑着骆驼，三上敦煌，五进河西走廊，在艰苦的条件下，长年坚持在大西北旅行写生。现在，交通条件便利了，你可以坐飞机到兰州，沿着你爷爷走过的路，到祁连山去深入生活。”赵麟听从了父亲的建议，深入祁连山采风三个月，回来后很快写出了大提琴与笙协奏曲《度》，由马友友、吴彤与纽约爱乐乐团首演并引起轰动。“我对他说，你看，深入和不深入，就是不一样。扎根生活，是你爷爷留下的家风！”赵季平说。

在纪念父亲的文章《心语》中，赵季平写道：“从20世纪80年代初开始创作至今，我始终不忘父亲的教诲，坚持把自己的创作植根于中国民族音乐这片沃土……”

是的，沿着父亲走过的路，赵季平创作出了管子与乐队《丝绸之路幻想曲》《黄河遥遥》，舞剧《大漠孤烟直》，室内乐作品《关山月——丝绸之路印象》《大秦岭》等众多脍炙人口的音乐。

赵季平说：“我来到这个世上，就有一个使命，为中国创作黄钟大吕！”

记者手记

“扎根生活，从小植入我心”

古城西安，赵季平先生的书房。自打2003年以来，笔者有幸成了这里的常客。到西安，去赵府，似乎已成常态。

季平先生是笔者的良师益友。有一次听了他新写的小提琴协奏曲后，笔者发了一通评论，季平先生来微信说：“你的文字，与别人不同，与我的搭档、词作家易茗一样，常常会给我带来灵感。”这让笔者受宠若惊。作为中国音乐家协会名誉主席，一代名家，其谦卑、儒雅之风，令人肃然起敬。

为此，对季平先生的新作，笔者多有关注。他的音乐，常常打动笔者，以至于生出探个究竟的冲动：那富有神思幻境般的金色旋律，是从哪条“神山”中流出的？是喜马拉雅山，还是唐古拉山的格拉丹东峰，而且总不断流。他精神王国中的神秘语言，缘何能一次次融化成难以捕捉的美，在人的心灵中引起共鸣？

这个谜一样的存在，忽然有一天有了谜底。他的夫人张宁佳告诉笔者：“季平将父亲的精髓，完全化在了血脉里了。”原来如此。

赵家兄弟中，季平先生在发型、神态、脸庞、身材方面，最像其父亲。然更为重要的是，季平先生从骨子里全盘继承了父亲的衣钵，将父亲内在的人品、人格和艺术精神，完全化在了血脉里。他用自己的情感，去感受音乐大众的情感，不断写出摄人心魄、人民喜爱的音乐作品。

季平先生说：“‘扎根生活’，‘为大众而艺术’……我父亲留给我们的精神太珍贵了。我的艺术，继承了我父亲。”季平先生如此，他的三哥——长安画派嫡传弟子赵振川也是如此。

语言朴实无华，哲理却深透。我想，这就是他音乐中“水活石润，于天地之外，别构一种灵奇”意境之所在。

严惠琴接受专访（均受访者供图）

严惠琴

严惠琴，1954年7月生，上海川沙人。中国烹饪大师，中国海派国宴菜的创造者和领军人物，上海新锦江大酒店原副总经理兼行政总厨，上海市餐饮烹饪行业协会副会长。全国劳动模范、全国五一劳动奖章获得者，获评中国餐饮领军人物和中国餐饮功勋人物。参与承接500多次国宾宴请，接待过300多位国家元首和政府首脑。她率先提出国宴菜设计和制作的基本理论，著有《试析潮州菜的"味"》《试述国宾宴会的设计和制作》等，也是上海餐饮业首位享受国务院政府特殊津贴的专家。

严惠琴：国宴大师的诗情画意

顾一琼　王嘉旖

为厨40年。严惠琴在终日烟熏火燎中反复琢磨、探寻着海派菜的清雅意境。她在意食材，讲求刀工，把控火候，时时抱以谦逊的姿态，借由掌勺国宴的机会，处处传递着一位厨师对食材的体味，对饮食文化的尊崇，以及对生活的态度。

退休之后，脱去"国宴大师"的光环，才开始留起长发的她，却始终惦念着手中的锅铲。于是，在各类餐饮技能等级评定的评审中、各类饮食文化交流的舞台上，人们依旧能看到这位时髦奶奶活跃的身影。对于奉献了一辈子的"老东家"，她很少主动回去，因为不想给年轻人压力，不让他们终日处在别人的光环之下。

曾几何时，她拼尽全力，就是为了让食客记住她的菜肴，记住她的名字。行至今日，当新锦江酒店的后厨还沿用着"严系"经典创意海派菜谱时，她却私底下希望自己尽快被淡忘——因为，创新就需要不断迭代。

当年，师傅关于"德艺双馨"的教诲，让这位扎着两个辫子的大姑娘觉得"高冷"而啧啧摇头；如今年过六旬的她，却也郑重其事、字字珠玑："人正了，一切才会水到渠成。"

为厨，先为人

人生不能像做菜，把所有的料都准备好了才下锅。

40多年前，刚刚从崇明农场回来的严惠琴就这样火急火燎地"钻"

严惠琴用西瓜雕花寄语

进了锦江饭店的后厨。1米73的个头，颀长身段，面试时，这个“卖相交关好”（上海话，指外貌非常漂亮——编者注）的18岁姑娘曾被客房部、礼宾部相中。但父亲的一句话言犹在耳：人总要有一门技术傍身，不能靠吃青春饭。

“自小爸爸待我很好，我相信他。”她说。

于是，别人眼中高挑清丽的姑娘，竟选择去了厨房，手中的锄头换成了锅铲。

明明可以靠颜值，却偏要拼才华。这条路的开头必定是艰辛，可严惠琴却给出了自己的定义。

吃苦？不在乎的。

作为家中的老大，“大阿姐”的称呼让她习惯了里里外外担起更多责任，加上农场里的耕作经历，至少单手端起一口铁锅来回翻炒是不在话下的。

油腻？不存在的。

后厨终日烟熏火燎，油烟味难免“齁”进衣服和发丝，她干脆推成寸头，当个假小子，出了后厨，脱去白袍，连衣裙照穿。“走在马路上，别人满眼诧异，自己却感觉很时髦”。

中餐的后厨，终日环裹着高温、明火、油烟，以及天南地北各式各样冲鼻的调料味道，与西餐的“诗情画意”基本沾不上边。

这里，还几乎是“糙老爷儿们”的世界。从选料、备菜、配菜、斩切、掂锅、翻炒、摆盘，需要“力道”胜过于“精巧”，感觉没有“耳旁架支香烟”的架势，是完全掌控不住的。偶有女性进厨房学艺，基本也是学做面点、冷盆等，即“白案”。但严惠琴却偏要选“红案”——与明火打交道的掌勺大厨。

因为，当时，她满脑子只两个字：好奇。

当时的锦江饭店，承担了许多国宴任务。而其后厨掌门，是国宴烹饪权威萧良初，曾为周恩来、邓小平等老一辈领导人，以及多国政要烹饪过菜肴。

“能服务国宴，这是何等的神秘而崇高！”好奇心满满的18岁，直觉告诉严惠琴，跟着这位师傅一定能学到很多。

但这位“老法师”却认真地对她说：不。不是师傅不愿收女徒弟，而是现实中，很多女孩子常常吃不了苦、熬不过油烟熏染，待不过半年就“逃”走了。但这个“不”字，对于更认真的严惠琴来说，基本也就是掠过耳边。但凡她下了决心的，不管明着学、暗着学，怎么都要想着法儿学会。

现今，严惠琴手头珍藏着十多本卷页泛了黄的手抄本，基本还原了当年的学徒生涯——每天一早，天还没亮，她就潜进厨房，先把菜单抄录下来。

一边抄，一边暗自分析每道菜的“结构密码”：主料用什么，分量多少；辅料用什么，分量多少；调料用什么，如何配比；等等。

临到师傅掌勺，她端上的配菜齐齐整整、分量恰到好处。师傅远远瞥来一眼，让她兴奋半天。

空时，她也常黏在师傅身后抢着干杂活，帮师傅斟茶、擦桌案、扫地、拖地，还抢着帮师傅刷滚烫的油锅。这烫油锅一刷就是三年。这位好学、肯吃苦，又灵透的姑娘，终于让萧师傅点了头，收作“关门弟子”。

中国菜，在意食材、考验刀工、讲求火候，而这些背后，更重要的一个字是：人。

跟着师傅学艺几年，严惠琴反复钻研着“人”。师傅言传身教：每一行的最高境界都是“德艺双馨”，不计较一时得失，做菜也一样。

最初，严惠琴依样学样，和师傅一般起早贪黑，从不抱怨；后来，她暗自瞄准师兄们，苦练基本功，如果体力上不占优势，就更要在技能上

1997 年上海市宴请法国总统希拉克（右一）后，严惠琴（右二）与其合影

过硬；再往后，她还仔细研究客群，每天统计“点击率”最高的菜品，翻看垃圾桶，了解自己的菜是否受欢迎……

许多年后，“最重要的是人”，这句当时听来深奥的箴言，被生活磨砺出别样的深意：每一道菜，不仅能传递出一位厨师对食材的体味、对饮食文化的尊崇，更能传递出对生活的态度。

人正了，技术到家了，创新，自然水到渠成。

国宴，没那么神秘，却讲究诚意

某年初春，春笋刚上市，严惠琴接到了作为主厨主持宴请法国政要的烹饪任务。

中华饮食文化，很讲究“遵从时节而动”，每个时节的当令之物，通常被视作“自然的恩赐”而认真对待。

接到任务，严惠琴的第一反应：春笋就是此番宴请的食材主题。她精心设计了一道菜品，上汤仙竹海鲜盅：以高汤作底，把春笋片成薄片，切成似棉纱线的细丝，再辅以虾饺丝、云腿丝，一起轻轻浮在汤面上。

视觉上，这道汤清澈见底，汤面上浮着红绿相点缀的细丝煞是好看；口感上，这些春笋丝爽脆鲜甜，回味无穷，特别是汤底，看似清澈，入口却略带黏稠的勾芡感，很是特别。

席间，这位法国政要频频点赞，并要求见一见主厨。当他见到站在面前的主厨是位40岁出头的女性时，忍不住夸赞："我走遍了全世界那么多地方，厨艺如此出神入化的女主厨还是第一次遇见！"

时隔多年后的今天，严惠琴才肯透露，当时这道技惊四座的时令汤品背后的制作秘诀——首先，春笋不仅鲜甜，还能解去云腿丝的油腻；"看似清澈实则勾芡"的汤底，其实是提前用白木耳蒸煮后打成茸，放进高汤熬制而成。

一道菜，处处体现了中国菜及中华饮食文化所追求的平衡与功底。

从事烹饪工作的四十多年中，严惠琴先后参与和主持烹饪宴请了300多位不同国家元首和政府首脑，每一次都给贵宾留下深刻印象。

"国宴，并没有那么神秘，却很讲究诚意"——对食材的诚意，对制作技艺的诚意，对宾朋的诚意……

2014年亚信峰会的餐宴，各国首脑及政要共50多人围坐在一张大圆桌上。都说"众口难调"，偏偏每位宾朋私底下都认为，这桌菜有为自己定制的元素。

这背后，严惠琴花了大心思。比如，有些国家的菜谱中从来没有绿叶菜，那就用四季豆替代，既能解油腻，装盘也有艺术感；有的不碰"大荤"，那就用高汤来提鲜；有的喜好豆腐与海鲜，那就把豆腐做到极致……

2005年9月30日，严惠琴在国庆招待会的大型冷餐会上细心摆放餐点

借由一道道国宴菜品，严惠琴也一直源源不断地输出着包含着"仁义礼智信"博大精深的中华文化。

她说，作为国宾接待宴主厨，首先要了解

来访宾客的基本情况和喜好，了解来访宾客所在国的食材原料。

创作菜品时，更要注重多风味渗透，中华饮食地大物博、讲究食其所长，要善用各地食材，将其自然的味道和特质发挥到极致；烹饪时也要借用各地技法与所长，共冶一炉；将各地风味融合于一桌，扬长避短，丰富酒宴的味觉层次。

细细翻看严惠琴十多年来的国宴菜谱，几乎“不带重样”。她也凭借其“创意菜式”而蜚声海内外。

松茸菌汤配麻油馓子里的中国智慧

史料记载，上海开埠后，各地移民涌入，也带来了各方饮食习惯。各方菜系都在上海生根发芽，逐渐共冶一炉，形成了独具一格的海派菜特色——川菜不辣、粤菜不生、扬菜不甜。而其核心在于“兼容再造”。

“洋气”。归结“海派菜”特质时，严惠琴在吐露这两个字时特意加重了语气。

但什么是“洋气”？注解这一点，远不及她掂起锅铲那么得心应手。事实上，她花了十多年时间才慢慢琢磨、领悟出自己的答案。

“中国菜有八大帮、十大派系，多数喜好浓油赤酱，这点就不那么洋气”。严惠琴理解的洋气重在中西合璧。她擅长于“用西餐食材做出中式味道，用中餐原料呈现西式的表达”。解了油腻，又传递出鲜明的中华文化符号和底蕴。

1988 年，在锦江饭店工作了 16 年的严惠琴被调入刚刚成立的新锦江大酒店担任总厨，并开始对现有菜肴进行改良创新：中菜西做、西菜中做、粗菜精做、野菜细做，汲取世界各地食材及烹饪手段的精华，结合海派文化底蕴，在她手里，“海派菜”渐渐有了新意境。

2004 年，中法文化年活动时的一次交流宴席让严惠琴印象深刻。当时，她临时接到通知来到人生地不熟的法国。一到当地，她就拉着翻译人员和徒弟奔赴菜市场采购了一大堆食材，开始试做菜。客场作战，考验极大。欧洲国家的厨房大多没有明火，只有蒸烤箱、电磁油炸炉、平板煎扒炉。短短6个小时内，严惠琴师徒二人克服了水土不适、食材有限、工具不熟等种种难题，呈上了一桌含30多个菜品的海派菜，川菜、潮汕菜等不同菜系的特色在这一桌上应有尽有。

法国大厨们对这些菜品一一尝过，特别对其中一道“江南小牛排”赞不绝口。原本，牛排称得上是欧洲大厨的拿手项目，严惠琴却在这个“最强项”上给他们带来了从未有过的口感和惊喜。大厨们私底下交头接耳，这样水汪汪的牛排还是第一次见到，纷纷前来讨教秘籍。严惠琴毫不掩饰地说，事先在牛排中加入冰糖、蜂蜜，虽甜度不高，却让牛排的色泽更亮。同时，用中式手法将牛排的薄切面事先煎好，牢牢锁住营养，之后放入香叶、桂皮、八角、茴香等各类香料，增加牛排丰富的口感层次。

中国菜的精细、富于变化，一上场就震住了法国大厨。让他们更惊奇的是，严惠琴对欧洲当地食材的熟悉度和创意改造远远超出他们的料想，尤以一道松茸菌汤配麻油馓子为最。

黑菌汤，法餐中的经典美食，天然黑菌的珍贵程度堪比黄金。但在严惠琴眼里，黑菌汤却并非上佳食材，如果粉碎机粉碎得不到位，吃到嘴里会有很多颗粒，口感大打折扣。于是她选用了菌体粗壮肥大、肉质细嫩的黑虎掌菌，搭配上香味独特的松茸菌，制成了一道独特的菌菇汤。西式菜肴中“菜点结合”的传统也被她运用得炉火纯青——法国菜中，搭配汤品的一般都是蒜蓉面包，但这一次严惠琴却选择了中式点心麻油馓子取而代之。在严惠琴指尖灵巧穿梭舞动间，细巧的麻油馓子渐渐成形，法国大厨们心悦诚服。

用松茸菌汤配麻油馓子征服法国大厨后，严惠琴又用一道“鱼肉狮子头”让日本客人频频点赞。这道创意菜源于一次出访日本的行程。

“狮子头”，这是扬州菜系里的标配，人们对其印象之一便是油腻，而素来饮食清淡的日本食客几乎与这道菜绝缘。但严惠琴灵机一动，将猪肉换成鱼肉，制成一道清淡美味的“鱼肉狮子头”，大受欢迎。严惠琴透露说，做这道菜时，先要将萝卜切成薄片以便入味，而后放在30摄氏度的油锅里过一下，消除萝卜本身的涩味。做这道菜的关键——萝卜要煮至两成熟，方能将鱼肉嵌进去，太熟或太生都不行。“鱼肉狮子头”出锅后，色香味俱全，鱼肉的香味完全浸润到萝卜中。一时间，萝卜从“看似配角”一下子反转成这道菜的主角，吃起来鲜而不腻。

有人说，严惠琴的创新海派菜匠心独具，就是因为“新、奇、特”。她却说，海派菜的创新完全是基于对每样食材最基本的了解和尊重，如果丢了这个“根本”，那顶多只能算是“乱炖”。

记者手记

一点一滴熬出来的好味道

床前的月光窗外的雪，高飞的白鹭浮水的鹅……

终日烟熏火燎的中餐后厨里，严惠琴拨开了常人在意的油腻，她的面前，菜肴里一样有诗有画，一样能传颂着千年文化，缓缓流淌进每个人的心里。

外人的评价是，她制作的菜肴，融中西之大成，味觉层次纯粹而清新，摆盘精巧雅致。但，究竟什么是创新海派菜肴？

她花了很长时间来归纳这一点：“要中西合璧，要洋气，更要有底蕴”……却还是远远不及她掂起锅铲那么得心应手。

当年，凭着“好奇”入行，她将这分“好奇”持守了一辈子。比如，为了搞明白潮汕菜中一道“清心丸绿豆爽”的地道制作技艺，她隐藏行政主厨的身份，数月“蹲点”粤菜馆“偷师”，舀回十多种面粉一一比对、反复尝试。

当年，带着“一技傍身”的简单初衷入行，这分“简单”也始终如影随形。作为国宴主厨跟随国家政要出访主持交流餐宴时，她甚至从不带自己指定的行头和厨具；每到一地，她的第一站就是当地农贸菜市场，不提特殊要求，依料配菜，用过硬技能赢得国外同行的尊重。

几十年间，一口铁锅，成了她心里最重的分量。外人总想一探究竟的“创意灵感”，在她这里，不过是“吃透了中国菜十大帮、八大派系后的水到渠成”。

刷锅学徒当了三年，潜心学习中华菜肴十多年，开始涉及创新菜系也不过是最近十多年的事……严惠琴眼里，这样的人生节奏正如恰到好处的煲汤，一点一滴熬出来的好味道。

前两年，严惠琴退休了。她很少再出现在新锦江大酒店的后厨，因为“不想给徒弟们太多框架和痕迹，希望他们能跳出我的影响，有更多新的创造”。

年过六十，严惠琴这才开始留起了长发、有了烫染，也才有了空余时间给家人烧一桌好菜。

她的这锅汤，经由岁月的调味，终于煲好了。

匡定波接受专访（袁靖摄）

匡定波

匡定波，1930 年 9 月 1 日出生于江苏无锡。1952 年毕业于上海交通大学物理系，1962 年起一直在中国科学院上海技术物理所工作，1991 年当选为中国科学院学部委员（院士），历任上海市第八、第九、第十届人民代表大会代表。

他是我国红外应用与遥感技术的奠基者和开拓者之一，也是我国气象卫星最早的倡导者及实践者，成功研制航空侦察红外扫描相机、卫星姿态测量红外地平仪、导弹弹道测量红外捕获跟踪系统等技术设备。他带领科研团队建立了中国卫星红外遥感较完整的技术基础，设计了多种卫星红外遥感仪器，为红外应用及遥感技术领域的创新和发展作出了卓越贡献。获得国家科学技术进步奖特等奖、一等奖各 1 项以及其他省部科技成果奖多项。1996 年获何梁何利基金科学与技术进步奖。

匡定波：“中华慧眼”从地到天

许琦敏

“冷空气将于明天凌晨到达长江以南”“台风已减弱为热带气旋”“受副热带高压影响，高温仍将持续”……每天，来自中央气象台的天气预报通过电视、广播、网站、手机 APP 传递到千家万户。

1988 年 9 月 7 日，我国第一颗气象卫星——“风云一号”升空，结束了我国靠接收过境的外国气象卫星实时信息的年代。如今，我国的风云气象卫星技术已经走在世界前沿，“风云四号”在世界上首次实现了静止轨道高光谱大气垂直观测，带领我国高轨气象卫星抢占国际竞争制高点。

红外探测设备，一直是卫星上的重要载荷，更是几乎每代风云卫星不可或缺的“慧眼”。2019 年的一天，在中国科学院上海技术物理所（以下简称“中科院上海技物所”）光电楼的办公室里，中国红外应用技术的开拓者之一、89 岁的中国科学院院士匡定波正准备把不久前由中国气象局寄来的一幅“风云二号 H 星所获得的第一套图像”的照片挂起来。类似图片在他办公室里已有三幅，分别来自风云二号 D 星、E 星、G 星。

“风云卫星 1988 年上天，在这之前，中国的红外技术走过了一条漫长的摸索之路。”他说，亲身经历了我国红外探测从无到有、从地面到天上的发展过程，能够为祖国的航天事业添砖加瓦，是自己一辈子的荣幸。

那一夜的爆炸，成为永远的教训

走过战火纷飞的青春岁月，匡定波 1952 年从上海交通大学物理系毕

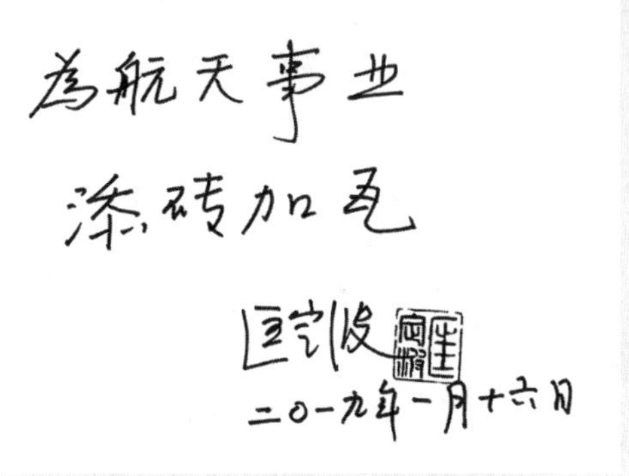

匡定波寄语（除署名外，均受访者供图）

业后，分配到华东师范大学从事教学工作。

令他记忆深刻的是，三年困难时期，国家提出的口号是“保钢保粮”，而上海则增加了一条“保尖端”。当时，中国科学院与上海市的工业部门、高校合作，成立了一批研究所，其中就有上海电子学研究所、上海技术物理研究所等。上海电子学研究所共设立了六个研究室，其中第五研究室研究红外技术——这是连电子学学科的“老大哥”北京电子学研究所也没有的研究方向。

1958 年，匡定波从华东师大物理系调入上海电子学研究所，开始从事红外研究。当时，匡定波毫无经验。课题从哪里来？当然要从生产实际中来。年轻科研人员带着研究所的介绍信，一家家单位去跑。最后，摸到了一个来自铁道研究所的课题：我国当时检查货运火车的轴瓦，停站时都靠工人用手去摸——如果发烫，说明轴瓦需要加润滑油，不然一旦车轴磨损断裂，就会酿成翻车的重大安全事故。而法国已经采用红外探测的方式在火车行进中检查，我国能否研制出类似的设备？这个课题开启了我国红外技术研究的序幕，但真正解决则是到了六七年之后。

“这个课题刚开始不久，我们就遇到了更重要的事。”匡定波说，1960 年 1 月，他们接到一项来自空军的紧急任务，为保障首都安全，必须研制出一种微波雷达以外的夜间探测飞机的技术，以防止对雷达具有强大干扰能力的敌机偷袭。

那就是红外被动探测技术。匡定波说，当年真是不知天高地厚，接下任务后，等着手研究才发现，原来有太多问题需要解决。于是，他们派人去不同的研究所学习材料、器件的研制技术，以及红外光学、机械、电子学的研究。最终，他们研制出了可以与我国已在使用的雷达显示器兼容的红外探测设备，一些设备还装备了空军夜航机。

1961 年底，上海电子所撤销，红外技术研究室连人带任务于 1962 年 1 月调至中科院上海技术物理研究所。1963 年底，在中科院半导体所红外研究室主任汤定元的积极推动下，中科院数理学部召开会议，建议将中科院下属单位中与红外相关的研究力量进行整合集中。1964 年，中科院接受学部建议，决定将半导体所红外研究室调到中科院上海技术物理研究所。同年，上海技物所的科研方向全面转向红外技术与物理，比如高压透光材料、制冷等，全都向红外靠拢，为发展红外探测系统而“捏紧拳头”——这为红外探测技术走向更多实际应用奠定了基础。

1965 年初，我空军又击落一架敌机，并在残骸中发现了一台高空红外相机。经全国专家对相机残骸进行分析之后，发现其中最核心的器件是工作温度为 38K（开氏温标，相当于 −235℃）锗掺汞红外探测器。于是，当时去参加分析的匡定波等技物所科研人员就奉命将这条只有 1 毫米厚、连底座只有拇指大小的探测器带回上海技物所，进一步测试分析。

20 世纪 60 年代，匡定波（右）在实验研制红外地平仪

在未知中摸索，付出的代价往往异常巨大。这种探测器必须在 −245℃工作，但一般实验室液氮制冷达不到如此低温。实验室在一位

副主任的带领下，采用液氢制冷。由于缺乏经验，液氢挥发到实验室里，同时冻住了杜瓦瓶口。当实验人员用酒精灯烘烤瓶口时，立刻引发了一场爆炸。实验室房间的整堵墙飞了出去，楼上实验室也坍塌了下来。“这次事故造成了两人死亡、多人受伤的严重后果。”匡定波说，事故发生的 4 月 9 日从此成为技物所的安全教育日。

没想到，这个小小的探测器居然并未在爆炸中损毁。研究人员在废墟中再次找到它，把研究继续下去。当时，上级决定将整个机载红外相机残骸交给上海技物所分析，并进行恢复。花了整整一年，他们终于研制成功，不仅使红外相机搭载上飞机进行了高空试飞，还设计了新的红外相机，采用了自制的锗掺汞红外探测器和 38K 致冷机，后续又设计定型了低空红外相机产品，由上海照相机三厂进行生产。

从飞机遥感到“东方红”上天

从地面探测到搭载飞机上天，我国的红外探测技术很快迎来了更高远的目标——到太空去。

1964 年底，中国著名大气科学家、地球物理学家和空间物理学家赵九章呈书周恩来总理，建议我国研制发射人造卫星，并列入国家计划。随后，中国科学院开始筹建卫星研究院。

1965 年 7 月，在周恩来总理主持的中央专委会议上原则上批准了中国科学院《关于发展中国人造卫星工作规划方案建议》，确定将人造卫星研制列为国家尖端技术发展的一项重大任务。

1965 年 9 月，在中国运载火箭技术取得一定进展的情况下，中国科学院开始组建了由赵九章任院长、代号叫“651”的卫星设计院（公开名称为“科学仪器设计院”），并把中国第一颗卫星命名为“东方红一号”。从此，中国人造地球卫星研制工作正式开始。

1965 年底，中科院召开会议，制定人造卫星发展规划。上海技物所承担的第一项任务就是卫星姿态测量用的红外地平仪。

红外地平仪是以地球作为参考，测量卫星的姿态。“太空中非常冷，而被大气包裹的地球会相对温暖一些，那么它在空间所释放的红外波会和空间背景有所不同。”匡定波说，这就要求探头有更高的灵敏度，不然就无法检测出地球的信号。为此，技物所研制了一个红外探头装在“东方红一号”上。

等到“东方红一号”发射升空后，红外探头居然真的扫出了预想中的信号！这让匡定波和同事们喜出望外。自此，这种用于三轴稳定卫星姿控系统的圆锥扫描红外地平仪探头技术就一直沿用了下来，研发团队后续又研发出多种型号的地平仪探头。

“我们研制出红外地平仪的探头后，合作单位希望能够自己做。”匡定波说，他们又毫无保留地将技术传授给了这些兄弟单位，“当时没有知识产权的概念，感觉大家都是为国家做事”。

红外地平仪探头所带来的另一个惊喜是，1958 年曾经想研制的火车轴瓦温度的实时红外探测技术，也同时有了结果。其实，科研人员在 1958 年遇到的主要问题是，当时掌握技术的探测器所用的材料是硫化铅，而这种材料所响应的红外波长偏短，铁路与火车轮子摩擦异常所产生的温度达不到那么高。当红外地平仪发展起热敏电阻红外探测器后，铁道的实时红外探测技术实现起来就变得容易了。直到现在，技物所生产的这种探测器也一直供应铁路总公司在四川广汉的铁路工厂。

在这一技术的基础上，技物所还发展起了扫描辐射计。扫描辐射计是气象卫星上的重要载荷，作为一个最重要的基本探测器，用它的资料可生成各种云图、云参数、海面温度、植被指数、积雪、海冰、气溶胶、地面反照率等一系列产品，还可进行多种自然灾害和生态环境监测。

万事开头难，但要将事业越做越顺、越做越大，则需要不断发展和完善起一个个坚实的技术系统平台。匡定波说，机会的出现有偶然性，但抓住机会的能力却需要长期而系统的培养与积累。就拿研制一个红外探测系统来说，从材料、致冷器，到元件、系统配套，都需要相关技术的配套协同。“只有各方面能力都增强了，我们才能在国家需要时，及时响应，应对挑战。”

风云卫星“突变”中带来的机遇

如果说，匡定波一生的轨迹，与中国的航天事业发展交织在一起，那么风云系列气象卫星载荷的研制，无疑是其中的一座高峰。

1970 年，周恩来总理指出“要搞我国自己的气象卫星”，并亲自布置了相关任务。从此，我国开始了第一代极轨气象卫星“风云一号”的研制和发展工作。

经过七年的预研，“风云一号”卫星的很多参数都已经确定。1977 年 11 月，就在上海延安饭店召开立项会议时，中国气象局接到世界气象组织的通告：美国准备从 1978 年起，新发射的气象卫星信号全部从模拟制式改成数字制式，具有五个通道，同时将分辨率从一个点 8 千米提高到 1 千米。

数据精度一下子提高了 64 倍！这意味着，如果我国气象卫星按照原来的设计上天，无论从数据制式还是数据精度而言，都不会再有国家使用它所获得的数据，甚至连中国自己都不会用这数据——作为一颗气象卫星，它还有什么存在的意义？

面对“风云突变”，中国该怎样应对？由于扫描辐射计是气象卫星的关键设备，因此负责研制扫描辐射计的上海技物所的意见，就变得十分关键。负责扫描辐射计系统研制的匡定波和同事商量后当场提出：我们要修改技术指标！

大势所趋，顺势而为。但这背后隐藏着多少需要逾越的技术高峰？

其中最关键的技术难题有两个，一是碲镉汞探测器本身性能的提升；二是提供碲镉汞探测器工作温度的辐射致冷机温度要从 77K 提升到 100K 以上。

匡定波回到技物所后，与相关研究室的同事商议时，几乎没有人敢满口应承，却都愿意自我加压。这是关键时刻，在选用技术骨干进行攻关时，所里首先考虑能“啃硬骨头”的。于是，所里决定由已在研制碲镉汞探测器的方家熊承担碲镉汞探测器提升精度的任务。匡定波说，方家熊能坚持自己的想法，做事也更讲究策略与方法。辐射制冷的研制由四室王维扬承担。一年之后，这两个从来没做过的任务，最终都超出预期地完成了。

“我们原先要求做两个通道，后来增加到了三个通道。”匡定波说，但没想到的是，因为各种原因，“风云一号”直到 1988 年才正式发射升空。在漫长的十年多时间里，他们不断提升扫描辐射计的技术水平，载荷的通道除了原定的三个红外光，技物所研究员龚惠兴建议增加两个可见光通道。

20 世纪 80 年代，匡定波（左）在太原卫星发射中心

这两个多出来的通道怎么办？通过空间学会遥感专业委员会向科协建议，向当时的国防科委和海洋局提出商议，使他们接受了“利用可见光通道观测海洋水色”的建议，由此开启了我国海洋卫星监测的新时代。从此，技物所的红外学科就与航天结下了深厚的缘分，上海技物所也因此培养出了一批又一批年轻有为的优秀人才。

坐在充满阳光的办公室里，匡定波戴着助听器，戏言自己“眼瞎耳聋”，然而以他为代表的老一辈科学家所开拓的红外航天事业，如今都已开枝散叶，得到了世界气象界的认可与重视。

从“风云一号”到如今的“风云四号”，我国的红外遥感卫星载荷逐步走到了世界前沿。作为新一代地球静止轨道气象卫星，“风云四号”完成了代际跨越，使我国气象卫星的技术水准与欧美国家站上了同一台阶。尤其是由技物所研制的干涉式垂直大气探测仪，可以在垂直方向上给大气“做 CT”，这是欧美国家第三代气象卫星所不具备的功能，为世界气象界提供了独一无二的“中国数据”。

回首几十年的科研生涯，匡定波如数家珍地谈论着每个令他刻骨铭心的时刻，虽然娓娓道来时，语气已平静如水。当记者请他为共和国七十华诞写下一句寄语时，他找出质量最好的信纸，提起墨水笔，写下“为航天事业添砖加瓦”。写毕，他又找出私人印章，端端正正地落款在寄语下的签名旁。

“上海技物所有九位院士，其中六位与航天相关。”匡定波说，要发展起一个领域，必须有几代人、很多人坚持不懈地奋斗前行，而年轻一代则将肩负起新时代的使命，谱写新篇章。

记者手记

从跟跑到领跑的“超越之路”

“两弹一星”在新中国历史上具有极其重要的意义。作为中国红外技术的开拓者，匡定波先生的一生与“东方红一号”卫星、与中国的航天事业紧密交织，从一个侧面见证了新中国在坎坷中走向强大的艰难征途。

经过长期积累与发展，上海技物所在红外光电科技领域已建立了覆盖“基础前沿—核心组部件—系统集成”全创新价值链体系。近20年来，随着国家航空航天事业的发展，上海技物所出色完成了“风云”“墨子”“海洋”等系列应用卫星光电遥感主载荷任务，“神舟”“嫦娥”“天宫”等重大航天工程光学遥感仪器和空间科学实验设备研制任务，“创新”“二代”“天鲲”等多种系列航天型号姿态敏感器研制任务。2017年，“风云四号气象卫星”“墨子号量子科学实验卫星”“通信技术试验卫星二号”在轨圆满交付，上海技物所研制的光学遥感载荷发挥了重要作用，体现了对标国际“领跑”水平的重大突破，代表了我国红外遥感技术在航天三大应用领域的杰出成果。

万丈高楼平地起，盘龙卧虎高山齐。正是因为有了当年老一辈科研人员高瞻远瞩、不畏艰险的勇气和毅力，在艰难困苦中不气馁、不放弃，从零开始，从无到有，才有了一代代不断接力前行的坚实足迹，才有了今天我们能够在一些领域走到世界前沿的实力。

对于科技创新而言，每一代都有自己的机遇和挑战、责任与担当。老一辈科学家在落后于人的情况下，执着而踏实地前行，开拓出一条属于中国的创新之路，找到从跟跑到并跑、领跑的“超越之路”。

这条路，就在我们的脚下延伸。

王文娟近照（均上海越剧院供图）

王文娟

王文娟，1926年12月生于浙江嵊州。上海越剧艺术传习所（上海越剧院）艺术顾问。国家一级演员、越剧“王派”创始人、国家级非物质文化遗产项目“越剧”代表性传承人，曾担任中国戏剧家协会理事、上海越剧院红楼剧团团长。代表剧目有《红楼梦》《追鱼》《春香传》《忠魂曲》《西园记》《孟丽君》《则天皇帝》等。其中《追鱼》《红楼梦》分别于1959年和1962年被摄制成戏曲艺术片；20世纪90年代，还拍摄了10集越剧电视片《孟丽君》。

由她创立的“王派”朴实中见华彩，擅长以不同曲调、多种板式组织为成套唱腔，细致而有层次地揭示人物内在感情的细微变化。其中，她所塑造的林黛玉尤其深入人心，成为几代中国观众心中永远的“林妹妹”。2017年，她与傅全香、徐玉兰三人共同获得第27届上海白玉兰戏剧表演艺术奖终身成就奖。

王文娟：让《红楼梦》飞入寻常百姓家

黄启哲

连着几年登门拜访越剧表演艺术家王文娟，2019 年难得她小恙初愈走出家门，记者便随她参与上海越剧院离退休职工的新春联欢活动。虽是寒冬，但赶上正午阳光，老艺术家们围着 93 岁高龄的王文娟轮番问候，暖意融融。

在黄浦江的游轮之上，望着外滩沿岸的摩天大楼，她偶尔出神，感慨许多年没来外滩走一走，上海的变化竟是如此之快。十六铺码头，如今外滩的观光游轮码头，曾是上海的水上门户。多少怀揣梦想的异乡人，从这里踏上这座开放与包容的城市，用勤劳与智慧闯出一片天。

1917 年，越剧在上海的第一声也从这里唱响。13 位"小歌班"男艺人在十六铺码头的"新化园"挂牌演唱《蛟龙扇》，可惜以失败告终。而此后一批女艺人，接续前辈的梦想，以"女子越剧"的崭新面貌站稳脚跟。

1938 年的盛夏，也是在这里，12 岁的王文娟从老家嵊州剡溪初次踏入上海，进而立足、成名、成家、立派，让越剧传唱全国、走出国门。她的勤勉与自强，是一代女子越剧人争取女性独立的缩影；她的勇气与担当，在枪林弹雨中为抗美援朝前线带去和平与希望；她的开拓与创新，为几代人留下《红楼梦》《追鱼》《春香传》等佳作，将文学经典通俗化，也让民间传说唯美化，成为弘扬和传播中华优秀传统文化的典范。

王文娟虽已告别舞台，但越剧已有了第十代传人，经由他们的演绎，《红楼梦》又在过去一年间刮起席卷全国的"红楼热"。如江上清风吹起

祖国给我们越剧持久的
生命力！
王文娟
2019年2月1日

王文娟寄语

层层涟漪，“王派”艺术也得以绵延不息。

新中国让女子越剧人为自己的艺术人生掌舵

“天上掉下个林妹妹，似一朵轻云刚出岫……”这是越剧《红楼梦》里宝玉初见黛玉惊为天人的一段唱，也成为林黛玉饰演者、端庄娟秀的王文娟一生最为人所熟知的形象。

可谁曾想，1926 年一个雪天里，刚出生的王文娟却是另一番模样——瘪嘴、小眼睛、扁面孔，尚不见江南女子的灵秀眉目。不过，由于子女的接连夭折，父母十分疼爱作为长女的王文娟，甚至在经济拮据的情况下，仍然送她去断断续续读了三年书。一点文化底子，加之平日里看戏有样学样的基本功，成了她日后随表姐竺素娥闯荡上海滩的敲门砖。

竺素娥长王文娟十岁，当时在江南地区已是响当当的“越剧皇帝”，自然也就成了她的启蒙老师。学了半年后，王文娟便以“小小素娥”的名号主演《投军别窑》。别看她平日里文文弱弱，可到台上却很机灵，对当时通行的半即兴“路头戏”应付自如。仅用了六年时间，王文娟就从小学员一跃成为可以在剧中担当第一女主角的“头肩旦”。可即便唱红成名，她还是感受到处处的不自由。

王文娟感慨道，当时的演员受制于戏班班主、剧院老板，拿的是包银，不能参与票房分成，沦为他们的“摇钱树”。普通演员只能在地板上打通铺，竺素娥、姚水娟这样的名角也不过是一张自备的行军床。而遇到歇夏、封箱，演员就被“赶出来”，自己找地方吃住。至于和谁搭档、演什么剧目，更由不得自己。还记得抗战胜利前夕，她随一个班主到南翔“跑码头”。遇到汉奸递条子点了低俗色情的戏要她演，她不卑不亢以罢演走人抗议。这样艰难而缺少尊严的生活，不幸者如筱丹桂，虽有“越剧皇后”的盛名，却被“戏霸”老板张春帆强行控制，台上被迫演出庸俗戏码，台下被克扣薪资，甚至还要遭受他的打骂。不堪凌辱，年仅 27 岁的筱丹桂服毒自杀。弱女子无依无靠，不少人便在唱红之后心生退意，选择嫁人离开舞台。见此种种，王文娟却很坚定，面对各种诱惑无奈与利诱威逼，她选择坚守舞台，希望将一家人陆续接到上海生活，并供弟妹在上海读书。

如果说最初支撑她独立自强的是身为长女的家庭责任，那么在“越剧十姐妹”主张越剧改革、与戏班班主做斗争的感染下，王文娟这个众大姐眼中的“小妹妹”，也在思想上慢慢起了变化。在与陆锦花、尹桂芳接连短暂搭班后，1948 年王文娟受邀加入徐玉兰新成立的玉兰剧团，自此开启了与之长达半世纪的合作。正值越剧日渐进入上海舞台主流视野，玉兰剧团也在解放后成为第一批实行姐妹班的剧团之一。所谓“姐妹班”，就是一众越剧姐妹当家做主人，以才艺入股，按股份分票房薪酬。

告别了动荡不安的时局，脱离了克扣盘剥的戏班班主、剧场经理，王文娟感到中华人民共和国成立后日子在切切实实地变好。她说：“改制前剧场要卖八成以上的票房我们才能挣到钱，如今卖到六成就可以保本。”薪酬合理了，市场好的话甚至可以拿到“双薪”“三薪”。这样一来，从前罢工的剧务、群演的积极性也高了，日夜演出两场也不在话下。至于像王文娟这样的当家花旦，更可以独立在外“借房子、买家具”，布置起自己的小家，将父母与弟妹都在上海安顿妥当。

祖国这个“大家”好了，“小家”的日子才过得有滋有味。也正是“小家”安稳了，这一批女子越剧人才有了为“大家”服务、为“大家”奉献的自觉。

抗美援朝前线，听声音就知道飞机有没有带弹

扛过黎明前的黑暗，能在中华人民共和国成立后迅速站稳脚跟，除了继续进行戏曲改制，王文娟所在的玉兰剧团还有一个秘诀，那就是主创班底能够紧贴时事背景，同时也会根据演员的风格特质、观众反馈来创作。比如上海解放之际，剧团排演了《风尘双侠》，王文娟出演敢爱敢恨、勇于抗争的“红娘子”。1950 年 12 月，徐玉兰与王文娟更是排演了一出轰动一时的历史剧《信陵公子》。

这出戏取自《史记》故事，讲的是信陵君深明大义，晓得唇亡齿寒的道理，在秦国将一举吞并赵国之际，用计窃取魏国兵符，在邯郸大破秦军的一段历史。徐玉兰饰演足智多谋的信陵君，王文娟这一次扮演的是窃取虎符的如姬，与信陵君里应外合，灌醉魏王，完成任务。角色塑造中，王文娟设计了一系列水袖和“卧鱼”等身段技巧，动作行云流水又充满紧张感，观众看得十分入迷。

在抗美援朝战争爆发时排演节目，其意义不言自明，推向市场后也大受观众喜爱。看惯了才子佳人风花雪月的观众，对于这样一出借古喻今的原创新作感同身受。《信陵公子》一连演满 138 天，足足 256 场，创造当时越剧剧目连续上演日的最长纪录。

1951 年，越剧界组织联合义演，这一次，不再只是为了自己，更是为了前线将士。众越剧姐妹再一次携手，合力捐献一架“越剧号”战斗机。戏码从传统戏《杏花村》《梁祝哀史》，一直演到现代戏《白毛女》。

那时的“喜儿”王文娟不会想到，三年后，她们这群被周总理戏称为“上海小姐”的越剧人，会参军亲上战场，唱着越剧跨过鸭绿江，慰问“最可爱的人”。

一行演员之中，王文娟胆子算最小的，从前雷雨天也会提心吊胆，但她在炮声隆隆、敌机盘旋的战场，别说是害怕，就是半分的犹豫也没有。她说：“当时被战士们高涨的爱国热情所感染，身处集体之中深受鼓舞，因而无所畏惧。”如今回想起来，老人家反倒有些后怕，连自己都惊异当时是如何挺过来的。王文娟告诉记者，当时姐妹几个甚至练就了一身“听音辨机”的本事，飞机从头顶飞过，听声音就知道有没有装载炸弹。无论是演出还是生活，她们都能随机应变、从容应对。

就这样，一行人从临时搭建的礼堂，一直演到前线的山洞和“封锁区”，环境越发危险，条件越发艰苦。“记得有一次，我们演到‘英台哭灵’时，敌人把电线炸断，演戏的山洞顿时一片漆黑。不知道哪位战士掏出随身携带的军用手电筒，将一束光打向舞台。”很快，一束光变成了一片光，一片光汇聚成一片灯海。在这阴暗潮湿的山洞里，看不清台下战士的脸，一众姐妹却在灯海中感受到无穷暖意。在高射炮群的掩护下，他们的“楼台会”“十八相送”照样是旖旎婉转，催得台下泪水涟涟。固定的剧目《梁山伯与祝英台》《西厢记》演完了，战士们若还是意犹未尽，她们就即兴编起“路头戏”与歌曲：“英雄出在四明山，山歌唱遍东海滩……”

台下做人要简单些，台上塑造人物要复杂些

历时八个月，王文娟和姐妹们从朝鲜归来，带回来的，不只是满满的豪情与历练，还有一部《春香传》。原来，当时的朝鲜军民看过徐玉兰与王文娟演出的《梁山伯与祝英台》《西厢记》后向演员们推荐，朝鲜也有一段青年男女为追求幸福勇于反抗的爱情故事。虽然此前越剧也有演出现

代戏的种种探索，可是要在服装、音乐、表演中既要保留朝鲜民族风味，又要兼顾越剧的演剧风格，王文娟与同行在服装、表演以及音乐上作出不少探索和创新，开戏曲搬演朝鲜剧目的先河。此后，王文娟的“春香”更是被京剧艺术家赵燕侠、评剧艺术家新凤霞、黄梅戏艺术家严凤英所参照移植。

《红楼梦》剧照

别看王文娟平日里内向寡言，骨子里却有一股闯劲儿，细数她的代表作，无不是敢为人先的创新之作。一出《追鱼》，本是为其他剧团打造、后来没被相中而束之高阁的“遗珠”，王文娟偏偏“挖过来”。她看中的，正是别人没底气的——演出越剧舞台上鲜少的神怪角色“鲤鱼精”。剧中她专为“鲤鱼精”设计的一段武打身段，不仅把童年打基础的武功拾起来，又拓宽了越剧日渐固化的“风花雪月”演剧风格。一出《则天皇帝》，她又一个转身，成了豪迈果敢的女皇武则天。创作中，她不以武则天前半生的奇情为噱头，而是遵照史实，着力展现她作为政治家任用贤能、纳谏改革的一面。而到了新中国成立十周年，作为献礼剧目人人喊难的文学经典《红楼梦》，王文娟的口气更是硬——“演不好，头砍下来！”

回想起来，这军令状立得和林黛玉气质南辕北辙，可王文娟心里，却绝不是头脑一热的莽撞——林黛玉丰富的个性、独特的气质，对演员来说太有诱惑力了。文化底子薄，并不阻碍她悉心研读原著给出自己的理解。

"林妹妹"经常被作为孱弱敏感的代名词，可王文娟却用"真诚"定义她。"有人说她说话刻薄，其实是她长期寄人篱下，内心渴望关爱的表现。"联系自己初到上海学戏的情境，王文娟在情感上有了共鸣。

然而只有真诚还不够，她希望用丰富的表演层次来展现人物的心理变化。还记得一场戏中黛玉听到宝玉对人讲"林妹妹从来不说这种混账话"后，她"又喜又惊，又悲又叹"。这喜、惊、悲、叹四字如何在舞台的一瞬间呈现？王文娟设计了一整套身段：先随音乐完成一个富有感情的转身，接着缓缓背手，再不疾不徐地退步，以此展现她如获知音的内心起伏，将感情倾注在脚步变化之中。而到了"黛玉焚稿"这场重头戏，她又将原著中的几句话，演绎成一段经典唱段。虽戏中角色已是病入膏肓，但王文娟选择以悲愤决绝的状态演绎"我一生，与诗书作了闺中伴"这段唱。"林黛玉是弱者、是被牺牲者，但又绝不只有哀怨和眼泪、吃醋和小性。她是冰山下的火种，是一个诗意的灵魂面对黑暗现实的不屈反抗……"在王文娟看来，越剧《红楼梦》虽将百万字的巨著浓缩为以宝黛爱情为主线的故事，但绝不是简化文学经典的内涵，如果把林黛玉演成一个被情人抛弃的弃妇和怨妇，无疑损害了人物的风骨和格调，也就失掉了经典的魅力。

2016年，王文娟在王派越剧专场演出中登台，演唱亲自谱曲的《水调歌头·明月几时有》

或许正是因为兼顾大众审美趣味，又能准确把握文学经典内涵细致表达的缘故，这部越剧自首演至今逾一甲子仍盛演不衰。而那部20世纪60年代拍摄的同名越剧电影，更是引发全国观演热潮，影响几代人。可以说凡有井水处，皆唱“天上掉下个林妹妹”。

如今告别舞台，可她的表演理念依旧走在时代前沿。2016 年“王派越剧专场”，她有志引领越剧演唱古诗词的风潮，亲自谱曲《水调歌头·明月几时有》。让不少越剧迷为之兴奋，把她的现场表演录下来在网络广为流传，就连老越剧人也坐不住，纷纷致电向她讨要曲谱。

2018 年“王派”第三代传人李旭丹举办个人专场，她就给这位青年演员提供了创意——在台上挑战 30 秒换装切换人物。后辈想犯懒着旗袍把经典唱段“攒一攒”，王文娟教育她：“台下做人要‘简单’，台上演戏要‘复杂’，如果不扮上，只是定点站在那里唱几段，你和观众‘大眼瞪小眼’，效果肯定不好。”王文娟的人生哲学一如她创立的唱腔，虽是朴实平易之语，却蕴含丰富多变的舞台张力。

循着表演惯性，怎么省事儿怎么来，从来不是王文娟的风格，越是有挑战，越要迎难而上。如今她也希望晚辈后生在学习“王派”唱腔和表演风格之余，继承这种敢于创造创新的劲头，“对于没做过的东西，不要先急着否定，没试过怎么知道”？

从尝试开始，以真情示人，留经典存世，这便是“林妹妹”王文娟寓华彩于朴实之中的越剧人生。

记者手记

“林妹妹”依旧是那个“林妹妹”

王文娟一身鲜红羽绒服，脚蹬黑色运动鞋，虽拄一支登山杖，却步履稳健、精神矍铄。在十六铺码头，眼见一群老同事、老搭档从远处走来，她便在寒风中耐心等候。她有着老派艺术家的一贯作风，无论长幼，待人皆是亲切周到。一位老同事远从深圳赶到上海，二十多年没见，不免忐忑："王老师，您还记不记得我？"只见王文娟头一扬："怎么不记得！你是……"一段段往事随之脱口而出，两个人拥在一起。到了用餐时分，更不等别人照顾她，她先起筷为同桌人夹起了菜。

难得出行，她不忘为已故老搭档、"陆派"创始人陆锦花的纪念演出"助阵"，录制一段访谈视频。虽然工作人员此前请她随意些，"想到什么说什么"，可她还是专门准备了两页纸的稿子，请人打印出来。字里行间，记录着二人70多年前挑班"上海少壮越剧团"的点滴往事。3—2—1，录制开始！王文娟马上进入状态，脱稿侃侃而谈，思路清晰，细节生动，令人惊异。

虽是"90后"，但王文娟不经意地仍流露出"少女"的一面。准备上镜前，她特意脱掉了羽绒服，露出秀气的麻花粉色开衫，又向工作人员借来化妆镜，悉心整理着银白色的发丝。对镜顾盼之间，恍惚中让人看见了台上文雅娴静的"林妹妹"，不曾因脸上留下的岁月印痕而有些许改变。

她甚至还有童心未泯的时刻。新春联欢活动上，工作人员为每位老人准备了小猪玩偶。拿起一只红色小猪，王文娟露出欢喜之情，轻捏了一下小猪鼻子，转头告诉记者："我的外孙属猪，等他回来，我要送给他。"

任光阴流逝，"林妹妹"依旧是那个"林妹妹"。

讲台上的叶嘉莹先生（均受访者供图）

叶嘉莹

叶嘉莹，1924年生于北京书香世家。1945年毕业于辅仁大学。1948年前往宝岛台湾。历任台湾大学教授、美国哈佛大学和密歇根大学客座教授。1970年受聘为加拿大不列颠哥伦比亚大学终身教授。现为中央文史研究馆馆员，天津南开大学中华古典文化研究所所长。著有《迦陵论词丛稿》《中国古典诗歌评论集》《迦陵论诗丛稿》《Studies in Chinese Poetry》等中英文著作数十种。

近年来获“中华诗词终身成就奖”“中华之光——传播中华文化年度人物奖”“全球华侨华人年度人物”等荣誉，而她给自己的定位则是“在古典诗歌的教研道路上不断辛勤工作着的一个诗词爱好者”，她想通过毕生的努力把不懂诗的人一个个接引到古典诗词的世界中来。

2018年6月3日，她将自己的全部财产1857万元捐赠给南开大学教育基金会，用于设立支持中华优秀传统文化研究的“迦陵基金”。以后的所有版税、稿酬，她也将全部捐给南开大学。

叶嘉莹：骥老犹存万里心

江胜信

“骥老犹存万里心”出自叶嘉莹先生诗作《再吟二绝》中的一首。曹操曾说过：“老骥伏枥，志在千里。”叶先生创作《再吟二绝》时54岁，已是一匹“老马”，但她有“万里心”——客居加拿大、受聘为不列颠哥伦比亚大学（以下简称“UBC”）终身教授却想回国教书，为诗词的传承奉献余年。

几个月后，她盼来了好消息，祖国的教育部门批准了她自费回国教书的申请。她打点行装，飞越重洋。

叶先生回忆：“1979年我第一次回国教书时，一走进教室，与台下的学生们眼光一相对，那种感觉可以用《楚辞·九歌》中的那句‘满堂兮美人，忽独与余兮目成’改一个字来形容，那就是‘忽都与余兮目成’。”屈原的原诗句的意思是指：在众多美丽女子中，我突然间独独和你对上了眼。

“我感到我和满堂学生的心是相通的，这种感觉和我在国外讲诗时完全不一样。”叶先生曾在小诗《鹏飞》中写道：“鹏飞谁与话云程，失所今悲匍地行。”她以大鹏失去天空、匍地而行来形容在加拿大和美国用英文讲诗的不自由。诗歌的美感都在语言文字之中，把语言文字改变了，美感也就消失了。唯有回国教学时，那满堂的中国学生才是令叶先生心仪的“美人”，她讲起诗词来才是恣意的、畅快的。

从此，她便再放不下他们。2019年是她回国教书的第40个年头。

40年间，叶先生的足迹遍布祖国的数十所大学、文化团体、各方论

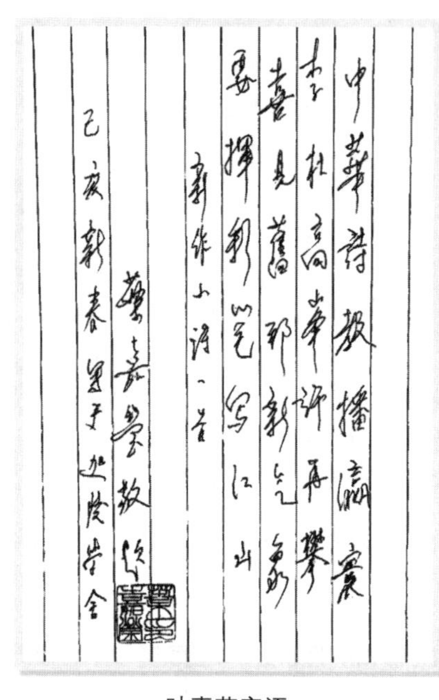
中华诗教播瀛寰
李杜高峰许再攀
喜见旧邦新气象
要挥彩笔写江山
新作小诗一首
叶嘉莹敬[illegible]
己亥新春写于迦陵学舍

叶嘉莹寄语

坛、中学、小学、幼儿园……她如今定居在天津南开大学。大学内有座古色古香的中式小楼叫迦陵学舍，迦陵二字即为叶先生别号，先生在这里讲诗、研诗，过着忙忙碌碌、充实纯粹的诗意生活。在2019年1月上线的中宣部“学习强国”学习平台的“中华诗词”板块，你可以看到叶先生30多年前的“唐宋词系列讲座”。

她讲诗时，手势豪放，行腔顿挫；她静坐时，姿态娴雅，眼神清澈。你感染到的，要么是生命的勃发，要么是岁月的静好，而看不到飘零与磨难带给她的伤痕。听过叶先生讲课的宝岛台湾女作家席慕蓉将先生形容为一尊“发光体”。

40年前，当叶嘉莹先生为传承古典诗词回到故乡，飘零就已成过往；当更高远的人生境界在她面前开启，磨难就渐渐远去。

眼前节物如相识，梦里乡关路正赊

1949年10月1日，毛泽东主席站在天安门城楼上向全世界庄严宣布：“中华人民共和国，中央人民政府，今天成立了！”广场上礼炮齐鸣、万众欢腾。此时，在一水之隔的宝岛台湾，“白色恐怖”正在蔓延。

厄运在毫无预感的情况下突然降临到叶嘉莹身上。这年12月，她的爱人被抓了。次年6月底7月初，叶嘉莹带着吃奶的孩子和同在彰化女中任教的另5位老师齐齐被抓。“我被抓是因为丈夫被抓了，女校长被抓是因为她学校的老师被抓了。”这种可笑的逻辑让叶嘉莹愤懑和无奈。

不久，叶嘉莹被放了出来，但她已经无家可归了。她只能带着女儿在亲戚家的走廊上打地铺。3 年以后，因为查无实据，丈夫被释放了。

1966 年，台湾大学把教授古典诗词课程的叶嘉莹先生定为与美国密歇根州立大学的交换教授。叶先生本来不想去，丈夫一定要她去。牢狱之灾使他对台湾这个地方没有好感，想出去但又出不去，妻子的这个“机会”，让他看到了举家离开台湾的曙光。1969 年，原本打算举家移民美国的叶先生在办理签证时手续不畅而绕道加拿大。1970 年，UBC 给叶先生颁发了终身聘书。

自 1948 年离开祖国大陆，叶先生感觉自己就像无根的蓬草。“转蓬辞故土，离乱断乡根”“眼前节物如相识，梦里乡关路正赊”“飘零今更甚年时。初心已负原难白”……在诗词里，叶先生诉尽初心，而她的初心是要回到自己的故乡、自己的家。她感叹：“跑来跑去却跑到了更远的加拿大，这完全辜负了初衷却难以表白。”在 UBC 的课堂上，每当讲到杜甫《秋兴八首》第二首中的“夔府孤城落日斜，每依北斗望京华”，叶先生总是情动于衷，几乎都要落泪。

游子与祖国母亲情感的通道，又岂止月夜的梦乡和异国的课堂，他们会用一切可能的办法，关注祖国的发展，分享讯息。叶先生刚到 UBC 不久，当时有一些从台湾出来的而关心祖国大陆的同学贴了一个布告，说要放映中国原子弹试验成功的纪录片，大家都很兴奋。“那时我父亲还在世，跟我们一起去看了。还有一次放大型音乐舞蹈史诗《东方红》，我父亲也跟我们一起去看了。”UBC 数学系的一位同学，还在楼梯口贴了一大张毛泽东像。

1970 年，加拿大宣布与中国建交，成为最早承认中华人民共和国的西方国家之一。中国的访问团第一次到 UBC 访问时，华人教授被约去一起参加接待，校长、教务长都是西方人，为接待访问团，还特意去做了灰色的中山装。1972 年，美国总统尼克松访华，这标志着自中华人民共和国成立后中美相互隔绝的局面终于被打破。为了看尼克松访华的新闻报道，叶先生家买了个较大的电视机：“你想想，我们这么久都没有看见北京了，大家都想仔细看一看。”

叶先生想，国家都有正式外交关系了，“我也可以回去了吧”？于是她给北京的大弟弟嘉谋写了一封信。她把信寄往老家的地址：察院胡同 13 号。实际上，她家的门牌号已经改换成了 23 号，但还是那座老四合院，两个弟弟还是住在那里，他们收到了姐姐寄自加拿大温哥华的信。那会儿中国还在“文革”中，老百姓是不能擅自和海外联系的。叶先生的弟弟就拿着信，报告他的领导，他的领导同意他给姐姐回信。叶先生终于和家乡的亲人联系上了！

如今齐向春郊骋，我亦深怀并辔心

叶先生 1974 年第一次回国时，国内还处于“文革”中。“我觉得我所学的在国内派不上用场了，根本没有想到 3 年之后，我第二次回国探亲时，动了回来教书的念头。”叶先生说。

叶先生那时刚刚经历了人生中最沉重的打击——1976 年，才结婚 3 年的大女儿夫妇因车祸双双罹难；她的祖国，正在走出“文革”和唐山大地震的阴霾。祖国大地上诗词的传统，犹如经霜的小草终在春天里探出新绿，这种生机感染了劫后余生的叶先生，更高远的人生境界在她眼前倏然打开。她不正可以为诗词的传承奉献余年么？

这次回来，叶先生把丈夫和小女儿一起带去她第一次返乡时曾匆匆一瞥的古都西安。在火车上，她看见有个年轻人正在读《唐诗三百首》；到了大雁塔等景点，导游们脱口而出“塔势如涌出，孤高耸天宫”“春风得意马蹄疾，一日看尽长安花”等诗句。历史把长安变成了西安，却变不了历史的记忆，千百年前诗人、词人们用生命书写的诗词，仍印在今天的书中，仍挂在今人的嘴边，这让叶先生有了一种故土遇知音的欢喜：“中国真的是诗词的国度，尽管经历了那么多的劫难，人们还是在用诗歌表达自己。”

看到诗歌的传统还在，叶先生当时就想，自己应该回来，把自己对古典文学的一点点学识贡献给祖国。在国外讲，固然是对中华文化的一种传播，但却很难使诗词里蕴含的感发生命得到发扬和继承，只不过给人家的多元文化再增加一些点缀而已；诗词的根在中国，是中国人最经典的情感表达方式，是经几千年积淀而最具代表性的文学体式，是整个民族生存延续的命脉。

1978 年暮春，温哥华叶先生寓所前有一片树林，树梢上落日熔金，倦鸟归巢。她穿过树林走到马路边的邮筒，寄出希望回国教书的申请信。马路两边的樱花树，落英缤纷。繁华终将飘零，余晖终将沉没，春光终将消逝，年华终将老去，而书生报国的愿望，何日才能实现？年逾半百的余生，该在哪里安排？叶先生触景生情，吟出两首绝句：“向晚幽林独自寻，枝头落日隐余金。渐看飞鸟归巢尽，谁与安排去住心。”“花飞早识春难驻，梦破从无迹可寻。漫向天涯悲老大，余生何地惜余阴。”叶先生知道祖国当时还没有从国外邀请教授到国内教课的先例，她也了解祖国当时经济困难，因此有了申请自费回国教书、不接受任何报酬的念头。

把申请信寄出后，叶先生一直关注着国内报纸的教育报道。有一天她看到一则消息，说是“文革”中许多被批判过的老教授已经得到平反，其中有李霁野先生的名字。李先生是辅仁大学的教师，曾被邀请去台湾大学任教。叶嘉莹在台湾见过李先生。其后赶在“白色恐怖”肆行之前，李先生回了大陆。

30 年过去后，叶先生居然从报纸上获知了李先生的消息，这让她喜出望外。李先生正在天津的南开大学任外语系主任。叶先生立即去了一封信，告诉李先生她已经提出利用假期回国教书的申请。李先生很快就回信了，给大洋彼岸的叶先生带来了国内教育界的好消息：高考已经恢复，情势越来越好。

叶先生兴奋中又写下两首绝句，题为《再吟二绝》。第一首："却话当年感不禁，曾悲万马一时喑。如今齐向春郊骋，我亦深怀并辔心。"意思是：提起当年"文革"，很多人都曾对万马齐喑的状况感到悲观，现在一切都恢复了，又可以到春天的郊外尽情驰骋了，我也愿意跟大家并辔齐驱，贡献自己的一分力量。第二首："海外空能怀故国，人间何处有知音。他年若遂还乡愿，骥老犹存万里心。"意思是：我在海外只能怀念祖国，而不能实际报效祖国。如果有一天我真的回到故乡，我虽然已经是一匹老马，但仍盼望尽我的心力，为祖国做贡献。

几个月之后，叶先生盼来了喜讯，祖国同意她回国教书。1979 年春，她背起行囊踏上了人生的"新旅程"。

白昼谈诗夜讲词，诸生与我共成痴

"新旅程"的第一站是北京大学。随后，李霁野先生以师辈的情谊将叶嘉莹先生请到了南开大学。

1979 年初抵天津，叶嘉莹（右四）与南开大学教师合影

1979 年春夏之交，叶先生为南开大学中文系学生开了两门课，白天讲汉魏六朝诗，晚上讲唐宋词。几节

课下来，口口相传，外系、外校，甚至外地的一些学生也赶来听课。300个座位的阶梯教室里，加座竟然一直加到了讲台上，窗口、门口全是人，大家汗流浃背。叶先生得侧身从人群中挤过去，才能走进教室、步上讲台。

2004年，庆祝叶嘉莹80岁生日暨国际词学研究会上，叶嘉莹（中）与杨振宁（左）、陈省身（右）在一起

为了控制人数，保证本系学生听课，南开大学中文系想出了发听课证的办法。200张听课证，却让300多人获得了合法席位。就读天津师范大学的徐晓莉多年后道出秘密：“我们不甘心总在门口受冷遇，就仿照听课证的样子，用萝卜刻成‘南开大学中文系’图章的样子扣在同样颜色和大小的纸片上……每次去听课，我内心的忐忑都像是在偷嘴吃的孩子。今天我才恍然，当年我所偷吃的，原来是一粒仙丹、一颗圣果！”徐晓莉的生命从此浸润到了诗词之中，她在天津广播电视大学执教时讲授的是古典文学，退休后又到老年大学开了诗词课。

安易是1979年听叶先生讲课的另一名学生，回忆起当年“盛景”，她的脸上浮现出很享受的表情：“受政治运动影响，很多教授讲解诗词使用的是阶级分析法，但叶先生讲的是原汁原味的‘兴发感动’，而且旁征博引，兴会淋漓，这让我们耳目一新，眼界大开。”安易后来成了叶先生的秘书，如今虽已退休，但依然追随先生，每课必听。

聚散终有时。两个月后，到了分别的时刻。最后一课，学生不肯下课，让叶先生一直讲、一直讲，直到熄灯号吹响，才不得不话别。此情此景，叶先生用诗句记录了下来："白昼谈诗夜讲词，诸生与我共成痴。临歧一课浑难罢，直到深宵夜角吹。"

南开之行让叶先生坚定了他年再来的决心。20世纪80年代，先生在加拿大UBC还有教学任务，她只能利用长假回来。1990年从UBC退休后，叶先生将工作重心移到国内。

"余生何地惜余阴"，叶先生之所以能将40年光阴奉献给祖国的诗词教学，在于她有一个执着的念头：让经历文化断层的同胞因为她的讲授而更加珍视古典诗词这一文化瑰宝，这既是对养育她的这片热土的回报，也是对《诗经》、《离骚》、李白、杜甫的告慰。此拳拳心迹，流淌在叶先生1979年所写的《赠故都师友绝句》中："构厦多材岂待论，谁知散木有乡根。书生报国成何计，难忘诗骚李杜魂。"

记者手记

将生命之火点燃其他木柴

除了在"学习强国"学习平台推出讲座，2019年另有一件对叶先生来说颇有意义的事：以先生的别号冠名的"迦陵杯"中华诗词传讲大赛于秋季在央视推出……这说不上是对她回国执教40年的刻意纪念，如同她若干年来陆续获得"中华诗词终身成就奖""中华之光——传播中华文化年度人物奖""全球华侨华人年度人物"等荣誉，在央视"朗读者"栏目与观众见面，捐献全部财产1857万元设立"迦陵基金"等等，对叶先生来说，它们只是她所专注的诗词传承的"本根"之上生长出来的"枝叶”。离开领奖台，她将继续守着她的三尺讲台；走出聚光灯，她将继续沐浴诗词的星空；舍下千万元金钱财富，她将继续把年轻人领向诗词这座文化的宝藏。

所以，回国教书40周年不是叶先生事业的句号，只是一个逗号，回望一下，继续出发。

有人劝叶先生“年纪大了，多写点论著，少教些课”，她淡然道：“当面的传授更富有感发的生命力。如果到了那么一天，我愿意我的生命结束在讲台上……”她又说：“人生总有一天像火柴一样化为灰烬，如果将这有限的生命之火点燃起其他的木柴，而使之继续燃烧，这火种就会长久地流传下去，所以古人常说‘薪尽火传’。”

“薪尽火传”的情怀，亦是宋朝大慧禅师所说的“好将一点红炉雪，散作人间照夜灯”。日前，叶先生助理、南开大学副教授张静代先生出席“2018全球华侨华人年度评选”时，便用这两句来形容她眼里的叶先生。张静正在协助先生整理几十年来的讲课资料和讲课录音：“先生说了，哪天她要是讲不动了，它们还在。”

袁仲一在家中接受专访（韩宏摄）

袁仲一

袁仲一，1932年11月生于江苏省铜山县。1963年毕业于华东师范大学中国古代史专业。1964年后在陕西从事考古发掘与研究工作。曾任陕西省考古研究所副所长，秦始皇兵马俑博物馆馆长、名誉馆长、研究员，中国考古学会理事，陕西省考古学会副会长，秦俑学研究会会长，陕西省司马迁研究会会长，秦文化研究会副会长等职。为享受国务院特殊津贴专家，陕西省有突出贡献专家、陕西省劳动模范、陕西省优秀共产党员专家，第八届全国人大代表，1998年10月被陕西省人民政府聘为省文史研究馆研究员。主要编著《秦始皇陵兵马俑坑一号坑发掘报告（1974—1984）》（合著）、《秦始皇陵兵马俑研究》、《秦兵马俑坑》、《秦始皇陵的考古发现与研究》、《秦始皇陵铜车马发掘报告》（合著）、《秦代陶文》、《秦文字类编》、《秦文字通假集释》（合著）等专著20余部。主编《秦俑学研究》《秦文化论丛》两套丛书。

袁仲一：每一步都踏在历史的遗迹上

韩宏

提起兵马俑，人们总会想起袁仲一。他是享誉世界的“秦俑之父”、著名考古学家、秦始皇陵和兵马俑学术研究的奠基人与开拓者。

2019 年新春，袁仲一在家中欣然接受了记者的采访。3 个多小时里，87 岁的老先生侃侃而谈，兴致颇高。

70 岁退休后，袁仲一没有闲着，相继出版了《秦陶文新编》、《秦始皇陵二号兵马俑坑发掘报告》、《中国第一位皇帝陵的陶质军队——秦始皇地下宫殿的艺术和文化》（英文版），以及 80 万字的专著《秦兵马俑的考古发现与研究》。

他拿出《秦陶文新编》对记者说：“这是我和老伴刘钰合著的，她花费了一年半时间收集资料。”

秦始皇兵马俑被誉为“世界第八大奇迹”“20 世纪世界考古史上的伟大发现之一”。20 世纪 70 年代，袁仲一主持了对秦始皇陵的勘探和试掘，发现和发掘了秦始皇陵兵马俑一、二、三号陪葬坑，出土陶俑 2000 余件，各种青铜器 4 万余件。1980 年，他主持发掘铜车马坑，出土的两乘大型彩绘铜车马，被誉为“青铜之冠”，成为又一轰动世界的重大考古发现。1987 年，秦始皇陵（包括兵马俑坑）被联合国教科文组织列入世界文化遗产名录。

导师教导影响一生，做学问莫学“李闯王”

1950 年，袁仲一考进徐州师范学校，两年后毕业到徐州市一所小学

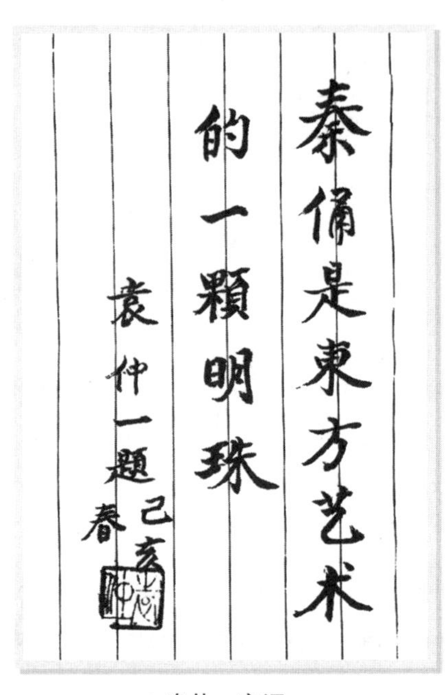

袁仲一寄语

（除署名外，均秦始皇帝陵博物馆供图）

当了教师，获得过市模范教师称号。1956年夏季，他考进了华东师范大学历史专业。1960年毕业时，师从著名史学家吴泽和束世澂，留校读了三年半的中国古代史专业硕士研究生。毕业那年，他选择到大西北工作。

“给我印象最深的是，导师的临别赠言。”袁仲一回忆说，临别时，束世澂先生对他说：“你的路最远，走路不要打瞌睡，把东西看好。”先生还把箱底的两盒中华烟塞给他，“你带上，打瞌睡时就抽上它一支”。吴泽先生则叮嘱他：“做学问，要学八路军建立根据地，并逐渐扩大，最后形成自己的学术体系，不要学李闯王，最后什么也没有。”这些话影响了他的一生。

1964年春天，他被分到陕西省考古研究所，对殷周和古文字特别感兴趣的他，在《文物》上发表了两篇论文。

1972年春，袁仲一和屈鸿钧被派到三原县发掘唐太宗叔叔李寿的墓葬。墓中发现了一个龟形的墓志，这是当时全国仅有的一件龟形墓志。由28块青石组成的石椁，有可以开合的石门两扇，门上有把锁。石椁内外布满了彩绘图案。“这个墓出土了很多唐代早期的壁画，种类非常多。”他把两篇文章发表在《文物》上。

叩开沉睡2000多年的“地下军团”

1974年7月，42岁的袁仲一担任秦俑考古队队长。7月15日，卡车拉着他们到了临潼西杨村，执行一项神秘发掘，因为该村农民打井发现了陶俑残片。到 7 月底，发掘 100 平方米后，人力不足，又调来人手。当试掘方扩大到 336 平方米后，还是找不到坑的边沿。

到 1975 年 3 月，新开的三个试掘方挖完，一批陶俑、陶马，战车、青铜兵器、车马器相继出土。这时，下河村村民和万春提供“情报”：他 10 岁时，父亲打井见过一个怪物，把它吊在树上打碎了。

他们跑到那里，将探铲打到 4.5 米，发现陶俑碎片。把两点一连再打探点，发现了东西长 230 米、南北宽 62 米的兵马俑坑，这就是兵马俑一号坑。于是，一个沉睡 2000 多年的“地下军团”重见天日，“世界第八大奇迹”——秦兵马俑在探铲下诞生了！根据试掘密度推算，坑中共有陶俑、陶马约 6000 件。

此后又相继发现了兵马俑二、三号坑，分别进行了部分或全部发掘。

袁仲一研究认为，一、二、三号兵马俑坑，象征着驻在京城外的军队，可称之为“宿卫军”。以战车、步兵相间排列的一号坑为“右军”；以战车和骑兵为主的二号坑为“左军”；三号坑是统帅左、中、右三军的“幕府”（指挥部）；未建成的废弃坑（四号坑），应当是拟议中准备建的“中军”。一、二、三号兵马俑军阵有机结合，构成了一个庞大的、完整的军阵编列系统。

“二号坑是整个兵马俑坑的精华！”袁仲一说，二号坑内容丰富而精彩，有陶俑、陶马 1400 多件，骑兵 116 件，马 116 匹，89 辆战车，是由战车、骑兵、弩兵、步兵等组成的具有前角后犄的曲尺形军阵。“四个小阵套在一起，组成了一个曲形阵，可分可合，浑然一体，可发挥多兵种作战的威力。”

“数千兵马俑群可以说史无前例，开创了我国雕塑史上大型群雕的先河。8000 件兵马俑群雕，千人千面，堪称中国古代雕塑艺术史上的奇迹。”他说，“这种模拟军阵的宏大构图，在中国和世界雕塑史上都是无与伦比的。它把 2000 多年前秦军军阵的编列情况再现在世人面前。那

1974 年，袁仲一在兵马俑一号坑发掘现场

十百为群、千万成阵的千军万马，凝聚着摇山撼海之力，是秦人信念、力量和进取精神的体现，是当时的时代精神。”

“我就是闭上眼睛，也知道它们在哪个位置，是啥模样。”袁仲一说，无论陶俑身上是否刻有工匠名字，他都能说出它们的制造者，“有个没胡子的俑，是工匠‘咸阳敬’做的；那个叫‘宫丙’的陶工做了 45 件陶俑。”

袁仲一曾做过 10 年秦兵马俑博物馆馆长，接待过许多国家政要。1991 年 11 月 5 日，在兵马俑一号坑边，第二次来馆参观的法国总理希拉克对他说：“袁先生，我第一次来时跟你说过，世界上有七大奇迹，兵马俑的发现是第八奇迹。这次我再跟你说一句话：在这个地方，我每一步都踏在历史的遗迹上。”

破解古代车马系驾关系“千古之谜”

1980 年 12 月，在秦陵封土西侧，袁仲一主持发掘出两辆大型彩绘铜车马，其中有 2 辆铜车、8 匹铜马和 2 个铜御手，15 公斤重的金银器散落在坑里。2 辆铜车马，为原大的 1/2，一辆是警卫乘坐的“立车”，一辆是秦始皇乘坐的“安车”。它们由几千个零部件连接组装而成，工艺复杂。

这是继兵马俑坑之后秦始皇陵考古的又一重大发现，也是 20 世纪考古史上发现的结构最复杂、形体最高大的青铜器物。总重 2.3 吨，零件共有 7000 多个，接口近 7500 个，焊接口 1000 多个，带纹接口 300 多个，连接工艺极其复杂。

1983 年、1988 年，2 辆 铜车马先后完成修复，对外展出后轰动世界，被誉为“青铜之冠”。美籍著名考古学家张光直先生观赏后感慨地说：“它结构之复杂、技艺之精湛，以往所出的铜器中没有任何一件可与之相比。”

袁仲一（左）与考古队航德洲（右）在兵马俑一号坑早期发掘现场

“我花了 17 年的时间研究铜车马，因为它牵涉到古代的车制、车的种类、车马的制作工艺、组合关系等一系列的学术问题，还有许多个零部件的定名等问题。”袁仲一告诉记者，“清理非常麻烦，碎片达 3000 多块，变形严重，要研究几千个零件彼此之间的关系，弄清它们都在什么部位，才敢动手，不然就会变成一堆垃圾。清理过后的修复也复杂……”

古代车制和车马系驾问题，长期困扰学术界。过去出土的木质车辆的缰绳都已腐朽了。铜车马的出土，首次完整、准确地展示了 2200 多年前的车马系驾关系。

研究后才知道，马怎么拉车、御手怎么驾车。古书上记载“六辔在手”（辔指缰绳），1 匹马有 2 根缰绳，4 匹马共 8 根缰绳，“但御手手里只握了 6 根缰绳，还有 2 根哪里去了？”结果发现，中间两匹马的缰绳拴在了轼上，不需要御手来牵引。

秦陵铜车马采用“轭靷系驾”，不同于西方的“颈带系驾”。西方是靠马脖子上的颈圈带动车辆前行，马过分用力颈圈就会压迫气管，使马难以奔驰；而“轭靷系驾”使马的承力点落在了肩胛两侧，马奔驰起来不会压迫气管，大大提高了马的承受力和行车速度。

秦陵铜车马 4 匹马共 8 根辔绳（缰绳）。辔绳的前端分别系结于马口两边的衔环上，其中中间 2 匹马内辔绳的末端，系结轼前呈鸡爪形的皮质纽鼻或带柄铜环上，其余 6 根辔绳的末端握在御手手中。他的每只手各握 3 根辔绳。当御手牵拉左手握持的 3 根辔绳，车马向左转弯；牵拉右手的 3 根辔绳，车马向右转弯。双手紧勒 6 根辔绳，则车马徐行或者停止；放纵 6 根辔绳和策马则车辆疾驰。

1998 年 7 月，袁仲一编著的专著《秦始皇陵铜车马发掘报告》出版。“我估计，时间越久，这部书价值越高。”袁先生说。

秦文字研究的集大成者

秦始皇陵附近几乎每平方米都有他的足迹，每次在那转悠都有收获，袁仲一说总能捡上几个陶片片，发现陶器、砖瓦上的文字。

他笑着说：“过去，人们经常看到，一个穿着破烂戴草帽挎黄布包的人，整天在那里翻垃圾。其实，那就是我！路边的烂砖烂瓦，我都翻过。”《秦代陶文》和《秦陶文新编》中的很多文字就是这样翻拣出来的。

秦俑学起源于考古，在最早研究秦俑的学者中，首推袁仲一先生。他的专著《秦始皇陵兵马俑研究》、《秦始皇陵的考古发现与研究》和《秦兵马俑的考古发现与研究》，对秦俑和秦始皇陵的各个遗址，进行了系统研究。《秦始皇陵兵马俑研究》是自成体系的关于秦俑学研究的集大成之作，对秦俑学的军事、艺术、科技、建筑等各个方面都提出了个人见解，许多观点被学人引用。

秦始皇帝陵博物院张文立研究员认为，袁仲一将研究的范围扩大到秦文字，由秦代陶文引申到秦文字，走着小学家的道路，且有所发展。他由秦俑研究扩展到六书之学，在经学的小学中耕耘，为秦文化研究在文字学上填补了陶文、文字通假的空白。

1974 年以来，袁仲一搜集了秦始皇陵等地出土的陶器、陶俑、陶马和砖瓦上的刻画及戳记文字，汇集整理成《秦代陶文》一书，该书选录了秦代陶文600余种1610件，受到国内外学术界重视。

后来，各地接连发现重要秦文字资料。于是他和爱人刘钰合作，吸纳新资料，重新编排整理著成《秦陶文新编》，其收录陶文3370件，较之《秦代陶文》增加了一倍多。

夫妇俩合作出版的秦文字研究著作《秦文字类编》，收录了秦代陶文、金文、简牍、刻石文字共计5676个，这些秦代文字对研究中国的文字发展史具有重要价值，也是一批重要的书法艺术珍品。

考古发现的秦文字中，存在着大量通假字，给人们通读全文带来了困难。于是，他编纂出《秦文字通假集释》，用先秦及汉代等金石简牍和古文献资料，补充了有关通假字的例证，以求释读更加准确。

作家岳南在其纪实文学中描绘说："在这个现在已是白发苍苍的袁先生的血液里，流淌的绝不只是鲜花与喜悦酿成的殷红，更多的则是人生的沧桑苦难与不屈的精神意志所融汇而成的汁体。"

记者手记

情系秦俑终不悔

最近几年里，记者先后两次采访袁仲一。虽然身体欠佳，但先生都是热情接待，谈兴甚浓，一谈就是三四个小时。

五年前，袁先生体检时，发现心脏血管堵塞、供血不足，准备做支架手术时又突然咯血，手术未能进行，只好采取保守疗法。最近，他时不时感到胸闷，刚治疗出院不久。

提起秦始皇陵，提起兵马俑，袁仲一浑身涌动着异样的情愫，话匣子关也关不住。几十年的秦陵发掘、研究，在先生的心中留下了无法抹去的印记。在他的眼里，那8000尊形态各异的兵马俑雕塑，就是8000个有血有肉的鲜活生命。

“兵马俑是我无声的朋友，虽然它们不会说话，但感情是相通的，我知道它们的性格。它们给我传递了许许多多古文化的信息。”袁仲一深情地说。当馆长那些年，每次外出回来，他总是先到俑坑转转，看看这些老朋友；退休后，也一直惦记着它们的保存状况。

担任馆长期间，袁仲一着力培养年轻人，每年新进一批大学生。鼓励他们发表研究成果，帮着修改文章、书稿，有的还给写序言。他提出“要做专家，不要做白丁”，强调发掘工作与研究、保护工作相结合；要求宣教部人人成为专家型讲解员，每年发表一两篇文章。此外，他还提出兵马俑发掘“三三制”原则——留三分之一不挖，让观众有个对比；已发掘的兵马俑，修复三分之一，另外三分之一不修复。这样，给观众留下可看、可感知的古文化信息。

袁仲一认为，考古是集体劳动成果。每次接受采访，他总会提起那些已经过世的考古队员。为纪念为秦陵和兵马俑发掘、研究作出贡献的考古工作者，他曾作《长相思》一首——

“一岁岁，一更更，血汗滴滴润俑坑，廿年无限情。黑发白，皓齿冷，枯骸一盏灯，残照到天明。

讷于言，敏于行，秦俑奇葩血染成，病倒二号坑。卧陋室，孤零零，矢志不离生死情，神鬼亦动容。”

为探索秦始皇陵的秘密，袁仲一付出了大半生的心血，如今仍在不知疲倦地探索。

2016 年，降边嘉措在甘孜州新龙县做格萨尔文化调研（孙鹏光摄）

降边嘉措

降边嘉措，藏族，1938 年 10 月出生，四川省甘孜藏族自治州巴塘县人。

12 岁参军，17 岁起担任藏语翻译。1956 年 9 月调入北京，任中央民委翻译局翻译。此后 24 年间，主要从事马列著作、毛泽东著作以及党和国家重要文献藏文版的翻译出版工作。

1981 年考入中国社会科学院少数民族文学研究所，成为《格萨尔》研究带头人。

降边嘉措创造了很多个“第一”：创作了藏族作家的第一部长篇小说《格桑梅朵》，是我国第一位藏族副研究员、藏族博导，撰写了我国研究《格萨尔》的第一部专著《〈格萨尔〉初探》，主编了代表我国《格萨尔》事业最高成果、第一套具有世界先进水平的藏文版《格萨尔》精选本……

降边嘉措：让《格萨尔》流传得更广更久

江胜信

剃着板寸，密匝白发犹如一丛钢针；脸膛红亮，寿眉舒展，目光诚恳、睿智、坚毅；步伐轻健，紧握拳头喊“加油”……岁末年初的荧屏上，出现了这样一位极有气场的八旬老者。

老者名叫降边嘉措，藏语的意思是智慧的海洋。他以四川博物院11幅《格萨尔》唐卡守护人的身份来到央视《国家宝藏》第二季，又深情道出自己与已故说唱艺人扎巴老人的故事，道出自己为什么能够40年来坚持不懈搜集、整理、编纂与藏族史诗《格萨尔》有关的资料和著作，还道出自己的“中国梦”——“我希望有更多的年轻人来参加我们的工作，把《格萨尔》翻译成汉文，翻译成各种外文，让《格萨尔》流传得更加广泛、更加久远。我还有个心愿，把《格萨尔》搬上银幕，拍一个史诗大片。”

他的“中国梦”在网络版上引来弹幕：“突然泪目”“这是灵魂深处的热爱”“这位可敬的老人让我热血沸腾”……

为了梦想，降边嘉措于2018年下半年推出五卷本新著《英雄格萨尔》之后不愿停歇，“比之伟大的《格萨尔》史诗，《英雄格萨尔》所涵盖的内容只是冰山一角、沧海一粟。”

在“冰山”与“沧海”的宏阔背景之上，他的身影幻若行吟诗人，一点一点移动，那是没有终点但依然心怀信念的跋涉。

12岁，年龄最小的藏族战士

四川巴塘县属于藏区，小降边是贫农出身。父亲在外谋生，母亲带着

7个儿女艰难度日。为了给家里换些酥油和糌粑，1945年，7岁的小降边接受了藏族头人的安排，当“学差”。

当时，国民党在那里开办小学教授汉语，要求头人把孩子送来读书。头人觉得自己的孩子没必要学汉语，更怕孩子被劫持，那怎么办呢，就找自己领地上的穷孩子顶替吧。因祸得福的“学差”经历，为降边嘉措打下了汉语基础。

1949年12月，巴塘县和平解放。1950年6月，解放军进藏部队南路先遣支队到达这里，小降边被选作学生代表，向部队首长献了花。

在动荡的年代里，小降边见过三种军队：一是经常挑起部落战争的旧西藏地方军；二是强拉壮丁的国民党军队；三是“金珠玛米”，“金珠”是解放的意思，“玛米”指军队，“金珠玛米”从字面上理解就是“砸碎锁链的军队”。

“金珠玛米”的一个小战士正吃着花生米，生平第一次闻到花生米香味的小降边很惊讶：“这是什么东西呀？那么香！给我！”更让他惊讶的是，“‘金珠玛米’不抢老百姓的东西，他们的花生很少，却给了我一把”。他的哥哥曾说，共产党的军队比国民党的好。这把花生让小降边相信了，“跟着这样的人走还是可以的”。1950年8月，12岁的他加入了解放军，成为年龄最小的藏族战士。

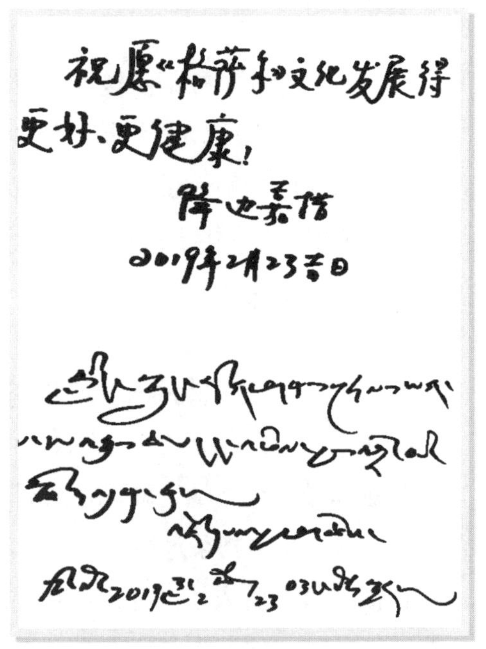
祝愿《格萨尔》文化发展得
更好、更健康！
降边嘉措
2019年2月23日

降边嘉措用汉文和藏文写下同样的寄语
（除署名外，均受访者供图）

那会儿，他的个头还没有步枪高，没能参加随后打响并取得胜利的昌都战役。毛主席指示进藏部队“一面进军，一面修路”，降边所在的解放军18军53师修的是康藏公路东段最艰难的达玛拉山区域。

1951年5月23日，中央人民政府和西藏地方政府签订了“十七条协议”，这标志着西藏获得了和平解放。6月初，西藏的首席代表阿沛·阿旺晋美在解放军18军军长、进藏部队司令员张国华陪同下由京返藏，途经达玛拉山。筑路部队在工地上举行了欢迎仪式，降边见到了阿沛和张国华。

这一年的8月28日，降边随18军军部进藏。昌都至拉萨约1150公里，他们翻越了19座终年积雪的大山和数不尽的丘陵，蹚过数十条寒冷刺骨的冰河，终于在近两个月后的10月24日，看到了高高耸立的布达拉宫。26日，18军主力部队举行入城仪式，降边走在腰鼓队里。

这一路，降边发挥双语特长，担任了部队的翻译。当时他虽然会说，但读写不行，对藏文、汉文的系统学习是后来在部队完成的。1954年，成绩优异的降边嘉措被部队送入西南民族学院，1956年9月被调入北京。此后的24年被降边谓为“激情燃烧的岁月”，他和团队合力完成了将《毛泽东选集》、《毛主席诗词》、《红旗》杂志、马列著作等翻译成藏文的工作，“把我最宝贵的青春年华贡献给了向广大藏族同胞传播马克思主义、毛泽东思想的崇高事业”。

“《格萨尔》的事就交给你啦”

降边嘉措酷爱文学，翻译之余写写小说。1980年，他前后写了20载的长篇小说《格桑梅朵》终得出版。其时，成立三年的中国社会科学院第一次面向社会招聘人才。降边已是42岁，怀揣文学梦的他很想看看自己后半辈子的另一种可能。

报考答辩时，中国社科院少数民族文学研究所所长贾芝等考官问降边：“你知道《格萨尔》吗？”一听到“格萨尔”，降边的眼睛亮了！

约诞生于公元 11 世纪的《格萨尔》是藏族人民集体创作的英雄史诗，讲的是天神之子格萨尔为拯救众生而投胎到雪域高原，他以坚毅与神力征战四方、降妖伏魔、惩恶扬善、抑强扶弱、造福百姓，又以悲悯与虔心修行祈愿、超度亡灵，直至功德圆满、重返天界。

藏族的孩子打记事起就知道格萨尔王，一听“仲肯”来了，便赶去听故事。“仲”是指格萨尔故事，“肯”是指说唱艺人。雪山冰川的自然环境使“仲肯”无法独行，他们得跟着马帮一起走。

降边嘉措的家乡巴塘正是马帮进藏的必经之路。马帮白天运茶运盐，晚上扎营烧火，一边吃着牛羊肉和糌粑，一边听故事。仙界占卜九藏、降伏四大魔王、地域救母救妻……波澜壮阔的故事让小降边听得如痴如醉。他尤其喜欢“赛马称王”那一段，不论贵族还是乞丐，谁能够骑着马跑到最前面谁就是王。《格萨尔》崇尚的不是世袭血统，而是天意民心，寄托着劳动人民的期望与梦想。

1981 年，降边嘉措在拉萨采访著名《格萨尔》说唱艺人扎巴和玉梅

答辩那天，降边不仅与考官们分享了童年的回忆，还从之前 24 年的理论储备中信手拈来马列著作对希腊史诗的评价和黑格尔对史诗重要地位的论述，并提出了应该建设有中国特色的《格萨尔》学的科学体系的设想。

降边被中国社科院聘为我国第一位藏族副研究员。1981 年 1 月 8 日，他到中国社科院少数民族文学研究所报到，成为藏文室的“光杆司令”。

改革开放的春风给《格萨尔》研究吹来了融融暖意。1980 年的“峨眉会议”和 1983 年的“桂林会议”形成了对《格萨尔》重要性和研究方向的共识：将《格萨尔》的搜集整理列入国家重点科研项目，在《格萨尔》的抢救工作取得重大成就之后，应立即组织力量，编纂一部能够反映藏文《格萨尔》全貌的精选本，并逐步将它翻译成汉文和外文，向全国同胞、向全世界的广大读者介绍这部伟大的史诗。

周扬、钟敬文、季羡林、贾芝、马学良、王平凡等老一辈学人一致看好降边嘉措这个“壮劳力”，要他把这副担子挑起来。

“我活不了几天啦！”1984 年 8 月，病重期间的周扬握住了降边的手，“降边同志，《格萨尔》的事就交给你啦！一定要把它搞好！”

2001 年底，近百岁的钟敬文让护士拔掉鼻管，摘下氧气罩，对前来探望的降边嘉措嘱咐道：“只有藏文本《格萨尔》影响面太小，一定要翻译成汉文，介绍给各民族的读者……”

40 年来，降边嘉措走遍半个中国：西藏、青海、四川、甘肃、云南、内蒙古、新疆……有《格萨尔》的地方，即是他足尖的方向。眼前，雪域的故事在牵引；背后，前辈的目光在托举。

从“伤心学”到“辉煌学”

《格萨尔》的故事有多少？拿说唱艺人的话来讲，“像杂色马的毛一样多”；用降边嘉措的话来讲，“像枝蔓横生的葡萄串儿”。

《格萨尔》包含了“上方天界遣使下凡，中间世上各种纷争，下面地狱完成业果”的宏大叙事，简而言之就是“天界篇”“降魔篇”“地狱篇”。仅“降魔篇”又包含“十八大宗”“十八中宗”“十八小宗”和更小的“宗”。格萨尔每征服一处部落或部落联盟，就构成一个相对完整的故事，形成

《格萨尔》的分部本——宗。“十八”在藏语里表示多数，不是实数。据降边嘉措介绍，现在能收集到的已达 300 多部，整理出版的有 120 多部，印了 600 万册，相当于藏族同胞人手一册藏文版《格萨尔》。

博大精深的《格萨尔》就像古代藏族社会历史的百科全书，为研究者们提供了取之不尽、用之不竭的学术甘霖。但同样因它的卷帙浩繁，普通读者在欣赏《格萨尔》时困难重重。为此，“编纂一部能够反映藏文《格萨尔》全貌的精选本”便成为中华人民共和国成立以来几代《格萨尔》研究者的梦想。

要编纂这样的精选本，必先找到最优秀的说唱艺人。其理由如降边嘉措所说：“从本质上讲，《格萨尔》是人民群众——尤其是他们当中的说唱艺人用嘴唱出来的。”和时间赛跑，让这些身怀绝技的艺人留下更多的音像资料，这是降边嘉措的紧迫使命。

在中国社科院少数民族文学研究所入职后不到 1 个月，即 1981 年春节，降边就去西藏拜访最杰出的说唱艺人——时年 76 岁高龄的扎巴老人。

扎巴老人的一生折射了《格萨尔》研究从“伤心学”到“辉煌学”的演变。国学大师陈寅恪面对敦煌学早期研究阶段出现的“敦煌学的故乡在中国，研究成果却出在国外”这一尴尬，曾发出“敦煌学是辉煌学，又是伤心学”的感慨，《格萨尔》研究的命运亦大抵如此。

扎巴出身农奴，饥饿和疾病接二连三夺走了父亲、两个哥哥、三个儿子、妻子的性命。他随着朝佛的香客游历西藏的圣山圣湖，走到哪里便说唱到哪里。出色的天赋、悲苦的人生加上丰富的阅历，使他的演唱生动、雄浑、深沉，听者无不沉醉动容。但即便这样，他也只能做到勉强糊口。在旧西藏，像他这样的说唱艺人被归为乞丐，须缴纳“乞讨税”。贵族农奴主和土司头人认识不到劳动人民创造的《格萨尔》有什么价值，而将其蔑称为“乞丐的喧嚣”。反倒是国外的学者对《格萨尔》兴趣盎然，《格萨尔》研究的第一批专著、第一个学术机构均诞生于国外。

2013 年 11 月，在完成《格萨尔》藏文精选本 40 卷、51 册出版后，降边嘉措与责任编辑们合影

中华人民共和国成立后，这种情况有了根本的改变。百万农奴和广大藏族人民成了国家的主人，当然也成了文化的主人。昔日的“乞丐”扎巴成了受到党和国家领导人接见的“国宝”，曾经的“乞丐的喧嚣”被录成一盘盘磁带，让《格萨尔》研究者如获至宝。

降边嘉措回忆起与扎巴老人相处的珍贵细节：“扎巴老人和我都是康巴人，语言上没有障碍，他觉得遇到了知音。《格萨尔》说唱艺人有个不成文的规矩，一般不讲‘地狱大圆满’，一讲就把故事讲完了，艺人的使命就结束了，他就应该到格萨尔那边去了。而扎巴老人却用了两三个月的时间，从‘英雄诞生’一直到‘地狱大圆满’，完整地讲了全过程。他说，他讲了一辈子的故事，第一次完整地讲是讲给我听。这个让我终身受益。”

降边嘉措最后一次见到扎巴老人是 1986 年的国庆节：“我向他告辞，说我现在要回北京了，希望您保重……我回北京不久，就得到了扎巴老人仙逝的噩耗。我了解到，11 月 3 日上午他还像往常一样说唱《格萨尔》，西藏大学的同志在录音。他说有点累了，你们到外面晒晒太阳，我休息一会儿。万万没有想到他们回去的时候，发现老人已经仙逝。扎巴老人一共录了 1000 多个小时的磁带，讲了 25 部半，长度相当于 25 部《荷马史诗》或 5 部《红楼梦》。他留下来的这些资料是迄今为止最完整、最系统的一个艺人说唱本。扎巴老人用一生的智慧和精力来说唱《格萨尔》，这种精神感动了我，这也是我几十年坚持不懈从事《格萨尔》工作的动力和精神支柱。”

以扎巴老人的说唱本为基本框架，参考桑珠、才让旺堆、玉梅、昂仁、古如坚赞等优秀艺人的说唱本，吸收其他刻本、抄本的特点和长处……历时30载，总计40卷、51册、1600万字的皇皇巨著——藏文版《格萨尔》精选本终于在2013年全部出齐，成为世界范围内《格萨尔》研究领域的最辉煌成果。其背后凝结了主编降边嘉措多少心血，《中国民族》杂志的专题报道标题《为了精选本，白了降边头》，便是举重若轻的高度概括。

记者手记

为“中国梦”助力

编纂藏文版《格萨尔》精选本只是先辈学人对降边嘉措的期待之一，他们的另一个期待是：“向全国同胞、向全世界的广大读者介绍这部伟大的史诗。”这，与本文开头所述降边嘉措的“中国梦”正是同一番心意。

早在1985年2月，降边嘉措就在联合国教科文组织的相关会议上发表专题演讲，向外国专家介绍了扎巴老人、玉梅等《格萨尔》说唱艺人；5月提交报告，向联合国教科文组织申请将《格萨尔》列为世界“非遗”名录；12月，我国正式加入联合国非物质遗产保护组织；1986年，降边嘉措在我国研究《格萨尔》的首部专著《〈格萨尔〉初探》中，反驳了黑格尔的“中国没有史诗”的断言；2001年被看作是中国非遗元年，其标志是昆曲入选联合国“非遗”；2009年，《格萨尔》进入联合国“非遗”名录大家庭；2018年，降边嘉措推出五卷本汉文版《英雄格萨尔》；未来，《格萨尔》有望被译成更多外文，被拍成史诗大片……这么多的时间节点，可以连出一条轨迹，连起《格萨尔》走向世界的坎途中所经历的前瞻性探索和持久性跋涉。

如今，《格萨尔》已跃下马背，走下高原，走出华夏，彻底改变了世界史诗的文化版图，被誉为“东方的《伊利亚特》”。她更有其他史诗无法企及的两个特点：一是长，有100多万诗行，篇幅比世界其他五大史诗，即古巴比伦的《吉尔伽美什》、古希腊的《伊利亚特》和《奥德赛》、古印度的《罗摩衍那》和《摩诃婆罗多》的总和还要长，堪称世界史诗之冠；二是活，她至今还在藏族群众尤其是农牧民中广泛流传。

遇见《格萨尔》是缘分，守候《格萨尔》是痴情，传播《格萨尔》是使命。为此，80多岁的降边嘉措既能坐在冷板凳上练内功，又能走到聚光灯下握拳头。“太好了，你们《文汇报》能帮我来呼吁。”在长达3个半小时的专访中，降边嘉措有问必答，有答必详，不露疲倦，唯见真淳。

愿此文能为他的“中国梦”助力。

单嘉玖近照（均受访者供图）

单嘉玖

单嘉玖，1957 年生于北京。故宫博物院研究馆员，古代书画修复专家，曾修复大量古书画，完成断裂、糟朽、霉烂、粘损、缺失等不同损坏类型的修补复原，以及手卷、立轴、横披、册页、匾额、对联、画屏、贴落、扇面、槅扇画等不同装裱格式文物书画的装裱和修复。指导、培养故宫及其他博物馆书画修复人员十余名。

单嘉玖：我和父亲两代故宫人

李扬

1978年冬，21岁的单嘉玖走进故宫，从头学起，成为一名书画修复师，这一干就是40年。如今，她已是我国顶级书画修复师，当之无愧的“大国工匠”。在书画修复生涯中，数百幅传世书画经由她的手重现生机，延续寿命。

她的父亲单士元（1907—1998）与故宫的缘分，更是具有传奇色彩，有人将之概括为：“溥仪出宫，单士元进宫”——1924年，清逊帝溥仪出宫，民国政府成立“清室善后委员会”，17岁的单士元应聘为“善委会”查点物品的书记员，从此他的一生与这座宫殿紧密相连。从最初的档案整理，到中华人民共和国成立后主持故宫全面大修，直至耄耋之年还在为故宫恪尽职守，被尊称为“看护国宝的国宝”。

单士元先生在故宫工作了74载。如今，单嘉玖也已经退休，但是她仍谨记父亲对她的教诲，兢兢业业为故宫修复书画、培养书画修复人才。父女两代人用自己的生命时光在守护着国宝，续写着故宫的历史。

薪火相传　两代人的故宫缘

走进故宫博物院文保科技部的书画修复室，外界的声音似乎都消失了，仿佛有一道天然屏障，将不远处的故宫开放区里日均6万名游客带来的喧嚣都屏蔽掉了。

在这里，时间停留在每一个不急不躁的细节上，停留在与文物同频共振的呼吸中。修复师们手上有最精准的老手艺，看似轻盈的动作，却是经过千万次练习后达到的精准与稳健。

单嘉玖留着温婉的齐耳短发，身着白色工作大褂，工作中的她专注而内敛，同时透着一种“手艺人”特有的细心、耐心与严谨。墙壁上，是她刚刚耗时四个多月修复完成的清代宫廷画家周本的山水画贴落。在她身旁，几个年轻的修复师正一丝不苟地修复着养心殿的槅扇芯。他们都是她手把手带出来的徒弟，单嘉玖时不时俯身查看，给以指导和建议。

工匠之事
莫不虔敬
单嘉玖

单嘉玖寄语

尽管已退休两年，但是她依然如往常一样，一件接着一件地修复，因为太多的书画在等待她的抢救与修复。

在故宫从事书画修复长达 40 年，至今她耳畔犹会回响起父亲当年的谆谆教诲：“故宫的文物是几千年中华文化的结晶，这些文物永远会被人们珍视、传承下去。你做的这份工作是一个非常伟大的事，把文物完整地传下去，你要跟师傅好好学，这不是一朝一夕的事，是经验的事。”

父亲语气中透出的对故宫的热爱，至今仍深深印刻在单嘉玖的脑海中。“紫禁城里的一砖一瓦、一草一木都饱含着父亲的深情厚爱。从 17 岁进入‘清室善后委员会’，到经历故宫博物院从成立到成长的所有风雨跌宕，父亲在故宫度过了 74 个春秋，可以说无论精神上还是感情上，父亲都与故宫博物院融为一体了。”她说。

在故宫里，单士元先生感受过祖国的风雨沧桑，又见到共和国成立后的振兴与走向富强。

单嘉玖记得父亲曾经说过：“我这一生看过五种旗帜在故宫飘扬：大清的龙旗，孙中山辛亥革命的五色旗，国民党的青天白日旗，日本的膏药旗，还有中华人民共和国的五星红旗。我只爱五星红旗。”

单嘉玖一直生活在父亲身边，照顾父亲的生活起居。她说，每天父亲比她更早到故宫。“我父亲一辈子早已养成一种习惯，只要不出差，每天一定要在故宫里走一走、看一看，直到 90 岁时还天天来故宫转转。”

单士元先生曾说，故宫作为原明清皇宫，一砖一瓦都是不可再生的历史遗物，要用历史的眼光来认识与研究。“父亲走遍了故宫每个角落，每当发现维修中的垃圾，一定好好检视，只要发现有价值的构件，包括残砖碎瓦、颓梁断木，都会加以保留。即使拆下来的破顶棚也会认真检查，如果发现夹层中有乾隆高丽纸等一类的宫廷旧纸，会让图书馆的同志前去采集，以备修书之用。”

单嘉玖始终铭记的，是父亲在得知她要从事书画修复工作后，对她郑重嘱咐：“搞文物不能玩文物，只要触犯这个底线，就会产生私心。这是咱们家的家规，你一定要做到。”

父亲的教诲单嘉玖始终不敢忘。甘守清贫的她没有染指过文玩市场，40 年来，始终如一地静心修复着每一件国宝文物。退休后，曾有公司付很高的报酬请她去帮忙，被她谢绝：“是故宫培养了我，我只给故宫干活，给故宫培养徒弟，外面的事一概不参与。”

“搞文物不能玩文物”，也正是作为文物专家的单士元先生一生恪守的原则。他从不收藏文物、从不以商业目的为别人鉴定文物，他生活朴素节俭，曾笑言自己是“三穷老人”，即穷学生、穷职员、穷教授。他说：“故宫处处是历史，件件是文物。对于鉴定文物，我并不反对其重要作用，但单纯以货币价值定高低，那是古玩商人，而不是文物工作者了。”

“每当有人问我，父亲对我的影响是什么？我首先想到的不是父亲做了什么，而是他的师辈们对他的影响。故宫博物院是在军阀政权的不断更迭中艰难诞生和成长的，我常听父亲忆起陈垣、庄蕴宽等师长，他说，当时这些先生在故宫工作一无工资二无津贴，他们没有私利和私心，体现了保护祖国文化遗产的觉悟与正直人生。”

单嘉玖说："父亲对师辈始终有一种深深的崇敬，这几乎成为鼓舞他一生的力量。他传承着这种精神，这种精神也影响着我。"

父亲始终坚持"修旧如旧"原则

"父亲一辈子最看不够的是故宫宏伟的建筑。"单嘉玖说，父亲曾经谈到他开始研究古建筑的原因，那是20世纪30年代，他在北京大学读研时，听陈衡哲教授在西洋史课上讲道："中国建筑有独特的艺术风格。可惜的是，外国人写的世界建筑史中，从来不提中国建筑艺术，因为他们不懂，也因为我国缺乏专业人员从事研究，因此被人瞧不起。"这番话对他触动很大，在强烈的民族自尊心驱使下，他立志在建筑领域刻苦钻研。

中华人民共和国成立后，单士元先生以加倍的热情投入到所热爱的事业之中。故宫宫殿自鸦片战争以后就日渐衰落，当时，故宫博物院缺少专门的古建筑研究保护人员，没有专业的古建筑维修队伍，大量的古建筑亟待修整。

1954年，文化部文物事业管理局局长郑振铎找到建筑学家梁思成，请他推荐一位能够管理故宫古建筑的专家。梁思成说："用不着我推荐，故宫现在就有一位——单士元。"于是，经郑振铎局长推荐，故宫博物院吴仲超院长委任单士元先生主持古建筑维修保护管理。此后，他将自己的余生全部贡献给了故宫古建筑保护事业。

"不住人的房子容易坏，面对如此庞大的建筑群体，从什么角度入手、确立一个什么样的保护方针尤其重要。"单嘉玖说，在主持故宫古建筑保护管理工作期间，父亲始终坚持不改变文物原状的原则，坚持使用原材料、原工艺的做法，防止建设性破坏，反对大拆大改，反对"焕然一新"。他强调古建筑的维修不同于简单的修房子，要在忠于历史、保护历史的前提下进行，不能把故宫修成"新宫"。

为此，单士元先生确立了"着重保养，重点修缮，全面规划，逐步

1930 年，单士元（右二）和大家一起整理清代档案

单士元

实施”的十六字方针，并且始终坚持“修旧如旧”的原则。所谓“修旧如旧”，是指不改变原建筑的法式与结构，这一远见卓识的指导方针，至今仍然是维护故宫古建筑的基本原则。

1958 年下半年，一项繁重而紧迫的大修故宫古建筑的任务布置下来，要求赶在 1959 年 10 月前完工，以崭新的面貌迎接共和国成立十周年，全面领导规划这次大修的是单士元先生。

头一项大修任务是对太和殿及其四庑崇楼等脱落残损彩画重新彩绘，但是，一个突出问题是太和殿与太和门外檐彩画是民国初年准备称帝的袁世凯所为，不但与清代原有彩画极不相称，更不能作为这次重绘的依据。在查看文献资料后，他决定按清康熙三十六年（1697 年）重建后的太和殿外檐彩画重绘，做到内外檐彩画一致，恢复康熙时期原状。他找来了原故宫内的老工人，还特别聘用了原京城南城九龙斋画店掌门画工何文奎及北城鼓楼文翰斋画店老师傅张连卿。在精工巧匠的修复下，不仅在太和殿、太和门除去了袁世凯称帝时残存的粗糙无章的外檐彩画，而且重新恢复康熙三十六年原有的和玺彩画，高质量完成了大修任务。

单士元先生注重古建筑人才的培养和挖掘。中华人民共和国成立初期，他特意挽留了被称为“故宫十老”的10位已超过退休年龄的杰出工匠来担任工作指导，按月付酬。在他的呼吁下，经文化部批准，将工匠队伍由临时工改为正式合同工，改变了春季招工、冬季歇工时工匠散去的旧制。作为带头人，他还大胆带领青年专业人员开展工作，先后主持了太和殿保养、午门修缮、角楼落架大修等重要工程，并培养了一批又一批古建筑专业人才。

虔敬之心修书画　口传心授教技艺

明代周嘉胄在《装潢志》中把书画修复形容为“病笃延医”，“医善则随手而起，医不善随剂而毙”。

对于古书画来说，好的修复师如同良医，修复一次，至少可以使其生命延长上百年。单嘉玖在故宫的40年中，数百件古书画文物经她的手得以延续生命。

中华人民共和国成立后，故宫的第一套书画修复班底在1954年组建起来，来自全国各地的著名书画装裱大师，集中修复一大批故宫院藏的翰墨精品，单嘉玖的师傅、曾修复《五牛图》的孙承枝便是其中的一员。

“1978年冬，我结束了农村插队，那时故宫正在大量招年轻人，文物修复复制工厂要招两名古书画修复人员，我有幸成为其中一员，走进了故宫。”那时，单嘉玖对书画装裱修复一窍不通。第一天上班，师傅孙承枝把一沓纸往桌上一搁，上面放把马蹄刀，让单嘉玖把纸上的草棍、煤渣刮掉，还得保持纸张的完整和光洁，这一刮就是3个月。

“我从小受父亲影响，对长辈、文物都有一种敬畏感。那时候每天练基本功，也会感到闷闷的，但是师傅叫干就干，怎么做针锥、削起子、修刷子，都得自己干。”单嘉玖回忆说，第二年进入一些品式上的学习，学做立轴、手卷、册页等等；第三年，才开始在师傅的带领下进行简单的文物修复。

“现在回想，磨刀刮纸不只是练基本功，也是磨你的性情。你得坐得住、静下心，不能毛毛草草。那一段确实让我难忘，后来总觉得这种磨炼太有用了。”

古书画通常分四层，一层画心、一层托心纸、两层背纸。修复过程中最难的是“揭”的环节，特别是托心纸，既要揭得干干净净，又不能使画心受损。因此，这是一个心血滴灌的过程，收起自己的个性，完全跟着古画走，如此才能妙手回春。

单嘉玖说，尽管现在有了仪器检测，甚至能精微到纸的纤维，但是修复的核心还是靠人的经验，清洗、揭背、托心、隐补、全色的过程全部依靠手工，耗时最长的需要一年，最短也要三个月。

“我们之所以被称为‘画医’，是因为真的很像医生和病人的关系。人病了，吃什么药、打什么针，取决于病体和病情。书画病了，怎么抢救、如何修复，则取决于作品的受损状态，而不是文物等级的高低。传世名作，由于历朝历代都是重点呵护对象，受到损坏的几率反而偏小，倒是等级较低，特别是流传于民间的藏品，由于受损原因多样，修复更难。”

单嘉玖完成过许多高难度的修复，其中，让她最为难忘的一次修复，是明代的《屠隆草书诗轴》。这幅诗轴纵 208 厘米、横 96 厘米，修复前十分残破，画心上纵向撕裂 52 厘米，画心与小托心之间出现空鼓，原残画心不同程度翘起。单嘉玖说，这件文物是中国古代“小托心”修复法的代表作，“小托

单嘉玖在向年轻人传授技艺

心”与画心性质相同，不可再揭动，但是由于当初的补偿做法失效，必须重新整合。修复这幅作品时，需带糊大面积、多部位同时暗复，稍不留神就可能造成不可逆的损伤，因此整个过程如履薄冰。她埋头修复了整整十个月，最终，成功修复完成。

每修复一件具有挑战性的书画作品后，她会将过程与心得撰写成文，如今已发表近 20 篇论文。

作为国家级非物质文化遗产，中国书画的装裱修复技艺已有 1700 多年的历史，基本上靠师徒的代代传承。如今，单嘉玖也将自己 40 年来积累的经验传授给年轻人，她目前带了 5 个徒弟，每一个都是从手把手开始教起。

由于常年弯腰俯身，故宫里上年纪的书画修复师，或多或少都有腰椎、颈椎问题，甚至胃病。然而，这里的不少“画医”却都工作了几十年，退休了又返聘回来，继续修复书画。

干了 40 年的单嘉玖，如今对待每一次修复依旧是小心翼翼，职业性的敬畏与谦恭，早已成为生命底色的一部分。

“故宫里这些古书画一代代传下来不容易，不能在我们手里给断掉，我们得继续传承下去，让子孙万代都能看到。”对单嘉玖来说，今后的岁月里，她将继续一件接着一件地修复，同时，还要把 40 年来积累的全部经验教给年轻人，让老祖宗留下的传统书画装裱修复技艺完好地传下去，这就是她最大的心愿。

记者手记

以赤诚之心守护祖国瑰宝

温暖而谦逊，执着而淡泊，这是单嘉玖留给记者的最深印象。她反复谈到了磨性子，静下心来，心怀敬畏。

采访结束，单嘉玖答应了记者写下一句寄语的请求。在思考了两天后，她发来了八个字："工匠之事，莫不虔敬"。娟秀的字迹，一笔一画写得恭恭敬敬，从中能够感受到她心底里的"虔敬"之心。

单嘉玖身上不仅传承了书画修复技艺的专业精神，更继承了父亲的风骨与风范——坚持原则，淡泊名利，以赤诚之心守护祖国文物瑰宝。

采访中，单嘉玖回忆起自己第一次进故宫时父亲对她说的话。当时她还是个小学生，一次，学校组织学生去故宫拔草，父亲得知后，对幼小而懵懂的她说："过去皇宫里每年都除草，那时候是太监干的活。故宫现在是博物馆，你能给故宫做点事，好！"

"给故宫做点事"，如今回望，这句话饱含深意，也仿佛为她的人生指明了方向。也正是这种耳濡目染，让单嘉玖与父亲一样，一生钟情于故宫、坚守和传承故宫精神。她说："父亲一辈子最看不够的是故宫宏伟的建筑，而我成天触摸的是故宫的手卷、立轴、册页、贴落、扇面……"

如果生命是一炉旺火，单嘉玖也如同父亲那样将生命之火都投入到了故宫的文脉传承之中。而他们的经历、信念，也是一代又一代故宫守护者的缩影——将自己的青春韶华、热血与汗水都融入到故宫这一座文化宝库。

时光流转，相信无论多少年以后，当人们观赏紫禁城里保存完好的宫殿建筑、精心修复的传世文物时，都会感受到，这里不仅有文物传达的历史信息，还有着故宫守护者们的生命体温。

罗中立接受记者专访（叶志明摄）

罗中立

罗中立，1947 年 7 月出生于重庆。1977 年至 1982 年就读于四川美术学院，毕业后留校担任油画系教师，1984 年至 1986 年赴比利时安特卫普皇家美术学院任访问学者，回国后在四川美术学院历任油画系副教授、教授。1981 年，油画《父亲》获全国青年美展一等奖；1982 年，“故乡组画”参加全国艺术院校创作会；1986 年，5 件作品入选首届“当代中国油画展”。1998 年至 2015 年任四川美术学院院长。2009 年 11 月起，任中国艺术研究院当代院院长、博士生导师。2015 年 2 月起，任上海大学美术学院博士生导师。现任中国油画学会副主席，历任中国美术家协会副主席、重庆市文联主席、重庆美术家协会主席、重庆美术馆馆长。

罗中立：讴歌泥土上的英雄

叶志明

1981 年，一幅油画作品惊动全球。金秋晒场背景下，一张端碗喝水老农饱经沧桑的脸，让全世界认识了中国人的“父亲”。这一里程碑式的作品已经成为当代中国艺术的文化符号。

罗中立是执着的。他一生只画一个主题。他专注于我们这个农业大国人数最庞大的一个群体——农民。他热爱故乡，心系农桑，讴歌“泥土上的英雄”，被誉为“中国的米勒”。他用饱含乡土情怀的画笔，为共和国 70 年风雨兼程、波澜壮阔的史诗画卷，画上了独具个人思想的色彩。

山城春早。记者专程来到四川美术学院位于重庆沙坪坝区的虎溪校区。这里被誉为是他继《父亲》之后的又一重要作品，2013 年荣膺首届国际可持续发展公共艺术奖。穿过艺术气息浓郁的石拱校门，梯田上池塘边渐次绽放的梅花、樱花、玉兰花、油菜花等扑面而来。走进这春意盎然的田园，我们仿佛也走进了艺术大师瑰丽多彩的精神世界。

罗中立给人的第一印象是儒雅，寻常的举手投足中无不透露出艺术大家别样的神采。他带着重庆口音的普通话说得不紧不慢，思路连贯，一如他创作中缜密的思考。这位《父亲》创作者的讲述，正是从他父亲的故事开始的。

故乡的滋养，受益终身

“少年时，我立志成为一名画家，父亲对我的影响特别大。”他说道。

他父亲高寿，罗家四兄弟2018年为老父亲庆贺百岁生日。老爷子身子骨很硬朗，2019年正是100周岁。隐退下来的“罗二哥”常常陪伴老父，听父亲叙述那些久远但记忆愈加清晰的过往。

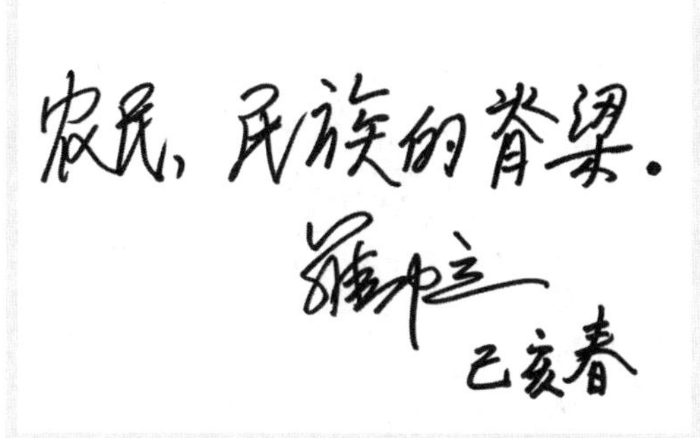

罗中立寄语（除署名外，均四川美术学院供图）

罗家祖居重庆市郊的璧山。100年前的中国社会动荡，川渝一带频频闹匪。罗中立的爷爷是一位开明乡绅，从医，办私塾，有自己的药房。不料祸从天降，一次土匪上门，将药房及家产抢劫一空，付之一炬。家道败落，从此一蹶不振。生活没有着落的父亲在12岁那年辍学，进城当学徒，学的是机械。从只有一台车床的小作坊，到生产军械的大厂子，再到机场地勤维修，抗战后转入当地的西南医院，共和国成立初期又技术归队转业至重庆纺织厂，能写会画的父亲经常参加工会的宣传工作。罗中立记得，小时候路过西南医院大门，有人对他说，医院的牌子是他父亲书写的。父亲结交了不少有这方面才能的朋友，其中有他小学时一位姓董的美术老师。“我也因此得到一些关照，出去看展览、参加训练班。父亲有一位四川美院毕业的同事，经常问他借一些川美读书时的作业作品，这是我最早接触的院校正规训练的作品。这样的氛围，让我顺理成章地产生了对绘画艺术的喜爱和向往。”

少年时代的记忆中，对农村的印象、对乡土的情感也是深刻的。罗中立生于斯、长于斯的沙坪坝，那个时候还是一片农区。每逢寒暑假，父亲总是要他们哥几个回老家璧山，在亲戚家住些日子，然后背一些木炭回家。一路步行，清早出门，天黑抵达。往返沿途，要走过像青木关这样一些很古老的驿道驿站，乡野的景趣，农人的耕作，为他今后的绘画创作提供了丰厚的艺术灵感。“父亲的影响，故乡的滋养，让我受益终身。”

在初中就读的歌乐山中学，罗中立遇到了毕业于西南大学美术系的菊明孝老师，他早期美术生涯的又一位启蒙恩师。罗中立整天跟着菊老师，听老师讲自己的绘画经历，讲一些国内外艺术大师的经典作品和趣闻逸事。在菊老师的鼓励指导下，罗中立初二时参加了香港国际儿童绘画展，他的作品《雨后春耕》入选，还获得了人生第一笔奖金。1963 年，他以第一名的成绩顺利考入川美附中。

走进大巴山，结下情缘

附中的学习，如饥似渴，农桑、田野、乡村每每成为罗中立早期画作的景致。也许是冥冥之中的一种安排，引得他走进了大巴山深处，从此结下一生的情缘。

附中二年级时，他们远赴 200 公里以外的四川达县驷马公社，那里有一面“学大寨”的红旗。那天晚上，30 多位城里来的学生娃来到双层生产队小学操场上，被热情的村民里三层外三层围着，村长喊着学生的名字，喊到一个就被一户村民领走。罗中立被一个叫邓开选的老人领进他家的土屋。罗中立觉得那天夜里，村里的蛙鸣特别响，山里的星星特别亮。罗中立与邓大爷一家人处得非常好。老人家后来就是《父亲》油画的创作原型。

附中的这次远行，还只是与大巴山缘分的开始。附中毕业时，正赶上那个特殊的年代，罗中立毅然选择了大巴山，来到达县地区的钢铁厂。那个时候的罗中立是单纯的，他觉得当一名钢铁工人很是荣耀。

在大山深处，罗中立没有放弃心中的梦想，他的艺术天赋以另一种方式得以展露。他一边干着钢铁工人的本职工作，一边参加厂里各种宣传活动，出板报、刷标语、画人物像。他创作的板报、墙报常常占据县城主街

“头版”的位置。业余时间，他出版了《四十二根导火绳》《四条红领巾》等多部连环画作品，成为当地小有名气的业余画家。大巴山整整十年，那里有他的青春，最美好的年华，他遇到了一生的挚爱。在那里，他也有迷茫，有困惑，更有期待。

罗中立担任四川美术学院院长期间，无论多忙多累，都坚持走进画室

光阴的脚步走进了 1977 年。关闭了十余年的高考大门被重新打开，四川美术学院要在达县招生的消息传遍了这里的大街小巷。罗中立并没有马上去报名。直到报名截止的那天下午，他的女友陈柏锦打来电话说，罗二哥，你还是要去报考的。

这个电话，重新点燃了他深埋于心底的理想之火。当天，罗中立走了 10 多公里山路，赶到县城的时候，招生组已经“收摊”，好在有一个认识他的教师说，他以前是附中的学生，成绩很好的。招生组才让他在报名册的最后，写上了大名。

“现在想起来，挺悬。当时招生组的人说你明年来报吧。我说，明年我就超龄了。”回忆当时的情景，罗中立颇为感慨。他说，最后一刻决定报考，一来是为了给未来的岳父母有一个交代。岳父母都是教师，岳母是达县当地一所重点高中的校长。二来是为了证明自己。人在大山深处，他对绘画艺术的热爱早已渗透到骨子里，流淌在血液里。

如愿考上四川美术学院油画系，罗中立成为班上最年长的学生之一。回到阔别已久的校园，蹉跎了十年的光阴，青春不再，梦想依旧。在充满春天气息的校园里，罗中立享受着学习的快乐、创作的自由，他花了很多时间“不务正业”地继续画连环画，《水浒故事》《曹操的故事》等陆续出版，让班上的同学羡慕不已。一直到1980年初，全国青年美展征稿通知的消息，让他对未来的艺术之路有了认真的思考。为此，他再次走进了大巴山。

讴歌伟大农民此生不渝

为全国青年美展创作一幅怎样主题的作品呢？罗中立想到了农民。

年少时在沙坪坝、在璧山留给他乡土的记忆，同大巴山山民质朴的形象联通了起来，他内心深处的涌泉迸发而出：中国的农民，是我们这个国家人数最为庞大的群体。这些伟大的劳动者是国家的基石、民族的脊梁。这个题材，值得用一生来创作。

他背上画架，走进大巴山采风写生。最初的写生画稿，有几位驷马公社的社员形象。邓开选无意中也出现在画面中，他头上扎着毛巾，手持长长的竹烟杆。

那年除夕前夜回家，在住家附近的公厕旁，那幕司空见惯的守粪农民的场景，击中了罗中立内心艺术灵感的那根弦。那个年代，各生产队都会派人入驻城里公厕。他们在公侧旁搭一个小窝，有时还会为此发生争抢、打斗。

各种“守粪的农民”的手稿画出来以后，罗中立觉得画面太过于文学化，自己很激动，但是别人不一定明白，也不会激动。于是，他的构思从“守粪的农民”转向“粒粒皆辛苦”，画出了收获的农民，在地上、石缝里捡拾稻粒的农民，转而又画出了生产队长、复员军人等一个个人物形象，总觉得这些都过于场景化。渐渐地，他的构思从情节场景转向突出人物的形象。他在画稿中尝试画上一个一个框，将人物的头像越发地放大、突出，进而完全放弃了场景。

“从情节性的场景到人物形象，这是一次重大的突破；从人物到形象，从侧身的头像到正面的肖像，又是一次重大突破；从一般尺寸的肖像，到大尺寸的肖像，那是一次冲破思想牢笼的巨大突破。”每一次灵感的升华，都让罗中立激动不已，彻夜不眠。他说，那个年代，人们习惯于将大肖像与领袖人物联系起来，而将一个生活在社会底层普通农民的形象，用超大的画幅尺度、塑造伟人的方式呈现出来，那就是要像颂扬英雄一样讴歌普通劳动者。

普通的农民走进了历史画卷的中央。天地之大，黎元为先。一切以人民为中心，人民是创造历史的英雄。这也是今天看来，《父亲》这幅作品传递的时代意义。

罗中立一次次走进大巴山，收集大量的创作素材，构思也愈加清晰明朗。在暑热难耐的盛夏，罗中立留在学校里夜以继日地抓紧创作。因为画幅尺寸太大，他只能将画布斜放在房间的对角线上。他废寝忘食，晚上睡在画布下，半夜醒来，反复琢磨。他听取了不少建议。有的人建议加上一支圆珠笔，以区别于旧时代的农民。有的人劝他，这幅画“太危险”，恐怕很难入选。

让他最费神、花费功夫最多的是“父亲”的眼睛。原先的眼睛，昏花的老眼，瞳孔的血丝，浑浊的水晶体反射出来的晒场上的情景很清晰。有一天半夜起来，他将眼睛上的颜料刮掉了一点，“父亲”的眼神显得朦朦胧胧的。“这种感觉就对了。”他说，这样的处理反倒是最好的，“‘父亲’眼神沧桑迷茫中，有一种期盼和渴求。那正是改革开放初期中国人的眼睛，迷茫中又充满希望。”

这幅油画作品，最终走进中国美术馆展厅，并以800多票拿下金奖，比第二名高出700多票。《父亲》描绘的这位普通的农民形象，被誉为一代人的“父亲”。

回归乡野思考重画“父亲”

在虎溪校区的东侧，一座贴满老旧瓷砖很有艺术感的建筑依坡而建。这就是重庆市专项建造的“罗中立美术馆”。

美术馆的墙面，是用废弃的老旧瓷砖拼接起来的一个又一个图画与故事。罗中立带着多位教师和学生，花了六七个月的时间，一张一张地设计画稿，由教师、学生配合工程队一起完成施工。

虎溪校区占地 1000 亩，2004 年开始建设，有评论认为这是超越《父亲》的一个重要作品。罗中立说，超越与不超越不好说，但确实是自己殚精竭虑的用心之作。十年磨一剑，罗中立为新校区画出了一张又一张手稿。他说，虎溪校区的理念与《父亲》所追求的人文精神是一脉相承的，那就是关注人与自然，关注艺术和美，崇尚绿色生态理念，处理好新校舍与原有农耕传统风貌的关系。这种价值取向，表达了我们的文化态度，体现了我们对大学精神和大学责任的理解。

回归乡野林下的他，如若没有外出或接待访客，总会来到他在美术馆的工作室里，早九点到晚七点半，中间回家吃午饭休息，一天的工作状态七八个小时，雷打不动。每天不拿起画笔，总觉得周身不舒服。他每天最好的运动，就是站着画画。站在画布前，那是一种美好的享受。

那天，记者走进了罗中立美术馆的工作室，穿上工作服的他正在端详着一组作品。背景音乐播放着小提琴家亨里克·谢林的《快板》，让工作室显得格外宁静。墙壁的两侧，各排放一组两米见方的画作。他说，他当下的工作，一是为美术馆常设展准备展品。常设展将展出美国芝加哥大学教授、著名艺术史家巫鸿的作品，2019 年下半年开展。二是整理自己的《重读美术史》系列，这是他继《父亲》和《故乡组画》之后的重要画作。

《重读美术史》系列是，20 世纪 80 年代中期，他赴欧洲留学归国时的命题，但是一直到21世纪初，他思考良久后才开始动笔。他指了指墙上的一幅作品说，这幅重读的是鲁本斯的《掠夺琉西波斯的女儿们》，原作现藏于德国慕尼黑老绘画馆。他选取了美术史上那些经典作品，如库尔贝的《双人体》、雷诺阿的《浴女》、塞尚的《玩牌的人》等，嫁接到大巴山的场景里重新解构，以东方气质和当代视觉的审美图式，塑造出具有个人鲜明风格的原创性艺术语言，在与世界经典作品对话中展示鲜明的文化身份。

罗中立创作的《父亲》影响甚大，被誉为一代人的“父亲”

整理出来的一组作品，也将在下半年展出。这是他未来一段时间内，不断延续、最为重要的艺术命题。对于自己过往的作品，他也有重读、重画的计划。他说，重画《父亲》也在他的思考之中。

以《父亲》油画为原型，一尊高6米的雕塑已创作完成，目前正在组装阶段。未来，它将成为罗中立美术馆的镇馆之宝。

记者手记

天气正好，下地干活

“天气正好，下地干活！”这重庆当地的俚语，是罗中立对年轻学子殷切的勉励，也是他自己多年来艺术创作生涯的真实写照。

川美虎溪校区保留了农耕传统的风貌。他希望学生们在大好春光里多多下地干活，到田间地头创作写生。川美有传统的采莲藕、挖红薯大赛，参赛的学生纷纷走进农田、跳进池塘，用最朴素的方式向劳动者致敬。沾满一身的泥土，为他们提供了丰富的艺术创作灵感。

下地干活，深入生活，勤奋创作。脚下接地气，胸中有底气。身上沾满泥土，心中充满感情。从少时的璧山、歌乐山，到走进大巴山，罗中立从泥土中收获了滋养一生的艺术情感。他画农民，不仅仅是单纯的作画，而是他对这片土地、对这片土地上的人民充满着深深的爱。心中有大爱，笔端才能有大作品。

如今，他每年都要去大巴山，在大山里住一段日子，会一会老友新朋，沾一沾那里的泥土，闻一闻泥土的芳香。他还带着教师和学生多次重返邓开选老人的双层村，帮助那里的村民一起打造“父亲故里”，为当地的乡村振兴计划出谋划策。

天气正好，不负韶华。功成身退的他仍然保持着旺盛的创作激情。他曾经给自己取名：罗厚。听起来与川渝方言“落后”同音。他说，他是笨鸟。笨鸟先飞，厚积薄发。他放不下手中的笔，他无时无刻不沉浸在对艺术的思考和笔头的演练之中，即便在外出办事和旅行途中，也会在随手可及的纸张上留下画稿。创作是他的生活方式，已然成为他生命存在和人生价值的重要内涵。

常沙娜近照（均受访者供图）

常沙娜

常沙娜，1931 年生于法国里昂，著名艺术设计教育家和艺术设计家，国家有突出贡献的专家。1945 年至 1948 年跟随其父——著名画家常书鸿临摹敦煌历代壁画，1948 年赴美国波士顿美术博物馆附属美术学校攻读绘画。1951 年归国，先后在清华大学营建系、中央美术学院实用美术系、中央工艺美术学院染织美术设计系任教，1983 年至 1998 年担任中央工艺美术学院院长。

她曾先后参加了中国共产主义青年团团徽、人民大会堂外立面的建筑装饰和宴会厅的建筑装饰图案设计，以及民族文化宫、首都剧场、首都机场、燕京饭店、中国大饭店等国家重点建筑工程的建筑装饰设计和壁画创作。1997 年，主持并参加设计中央人民政府赠送香港特区的大型礼品雕塑《永远盛开的紫荆花》。编著了《敦煌历代服饰图案》《花卉集》《中国敦煌历代装饰图案》等多部著作。

常沙娜：中华赤子　敦煌女儿

彭丹

“敦煌守护神”的女儿，参与乃至主持新中国“十大建筑”、《永远盛开的紫荆花》等见证民族历史的设计工程、中国工艺美术最高学府的第一位女院长，国内最早从事敦煌图案研究与教学的学者之一……重重荣誉光环，常沙娜却只是淡淡说道：“我这一辈子就干了4件事：敦煌艺术、花卉写生、装饰艺术设计和艺术设计教育。”

她的名字“沙娜”是流经法国里昂的那条河流“La Saone”的中文音译，原是为了纪念她的出生地，却似乎冥冥之中预示了这个出生在法国的中国女孩与敦煌这座沙漠中的艺术宝窟的难解缘分。11岁那年，常沙娜便跟随父亲常书鸿来到黄沙漫天的敦煌，在莫高窟里临摹起了壁画，从那里开始了她的艺术人生。

来敦煌的第一晚，他们吃的是一碗大盐粒、一碗醋、一碗水煮切面。一夜风沙之后，他们和民工一起，清理掩埋洞窟的积沙，敦煌石窟保护工作开始艰难起步。

常沙娜曾问父亲：“这么苦是为了什么？”常书鸿答：“为了保护好这些沉睡了千余年的瑰宝，不让伯希和之辈在莫高窟肆意掠夺的悲剧重演。”

贫瘠荒凉的沙漠里，父女两代人攻苦食淡，那些“天衣飞扬、满壁风动”的壁画、形态万千的佛像却为他们开启了一个瑰丽生动、气象万千的世界。从此敦煌艺术贯穿了常沙娜的整个艺术生涯，奠定了她艺术事业的成功，她也用了一生的时间来反馈敦煌，致力于敦煌文化的研究、保护。

有人说，常书鸿通过艺术家的视角开启世人对敦煌艺术的敬崇，而常沙娜对洞窟艺术的解析，则让世人从图案艺术的角度重新认识了敦煌。

“绵延两代敦煌梦，繁花万里丝路情”——对传统文脉的惜护与坚守在父女两代人身上一脉相承。如今，已入耄耋之年的常沙娜仍跋涉在父亲开辟的道路上，在广袤的大漠里，投下一个小小的、坚毅的身影，不畏风蚀、不畏雨侵。

在大漠里修完“没有学历的学业”

1936年，在巴黎高等美术学院深造的常书鸿在塞纳河畔的旧书摊上偶遇了一部由六本小册子装订的《敦煌石窟图录》，这一翻阅就如打开了一个新世界的缝隙，常书鸿惊叹那些距今1000多年的壁画和雕塑是那么气势雄伟、笔触奔放，令倾倒在西洋文化中的他惭愧于自己的“数典忘祖”，对敦煌艺术顿生向往。

不久，常书鸿接到南京国民政府教育部电报，聘请他为北平艺专教授，便毅然放弃巴黎的生活，回到了中国。半年后，太太陈秀芝也带着常沙娜从巴黎回到了祖国。

此时，日寇正在中华大地上狼奔豕突，团聚后的一家三口跟随北平艺专，在战火中四处辗转，途经贵阳时，年仅6岁的常沙娜和母亲还差点在一次日军轰炸中丧命。加入逃难之旅的还有许多留学归来的艺术家，其中不少是常书鸿的老朋友，他们在颠沛流离的生活中互相支撑，并依旧进行着绘画创作，长辈们在风雨晦暝中不改其度的高贵心境给年纪尚幼的常沙娜留下了深刻印象。

等到生活稍稍稳定，常书鸿酝酿起去敦煌的计划。1942年，在辛亥革命元老于右任的建议下，重庆国民政府指令教育部成立“国立敦煌艺术研究所”，并任命常书鸿为研究所筹备委员会副主任。在敦煌，常书鸿遇到了在莫高窟临摹的张大千及其弟子。不久，张大千一行便离开敦煌。临

常沙娜寄语

别之际，张大千对常书鸿开玩笑说，你的工作将是“无期徒刑”。

常书鸿一行人来到莫高窟时，由于当地人求神拜佛、挖土烧香以及自然的风化腐蚀，莫高窟已遭到了严重的破坏。常书鸿一边招兵买马、筹措经费；一边修墙种树、临摹研究，“敦煌艺术研究所”就这样从无到有建立起来，壁画的保护与研究也一点点步入正轨。

这期间，常书鸿遭遇了妻子出走、人员流失、经费停发等一系列打击和变故，女儿常沙娜休学照顾弟弟，料理家务，陪父亲度过了那段低谷时期。父女二人在困境中缔结了更为紧密的精神联结，敦煌的艺术之美成了照亮他们艰涩生活的亮光。

常沙娜记得，父亲第一次领着她看千佛洞时，明明像“穿着一件破烂衣裳”的洞窟，走近时却“透出五彩斑斓的颜色，方知那灰头土脸的外表下隐藏着神秘的美丽”。

每回从酒泉的河西中学放假回到敦煌，喜爱画画的常沙娜用不着人催，自己便蹬着“蜈蚣梯”，“跟着大人爬进蜂房般的洞窟临摹壁画”，即便夕阳西下，光线渐暗，她仍意犹未尽地画着那些慈眉善目的菩萨、鲜艳的梁柱花纹。

为了保护壁画，常书鸿规定壁画临摹一律采用对临，不准上墙拓稿，他还亲自教女儿打格子对临的方法，如何用中心线找构图关系、人物比例、抓住人物特征，虽然对临难度大，却也迫使人“把眼睛练得很准”。

按照父亲的要求，常沙娜每天一早起来，先要练字，接着读一小时法语，然后跟研究所的工作人员一块儿去洞窟临摹壁画，晚上则跟着大家画速写。跟随着研究所里的前辈能手，常沙娜一步步学习描稿、勾线、着色、渲染、开脸，等客观临摹过关后，她又学整理临摹，把北魏、西魏、隋、唐、五代、宋、元各代表窟的重点壁画临了个遍，当时别人给她的评价是“画得不比大人差”。在敦煌艺术的常年浸润下，常沙娜在“大漠荒烟中完成了艺术人生里第一段没有学历的学业”。

70多年过去，在画册、美术馆展厅看到自己十几岁时的临摹作品，常沙娜依然会“怦然心动”:“你看西魏258窟那几个力士，我线随感觉走，笔触特别放得开。少年纯真的激情融入艺术中，迸发出了多么灿烂的火花!”

敦煌是取之不尽、用之不竭的源泉

1946年，常沙娜在兰州展出的敦煌临摹壁画打动了一位叫叶丽华的美国人。两年后，在这位美国人的资助下，她前往美国波士顿美术博物馆附属美术学校深造。

1949年，中华人民共和国成立，留美学生中掀起了回国建设的热潮。看着在中美两岸穿梭的轮船，常沙娜也盼着回到焕然一新的中国。1950年，她终于下决心中断原定4年的学业，靠在陶瓷工厂打工挣来的300多美元，买了一张回国的三等舱船票。

回国后的常沙娜恰逢父亲筹办配合抗美援朝进行爱国主义教育的敦煌文物展。对敦煌艺术神往已久的梁思成、林徽因夫妇拖着病体前来参观，常沙娜受父亲嘱托，扶着病弱的林徽因一步步登上午门城楼的台阶。攀谈中，梁林二人得知了常沙娜的敦煌经历，亲眼见到了她的临摹作品。几天之后，父亲告诉常沙娜，林徽因邀请她到清华大学营建系做助教，帮助林徽因将传统艺术用于现代工艺品的改进。

当时常沙娜没有任何艺术专业的文凭，前辈不拘一格的举荐让她很是感动。也正因这一意外的机缘，常沙娜的艺术之路由绘画转向了艺术设计与工艺美术，并自此从事了一辈子的艺术设计教育。

1952 年，亚洲太平洋区域和平会议在北京召开，林徽因组织常沙娜等人为大会设计一批礼品。看到常沙娜以敦煌隋代藻井图案设计的真丝头巾，林徽因说："你看看毕加索的和平鸽，可以把鸽子的形式用在藻井上。"按照指点，常沙娜将洁白的鸽子嵌进古老的东方图案里，顿时灵气四溢。

当时参会的代表之一、苏联芭蕾舞蹈家乌兰诺娃接到礼品后高兴得不得了："这是新中国最漂亮的礼物！新的礼物！"

因全国院系大调整，1953 年，常沙娜调到中央美术学院实用美术系，虽然只在梁林二人身边工作了两年，但林徽因关于发展"新时代民族工艺"、继承民族优良传统的种种教诲及其为人修养，都如山头白雪浸润在常沙娜的心间。

为迎接中华人民共和国成立 10 周年，1958 年，北京开始建设人民大会堂、历史博物馆等第一批"十大建筑"。当时中国工艺美术的最高学府——在原中央美术学院实用美术系师资基础上新建的中央工艺美术学院也承担了设计任务，常沙娜被分配到人民大会堂的设计组，同时参与民族文化宫的大门装饰设计。

接到如此重大的任务，年仅 27 岁的常沙娜既激动又紧张。她至今记得周恩来总理对大会堂设计的指示："要借鉴民族传统，要探索新中国建筑艺术的新形式和新内容，古为今用，洋为中用。"为了体现富丽堂皇的民族气派，常沙娜再次调动自己的"敦煌储备"，以唐代风格的宝相花为大会堂宴会厅天顶装饰的主图形，并结合美观与功能需求几易其稿。如今，走进人民大会堂的宴会厅，抬眼望去，常沙娜设计的天顶花灯依然流光溢彩。

除了人民大会堂宴会厅，常沙娜还参与设计了大会堂外墙的琉璃花板、须弥座石雕花饰等。这些以敦煌图案为蓝本的设计，不仅凝聚了中国古典艺术的韵味，更显示了新中国的伟岸气度。

对常沙娜而言，敦煌艺术既是她的艺术源流，也是她取之不尽、用之不竭的灵感宝库，敦煌元素也在她紧贴时代和国家发展的设计中焕发了熠熠生机，汇铸成对民族与时代的双重赞歌。

20 世纪 40 年代，常书鸿、常沙娜、常嘉陵（常沙娜弟）在敦煌莫高窟

1997 年，时任中央工艺美术学院院长的常沙娜主持设计的《永远盛开的紫荆花》方案，经过前后 5 轮筛选，在总共 63 个方案中脱颖而出，被选为中央政府赠送给香港特区的礼品雕塑工程。这个看似简单、取材于日常生活的雕塑，在维多利亚湾香港会展中心广场含苞欲放，与庄严的五星红旗、绚丽的香港特区区旗交相辉映。

常沙娜说，做完这件作品，自己也为完成国家使命尽了力，“无憾人生了”。和她所有作品所呈现的东方文脉一样，这朵“紫荆花”也孕育于中华传统文化的沃土。如今，凡是到过香港的人，几乎都要到坐落在维多利亚湾的香港会展中心广场，与那座金灿灿的“紫荆花”合影留念。

完成长辈遗愿，费尽苦心整理敦煌图案

1983 年，常沙娜被任命为中央工艺美术学院的院长，她接过这一重担，从教学安排到食堂饭菜，无事不抓。曾有人说，“当官即意味着艺术生命的结束”。这句话反而激励了常沙娜，在担任院长后，仍在原来所在的染织系上课和参与设计项目。

繁忙的行政工作之余，最让常沙娜惬意的仍是打开书房的窗户，摊

1991 年，常沙娜（中）陪王临乙（左）、父亲常书鸿（右）参观“常沙娜的敦煌摹本展览”

开纸笔，一边听着音乐，一边作画。1983 年，她用挤出来的无数个深夜完成了中国大剧院的烧瓷壁画《华夏之舞》。

20 世纪 50 年代，父亲常书鸿写信给常沙娜：“沙娜，不要忘记你是‘敦煌人’，也应该是把敦煌的东西渗透一下的时候了。”

这封信，常沙娜至今仍小心保存着。除了父亲的教诲，她也一直没忘林徽因在病榻前的感慨：“中国有 5000 年的历史，历朝历代都有那么多好的图案，我们也应该整理出一本中国自己的历代图案集！”

1959 年夏天，常沙娜和中央工艺美术学院染织系的同事李绵璐、黄能馥到敦煌莫高窟对临服饰图案，并按服装部位和年代分类，整理出彩图 328 幅。27 年后，这批尘封已久的珍贵图稿由轻工业出版社出版，常书鸿为其题写了书名——《敦煌历代服饰图案》。

2003 年，已经 72 岁的常沙娜又带着自己的 5 位硕士研究生去了敦煌，她要求学生们用传统的手绘方式一丝不苟地描绘每一幅纹样，并融入自己对敦煌的理解。在学生临摹的基础上，常沙娜又编绘了图案集《中国敦煌历代装饰图案》，在书的序言处，常沙娜把她偶然发现的林徽因生前一篇论敦煌图案的文章放了上去——两代人的勠力同心凝结在了这本书里。

人物的服饰、头饰、佩饰图案，建筑的华盖、花砖图案，还有隐藏在繁密壁画间的花草树木、飞禽走兽……常沙娜整理的敦煌图案让我们看到敦煌艺术跨越时代的宏大之美和流淌在细节里的智慧，从图案和设计的角度去审视这一古老遗产。

常沙娜感叹，现代人对敦煌艺术的理解多是片面的，非常可惜。“一般人不了解，光知道壁画一看，以为只是佛教艺术。错了，每一张都有它的生命与构造，它们延续了十个朝代，每个时代都在发展。”

如今，这位耄耋老人最关心的就是如何保护和传承传统文化的文脉：“中华民族的优秀遗产和宝贵财富，一定要好好继承。目前设计界出现的一些哗众取宠，违背实用和审美原则，所做的肤浅表面，甚至丑怪、粗劣、庸俗的设计，我是极其反对的，一定要重新树立正确的设计宗旨和观念。”

她反对超短裙、反对奇形怪状的建筑、反对花花绿绿的舞台，有人说她太过保守，她却说：“艺术不能赶时髦，要立足自我，立足自己的文化。”

虽然已届米寿，常沙娜依然忙着与敦煌相关的策展、讲座和宣传。“不要说我老了，我走不动了，我不干了，‘老牛自知黄昏晚，不待扬鞭自奋蹄’，我能干多少就干多少。”

记者手记

继续采到“幸运草”

闲暇散步的时候，常沙娜总会不由自主地把目光投向路边草丛，寻找有着4个心形叶片的苜蓿草。这种的变化概率是十万分之一，因而被称为“幸运草”。常沙娜却常在不经意间便能发现它们。

“应该说，我确实是幸运的。”常沙娜说，她有一个被称为“敦煌保护神”的父亲，“得天独厚地在千年石窟艺术精神的哺育下长大”；她蒙受过林徽因、庞薰琹、雷圭元等诸位大师的指点和提携……甚至在2008年，患上乳腺癌的她挺过无数次放疗化疗，幸运地跨过了那条生死线。

然而，就如抛掷在空中的硬币，人生也往往是两面的交织博弈，“幸运”的另一面也对应着诸多不幸：在敦煌，母亲受不了贫瘠的生活和丈夫的“忽视”而出走，常沙娜少年时代的生活里便没了母亲的影子；“文革”中，她被当作“资产阶级小姐”“修正主义黑苗子”，受到自己学生的种种刁难；1989年，丈夫崔泰山因用药不当患肝癌去世，常沙娜因忙于校务疏忽了丈夫病情，至今愧疚不已……

对于那些过去的事，常沙娜总是淡淡地说一句：“C'est la vie!”（法语，这就是生活！）仿佛就此把那些褶皱与伤痛都抚平。她曾说，父亲身上的坚毅顽强影响了自己的一生，跟被称为“杭铁头”的父亲一样，常沙娜也有着岩石一般坚毅的性格，在做事上笃行认真，不为苦难所折，甚至能在挫折前快速平复。

无论周遭黄沙漫天，还是身处困厄磨难，只要世上还有“美”存在，常沙娜总会被深深触动。哪怕这种“美”幼弱渺小，也能成为她生命与艺术的滋养。即使下放农村，她也为野地、菜园里不起眼的小花儿所感动：“这些花儿默默无闻地开得这样纯真好看，花、叶的形态和色彩配置得如此得体，富有天然完美的装饰性。”

在艺术的世界里浸润数十年，88岁的常沙娜依然目光清澈，说话笑盈盈的，有时候仍像一个天真烂漫的少女。她说，在今后的日子里，想继续采到“幸运草”，“让我好好为祖国、为党、为人生做完自己应该做的事，没有遗憾地走完今生幸运的路”。

徐寅生近照（国际乒联博物馆和中国乒乓球博物馆供图）

徐寅生

徐寅生，1938 年出生于上海，素有乒坛“智多星”之称。

21 岁时，徐寅生第一次随国家队出征，参加第 25 届世乒赛。第 26 届、27 届、28 届世乒赛，他作为主力成员与队友携手实现男团三连冠，其中在第 26 届世乒赛决赛中连扣日本名将星野十二大板得分，成为流传至今的经典对决。此外，他还与庄则栋搭档拿下第 28 届世乒赛男双冠军。

退役后，徐寅生转至国家队教练岗位，率队保持高水平，见证推动中美关系“破冰”的“乒乓外交”。1977 年，徐寅生被任命为国家体委副主任。1979 年起，他担任中国乒乓球协会主席，任期长达 30 年。

1995 年至 1999 年，徐寅生担任国际乒乓球联合会主席一职。任职期间，他提议允许世乒赛冠名，为国际乒联广开财路；同时提出“小球改大球”的改革方案，提升赛事观赏性，推动乒乓球运动整体发展。2001 年，他被任命为国际乒联终身名誉主席。

徐寅生：国与球，一生放不下的牵挂

谷苗

乒乓球，中国的“国球”。但对于国人而言，它从来不止于一项风靡全国的运动，更见证着新中国体育事业的发展历程，铭刻着时代变迁的历史印迹。

1959年，容国团在第25届世乒赛上夺取共和国首个世界冠军，敲开了通往体育强国之路的大门。1971年第31届世乒赛期间，乒乓球划出的美妙弧线，穿透了中美两国外交的“坚冰”，书写了“小球转动大球”的佳话。

而这一切，徐寅生悉数亲历。运动员时代，他曾是中国乒乓“冠军之师”的主力成员；放下球拍，他以教练身份率队出征，见证“乒乓外交”的历史；执掌国际乒联后，他成为把握乒乓球运动发展命脉的顶层设计者，以“小球改大球”的改革提案，帮助这项运动焕然新生。

如今，虽已步入耄耋之年，徐寅生仍活跃在乒坛，推动项目发展。国与球，是他这一生放不下的牵挂。

“站上前辈肩膀，小钳工终圆乒乓梦”

徐寅生出生于上海一个贫苦家庭，家中排行老八，险些被送给别家。童年生活清苦，社会局势动荡，但小小年纪的他还是找到了属于自己的快乐——狭窄弄堂或是街边空地，用粉笔在地上画几个框，中间摆放一两块砖，就能与小伙伴们来一场“乒乒乓乓”的大战。

“那时打乒乓球没球台，但我们照样玩得高兴。”回忆起童年那段与乒乓球结缘的美好时光，徐老笑得像个孩子，“有时蹲在地上打，有时站起身来抽杀，都是自己那些‘野路子’。”

中华人民共和国成立那年，11岁的徐寅生进入初中，学校有了一张未油漆的球台，而他则成了校园里的“小球王”。徐寅生的四哥知道小弟喜欢乒乓球，就带他去南京路上的精武体育会看了一场比赛。正规球台，精彩较量，徐寅生很快就被场上局势吸引，“后来才知道，当时打球的是上海名将刘国璋，他球速快、变化多，让我大开眼界”。从那以后，他越发迷上了这项运动，千方百计找地方打球。

感谢文汇报及广大读者对乒乓球运动的关心支持！

为中国乒乓球运动员参加东京奥运会加油！

徐寅生

2019.3.

徐寅生寄语

1952年，毛泽东主席为新中国体育工作题词“发展体育运动，增强人民体质”。一年后，中国加入国际乒联大家庭，拿到了世界舞台的入场券。在当年于罗马尼亚举行的第20届世乒赛上，中国乒乓球队首度亮相。“原来乒乓打得好可以出国参赛，为国争光！”徐寅生无意中从报纸上读到这条振奋人心的“大新闻”，眼前一亮。“尽管成绩一般，但我记住了王传耀、姜永宁、孙梅英等第一批国手的名字，开始向往成为像他们那样的乒乓国手，真正点燃了我的乒乓梦。”

初中毕业后，徐寅生进入技工学校学钳工。可相比枯燥的机械工作，乒乓球才是他心之所向。在逐渐兴起的私人球房里，徐寅生凭着不错的球技受邀出战，不花钱便能与人过招。就连要凭“工会会员证”进出的上海工人文化宫，也成了他经常“蹭”球的地方。

日积月累，善于博采众长的徐寅生球技见长。1956年4月的一天，正在车间干活的他迎来人生重要一刻。“快去市里报到，让你参加国际比赛。”纵然已算小有名气，老师口中的通知还是让徐寅生受宠若惊，连忙请了假向报到地奔去。在随后与欧洲劲旅罗马尼亚队的友谊赛中，作为学生代表的他与沪上高手杨汉宏、薛伟初等人携手出战，一时间轰动了上海滩。“世界顶尖选手并非想象中那么可怕，从那时起，我相信中国选手将来一定能拿冠军。”

结束比赛回到学校，徐寅生越发“身在曹营心在汉”。八级钳工的前景，显然难以让一心想当乒乓国手的他提起兴趣。可当时，全国只有北京和广州两地的体育院校开设乒乓球专业，身在上海的徐寅生苦于没有深造机会。正在迷茫之时，广州体育学院抛出了橄榄枝。而得知了“挖人”消息的上海市体委，很快决定在上海体育学院增设乒乓球项目，徐寅生和杨瑞华两位上海选手得以留沪。

就这样，徐寅生的人生轨迹彻底转向了乒乓球。回望职业生涯的开端，徐老言及最多的不是自己的兴趣和努力，却是从前辈身上汲取的正能量。“第一代国手艰苦奋斗、刻苦训练的精神激励着我们。”在徐寅生看来，前辈们的付出为中国乒乓球攀登世界高峰打下了坚实基础。就连后来的“十二大板”，徐老也归功于前辈。“老将王传耀说过，日本选手关键时刻惯用两招，或是发球猛攻孤注一掷，或是放高球引起对手思想波动。正因有了他的指点，我在拿到赛点时才能面对高球不犯错，最终连扣十二大板得胜。”徐老说，时至今日，前辈的激励和传承仍是国乒最宝贵的财富，“像我一样，能圆乒乓梦，每一步都站在前辈的肩膀上”。

“容国团行，我为什么不行？”

“野路子”加入“正牌军”，徐寅生起初并不适应。为备战第 25 届世乒赛，国家集训队在北京成立，徐寅生入选其中。在这支高手云集的队伍里，他很快看到了差距。“体能和基本功都跟不上，训练完腿像灌了铅似的。”自认为已足够卖力的他，却在队内评比中屡屡无缘代表优秀的“红

深爱“国球”的徐寅生参与群众乒乓球活动

旗”，“后来拼了命追赶，总算拿到过一次”。

同一支队伍里，为报效祖国从香港来到北京的容国团显得有些特别。“容国团在1958年就喊出了两年之内拿到世界冠军的豪言。当时我不敢相信，心想是不是早了点？但看到他的表现，才了解底气从何而来。”徐寅生坦言，容国团对于训练比赛的认真态度，以及落后时绝不认输的精神，令他刮目相看。

1959年4月5日，第25届世乒赛男单决赛，容国团击败匈牙利名将西多站上冠军领奖台。这是新中国第一个世界冠军。从那天起，中国体育逐步走向世界，中国乒乓球的辉煌大幕开启。

“容国团来之不易的胜利，打开了中国运动员通往世界冠军之路那扇厚重而神秘的大门。极强的荣誉感和责任感是他成功非常重要的思想基础。”见证世界冠军的诞生，徐寅生为队友和球队高兴，也对自己展开了反思。

面对领队张钧汉“技术不错，思想还需提高”的点评，在第25届世乒赛上表现平平的徐寅生一身冷汗。“容国团行，我为什么不行？”带着这样一句质问，他决定从哪儿跌倒就从哪儿爬起来，激励自己苦练技术、磨炼意志，“越是难啃的骨头越要啃下来”。

1961年，第26届世乒赛在北京举行，由容国团、王传耀、庄则栋、李富荣和徐寅生组成的中国男队终于成功登顶，首次捧起了斯韦思林杯。徐寅生决战时刻顶住巨大压力的“十二大板”成就经典；容国团在决赛休息室里道出的“人生能有几回搏”也定格为乒乓球队的座右铭。

夺冠时刻的场景，徐老至今历历在目，“现场灯火通明，欢呼声雷动，一万多名观众喊哑了嗓子，拍红了手掌，最后将手边一切可以抛出去的东西都抛向了空中”。他也不曾忘记，荣誉背后那些甘当陪练，甚至为紧急学习弧圈球新技术来当“靶子”的队友们。“容国团说‘人生能有几回搏’，关键是大家齐心协力，要为国家荣誉去拼搏。无论是上场队员，还是那些无名英雄，正因为将国家荣誉放在第一位，才会有那么坚定的决心和无穷的动力。”

“小球转动大球，这是历史的机遇”

中国乒乓球队屡创佳绩，北京世乒赛成功举行，一股乒乓热潮在全国各地兴起。作为提振人心、扩大影响和对外交流的载体，乒乓球肩负起时代赋予的历史使命。

1959 年世乒赛归来，毛泽东、周恩来等中央领导先后接见中国乒乓球队。1961 年世乒赛前的集训，中央领导做出多项指示。“周总理叮嘱我们要吸收他人所长，把眼光放长。陈毅副总理说话幽默，要求我们要有大国风度，不要赢得输不得，还说如果失败了请大家吃饭。”半个多世纪前的场景，徐老每一幕都记忆深刻，“贺龙元帅还特地给我们解压，要我们打出风格、打出水平。”

第 28 届世乒赛前夕，“智多星”徐寅生受邀帮助女队总结经验。从如何树雄心、立壮志，到指出女队存在的问题，徐寅生的分享深深触动了队友，讲话内容也被记录下来送到贺龙手中。贺龙读完非常认可，写下长文批语，要求将徐寅生的讲话稿发给各运动队学习。

1965年初，在看到徐寅生的讲话稿和贺龙的批语后，毛主席写下批示，给予了很高的评价，并要求全党学习唯物辩证法。随后，《人民日报》登载了徐寅生的讲话稿，题目是《关于如何打乒乓球》，同时配发“编者按”。

“我就结合自己的思考和实践，真诚地谈了几点想法。”徐寅生没有想到，一篇未经修饰的业务心得竟在全国掀起学习热，“这让我感到自己的学习还远远不够，后来有意识地加强理论学习，结合训练指导实践”。

更让徐寅生没想到的是，几年之后，小小银球还敲开了中美两国人民之间友好交往的大门。

受当时政治局势影响，中国队连续缺席了 1967 年和 1969 年两届世乒赛，徐寅生也从运动员转到教练员的岗位。1971 年，第 31 届世乒赛在名古屋举行，周总理特意让包括徐寅生在内的教练员和外交人员一同讨论是否参赛，最终得到毛主席的批复，派队出征。徐老坦言，后来发生的一切，超出了他的预期。

时隔六年重返世界乒坛，国乒成为赛场焦点。而赛场之外，一位“上错车”的美国队员，更是让国乒登上了世界各大媒体的重要版面。“当时训练完乘车转场，美国选手科恩稀里糊涂上了我们的车。庄则栋见没人与他打招呼，想到周总理提出的‘友谊第一，比赛第二’的参赛目标，主动过去与他交流，还送了他一个纪念品。”徐寅生回忆说，就是这样一场看似不经意的“偶遇”，成为当日的大新闻。两国选手间的友好交往，也让密切关注国乒动态的毛主席看到了推动中美关系的机遇。

1971 年 4 月 6 日，就在世乒赛即将结束时，毛主席做出邀请美国乒乓球队访华的决定。美国代表团于 4 月 10 日抵京，成为新中国迎来的第一批来自美国的客人。乒乓球冲破藩篱，掀开中美民间交往的新篇章，为中美和平外交实现“破冰”。“小球转动大球，这是历史的机遇。”徐寅生说，“乒乓外交”让中国乒乓人更加深刻地感受到肩负的历史使命，也让中美乒乓友谊代代相传。

徐寅生与日本名将福原爱合影，他非常注重世界乒乓球整体发展

“尽管有些压力，2 毫米改革还是成功的”

随着实力超群的中国军团坐稳世界乒坛头把交椅，一道“难题”也摆在了中国乒乓人的面前。“从中国队的角度出发，当然希望荣誉越多越好。但如果世界乒坛呈现一家独大的局面，项目整体发展会受到影响。”担任国际乒联主席期间，徐寅生曾处在最“左右为难”的位置。

“我其实并不愿意担任这个职务。”徐寅生坦言，语言问题导致的沟通不畅、身兼多职带来的分身乏术都是他的难处，而最难的还是处理涉及中国乒乓球利益的事项和提案。

“就像过去当运动员时，只想着最好能一拍制胜。当了国际乒联主席，就要考虑如何让比赛回合多一些，提高乒乓球的观赏性。在奥运大家庭里，乒乓球要与其他项目竞争，改革势在必行。”更高的平台，需要更宽广的格局，徐老开玩笑说这是“屁股决定脑袋”，“所以，有些提案对中国队不利，我也不能带有倾向性甚至强行阻拦。但国内还是有些声音，说我‘胳膊肘往外拐’”。

面对五花八门的改革提案，徐寅生想到了日本一种 44 毫米的乒乓球，体积大、速度慢、旋转少，打起来回合多。“当时各种改革提案都有，把球网加高、把球台加大，甚至是取消反贴海绵球拍。我担心乱改带来不利影响，主动提出从球的尺寸入手。”徐老表示，自己要表明带头改革的态度，同时也考虑到这一方案影响相对较小，容易被各方接受。事实的确如他所想，将乒乓球直径从38毫米改为40毫米的提案，得到了大家的认可。

为了让提案更好落实，徐寅生第一时间联系上海红双喜公司询问能否协助生产大球样品，很快得到了董事长黄勇武和副总经理楼世和的支持。而后，中国乒协将样球送往其他协会供运动员试打，并邀请世界乒坛好手到苏州参加大球邀请赛，通过实战收集运动员、教练和观众的反馈意见，并请科研人员进行现场测试。“科研结果表明，大球比小球速度下降13%，旋转减弱21%，比赛回合数相应增多。”徐老回忆说，来自各方的良好反应助推提案顺利“转正”。

“回过头看，尽管有些压力，改革还是成功的。”大球改革的提案，让徐寅生颇感欣慰，而这2毫米的背后，是中国乒乓人和中国企业的智慧与担当，“牺牲一些利益是必然的，但都是为了乒乓球运动的长远发展”。

1999年退休以后，徐寅生不再担任国际乒联主席，但仍为推动世界乒乓球运动的发展发挥余热。而中国乒乓球在继续保持强势的同时，以建立跨国联合训练营、开设乒乓球学院分院、配对搭档双打等多种形式，助推乒乓球项目在世界范围的整体发展，提升乒乓球运动的影响力。徐寅生表示：“中国乒乓球还是要先把自己做好，在做好自身的前提下，尽所能支持国际乒联和其他协会的工作，让乒乓球运动有更好的发展。”

记者手记

新偶像与真球迷

退休廿载，徐寅生依旧很忙。讲座、采访、大大小小的乒乓球赛，他的日程表排得满满当当。“一辈子围着乒乓球转，真心喜欢。趁走得动多走走，自己开心，也为推广乒乓球出点力。”在徐老看来，这是两全其美，亦是理所当然。

众多日程安排中，参与群众性乒乓球活动是优先项。虽已年过八旬，满头银发，每每有机会，徐老都要挥拍上阵，如当年征战赛场时那般神采奕奕、自带气场。作为曾经的世界冠军，徐寅生受到过中央领导的高度评价，收到过成千上万封全国各地球迷寄来的信，是那个年代家喻户晓的乒坛偶像。不过，彼时的全民偶像严守队伍纪律，没有物质奖励，一心想着为国争光，只练本领不刷流量。

“时代不一样了，但优秀传统不能丢啊！”过往辉煌早已定格成载入史册的黑白影像，但前辈留下的精神财富仍然闪着光。看着新一代国乒偶像成长起来的徐寅生，在称赞“青出于蓝而胜于蓝”的同时，也有着几分自己的担忧——他担忧国家荣誉与个人得失换了排序，担忧团队协作被各自为战取代，也担忧有人迷失在纷繁芜杂的“名利场”。

“国家培养我们，乒乓球成就我们，为国争光、推广乒乓球是我们一辈子的职责和使命。”徐老希望，享受时代“红利”的新一代国乒队员，能继续发扬优良传统，“把国家荣誉放在第一位。在全力以赴完成好训练比赛任务的前提下，主动参与群众性乒乓球活动，群众始终是运动员攀登世界高峰最有力的后盾”。

直言不讳地道出对“接班人”的忧心，徐寅生也对新一代追星族“提出小小的建议”。“随着乒乓球项目的不断推广和市场化程度的提升，球迷群体中有了更多年轻人，这当然是好事。”就在不久前举行的“地表最强12人”世乒赛选拔赛上，受邀观战的徐老近距离感受到了“迷妹”粉丝团的疯狂。“乒乓球需要球迷的热情支持，但更希望大家能一同参与，都来打球。”在他眼中，看得懂又会玩才是真正的球迷，“与其高呼‘我爱你’，不如用行动支持，还有利于强健身心。”

关于新偶像和真球迷，徐寅生给出了自己的标准。事实上，作为曾经的全民偶像，如今的资深球迷，他本人又何尝不是最好的范本。

陈爱莲近照（均受访者供图）

陈爱莲

陈爱莲，1939 年生于上海，新中国舞蹈事业奠基人之一，舞蹈表演艺术家、教育家，第六届至第十届全国政协委员，其代表作有《春江花月夜》《蛇舞》《文成公主》《红楼梦》《牡丹亭》等，被誉为“东方舞蹈女神”。

1952 年考入中央戏剧学院附属舞蹈团学员班，1954 年考入北京舞蹈学校，1959 年毕业留校任教，同年主演了中国第一部芭蕾舞与中国舞蹈相结合的舞剧《鱼美人》而一举成名，1963 年调入中国歌剧舞剧院。1962 年，在芬兰举办的第八届世界青年学生和平与友谊联欢节舞蹈大赛上连获 4 枚金质奖章。1980 年复出后，举办首次个人舞蹈晚会，获文化部直属院团一等奖。1989 年创办陈爱莲艺术团，1995 年创办北京市爱莲舞蹈学校，培养了众多优秀舞蹈人才。

陈爱莲：舞蹈融入了我的生命

彭丹

80 岁的陈爱莲依然每天练功不辍。这位从孤儿院里走出来的舞蹈家，是新中国培养的第一批科班舞蹈演员，堪称中国舞蹈史上里程碑式的人物。在 67 年的从艺生涯里，她主演舞剧无数，塑造了众多经典的舞台形象，“有天鹅般的弥留、奴隶的挣扎，也有喜儿的悲剧、繁漪的忧怨，中华儿女的飒爽英姿。总之彩色斑斓、身手非凡，开一代舞蹈风气之先”。

对舞蹈，陈爱莲有永不熄灭的热情：“我将舞蹈融于生命，每天练功，每天学习，所以今天还能站在舞台上。”这份挚爱也转化为责任与使命感，她甘当第一个“吃螃蟹的人”，下海创办自负盈亏的艺术团和民办舞蹈学校，将专业舞蹈带到民间，让舞蹈传承后继有人。

舞蹈达成了陈爱莲的自我实现，也驻留了她穿越时光的风姿，照见了一代代人对于美的追求。在苦难磋磨中，凭舞蹈支撑过来的她，褪去脆弱的表皮，灵魂也越发光明洁净，宛如挣脱淤泥、攀出水面的莲花。

帷幕轻起，时代的红舞鞋仍在舞台上旋转不停，故事还在继续。

从孤儿院到舞蹈房

1939 年，陈爱莲出生于上海，父亲陈锡康是警官，母亲是一名纺织女工。十里洋场，声影繁华，小小年纪的陈爱莲经常跟着父亲外出听戏，看电影，那些咿呀唱响的越剧、沪剧，时髦的国产片、好莱坞片或许成了她最早的艺术滋养，平日里便喜爱艺术、喜爱表演的陈爱莲憧憬起当一名演员，还去参加了一家招小演员的电影公司的试镜。

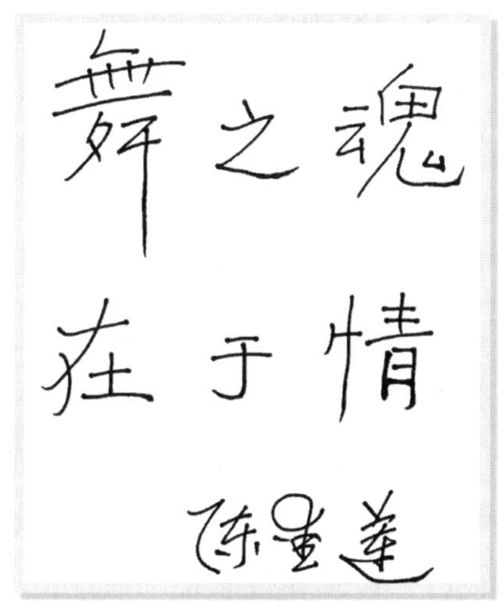

陈爱莲寄语

谁料平日里陡生变故。10岁那年，陈爱莲的父亲突然病亡，母亲因伤心过度也不久去世。沦为孤儿的陈爱莲和妹妹不得不靠变卖家里财物维持生活，实在没法的时候便学流浪儿去翻捡垃圾，街道居委会见状，便将她们送往了位于郊外的流浪儿童临时收容所，不久又转去了条件更好的上海一心教养院。

1952年，中央戏剧学院老师来到上海的几所孤儿院，为新中国选拔第一批科班培养的舞蹈演员。陈爱莲给评委们来了段无实物表演“找针”，当即便被录取到了中央戏剧学院附属舞蹈团学员班。两年后，在班里出类拔萃的她考上了刚刚成立的、新中国第一所舞蹈专业学校——北京舞蹈学校。

在学员班待了一年左右，有一次，剧团放映一部苏联的芭蕾舞电影《芭蕾舞大师》，精彩的芭蕾舞剧让陈爱莲如触电般感动：“我看到了舞剧这一舞蹈表演中的最高形式，还看到了世界顶级舞蹈家们的表演，这给我上了非常好的一课，我认识到了舞蹈是什么，它是一种‘此时无声胜有声’的表演，意会而不直白，它展示形体各方面的美，让你来认识、享受。”想起电影中的苏联舞蹈大师乌兰诺娃，她在日记里写道：“我要做中国的乌兰诺娃！”

她好强且刻苦。在学员班，听到老师教育落后生应该“笨鸟先飞”，陈爱莲这只“聪明鸟”决定也要先飞，不让人超赶。学员们平日6点起床练功，没有闹钟的她睡觉时在脚上拴上一根绳子，另一头扔到窗外，等第二天 5 点半早起练功的学长把自己摇醒。起霸、趟马、踢腿、下腰、跑圆场——其他同学起床时，陈爱莲已经在练功房跳得大汗淋漓。

“在戏曲界，大家都知道一句话——‘曲不离口，拳不离手’。”生活里的陈爱莲没事就会旁若无人地比画起舞蹈、琢磨起角色。等到猛地被人一问：“你在干吗呢？”她才回过神来：“哎哟，不好意思，我刚想舞蹈动作去了。”

进入北京舞蹈学院后，陈爱莲既学中国古典舞、各民族的民族舞，也学苏联芭蕾、美国现代舞和西欧代表舞种。她的文化课和专业课基本门门满分，1959 年以全优的成绩留校任教，并主演了中国第一部芭蕾民族化舞剧《鱼美人》。高超的舞技、精巧的编排以及出色的声乐使舞剧大获成功，年轻舞蹈家陈爱莲崭露头角。

三十多年磨一出《红楼梦》

1962 年夏天，陈爱莲代表中国参加在芬兰举办的第 8 届世界青年联欢节舞蹈比赛。在开往莫斯科的火车上，为了保持状态，陈爱莲干脆在火车过道里练起了功，下叉、踢腿……早中晚各练一遍。

夏日的赫尔辛基，身着蓝色衣裙、手持白毛羽扇的陈爱莲翩翩而来，在箫声鼓乐中轻盈起舞，顾盼之间浅笑迷人。独舞《春江花月夜》根据唐代诗人张若虚的同名诗作改编而来，也是陈爱莲的拿手好戏，她塑造的漫步江边、怀揣柔情的少女，同清朗幽辉的月夜意境相映成趣，曾有国外观众在看过她的表演后，直接叫她“The Moon”（月亮）。在这之后，陈爱莲又表演了双人舞《蛇舞》，接着在《弓舞》《草笠舞》中领舞。演出结束，观众起立鼓掌，她获得 4 枚金质奖章，为中国舞蹈争了荣光。

在排练《蛇舞》时，陈爱莲负责演一条“美女蛇”，“没看过哪能演啊”——为了模仿蛇的游走、吐信，本来特别怕蛇的她专门跑到动物园去看蛇，之后又把别人送给她的一条小青蛇养起来，日日观察。果然，她扮演的那个目射精光、腰肢扭动的“美女蛇”让人过目难忘。

《文成公主》剧照

1981 年，中国歌剧舞剧院根据《红楼梦》创编了一部古典舞剧，邀请 41 岁的陈爱莲出演林黛玉一角。陈爱莲从小就生得纤细瘦弱、心思敏感，本就与林黛玉有几分神似，再加之把握了原著精神，几百场的《红楼梦》演下来，观众直称她为“活林黛玉”。

1997 年，首届中国国际歌剧舞剧年在中国举办。陈爱莲接过节目单，发现上面大部分节目都是“洋货”。有感于中国古典舞的缺位，她找到原剧导演于颖，下决心一同复排舞剧《红楼梦》，自己仍饰演“林黛玉”一角。

那年她 58 岁。有媒体给出标题：《年过半百的陈爱莲再次饰演林黛玉》，一时间舆论哗然，有人担心她年纪大了，演不出少女情态；有的人臆测她是“舞霸”。之前，在各年龄角色间不停跨越的她从未想到剧中年龄与实际年龄的出入问题，外界的质疑反而让陈爱莲思考：她特意去观察 14—17 岁小姑娘的走姿和神情，从里到外地还原书中的林黛玉。

在陈爱莲心中，林黛玉是那个可爱的、怀揣憧憬的少女，真挚勇敢、思想高洁，那些一味将她塑造成尖酸刻薄、病病歪歪的表演是扁平与浅薄的。在进贾府这一序幕中，刚出场的陈爱莲收敛了寄人篱下的悲切，反倒突出了她刚进贾府的新鲜感和一派纯真。曾有观众在台下问道：“都演了第3场了，陈爱莲怎么还不出来？”“陈爱莲是哪个，是不是演贾母的那个？”等到最后才恍然大悟，舞台中央那个风流袅娜的林妹妹正是陈爱莲。

“人家看完我演的林黛玉总是特别喜欢。”陈爱莲笑道，“我特别突出她内心阳光、好的东西。在我看来林黛玉有四气，一是由绛珠仙草幻化而来的‘仙气’；二是出身钟鸣鼎食之家的‘贵气’；三是满身的‘才气’；四是招人喜欢的‘人气’。”正是舞台下对原著的研读、对角色灵魂的把握才赋予这个角色的立体与丰富。

后来，陈爱莲多次复排《红楼梦》，30多年里，大大小小的演出算下来有近千场。每回复排，陈爱莲都要重新看一遍《红楼梦》里宝黛钗的爱情线，同时在作曲、舞美、编导上有所创新，在抓住原著精髓的同时，寻找适应当代的审美表达。有一回，演到剧中的“黛玉葬花”一节，陈爱莲发现这出长长的戏有些松垮，已无法抓住习惯了快节奏表演的观众，“自己也演得越来越累”。怎么办呢？她看到一位舞蹈家开的画展，里面有一幅画是桃林里绸花飞扬，如缤纷的落英，联想到《葬花词》里的“花谢花飞飞满天”，陈爱莲立即来了灵感，将“葬花”一节中原本长长的舞段改为迅疾的绸花舞，浪漫化的处理让观众如临其境，每次舞到这段，都有如雷鸣般掌声响起。

舞蹈艺术的燃灯者

有人曾问陈爱莲，为什么多次复排舞剧《红楼梦》，是不是对林黛玉这一角色情有独钟？

“情有但不独钟，我不光热爱林黛玉，也热爱我出演过的所有舞剧的角色。”陈爱莲答道。事实上，痛心于诸多优秀民族舞剧或彻底流失、或后继乏人，她不光想过复排《红楼梦》，也想过复排自己曾演过的舞剧

《鱼美人》《文成公主》《小刀会》《牡丹亭》等等，但都苦于财力人力有限，或找不到精通中西舞蹈的男演员而只得作罢。

“西方的《天鹅湖》跳了100多年，中国有哪部这样的传世之作？”陈爱莲对民族舞剧的传承忧思关切，“这些年我国优秀舞剧的传承有所缺失、有所断层。没有创新就不能前进，但创新有一个非常重要的原则，就是必须继承优秀传统这一基础。”

20世纪80年代，国家号召文化艺术体制改革，但当时很多人不理解改革的必要性，更不愿意先站出来，听到陈爱莲赞成改革，便对她说：“你行你试试。”

《霸王别姬》剧照

“试试就试试！”性格执拗的她下海成立了新中国第一个以舞蹈家个人名字命名的“陈爱莲艺术团”，做了“第一个吃螃蟹的人”。在经营舞蹈艺术团的几十年间，陈爱莲硬是从一个舞蹈家变成了劈山架桥、身兼数角的团长，一边跟民营企业打交道、拉赞助，一边带着团队到各地演出，到过深圳的歌舞厅，也登过小县城里的破旧舞台。有时候演出匆忙，刚演完上一场，妆来不及卸、衣服来不及换就狂奔到下一个演出地，疲劳又狼狈。

在波涛汹涌的文艺市场中，陈爱莲终于“踏出一条路”来。她的艺术团不仅赚得了第一桶金，还一直发展到了今天。更重要的是，她和团队把专业舞蹈带去江湖民间，让人看到“阳春白雪”和“下里巴人”也可以相映成趣。

1995 年，听了国家领导人关于发展职业教育的讲话，深受触动的陈爱莲再次赶先，投资创办了北京市爱莲舞蹈学校，把多年的舞台实践编成教材，悉数传授给学生。当初为建这所学校，她花光了艺术团赚来的所有积蓄，钱不够，又卖掉了准备给两个女儿做结婚嫁妆的两套房子。如今，这所学校已经走出了 2000 余名舞蹈专业人才，其中有许多在舞剧里做了主演，拿了大奖。从致力于民族舞剧的恢复到舞蹈艺术的散播与传承，陈爱莲就像一名燃灯者，让舞蹈艺术的光亮穿越时空的区隔，照耀得广大、持久。

陈爱莲常想，人总是要走的，但有很多东西带不走。她说这世上有两个陈爱莲：“一个是艺术的陈爱莲，一个是肉体的陈爱莲。我不能跟着人肉体的消失而消失，我要让舞蹈艺术永放光彩。”如今，她最强烈的愿望便是“当一个肩膀”，承载无数的学生前行：“现在，我就当个肩膀。我愿意托举太阳，托起希望。”

记者手记

芳华不朽

等在陈爱莲先生位于北京市爱莲舞蹈学校内的家门前，猛一抬头，便看见先生步履如风地走来，她腰杆笔直，留着干练的碎发，秀气的小脸上画了精致的妆容，整个人容光焕发。

“您现在依然坚持每天练功吗？”“是啊！”她脱口而出，顺便点开了手机里的相册：里面都是她近来练功的照片，下腰、踢后腿、搬前腿……每个动作都标准利落，身体像柔软的缎带，难以想象这是一位80岁的舞者。

很多人都说，舞蹈是吃“青春饭”，陈爱莲不服，她看到乌兰诺娃50多岁还来中国演出，普列金斯卡娅70岁演出《天鹅之死》，古巴舞蹈大师阿丽西亚·阿隆索72岁演出《吉赛尔》，下定决心打破年龄的桎梏，一直跳到跳不动的那天。如今，她的同辈乃至许多后辈都已退到台下，只有她一直坚持在舞蹈艺术的一线——2017年，陈爱莲以78岁的高龄再次主演舞剧《红楼梦》，成为世界上最年长的舞剧主演。

对陈爱莲而言，这份最初是为“有碗饭吃”的职业，早已超越了谋生的工具意义，成了她生命中不可分割的一部分，即便在最困难时也不曾中断——“文革”中她遭遇第一任丈夫自杀、自己被监禁、送往乡下“改造”，练舞成了她抵御苦难的甲胄。在乡下的3年间，同去的舞蹈演员对前途心灰意冷，她独自一人在土篮球场上以木棍作把杆，顶着旁人的目光压腿、踢腿，最终归来的陈爱莲不仅舞技没有退步，人格也越发顽强、坚毅。此后的她开个人舞蹈专场强势复出，艺术生涯再攀高峰。

陈爱莲曾说，年轻就是对理想全心全意的追寻——人不是因时光流逝，而是因为理想的毁灭而衰老。祝愿陈爱莲先生芳华不朽。

2009 年周文重在美国（均受访者供图）

周文重

>>>>>>>>>>>>>>>>

周文重，1945 年出生于重庆，幼年随父母迁居上海。1968 年毕业于北京对外贸易学院（现对外经济贸易大学），1973 年至 1975 年，在英国巴斯大学、伦敦经济学院进修。

1970 年初，周文重开始外交生涯，先后在北京外交人员服务局、外交部翻译室、美大司工作，是“一国两制”提法的第一个翻译者。历任中国驻巴巴多斯、安提瓜和巴布达、澳大利亚、美国大使。曾任外交部部长助理、副部长，博鳌亚洲论坛秘书长。现任中国—美国人民友好协会副会长、博鳌亚洲论坛咨询委员会委员。著有《出使美国 2005—2010》《斗而不破：中美博弈与世界再平衡》等。

周文重：讲好中国故事，用事实说话

袁琭璐

2019年3月27日，博鳌亚洲论坛年会的第二天，周文重出现在中美企业家对话现场，来往的招呼声中，不时还能听到“秘书长”的称谓。“不要再喊我秘书长了，我现在只是论坛的咨询委员”，周文重多次纠正。如同9年前，人们努力习惯将“周大使”改口成“秘书长”。

2010年4月9日，时任博鳌亚洲论坛秘书长龙永图在论坛年会新闻发布会上宣布，由卸任驻美大使的周文重接任秘书长。

“善于沟通，比较圆润”是当时外界对这位新秘书长的评价，而这样一种风格正源于周文重数十年的外交智慧。从中美南海撞机事件到奥运火炬在旧金山的“戏剧性传递”，从人民币汇率问题到两国高层互访，周文重见证了中美外交的风云变幻，其“沉稳、冷静、寻求平衡”的外交风格也越发为人称道。从大使到秘书长，身份更迭，但与人打交道的沟通智慧始终相伴。

交心——拜访百余位美国议员

飞机呼啸着穿越云层，再度向大洋彼岸的美国飞去。

2005年，周文重接替原驻美大使杨洁篪出任新中国第八任驻美大使，花甲之年的他再一次回到了熟悉的华盛顿。回想起1978年，已多次在重要场合为中央领导担任翻译的周文重，作为中国驻美联络处主任柴泽民的助手抵达华盛顿，目睹五星红旗在中国驻美大使馆上空升起，由此与美国努力推进以协调、合作、稳定为基调的中美关系。

周文重

2019.4.3

周文重寄语

结下了不解之缘。

但和当年境况非常不同的是，“中美关系已经是当今世界最重要的双边关系之一，所以，在美国做大使，就要随时准备处理各种棘手问题”。这给新上任的周文重出了大难题，也让他越发感到有一件事迫在眉睫：“美国人民需要更深刻地了解中国！”于是，一上任，他就开始制定目标：一是遍访美国 50 个州；二是尽可能多见些联邦国会议员；三是想方设法增加美国公众对中国的了解。周文重笑称这是“下基层”，“人都是讲感情的，但这样的沟通绝不要指望产生立竿见影的效果，这是一个水滴石穿、逐步积累的过程”。对他而言，外交就是做人与人沟通的工作。

周文重兑现了他的承诺。五年时间里，周文重在忙碌的行程中见缝插针地完成计划，拜访了一百多位议员。他几乎走遍了美国的每一个州，每到一处，就积极地宣讲中国的立场，同时实地调研，希望增加当地公众对中国的了解。

周文重回忆，2005 年 11 月初，他受邀访问了全美第二大农业州艾奥瓦州，交流中，他强调通过对话妥善处理中美经贸摩擦分歧，符合双方共同利益。周文重至今清晰地记得：“离开州长办公室，艾奥瓦州各界人士支持中美友好和互利合作的热情表态在耳边回响，为我驱走了初冬的寒意。”

半年后，周文重前往在美国中西部的内布拉斯加州和密苏里州举办的美中经贸论坛，当时美国国会和媒体均有人散布言论说，中方的不公正贸易策略正侵蚀着整个美国的工业。“作为驻美大使，我必须尽快将实际情况和中方观点立场告诉美国各界，消除他们将中美贸易不平衡怪罪于中方的误解。”短短的几天行程中，周文重逢人便讲中美贸易，相伴而来的“回报”则是密苏里州副州长金德、共和党联邦参议员邦德异口同声地强调，美中虽然语言文化不同，但都希望为各自的人民创造繁荣。

马克·吐温在自传中写道：“肤色和条件横加给我们一条难以捉摸的界限。”但两次腹地之旅让周文重看到，中美人民之间的“界限”其实并不是深沟大壑。患难见真情，对于任内的两次灾难外交——美国“卡特里娜”飓风和中国汶川大地震，周文重先是代表中国帮助美国救灾，后又代表中国接受美国帮助中国救灾，这让他看到了“最好的外交使者在民间”。

当然，繁忙的行程让周文重留给自己的时间所剩无几。一年365天，每天只睡三四个小时，常靠外出路上十来分钟打个盹儿来补充精力，锻炼身体的时间更是少之又少。回忆起这些经历，他笑称：“还好我当时年轻，除了一次眼睛视网膜脱落外，身体基本上还算无恙。”

前瞻——调研金融危机提前预警

周文重有着敏锐的金融嗅觉，这与他早年的学习分不开。28岁时，周文重曾赴英国留学，世界经济、国际关系和国际政治都是他当时钻研的学科。自从美国提出中国要充当“负责任的利益攸关者”之后，中美关系的显性和隐性的经济摩擦不断，本就受过专业训练的周文重在金融领域用心用力。在常驻美国的日子里，周文重结识了华尔街的一些“大人物”，美国高盛、摩根士丹利、大都会人寿、摩根大通、纽约人寿、AIG（美国国际集团）等银行和保险公司的董事长或总裁都在他的拜会名单中，“一来华尔街行情的波动常常会转变成华盛顿政治风云的起伏，二来可以借机了解他们对中国国内金融改革的看法和建议”。

“持续关注，搜集情况，准确传递信息”，这是周文重“经济外交”

的实践准则。2007 年 4 月 24 日，美国 3 月成屋销量下降 8.4%，美国次贷危机拉开序幕。周文重和中国驻美使馆迅速注意到这个苗头，开始关注美国次贷危机，并在第一时间向国内报回了次贷危机的发展动向、有关情况及使馆的看法。此前，周文重专门会见了美国前财长斯诺，听取他的看法。斯诺表示，美国正经历非常困难的时期，经济正趋于衰退，目前的主要问题是信用紧缩，美联储应采取大胆措施缓解信用紧缩。

“当时我们陆续就 21 世纪金融公司破产、美国股市大幅下跌、美欧金融市场信用紧缩等问题向国内报回了有关情况和看法。”此后，周文重不断关注事态发展。8 月上旬，驻美使馆向国内报回了关于美国次贷危机影响扩大的看法。“我们着重指出，美国次贷危机的影响正加快向美国整个金融体系扩散，美国金融市场正进入大幅动荡期，美国经济前景堪忧，建议国内密切关注，妥善应对。”

后来周文重从人民银行等部门了解到，驻美使馆向国内提出的上述看法，距离 2008 年 9 月美国金融危机全面爆发提前了一年多的时间，是对此次金融危机的最早预警。

冷静——“不敢买中国玩具”成历史

柴泽民在任期内曾向卡特、里根两届政府进行了数十次交涉，周文重皆随同前往，全程从中翻译周旋，内中的艰苦斗争、酸甜苦辣，他一一尝遍。周文重喜欢看人物传记，美国前政要的书他全部翻阅。讲故事，讲好中国故事，用事实说话，而不是简单地去重复一些原则、立场，正是他从中学到的沟通要领。

其实，周文重上任驻美大使伊始，外媒并不看好，评价为“周出使于一个相对稳定但很难突破的瓶颈时期，任重道远”。5 年后，当周文重卸任之际，正在北京访问的美国常务副国务卿斯坦伯格给维基百科有关周文重的简历上补充了一条："周在建设中美关系上发挥了关键作用。"这个关键作用，和周文重善于与人沟通分不开。

1973 年，周文重赴英国留学，在伦敦泰晤士河畔留影

2007 年，中国外贸依赖度超过 70%，而恰恰是这一年，输美产品的问题激烈爆发。先是出现了数千只宠物生病甚至死亡的消息，其原因被指为中国进口的饲料有致命的化学物质三聚氰胺；祸不单行的是其后美国美泰公司近百万件卡通玩具含铅量超标，查出的原因说是由中国产品的质量引起。媒体炒作带来一波又一波的冲击力，迅速发酵成一场引起美国公愤乃至世界注目的恶性事件。一系列危机考验着当时的驻美大使周文重，一方面，他要忙着接待美国政府及各界来访咨询；另一方面又要及时向国内汇报事件重点，分身乏术的同时还要想着如何迅速解决这件事。

出现危机并不可怕，关键是如何化危为机。迷雾中，周文重把重点和突破口放在了美国国会议员身上。在他看来，如果把议员的工作做好，一是能够防止对中国企业输美产品不利的提案形成；二是议员的态度能够减少媒体的炒作；三是议员的声音能说服、安抚美国民众，一举三得。周文重选择从最有威望的议员入手，他首先拜访了两个人——参议院民主党领袖之一德宾，以及特别关注食品安全问题的众议院强势女议员德劳罗。

周文重记得，2007 年 8 月的一个周末，他收到了美国国际特奥会主席施莱佛的拜访请求，施莱佛告诉周文重，"中国制造"的玩具送检了，实验室得出的结论是"玩具含铅量严重超标"。如同在处理奥运圣火传递、中美南海撞机事件中保持沉稳冷静一样，周文重思索片刻后问道："是送到官方推荐的实验室检测吗？”这是一个关键的核心问题。

“不是，家长急，随便找了个实验室。”施莱佛很坦诚。

“应该找一个官方的实验室去检测。”周文重舒了口气，给出建议。

不久，施莱佛来电说：“官方的检测结果显示基本没有问题。”随后，他送来了官方推荐的实验室检测结果：中国玩具的含铅量为 20—30ppm，远远低于 600ppm 的美国标准。

然而，危机并没有解除，为促使美国人对“中国制造”恢复信心，也为回应美国媒体的不实报道，周文重继续做工作，给美国民众释疑增信。而强硬的德宾议员再也没有提及“不敢给孙子买中国玩具了”。

冷静化解了危机。5 年中，这样的故事还有很多。

服务——因漏排座位给李开复致歉

2010 年 3 月 1 日，周文重正式卸下驻美大使一职，“我马上就要轻松啦！”他感叹道，“中美之间各方面的交往非常多，突发事件不断，我时刻都不能掉以轻心”。在驻美大使任上，周文重一直重任在肩。

任期的结束并非意味着外交生涯的终止，接任博鳌亚洲论坛秘书长后的周文重不像大使那般在维持双边关系中发挥作用，反而转向了更复杂的“多边关系”，重担依旧没有卸下。周文重坦言：“当时的博鳌亚洲论坛已走过 10 年，已成为一个立足亚洲、面向世界的开放性全球论坛，如何让其变得更加全球化，如何营造充分交流的氛围是我们要不断研讨的问题。”

上任伊始，周文重便马不停蹄地前往日本、新加坡、马来西亚、美国拜访论坛理事，为筹备论坛忙碌。多年的大使经验让周文重坚信，不同的人可以在沟通中达到最大的理解，对话是处理分歧、矛盾以及促进共识的关键。2011 年的博鳌亚洲论坛除了开幕大会外，所有分会都采取对话形式，这使“新博鳌”带有周文重式的烙印。“18 年来，博鳌亚洲论坛已经从纯经济论坛转变为综合性高端对话平台，每年除了要准备论坛年会开幕大会外，还有年会的五六十场分会，此外秘书处还要在海外举办研讨会，比如2014年9月在美国西雅图举办了‘西雅图能源、资源与可持续发展会议’。”

谈及身份的转变，周文重谦称自己这个秘书长就是一个执行者，是做“服务工作”的。当然，执行也有其艺术。“邀请层次高、有权威的演讲者对于年会的成功至关重要，而他们的时间表都非常满，最早半年前就要开始启动嘉宾邀请。原来当大使，很多人要你帮忙，现在反过来了，要很多人来支持你，这就需要换位思考。博鳌亚洲论坛是个民间组织，并非官方机构，所以人家可以帮你，也可以不帮你，这里面就有很多工作要做。”

2007年，周文重（右一）应鲍克斯参议院邀请访问美国蒙大拿州

对周文重来说，筹办一届博鳌论坛年会，从主题的设计到嘉宾的邀请，再到具体会务的安排，千头万绪，如何协调与沟通非常考验人，但有时难免会有疏漏。周文重写过无数感谢信，其中也有不少致歉信。“我给李开复写过一封致歉信，因为阴差阳错把他的名字给漏了，他到场以后发现好像没有他的位置，这很尴尬。所以对一场活动而言，每个环节都要事先想好，而且都要有预案。”

老骥伏枥，志在千里。换位新角色的周文重依旧干劲十足，而贯穿其中的沟通智慧也在不断产生新的效果。

有人曾问周文重：“有什么话是你深信不疑并且最想教给孩子的？”他

的回答是："和天赋相比，勤奋是人生中最重要的。"

记者手记

换个方式再"外交"

在博鳌亚洲论坛2013年年会闭幕当天的新闻发布会上，细心的人们发现周文重的左半边脸面色赤红，有脱皮现象。原来，这是他接受电视台采访时，被强烈的灯光灼伤了。但他并不愿提及这些，脸上更多的是鞍马劳顿后的释然和轻松。

"别谈我，多谈谈论坛"，年过古稀的周文重对自己的压力与操劳，总是轻描淡写，但当提及与论坛本身相关的话题时，他立刻变得兴奋起来，像父亲一样滔滔不绝地诉说着这个"孩子"的成长。尽管卸任了秘书长一职，但总还能看到周文重奔波的身影，"哪有退？我还会再做6年的论坛咨询委员，还想看它再长得强壮些呢"！言语中满是期盼。

近年来，周文重还会不时往返美国会会老朋友。

"2018年参与了芝加哥大学主办的2018中美论坛，以及素有中美经济'二轨对话'之称的第十轮中美工商领袖和前高官对话等，我想还能在中美关系中发挥些'智库'作用吧！"谈及2019年的赴美之行，周文重笑言正在计划中。一日大使，终身跟随，虽从驻在国卸任，但使命却成了"终身"。

不任大使、不做秘书长，如今的周文重又换了个方式再"外交"。

谢冕近照（均江胜信摄）

谢冕

谢冕，1932 年生，福建福州人。1949 年 8 月入伍，1955 年考入北京大学中文系。现为北京大学教授、博士生导师，中国作家协会会员。任诗歌理论刊物《诗探索》及《新诗评论》主编。自 2005 年起担任北京大学中国新诗研究院院长。

著有《湖岸诗评》《共和国的星光》《文学的绿色革命》《论二十世纪中国文学》等十余种学术专著，以及散文随笔集《世纪留言》《永远的校园》《流向远方的水》《心中风景》《花落无声——谢冕自述》等。主编《百年中国文学经典》(8 卷)、《百年中国文学总系》(12 卷)、《中国新诗总系》(10 卷)、《中国新诗总论》(6 卷) 等大型丛书。2012 年，北京大学出版社出版了《谢冕编年文集》(12 卷)。

谢冕：等待更动情的诗歌

江胜信

自中国“新诗之父”胡适始用白话文吟咏月夜算起，中国新诗已历百年。研究新诗的谢冕先生已有87岁高龄。

“我的季节已届深秋。然而我依然迷恋人间的春花秋月，依然寻找我心中的花朝月夕。”谢冕等待着诗人们能像百年前新诗兴起时一样，再赴春天的约会。他把这一等待作为新作《中国新诗史略》的结语。

新作逾40万字，从起笔到付印，前后将近20年。谢冕写得很慢很慢，他既要钻入一首首新诗诞生时的微观生态，又要把它们放入历史的景深，描绘它们投给当下的背影。他的笔端泌出热情与冷峻、敬仰与体谅、喜悦与哀伤的脉脉细流，淌过新诗来时路。这一路，有披荆斩棘、雷霆万钧，有一地鸡毛、万马齐喑，有光风霁月、春暖花开。笔触与史实这般渗透，令《中国新诗史略》成了一部观点鲜明又饱含温情的书。谢冕曾言“落笔不敢妄言”，他10多年前的落笔，依然能像水溶于水一样化入人心。

原本以为，在新诗百年之际，在新中国成立70周年之际，在他的新作完成之际，新诗是他最乐意谈的话题。他却淡淡地说：“研究新诗只不过是我的职业，我的爱好；我更看重的是我的生命如何安排，人生如何选择。”

一片冰心溶入幼小的血脉

恐惧伴随着谢冕的幼年时光：因敌机轰炸而举家逃难，因逃难而频繁换小学，因父亲失业交不起学费而一度失学捡稻穗，因没有粮食而不知道下一顿饭在哪里……

生活如此无望，母亲却从容迎接着每一个黎明：晨起细细梳妆，在发髻上边插一束鲜花。

除了这一束鲜花外，让谢冕从黑暗中看到一缕亮色的，还有冰心的《寄小读者》。

谢冕寄语

“童稚的心灵中，宛若吹进了一阵清婉的风。”《寄小读者》为谢冕开启了瑰丽梦境，他看到了太平洋舟中斜阳映出的波光，看到了慰冰湖四围的秋叶，看到了深山万静之中、病榻旁的友情和乡思，看到了凝聚于大自然绮丽景色中的万种柔情……他惊叹道：“文学竟有这般奇能，它揭示和再现世间万物的奥秘，它昭告人们，世界有着难以曲尽的美丽与丰富。”谢冕默默记诵，潜心领会，让一片冰心溶入幼小的血脉。

《寄小读者》含 29 篇书信体散文，是冰心在 1923 年至 1926 年旅美期间陆续撰写的。赴美前夕，就读燕京大学的她出版了姊妹篇诗集《繁星》《春水》，它们分别集纳了 164 首和 182 首小诗。这些小诗是 1919 年起随手记下的思想灵光。这一年的五四运动直接支持和导引了中国始自晚清的诗歌变革，新诗革命成为“五四”新文学革命的先锋和重要组成部分。

一百年过去，谢冕在《中国新诗史略》第二章“凤凰涅槃”中，将诗体大解放之初的积极探索渐次呈现。他说，“这是一个彰显个性的年代”，“‘五四’初期小诗运动的流行，正是这种诗人转向自我表达的体现”，“冰心是最集中写小诗的一位”，“传统的格律和形式的束缚在这里彻底地解除了，清新明朗，蔚为一时之盛”。

冰心青年时代学习、生活过的燕大校园，后来成了谢冕学习、生活的北大校园。他俩祖籍都是福建长乐，谢姓有很多家堂号，他们都属于“宝树堂”。谢冕偶尔带着家乡人去探望冰心。“她送我一张照片，在背面签名，笔力强劲写下‘谢冕同……’。我在边上看她写到这里，就猜，同学？同志？同乡？没想到她写的是‘谢冕同宗’！快 100 岁的老人了，思维还那么清晰，用词还那么讲究！”

冰心先生带给谢冕的精神慰藉，是贯穿生命始终的。每当冰心看到谢冕文章中流露出的悲观情绪，她就要指出来：“这不好……”谢冕对这位一直陪伴自己成长的挚友和良师倾吐着感恩之情：“爱在右，同情在左，走在生命路的两旁。随时撒种，随时开花，将这一路长途，点缀得香花弥漫。使穿枝拂叶的行人，踏着荆棘，不觉得痛苦，有泪可落，也不是悲凉。”当《寄小读者》《再寄小读者》成为一代代少年的手边书，谢冕说出的就不只是他一个人的心声。

第一次庄严选择：穿上军装

“冰心教我爱，巴金教我反抗。”这两位文学大师为谢冕的童年铸魂。

读中学时，谢冕组织了读书会。从茅盾的《幻灭》《动摇》，到巴金的《灭亡》《新生》《家》，他有了更广泛、更有目的的阅读，并有了独立的思考。

战乱和动荡，饿殍和伤残，流离和贫穷，带给他早熟的忧患，他在黑夜呼唤黎明。

1948 年 11 月，他将课堂作文《公园之秋》投寄给报纸，不几天就被刊登了出来。“风，像一把利刀，刺向人民的咽喉，哀呼一声，血流出来了，人民哭了，哭声恰像秋的风，飒飒地响。忧郁的山啊！你皱着眉，屹立在对面，泉水潺潺地从山坳中流下来了，是孤独者的泪啊……”朦胧的反抗意识和沉痛的文字，出自这位16岁少年。

谢冕渴望改变现状，思想倾向革命。他陆续参加了学生的进步运动，从同学和老师那里，阅读了由香港转入内地的解放区的作品，如《白毛女》《白求恩大夫》等。国统区流行一首歌《山那边哟好地方》：“……万担谷子堆满仓……年年不会闹饥荒……穷人富人都一样，你要吃饭得做工哟，没人给你做牛羊……”谢冕一听，“这太好了，山那边人人平等，都能吃上饱饭，这不正是我向往的世界么！”

1949年3月，在国民党的高压中，正读高一的谢冕在报上发表了诗歌《见解》：“泪是对仇恨的报复，锁链会使暴徒叛变，法律原是罪恶的渊薮，冰封中有春来的信息。黑夜后会不是黎明？有人在冀企着春天！历史的车轮永不后退，寂然的山火孕有愤怒的火焰。”年轻的谢冕“一心一意要通过诗喊出人民的声音”。在一首题为《诗》的诗中，他确认诗应当“呼喊出奴隶的声音/是被损害与被侮辱者的咆哮”。

谢冕与夫人在家中

这年暑假，中国人民解放军解放了福州。枪声稀疏之后，大街两旁睡满了长途行军作战而疲惫不堪的战士。“这是何等壮观的场面啊！他们是胜利者，他们有理由享受他们以鲜血和汗水换来的一切，但他们就这样直接躺在夏季的阳光直接照射的大街上。”这一严格自律而秋毫无犯的义师形象让谢冕激动不已。他们解放了他，他要加入他们的队伍，去解放更多像他一样受难的父老乡亲、兄弟姐妹。

当解放军文艺工作队的一位干部来到谢冕的学校动员参军时，谢冕毫不犹豫地做出了人生中第一个庄严的选择。1949 年 8 月 29 日，17 岁的谢冕穿上了军装。他向报刊投寄了中学时代的最后一篇文章《我走进了革命的行列》："……不再留恋家的温馨、父母的爱……去爱人民，去爱祖国，去扛起枪杆……唯有革命，才有我们完全美满的家，才有各人安定的生活……我走进了革命的行列，我满心充沛着喜悦！”

从军 6 年间，谢冕做过文工队编导组副组长、文化教员、土改队员、军报记者、海岛驻防战士……直至 1955 年 4 月奉命复员，回到福州。

第二次庄严选择：考入北大

8 月 29 日这个日子对谢冕来说意义特殊，这意味着他人生的两次重大转折：1949 年的这一天，他走入了军营；1955 年的这一天，他走进了北京大学。

高考填志愿可以填 3 个，谢冕都填了：北大、北大、北大。他说："我就知道北大好。我进了北大才知道，它竟然有这样好！”

谢冕加入了北大诗社。他用一首题为《一九五六年骑着骏马飞奔而来》的小诗来迎接他在北大的第一个新年，“在北京大学的未名湖畔 / 我也听见一九五六年的脚步在响 / 虽然冰霜封冻着大地 / 可是我的心却燃烧得发烫 / 祖国的每一天都不平凡 / 新来的年度又是这样的充满阳光 / 我要不虚度每一个有意义的时日 / 像勤劳的工人农民那样”。

除夕之夜，大饭厅的舞会举行到夜阑。零点零分，舞步停下来，未名湖边的钟声响了。马寅初校长微醺着向大家拜年，最让谢冕记忆深刻的，是校长那一句“兄弟我今天多喝了几杯酒”。

1956 年 4 月 25 日，毛泽东在中国共产党中央政治局扩大会议上作了《论十大关系》的讲话，提出了“百花齐放，百家争鸣”的方针。此后的一年间，在《中国新诗史略》中被谢冕称为新诗的“百花时代”。它如梦幻般美丽，终又在之后的一次次疾风骤雨中凋零、荒芜。

暴风雨过后，诗人们终于等到了悲喜交集的归来。1978 年 4 月 30 日，上海《文汇报》发表了带着满身伤痕归来的艾青的《红旗》：“火是红的，血是红的，山丹丹是红的，初升的太阳是红的；最美的是在前进中迎风飘扬的红旗！”艾青曾于 1938 年创作了《我爱这土地》，诗中那句“为什么我的眼里常含泪水？因为我对这土地爱得深沉”。既为当时的抗战擂响了鼓点，又穿越时空令今天的人们动容。谢冕给出了这样的评价：“在新诗的发展史上，胡适是光辉的起点，郭沫若传达了‘五四’时期的浪漫激情；而中国白话新诗文体的完成则是艾青。”曾以沉郁内涵和自由形式创造了诗美奇观的艾青，躲不过“疾风骤雨”，直至用《红旗》迎来改革开放的春天。

艾青将归来之后的第一本诗集，定名为《归来的歌》，该书于 1980 年 5 月出版。几乎同时，谢冕的《在新的崛起面前》一文在诗坛引发震荡。谢冕在文中支持了当时引起激烈争论的“朦胧诗”，主张对新的探索“适当的容忍和宽宏”，他因此被称为“崛起派”。时至今日，“朦胧诗”掀起的新诗潮带给中国社会的巨大冲击，正逐渐被历史所接纳和认同。今天的人们，谁不能随口说出几句舒婷、顾城等“朦胧诗派”代表诗人的经典诗句呢——“根，紧握在地下；叶，相触在云里”，“仿佛永远分离，却又终身相依”，“黑夜给了我黑色的眼睛，我却用它寻找光明”……

当诗人们或文艺评论家们为诗的花开花谢、叶枯叶荣嘘唏、争论、赞美时，唯有未名湖像接纳倒影一样接纳所有，再漾起一泓清波。从沙滩红楼和未名湖畔走出了胡适、鲁迅、闻一多、刘半农、徐志摩、冰心、冯至、沈从文……究竟是红楼的钟声和未名湖的清波濡染了他们的灵思，还是他们的灵思荡涤了钟声与清波？

谢冕爱这未名湖。“我们认定了这湖，再多的美景也抵不过它，它们加起来也不能把这湖从我们心中换了去。”他喜欢绕湖而行，是一种习惯、一种享受、一种仪式，从初春直到深秋，从弱冠直到耄耋，从相许直到相守。他说：“北大是我精神的故乡。”

诗人的在场给了新诗以信心

新诗潮、后新诗潮渐次退潮。

20世纪90年代，“下海”“出国”颇为时髦，物质的丰裕与精神的匮乏构成了巨大落差，诗似乎正离我们远去。谢冕在一篇篇文章中发出警醒：“它不再关心这土地和土地上面的故事，它们用似是而非的深奥掩饰浅薄和贫乏。当严肃和诚实变成遥远的事实的时候，人们对这些诗冷淡便是自然而然的。”“诗人沉湎于个人的‘内心’，而这所谓的‘内心’是与世无涉的。它过于冥想，似乎有什么禅机或哲理，其实多半是迷狂的自恋。”“这一切的背后，是对诗的思想含量和精神价值的轻忽。”

2000年底，谢冕飞赴大连，参加20世纪最后一次诗歌聚会。风雪严寒，大连机场跑道封冻，全国的诗人们和文艺评论家们分别取道沈阳、青岛、烟台等地，辗转抵达。

如同诗人们抵抗封冻，新诗亦在抵抗陷落。2008年5月12日14时28分，汶川大地震。《生死不离》和《孩子，快抓紧妈妈的手》通过手机迅速流传。“生死不离 / 我数秒等你的消息 / 相信生命不息……无论你在哪里 / 我都要找到你 / 血脉能创造奇迹……你一丝希望是我全部的动力”“孩子 / 快，抓紧妈妈的手 / 去天堂的路 / 太黑了 / 妈妈怕你，碰了头 / 快，抓紧妈妈的手 / 让妈妈陪你走。”诗人们不再呓语，喊出了千万人的心声。

汶川大地震、玉树大地震、北京奥运会、世博会、共和国成立 60 周年……在一系列重大的事件中，泪水和欢笑构成了绚丽多彩的诗歌画卷，短章长句竞相出现，蔚为大观。谢冕欣然道：“诗人没有缺席，他们的在场给了新诗以信心。”

诗人们也在反思自己的创作，调整自己的姿态。在处理个人写作与公共关怀方面，谢冕尤赞同诗人王家新的观点：“一个诗人既要坚持一种写作的难度，不向任何时尚和风气妥协，坚持按照自己的艺术标准来写作，但在另一方面，又要保持一种对历史、人生和灵魂问题的关怀。只有这样，它才能具有某种‘公共性’，它才会具有它的穿透人心的力量。”

谢冕说：“历史上所有的伟大诗人都不会陶醉于自我抚摩而远离人间的大悲哀、大欢乐。对于诗人而言，为自己所处的时代、为自己所热爱的国家乃至为人类的命运而书写和吟咏从来都不意味着羞耻。”他列举了每一个时代的代表性诗人：五四时期有郭沫若，抗战时期有艾青，大后方有穆旦和他的朋友们，解放区有李季和阮章竞，20 世纪 50 年代有郭小川和贺敬之，20 世纪 80 年代之后有舒婷、海子……当“面朝大海，春暖花开”成为 20 世纪末的绝响，谢冕在等待 21 世纪更动情、更能穿越时间的诗歌。

在用等待作为《中国新诗史略》的结语之前，谢冕抄录了 2010 年上海世博会志愿者主题歌《世界》的歌词（王平久作词）：“一个拥抱 一个世界 / 你的世界是我们的拥抱 / 拥抱很大 很小的世界 / 世界很远 很近的拥抱 // 世界拥抱 / 一个微笑 一个世界 / 你的世界是我们的微笑 / 微笑有情有爱的世界 / 世界有涩 有甜的微笑。”

谢冕之所以引用这首歌曲，除了肯定“它的节律追求接近于我们心目中的诗”，更有感于“它建立于世界大视野的言说”。

诗中的世界，有情怀；有诗的世界，更美丽。

记者手记

谢教授，您好！

慢跑、冷水浴，一年四季不间断。很难想象，谢冕先生硬朗的身板竟是由冰与火交替锤炼而成的。更让人感佩的是，当冰与火的人生经历压在他这副身板上的时候，他依然风骨铮铮又谦逊慈悲。

人们给了他诗家、作家、文艺评论家等诸多名号，他最看重的却是他北大教授这一身份。前些日子，他被2018—2019华人教育家大会推选为“华人教育名家”。“我很怕被称为这个‘家’那个‘家’，但这个‘华人教育名家’倒还算恰如其分。”

他把87岁的生命与绵延的新诗史相比，看到了自己的渺小，“一个人的精力有限，我一辈子只做文学，文学只做了新诗”；他把自己与学生相比，也看到了自己的渺小，“我自己微不足道，但我的学生很了不起，个个都聪明出色，这是最让我感到欣慰的一点，也是最有成就感的一点。从这个角度来讲，我可以算‘教育名家’。”

所以，当我们向这位可敬的老人致意，不妨称一声：谢教授，您好！

梁晓庚在实验基地（均受访者供图）

梁晓庚

>>>>>>>>>>>>>>>>

梁晓庚，1960 年 6 月出生于河南孟县，1982 年毕业于西北工业大学导弹飞行器控制专业，参加工作后一直从事空空导弹研究工作。曾先后参加并主持了多个国家重点项目的研发及相关配套设备的研制工作，获中国专利 15 项、国家科学技术进步奖一等奖 1 项和部级成果奖 10 余项。现为航空工业武器系统设计技术首席专家。

梁晓庚：一流空空导弹，中国必须有！

郑蔚

世界上最早的空空导弹不是中国人发明的。

当世界上第一代近距格斗空空导弹已经正式列装美国空军时，我国人民空军对什么是空空导弹还几乎一无所知。

但也许很多人想不到，世界上空空导弹第一次实战却是发生在中国领空：一架中国人民解放军的歼–5战机被“响尾蛇”空空导弹击落！我国飞行员王自重英勇牺牲。用生命的代价，我们才认识了空空导弹。没有空空导弹，就没有制空权。中国的航空人从此被逼上研制空空导弹的道路。

虽然战机上的机炮仍不能废止，但曾经的机炮时代永远过去了。航空工业武器系统设计技术首席专家、空空导弹型号总设计师梁晓庚研究员说：“今天，没有导弹的战机，只能是和平鸽。只有装备了先进导弹的战机，才是战斗机。”

距那场“响尾蛇”首次亮出毒牙的空战已有60多年，今天的人民空军是否已利箭在翼，足以守卫祖国的领空？万一有他国战机侵犯我国领空，我国人民空军能否一击命中？

梁晓庚说：“尽可放心。虽然未来的战争是双方体系对体系的战争，但我们研制的空空导弹已经不比世界上性能最好的空空导弹差。世界一流的空空导弹，中国必须有！”

“没有先进的空空导弹，战机就是和平鸽”

“我平生第一次坐飞机乘的是伊尔–76。记得那天飞机上挤了400多人。因为是军用运输机，就是一个大机舱，也没有座位，所有人一个挨一个坐在机舱地板上。飞机动力十足，‘呼’地一下子起飞了，机舱里的人倒下了一大片，惯性啊，根本就没有安全带。但因为是第一次坐飞机，我还是很难忘。”

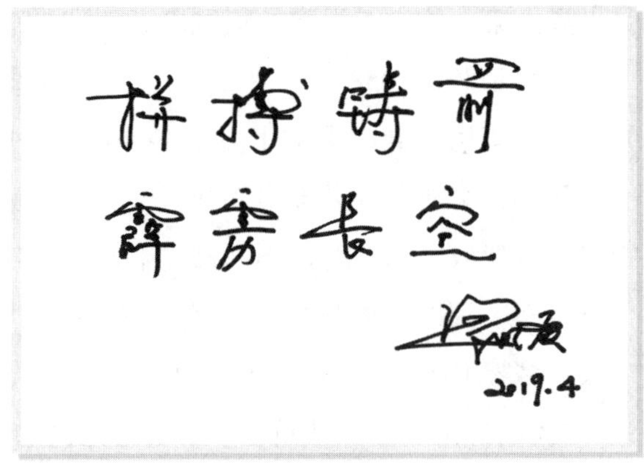

梁晓庚寄语

说起最初走上研制空空导弹路的历程，最难忘的是航空人的艰辛。

研制导弹是必须去外场打靶的，能搭空军运输机的机会不多。如果带着导弹去靶场，那得坐几天几夜的火车。下了火车，还得坐长途车，在“搓板路”上再颠上整整一天。第一次到外场试验基地，梁晓庚见识了什么叫“沙窝子”，就是在沙漠里挖地三尺、只露出半个窗在地面的半地下建筑，它的优点是能最大限度地低成本防寒保暖。试验基地冬天的最低温度可达 –30℃，又没有暖气，所以只能靠纯天然的地暖取暖。空空导弹仿真技术专家吴根水感叹地说：“那里冬天只要一刮风，你就是穿着皮大衣，在露天也撑不了 20 分钟。”

那时，到了冬天一旦大雪封路，就连后勤补给都成了难题，全靠当地老乡卖些土豆萝卜救急。梁晓庚印象最深的是，有一年，大雪阻道，试验队没吃的了，幸亏老乡赶着辆毛驴车送来了萝卜白菜。试验队的厨师还偏偏看上了毛驴，请示队长：“能不能把毛驴也买下来？”最后花了 300 多元买下了那头毛驴，帮着试验队坚持到了最后完成任务。

梁晓庚说：“虽然我大学本科学的就是空空导弹控制，但直到进了单位后，才真正知道空空导弹对我们空军有多重要。那时才知道王自重烈士是世界上第一位空空导弹的牺牲者，对我的刺激很大。”

史料记载，1958 年 9 月 24 日上午，配备了“响尾蛇”AIM–9B 空空导弹的台湾国民党空军的十多架 F–86 喷气式飞机，窜入我国浙江温州上空。我国海军航空兵某部出动战机迎战，驾驶 3 号战机的王自重，在战斗中与十多架敌机缠斗时，不幸被“响尾蛇”击中。

其实，那时“响尾蛇”空空导弹的命中率并不高，只有 26%。这次空战，多架 F–86 总共发射了 5 枚“响尾蛇”。

“我们付出的巨大代价证实：没有先进的空空导弹，战机就是和平鸽。现代化的空空导弹大大改变了武器装备与战机的作战效能关系。”梁晓庚分析道，“平台性能与整体作战效能是线性关系，是一次方的；而机载航电系统（雷达和火控系统）与平台是二次方关系，如航电系统性能提高 2 倍，战机的作战效能就能提高 4 倍；但导弹与作战平台的关系是四次方关系，如果将导弹的性能提高 1 倍，战机的整体作战效能就能提高 16 倍。我们空军现在已经装备了现代化先进战机，但如果没有现代化的空空导弹，就难以将现代化战机的作战效能发挥到极致。而研制现代化的空空导弹，就是我们的使命！”

“新技术是闯出来的，也是拼出来的”

1982 年 6 月，以色列在贝卡谷地上空，用近距格斗红外导弹打出了 82∶0 的战绩，令世界震惊。

“第一代空空导弹以美国的‘响尾蛇’AIM–9B 和苏联的 K–13 为代表，采用的是电子管技术，主要用于攻击亚音速轰炸机。因其红外探测和机动能力等有限，AIM–9B 仅具有尾后攻击功能。空战时，谁占据了尾后攻击区，谁就抢占了先机。而第二代空空导弹以美国的‘响尾蛇’AIM–9D、苏联的‘蚜虫’P–60 和法国的‘玛特拉’R–550 为代表，采用的攻击方式略有进步，为后半球攻击，用于攻击机动能力达 3—4 个 G 的轰炸机等目标。美军还有雷达制导的‘麻雀’中距空空导弹。”梁晓庚介绍说。

20 世纪 70 年代后期，第三代空空导弹登场，代表性的型号是美军的“响尾蛇”AIM–9L 和 AIM–9M，具有在 3—5 公里之外迎头攻击的能力。这时电子产品走向成熟，导弹的探测灵敏度和跟踪能力大大提高，能全向攻击以 6—9 个 G 机动的高性能战斗机，俄罗斯的“射手”P–73 也是这一代产品。

从 20 世纪八九十年代起，第四代空空导弹问世。美国代表性的型号是近距红外格斗导弹“响尾蛇”AIM–9X 和中距拦射空空导弹 AIM–120A/B/C。近距格斗导弹采用红外成像制导、小型捷联惯导、气动力 / 推力矢量复合控制，低阻 / 超大攻角等关键技术，能有效攻击载机前方 ±90°的大机动目标，甚至可实现“越肩发射”，降低了战斗机空战时占位的要求。

“为什么‘越肩发射’在现代空战中这么重要？”记者问。

“如果双方是隐身战机对决，一定是谁也不敢轻易打开雷达，因为打开就不隐身了，双方直到相距 10 公里左右时才靠目视发现。因为隐身飞机通常都是超音速巡航，所以这 10 公里的时间非常短，不会超过 20 秒，谁先用光电雷达锁定对手、发射红外格斗空空导弹者胜。一旦双方战机擦身而过，有‘越肩发射’功能的近距红外格斗导弹也会主动转弯紧咬对手不放。”

但研制现代化的空空导弹谈何容易。梁晓庚常说：“科技创新是拼出来的，不拼怎么行？”

“某型空空导弹是跨代产品，最初我们也希望能通过合作的方式发展得快一点，但当我们去找了国际上实力领先的同行，提出‘越肩发射、大攻角飞行、抗大过载’这 3 条技术标准时，对方双手一摊说，‘这 3 条别说你们做不到，我们也只能做到 1 条’。”

梁晓庚说：“这让我们意识到：之前我们研发中遇到难题，还能向国外学习；但如今对外学习已经学到‘天花板’了。要打破这个尖端技术的‘天花

2004 年，梁晓庚获得国家科学技术进步奖一等奖，笑捧证书

在基地，梁晓庚主持研制的空空导弹成功击落靶机

板’，只有靠我们自己去闯、去拼了。”

空空导弹的研制从预研开始，到方案、初样、试样、定型，有着严格的流程。

“空空导弹的试验特别难。一辆车试验中出了问题，可以当场在车上排查出故障原因；而一枚导弹打出去往往就找不到了，即使找到了它也摔成残骸了。”某型空空导弹总体性能主任设计师谢永强说，“对此，梁总就提出了用降落伞回收试验弹的设想，这样万一试验弹发生故障，就比较容易查找故障原因了。”

这一招不久后果然派上了用场。有一枚试验弹发射后，发生故障。打开用降落伞回收完好的弹体一查，当场就找到了原因。“如果弹体不能回收，不知要多花多少时间故障才能‘归零’呢。”谢永强说。

“梁总的特点是敢于创新，他新点子特别多。”航空工业特级技术专家贾晓洪说，“在某型导弹研制已进行到试样阶段时，用户提出了新的抗干扰技术要求。别人也许会找理由推脱，而梁总敢于担当，他对我们说：

‘我们交给部队的，必须是好用管用能打仗的产品。’他带领大家又埋头攻关了 3 年，终于使这款产品具备了全程抗干扰能力。”

导弹的伺服系统性能决定着导弹飞行的机动性。某型空空导弹伺服系统主任设计师何卫国告诉记者，在该型导弹研制中，为了提高导弹的机动性，梁总提出必须将模拟有刷电机升级为数字无刷电机。“当时我们对数字无刷电机一无所知，而对模拟有刷电机的预研已进行了 10 年。有关负责人不同意推倒重来，而梁总坚持说，技术不升级，产品就不可能换代，再难也要升级换代。他直接找到单位领导，阐述了自己的技术方案。在单位领导的支持下，经过艰辛的研发，终于拿下了数字无刷电机，实现了这款导弹的高度机动性。”

“我们研制的空空导弹的机动性究竟如何？”记者问梁晓庚。

“在最先进的飞行抗荷服帮助下，人体可承受的最大过载是 12 个 G。我们现在的空空导弹的抗过载要求非常大，机动性、敏捷性是飞机的机动性和敏捷性的好几倍，被我们的导弹盯上，它怎么跑得了？!”梁晓庚满脸自信。

“科学认知有个过程，总师就是承担责任的”

在射程百公里以上的中距空空导弹越来越成熟的当下，是不是近距格斗空空导弹已经没有太大的实战价值了？

“恰恰相反。”梁晓庚说，“在双方没有很强的电磁干扰、双方飞机都不隐身的情况下，可能彼此远在 100 公里、200 公里以外都发现了，发射的是雷达制导的中距空空导弹；而在高机动、立体化、高隐身、复杂电磁环境的空中战场上，双方战机突然遭遇的可能性反而加大了。双方飞机可能在 10 公里左右时才互相发现，那时近距格斗空空导弹才是夺取制空权的利器。”

而相对弹体 200 公斤级的中距空空导弹，弹体只有 100 公斤级的近距格斗空空导弹，无疑有着特殊的研制难度。“一枚空空导弹应有的导引、控制、引战、推进等系统一样也不能少，但必须更小更轻更敏捷。”梁晓庚说。

如果说失败是成功之母，那不怕失败就是成功之父。空空导弹控制技术专家李友年告诉记者：“梁总不怕试验出问题，即使试验失败了，我也从没见他愁眉苦脸的。他总是说：‘科学认知有个过程，失败是正常的。不打怎么暴露问题？’即使出了问题他也不怨别人，他的口头禅是，‘责任在我，总师就是承担责任的’。”

其实，在梁晓庚看来，总师不仅是用来承担责任的，而且关键时刻是用来“身先士卒”的。

有一次空空导弹打靶试验，眼看着导弹与靶机擦肩而过，近炸引信却没有引爆战斗部。

在监测仪器的跟踪下，这枚导弹飞行了几十公里，扎进了沙漠里的一片原始梭梭林中。“那片梭梭林很密，10 米之外就见不到人了。但万幸的是导弹被我们找到了，可导弹断成了 3 截。”空空导弹导引技术专家付奎生说，“导弹最关键的战斗部扎进了沙漠里有半米多深，这时导弹已经解除了保险，随时可能引爆。梁总却坚持要把导弹挖出来，他让我们都撤到安全地带，自己带把铁锹开始挖导弹。”

导弹是挖出来了，但因为弹体已经变形，无法正常打开。梁晓庚决定用爆破用的切割索将它炸开。第一次爆破，导弹的壳体只切割开了一半；再一次爆破，壳体是切开了，但引爆雷管的 3 根导线却炸断了 1 根，这更危险了。哪怕一点点静电都有可能将它引爆！

作为总师，没有人比梁晓庚更了解导弹战斗部里高爆炸药的厉害。他曾对记者说过：“我们的靶机是用某型战斗机改建的，号称‘靶坚强’，但我们的导弹一枚就能将它打折、击落。”可在这真正危险的时刻，他就像排爆手一样果断地将另 2 根导线也剪断，去掉导线的绝缘层后利索地将 3 根导线绑在一起，解除了意外引爆的危险。

“你觉得自己比‘靶坚强’还坚强吗？”记者不能不觉得他太冒险。

“拆了才能尽快找到故障原因。”他回答很简洁。

“总师就是管技术的，凡是技术问题对我都是原则问题，决不能含糊。”他就是这么个总师。

在研制某型空空导弹时，他对传统的控制方式提出异议，但大多数人认为出问题的概率很低，仍坚持采用传统的控制方式，他坚持保留意见。试验时，被他不幸而言中。“为什么小概率事件发生的可能性很大？这就是墨菲定律”，梁晓庚认为自己的坚持是有科学根据的，“任何一件事如果有两种选择，其中一种将导致灾难，则必定会发生”。

“梁总平时待人没有架子，但工作起来绝对严实，没有任何含糊。”曾负责空空导弹工艺技术管理的郭晓楠说。

有一次，梁晓庚应邀参加某型导弹的技术评审。按设计原则，应当是先做导弹的低温试验，再做高温试验。但在做低温试验时，出现了问题。研制人员找不出故障原因，就改为先做高温试验，再做低温试验，竟然成功了。梁晓庚知情后，毫不客气地拍了桌子：“导弹先做低温试验是有科学根据的，它随载机升空，最先经受的就是低温考验，长时间飞行后温度升高，再经受高温考验，这怎么能变呢？从低温的特点找故障原因，才能真正解决问题啊。”

在他的指点下，研制团队果然找到了症结所在。

如今，中国的空空导弹实现了从第三代到第四代的跨越，使我们的空空导弹整体达到了世界先进水平。

2016 年，梁晓庚主持研制的一款外贸型空空导弹公开亮相，引起国内外军界极大关注。美国环球战略网评价说：“该型导弹与美国最先进的‘响尾蛇’导弹性能不相上下，真正实现飞行员看哪打哪。”

梁晓庚说：“把我们的国防做得更强大，让别人不能来战、不敢来战，保卫祖国的和平，这就是我们的使命和目的。”

记者手记

长空铸箭人的报国情怀

采访梁晓庚前，记者曾揣测：他是不是从小就是个喜欢飞机导弹的军迷？

“我高中毕业时最大的理想其实是当一名治病救人的医生，最想考的是第四军医大学。”梁晓庚说，“但我的中学物理老师建议说，你是革命家庭出身，为什么不投身国防工业呢？”梁晓庚的父亲16岁就到太行山抗日根据地当抗战政府的秘书，很多亲戚都是“老八路”。他转念一想，对啊！就这样选择了西北工业大学，成为西工大恢复高考后的导弹飞行器控制专业第一届本科生。

“我觉得自己非常幸运的是，一进单位，就感受到单位非常好的氛围和传统，那就是技术人员潜心钻研专业技术，全院上下最尊敬的是技术权威。当时单位有两位老专家，一位是研究红外导引头的张明，一位是研究引信战斗部的张荫锡。两位都没有行政领导职务，但被推荐为全国人大代表，鼓励我们年轻人以老专家为榜样，这对我选择沉下心来钻研业务的影响非常大。”梁晓庚说。

为了长空铸箭，梁晓庚平均每周工作近80小时，只休过一次假，还晚去了3天。这3天里，他主持发射了2枚试验弹。

他说：“一枚空空导弹有数千个零部件，有百多家企业合作。导弹打成了，是整个研发团队的成绩，不是我个人的。”

汪品先接受专访（袁婧摄）

汪品先

汪品先，祖籍江苏苏州，1936 年 11 月出生。我国著名的海洋地质学家，同济大学海洋与地球科学学院教授、博士生导师、中国科学院院士。

1960 年，汪品先毕业于莫斯科大学地质系。回国后，他先后在华东师范大学和同济大学任教，历任同济大学海洋地质研究所副所长、海洋地质系主任、海洋地质教育部重点实验室主任。现任同济大学海洋与地球科学学院教授、博士生导师。1991 年，他当选为中国科学院院士。

几十年来，汪品先努力推进中国的深海科学研究。1999 年春担任首席科学家，在南海主持了中国海区首次国际大洋深海科学钻探（ODP 184 航次）。2006 年起，成功推进我国海底观测系统的建立，由他指导的团队建立了中国第一个海底观测试验站。2011 年起，汪品先任国家“南海深部计划”指导专家组组长，使之成功发展成为我国最大的深海基础研究计划。

汪品先：海洋与创新，风雨七十年

许琦敏

“我这辈子最想捕的‘大鱼’，终于捕到了！”当记者再一次来到汪品先院士的办公室，他兴奋地告诉记者，他和同事们正在为成果发表做准备，“这可能会成为我此生最重要的论文”。

这条“大鱼”就是历时八年的“南海深部计划”终于有了系统性成果。“我们终于可以说：南海不是小大西洋！”汪品先说，通过这八年的研究，他的团队将提出一些新的理论框架，对中国南海的形成、对全球气候的演变，发表新的见解。

汪品先的眼中闪着欣慰、快乐的光芒。上一次见到他这样的眼神，是2018年的5月。当时他刚乘南海科考船返回，那次他实现了一个长达40年的心愿：乘坐载人深潜器，下潜到了1400多米的海底，真切看到了海底世界的模样。走出我国自主研发的载人深潜器“深海勇士”，汪品先感叹：“我感觉自己好像爱丽丝，刚从仙境漫游回来！”

而在此之前，每次采访汪品先，总觉得他心中埋藏着很多忧虑：我国的海洋科学落后于国外；缺少自己的大洋钻探船、深潜器……

“一直到现在，我仍然觉得自己的人生还在走向未来，还有很多事没有做完。”这位敢于针砭时弊的院士，直到83岁仍葆有着一颗赤子般的心灵，充满好奇、追求真善美，又知足常乐。他说：“站在现在的角度往回看，我对自己的人生很满意！”

“这本书如果浓缩到底，那就只剩下四个字：‘深海’和‘创新’。”这句话出自汪品先为《瀛海探径——汪品先科学人文随笔》一书所撰写的前言。这四个字也正是他几十年倾注心血最多、投入思索最多的所在。

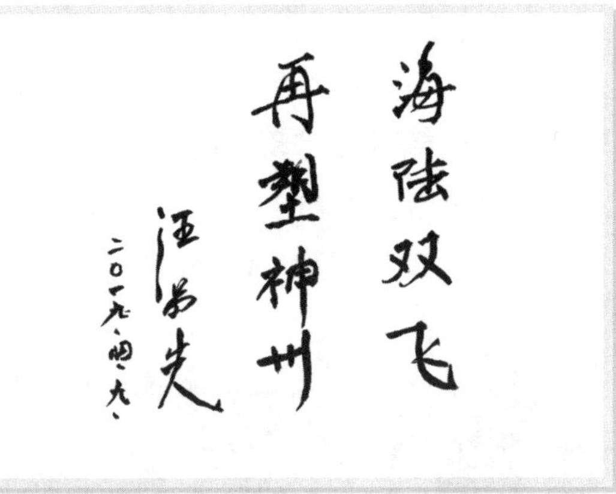

汪品先寄语（除署名外，均受访者供图）

“我出生在上海，从小见过侵华日军的凶残蛮横，因此懂得国家强盛、和平安定的价值。”汪品先说，懂得珍惜、愿意付出，是时代与经历给他们这一代人所带上的烙印。从早期研究海洋微体古生物化石，到跻身国际大洋钻探计划，再到推动中国建设海底观测网、实施中国的“南海深部计划”，汪品先戏称自己的视野“从显微镜底下，一路放大到了全球”。

庆幸遇上最好的时代

作为1936年出生在老西门、成长在六合路的“老上海”，汪品先的童年记忆里有着苦难的深深烙印。在他只有八个月大时，父亲因逃难而亡故，母亲拖着他们兄弟三人清贫度日。汪品先上小学的时候，附近的慕尔堂是日本兵的营部，教堂门口有日本宪兵扛着枪把守，行人走过一定不能将两手插在裤兜里，不然就可能“挨枪子儿”。直到今天，他依然没有将手插裤兜的习惯。

“我是三兄弟中最小的一个。1949年，我和二哥都在格致中学上学，他高我两个年级，解放前就接触地下组织，时不时用报纸裹着进步书籍拿回家看，一解放就准备瞒着家里与同学一起‘南下’当兵，没有成行就得了伤寒去世。”汪品先说，那是他第一次懂得人是会死的。

在格致中学的六年，对汪品先的影响很大。2019 年是格致中学建校 145 周年，汪品先应母校之邀，为母校迎新中国成立 70 周年的文集撰写序言。他这样写道："现在的同学，大概很难想象 20 世纪 50 年代初期母校师生那种热血沸腾的心情。在当时的革命巨浪里，同学们把进课堂学习和上前线参军，同样看成是投身宏伟事业的实际行动。"

1999 年南海大洋钻探（ODP 184 航次）结束后，汪品先向媒体报告航次的成绩

直到中学毕业，汪品先和同学们总是抱着这种热情努力学习、参加社会工作。如何报效国家，就是当时学习的目标。20 世纪 50 年代，地质找矿是国家的突出需求，加上格致中学解放后的第一任校长陈尔寿曾聘来一批造诣很深的地理学家给学生上课，燃起了青年人对地球科学的热情。因此，包括汪品先在内的不少学生，后来成了地质学家。

而当时的语文老师许志行，又为汪品先在独立思考上打下基础。还在解放之前，许志行就组织学生展开辩论，第一场辩论的题目就叫"要辩论还是不要辩论"，是当时教育界里的空谷足音。

这种独立思考的习惯与能力，使汪品先一生受益。但凡与汪品先接触过的人，都会为他清晰的逻辑思维、充满热情与活力的言语而折服。

"可能没有哪一代人，会经历像我们这一代这么多的风雨飘摇与回转往复。如果不能独立思考，只是盲从，分不清什么是对、什么是错，真的很容易迷失自我，找不到自己的方向。"这是汪品先从自己在莫斯科大学留学的经历，以及后来的起起伏伏中，所体悟到的。正因为此，他才没有只埋首于学术，而是同时为破除种种时弊、为创新文化而奔走呐喊。

1953年，中学毕业的汪品先被选送到北京留苏预备部学习。与许多老解放区来的同学相比，从上海“十里洋场”来的汪品先，总带着一种“原罪感”，真诚地想改造自己，其中一个重点就是批判个人主义。1959年，在莫斯科大学留学的最后一年，汪品先参加毕业实习，跟随老师一起翻过高加索山脉进行地质考察。但是当下到海边的时候雨后路滑，他们的汽车失控翻车。事后汪品先深感内疚，因为“当我醒来后，我的第一个念头是‘我还活着！’”他感觉自己的想法那么自私：为什么不是首先想到要救别人？这就是个人主义！他说，直到过了很多年，他才改变了想法，认为求生本能的反应并没有错。

“我们这代人的经历，现在的青年很难理解。”他说，“比如，思想上不自然的苛求是不真实的，因而也是误导的”。

在这个世界上，容易迷惑人的表象很多，要拥有真正让内心顺服的理念，必须通过独立思考，看清未来的方向，义无反顾地坚持下去。“我是幸运的。”汪品先说，“尽管经历了几十年的风浪，无论从我工作的单位，学术界的同行，以至于自己的家庭，都能得到理解和支持，这就是幸福”。

自从在留苏预备部遇到了当时的班长孙湘君，汪品先就认准了她这个人生伴侣。哪怕曾经恋爱关系切断，哪怕为了海洋事业长期分居，这对科学伉俪始终相互扶持守候。“当我们终于结束了长达30年的分居，生活在一起时，发现彼此之间居然依旧十分默契，我真的觉得老天对我太好了！”汪品先说到这里时，禁不住欢快地笑出了声。

在同济大学海洋与地球科学学院的三楼，汪品先与夫人的办公室相邻，有一扇小门相通。平时，两口子一起去学校的食堂吃饭，食堂大叔总会将他们领到队伍的最前面，让这对八旬老人先打上饭菜——这可是校领导都没有的待遇。

深海大洋的无尽探索

1991 年就当选为中国科学院院士，可汪品先却认为，直到 1999 年，自己的业务方向才算确立。“当登上国际大洋钻探船时，我感到自己终于找到了真正的人生方向。”

其实，汪品先在莫斯科大学学的并不是海洋，而是地质学里的古生物化石。从苏联留学归国后，汪品先来到华东师范大学地理系，加入筹备中的“海洋地质系”。20 世纪 50 年代末“全民找矿”的热潮兴起，上海也准备在海上找矿，但那时连陆上出差都困难，遑论海洋！

多年以后，国家在上海设立“627 工程”准备对东海、黄海的石油进行勘探，方才出现了机会。在 1969 年“文革”下乡期间，汪品先与几位同事起草的建立海洋地质系的建议，很快被采纳。1970 年，华东师范大学开始招收海洋地质系本科生。1972 年，当时的国家计划委员会地质局一份通知，将该系转到同济大学，与同济的水文地质专业合并到“地下工程系”，于 1975 年正式挂牌成立海洋地质系。

在那个国民经济百废待兴的年代，学校连一条小舢板都没有！怎么去海里找石油？汪品先回忆，靠一些出海的船只带回黄海海底的泥巴，他带着学生用吃饭的大搪瓷碗将泥巴泡开，然后在厕所的自来水龙头下淘洗，再在一台勉强可用的显微镜下观察——就这样开始了向海洋科学“进军”的第一步。

“我最感到幸运的是，‘文革’结束后，我成为同济大学最早出国的老师。”汪品先说，1978 年 9 月跟随当时石油部科技代表团出访美国和法国，使他顿然开了眼界，一股“中国要跻身世界海洋科研”的愿望，在心头勃然而生，历久弥坚。

20 世纪 80 年代，世界强国之间的海洋之争已初现端倪，海洋科技的较量也已开始。汪品先看在眼里，急在心里：国外大石油公司、名牌大学都在研究海洋、勘探海洋，然而我国连一点信息都不曾得知，当时国内对海洋的认识，还停留在“舟楫之便，渔盐之利”的传统思路上。

1999 年，首席科学家汪品先（左）与美国 W. Prell 教授在“决心号”大洋钻探船上

就在那次出访时，有一位法国专家在饭桌上向汪品先介绍乘坐载人深潜器潜入地中海海底的经历：“漂亮极了，到处都是海百合，安静得没有一点声音。”套用一句流行说法，这位教授成功在汪品先心里“种”了“草”。直到 40 年后的 2018 年，汪品先才如愿以偿。

1981 年，汪品先获得洪堡奖学金去德国基尔大学深造，那里正是德国的海洋研究中心。回顾起来，也许是命运使然：“文革”之后，汪品先得到了进军海洋的各种机遇，在国内外开创了海洋地质的合作交流。1977 年，他应邀去海南岛参加南海第一口探井“莺 1 井”的地层分析，从此和南海石油勘探长期合作；1980 年和 1984 年，在同济先后举办了碳酸盐和古海洋学的国际讲习班；1988 年，“第一届亚洲海洋地质大会”在同济召开。种种进展，都为同济的进一步发展准备了前提。

此后几年里，担任全国人大代表、当选学部委员、建立海洋地质教育部重点实验室……汪品先在忙碌中开始反思：为何我国的海洋地质科研看起来干得轰轰烈烈，却难以获得国际学术界的关注？

“过去，我们的科研属于劳动密集型工作，没有独特的、新颖的科学见解，怎么可能真正赢得关注与尊重？”于是，汪品先在分析了国际海洋科学的前沿动态后，决定将科研方向从近海转向深海。

机遇来了！始于20世纪60年代的“深海钻探计划”于1985年结束了，而新的“大洋钻探计划”开始了。中国科学家一定要介入！尽管那是一个“富人俱乐部”，每年要支付数以百万计的美元才能成为会员国——这在30年前的中国无异于天文数字。随着改革开放的进程，1997年国务院批准参加国际大洋钻探；同年，由汪品先执笔的南海钻探建议书，在国际评比中以第一名的成绩脱颖而出。1999年2月，汪品先作为南海航次的两位首席科学家之一，登上钻探船。

“当钻探船从澳大利亚西部启航驶向南海时，我在甲板上感慨万千，感到自己终于成为名副其实的海洋地质学家。”汪品先在一篇文章中写道，“从长江口起步，到实现大洋钻探的深海探索，我个人经历了30多年……两个月的南海大洋钻探，取上了5000多米质量空前的深海岩芯，提供了3000多万年来环境变迁的连续记录……”

就在大洋钻探取得丰硕成果的同时，我国的海洋事业也在蓬勃发展：海洋科考船陆续兴建、7000米载人深潜器“蛟龙号”启动研制、海上钻井平台不断发展……2011年，在大量前期铺垫之下，国家“南海深部计划”终于启动，汪品先任指导专家组组长。此时，同济也涌现出翦知湣、周怀阳等一批中青年科学家，他们已挑起了科考的大梁。

2012年，汪品先在接受记者采访时说：“我要去南海抓一条‘大鱼’！”现在，这条“大鱼”终于抓到了。大洋钻探的成果，证明南海的形成是西太平洋俯冲带的产物，大西洋建立起来的成因模式并不适用，“南海不是个小大西洋”！

“我们终于用自己获得的海洋地质样品数据，形成了自己的新观点，挑战传统的认识。”他说，过去很多理论往往以欧洲、北半球为中心，但从很多新的证据来看，可能很多理论并不一定站得住脚，“是时候提出中国科学家的理论和观点了”。

不停歇的创新脚步

从无道路处开出一条道路，从来没有一路顺遂的。每一步前进，汪品先总会遇到或大或小的阻力。他就似一个永远奔跑在最前面的人，不断回头招呼大家赶快向前去。

很多科学家，乃至院士，很少愿意面对公众，更不愿意面对媒体。即使接受采访，也极不愿意谈超出本人成果的话题。但汪品先是个例外，他愿意发表自己的观点，愿意引起争论与共鸣。其实，他并不想成为“网红”，只是希望通过自己一记记的“重锤”，为中国科研的发展，破除一些思想观念上的禁锢、纠正一些谬误，让开拓创新之路上的后来者，可以少一些障碍。

“科学界应检讨院士制度”“汉语应成为科学语言”“治理科学界的精神环境污染”……每次，汪品先都用逻辑清晰、旁征博引的优美文章，来有力地表达自己的观点。

2011 年、2014 年，汪品先两次与本报合作，共同发起“创新障碍在哪里”“如何重建创新文化的自信心”的大讨论，在知识界引起了强烈反响。

“我建议在科技快速前进中勒马反思：我们发展科技的途径，是不是过于偏重了物质，疏忽了精神？”“能不能找到一种途径，既能提高英语使用水平、加强我国科学的国际化，又能推进汉语在科学创新中的作用，逐步使汉语成为英语之外，也具有创新功能的语言工具”……至今，汪品先仍忧心不已。

投身科学，第一层次是好奇心驱动，第二层次是成就感驱动，第三层次才是名利心驱动。他一直认为，海洋也代表着一种文化属性。他希望，中国文化可以吸纳更多有利创新的元素，“我总感觉希望在未来”。

记者手记

深海情深，赤子之心

2012年，记者曾经以《中国版“老人与海”》为题，报道过汪品先的学术思想与经历。他的那种锲而不舍，那种“天下兴亡，匹夫有责”的担当感，以及知识分子忧国忧民的情怀，通过他富有感染力的声音与文字的表达，令人深切感受到“那一代人”的精神特质。

诚如汪品先自己所言，经历过历史风云变幻，他们这一代人更懂得珍惜，更懂得奉献，对个人利益考虑没那么多。

是的，早在1991年就当选院士的他，至今衣着朴素，经常步行、骑车去办公室。有一年夏天，他还因一辆轿车在校园里的不文明现象，发公开信谴责。认真、执着、疾恶如仇，他始终葆有一颗纯真的赤子之心。

从国门初启时对海洋的懵懂，到“海洋强国”战略的实施，汪品先的人生轨迹与中国的海洋事业交叠在一起，带给年青一代以价值观的启示：个人的命运，与国家的命运紧密相连。每个人都全心推动祖国的发展，会让国家更加昌盛富强；唯有祖国的不断前行，才能使个人不断看到未来发展的希望。

孟凡超近照（均受访者供图）

孟凡超

孟凡超，1959年12月生，四川遂宁人，港珠澳大桥总设计师，全国工程勘察设计大师。他先后主持、组织、参加完成了20多座著名的国家级特大型桥梁的勘察设计，包括厦门海沧大桥、南京长江第三大桥、武汉阳逻长江大桥主桥、青岛胶州湾跨海大桥、浙江钱塘江嘉绍大桥、杭州湾跨海大桥、深港西部通道深圳湾跨海大桥、马来西亚槟城第二跨海大桥等。

孟凡超：我的生活里只有桥

赵征南

珠江口外，伶仃洋上，海天一色，700多年前，文天祥写下“零丁洋里叹零丁”这一悲壮的诗篇；而今，一条巨龙飞腾在碧波之上，“中国跨度”惊艳世界，粤港澳大湾区形成1小时交通生活圈。伶仃洋从此不再叹息。

这座世界上最长的跨海大桥，东连香港，西接珠海和澳门，是中国桥梁建设史上技术最为复杂、环保要求最高、建设标准最高的“超级工程”，也是在“一国两制”框架下、粤港澳三地首次合作建设的超大型跨海交通工程，2018年10月24日正式通车运营。

“这是一座圆梦桥、同心桥、自信桥、复兴桥。”国之重器的背后，是一支“逢山开路、遇水架桥”的中国建设者队伍。孟凡超，这座世界级跨海通道的总设计师，是参与港珠澳大桥时间最长的设计者之一。2004年，他开始主持港珠澳大桥的可行性研究。15年间，他带领团队攻克多项世界级难关，他提出“大型化、工厂化、标准化、装配化”的“四化”设计施工理念保障了大桥的顺利完工。

“‘四化’为我国未来的超级跨海通道建设开辟了道路。”孟凡超激动地对记者说，从业三十余载，港珠澳大桥是极致之作，但“巅峰”仍未到来。他的心中，还怀揣着更大的梦想。

和孟凡超的采访约在办公室。他的办公室十分简约，进门的左手边，贴着四张地图，右手边的显眼位置，是一张精致的大桥相片——厦门海沧大桥，他首次成为设计总负责人的作品。

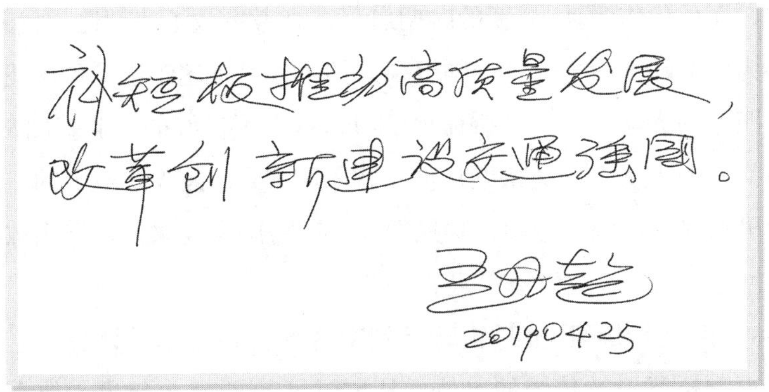

孟凡超寄语

孟凡超首先做了自我介绍："我父亲是山东临沂人，从家谱上看，我们是孟子的后代。而我出生在四川遂宁，童年玩耍的山林，是我最怀念的地方。"

寻找大桥登陆点和城市若即若离

孟凡超对遂宁的感情很深，一直牵挂家乡的发展。他担任了遂宁涪江六桥的总设计师，最近一段时间时常往返遂宁、北京两地，为大桥建设建言献策。

遂宁刻印在孟凡超脑海里的，还有母亲的教导。

1959 年，孟凡超出生于一个书香之家。"我生在国家困难时期，随后又遇到了'文革'。那时，生活不易，很多孩子在成长中没有明确的目标。但我的父母都是中学教师，对我的家庭教育相当重视。"孟凡超说。

"母亲从没责骂和打过我。"孟凡超回忆，"'务必吃苦耐劳，切勿好逸恶劳''不计较得失，吃亏就是福''尊重他人''看准的事，用恒心去做'，母亲身体力行影响我，学做事先学做人。"

高中的尾巴，当孟凡超在广播里听到国家恢复高考的消息时，他先是被震住，而后化作激动，“新的时期启幕，高考拯救了我们这一代人”。

作为恢复高考后第一批全国统招大学生，孟凡超走进了重庆建筑工程学院。四年的大学生活，他拼命地学习，打下了良好的专业基础；在被称为“桥都”的重庆，各类桥梁让他开阔了眼界；让他收获最大的，还是当时大学里的那种氛围，老师、师兄们都在期盼国家复兴，营造出浓浓的报国情怀。

1982 年，孟凡超毕业后被分配到交通部公路规划设计院，这是一家有着特大型桥梁设计传统的单位。从那时算起，30 多年里，他手中的活没有断过，往往同时做两三个项目。“桥梁工程设计，是一个有别于其他土木工程专业设计的领域，是‘金字塔的塔尖’，需要长期的工程经历积累，需要对桥梁工程领域各分项工程的经验积累，涉及海量的基础知识和专业知识。当然，个人的感悟和胆识也是不可或缺的。”孟凡超说。

孟凡超刚参加工作时

2003 年，国务院正式批准粤港澳三地政府开展港珠澳大桥前期工作。接下来的一年，孟凡超带领团队承担了港珠澳大桥可行性研究。

他必须要回答的，是“为什么要建”的问题。“修建港珠澳大桥，提升综合国力，树立了基础建设高质量标杆，有利于粤港澳大湾区同城化、一体化，是大湾区经济加速器、倍增器，未来也将成为独特旅游资源。”孟凡超强调，桥梁设计师必须会算经济账。

建桥最直接的目的还是推动经济发展。登陆点的选择，首先成为各方关注的焦点。登陆点的选择控制着跨海通道的走向和工程规模，大桥东侧登陆点当时已基本确定在香港大屿山公路，但西侧经历了反复讨论。

当时第一个选择是横琴岛，这有利于珠海的长期发展，意味着港珠澳大桥引桥要下穿澳门已建好的四座大桥，对澳门发展有影响，澳门不同意。

第二个选择是珠海情侣路，这一次，珠海反对。他们认为这是一条城市景观路，巨大的人流与车流，会影响珠海城市发展。

2004 年的春节，孟凡超要求设计团队成员不能离开珠海，随时待命。大家都没有回家过年，就沿着伶仃洋西岸，一步一步去寻找最佳的登陆点，却总是无功而返。又一次，他们心情沮丧地从澳门返回珠海，就在要进入拱北关口时，孟凡超突然发现，在澳门关和珠海关之间，有一片开阔地带。

"登陆点应该和城市若即若离，拱北是绝佳的选择。"孟凡超用脚步去丈量，约有 50 多米的宽度，足以构成一个 6 车道的通道。如他所想，拱北登陆点，得到了港珠澳三地的一致认可。

"四化"理念变"施工"为"制造"

这么一看，外界对"桥梁设计师"或许还是有些误解，他们可不仅仅是"画图纸"的人。桥梁设计，究竟是一份什么样的工作？

一般桥梁的可行性研究需要一到两年，港珠澳大桥由于建设条件复杂，可行性研究一做就是六年。

2006 年，孟凡超带领团队完成了大桥三种总体设计方案，分别是全桥、全隧和桥岛隧组合方案。"其实，我们先后提出了几十种方案，争论很激烈。我们还是认为桥岛隧更加可行：因为珠江口上有一条世界级航道，必须保障绝对畅通；另外，大桥长达 55 公里，全桥的话只能选择斜拉桥或者悬索桥，那么桥就必须高，大桥所在海域靠近香港机场，出于安全考虑，桥不能修得太高；全隧方案存在较大的建设风险，建设及运营成本较高，对环境也有不利影响。”他说，最终港珠澳大桥选取了桥岛隧组合方案，靠近香港主航道的位置建海底隧道，用混凝土沉营连接两端的人工岛。大桥全路段呈 S 形，桥墩的轴线方向和水流的流向大致取平，既能缓解司机驾驶疲劳，又能减少桥墩阻水率，还能提升大桥景观效果。

孟凡超带领团队克服一个个难题，几乎同时，新难题又找到了他。

孟凡超在港珠澳大桥上

伶仃洋海域，正好是中华白海豚的栖息地，中华白海豚是国家一级保护动物，环保专家强烈建议绕行。

“大桥绕行会让粤港澳三地‘1 小时交通生活圈’的战略构想成为泡影，断然不可能。”孟凡超说，“环保也必须要考虑。古代，我国的桥梁一直坚守着环保理念。材料取自自然，用后回归自然，不存在建筑垃圾。现代，桥梁人有责任把环保理念继承发扬。”

“总设计师得是个明白人，从下到上，从头到尾，凡是重大技术问题，都要彻底解决。”孟凡超不断思考如何尽可能减少工程建设对白海豚的干扰，他在世界上首次系统性地提出了大型化、工厂化、标准化、装配化的“四化”建设理念——采用大型预制构件、大型施工装备、大型浮吊及施工船机；采用工厂化制造桥岛隧混凝土结构、钢结构大型预制构件；采用生产流水线的模式管理大型预制构件的制造施工；采用大型浮吊、船机按照搭积木的方式现场安装大型预制构件。

“过去，工程现场给人的传统感受是脏、乱、差，千军万马到现场去。而港珠澳大桥除了人工岛施工，其余时段海面上只有大型船舶和大型起吊设备，现场工人并不多，人全在车间里。”孟凡超说，实际上，港珠澳大桥是被“制造”出来的。

“海域内的白海豚的数量非但没有减少，反而增多了。”孟凡超说。

受益的不仅仅是白海豚。“四化”天衣无缝地解决了大桥在工程技术、环境保护、施工安全、建设管理等方面面临的四大挑战，大大减少了现场的作业时间、工作量和废物排放量，有利于施工安全与环境保护；同时，它让庞大的桥岛隧结构构件精度达到毫米级，堪比桥梁界的“瑞士表”，而工期却缩短了 2 年。

遇到“苦闷”时永不言退

港珠澳大桥让孟凡超收获了无数的赞誉，但他坦言，大桥建设过程中，设计师有时是个“苦闷”的角色。

“我们现在对桥梁设计师的尊重不够，‘按图施工’说起来简单，做起来难。自己的理念不被人理解，是我最失落的时刻。”孟凡超“看准的事，用恒心去做”。他坚信，创新必定会迎来质疑，“如果是大家都懂得的道理，那说出来也没什么价值”。

他引以为傲的“四化”理念，在刚推行时经受着各方的压力。“业内同行给我打出一连串的问号，说太超前，会有安全隐患。”孟凡超说，“我觉得，作为一个设计师，就应该思考，在通过我们努力能够得着，而非已掌握的技术水平条件下建设一座桥，简单重复建设没有任何意义。我也不认可安全隐患的说法，现场作业人多才是隐患。而且，港珠澳大桥的难度也决定了我们必须创新。举例来说，风浪加上洋流的影响，每年的有效施工窗口期只有180天，工程拖得越久，对海洋的生态影响越大；高精度也要求现场对厚钢板只能用螺栓‘冷接’，用电焊‘热接’会变形。”他用结果证明了一切。

还有权威人士为寓意三地携手共进、永结同心的“中国结”桥塔“建议”：涂成红色。但孟凡超认为整座简约风格、现代风格的桥梁，红色的桥塔非常突兀，会破坏美感和总体协调，因此顶住压力拒绝。“简约和大写意也可以是一种美，也可以成为独特文化与景观，桥梁和建筑行业现在有太多身穿‘奇装异服’的作品，与周边环境极不协调，与桥梁结构与使用功能的本真相悖，我不喜欢。”孟凡超说。

最终，在所有重大技术问题上，孟凡超都守住了自己的理念。

工程的成功可以冲淡设计时的“苦闷”，但对于家庭的那份“苦闷”，孟凡超却只能无奈面对。

“我们第一次见面，他一直在说着行业的专业术语，说着自己实习中的一些事情。这样的话，却一下子打动了我。我自此坚信，‘他是干大事业的人’。”孟凡超的妻子欧阳华安说，“只是没想到，以后的路会如此艰难”。

对于家，孟凡超有一种熟悉的陌生感，他一年有四分之三的时间出差在外，他的妻子时常被认为是一位带着孩子的单身母亲。

从走出校门，踏上工作岗位，漫长的日子里，孟凡超已经“丢掉”了所有的业余爱好。他的生活里，只有桥。用“桥痴”形容他，名副其实。

有时候，他连命都不顾了。

2011年，港珠澳大桥建设的关键时刻，在长期“不让问题过夜”的透支状态下，孟凡超病倒了。起初，他只是腹痛。还坚持开会。会中，他的身体开始“打摆子”，撑不住了。为了不影响团队的工作状态，他只让行政部门的一位同事陪同前往珠海的医院，接着被推进了手术室。

“我以为是盲肠炎，就想着手术完过两天赶紧回去办公，所以谁都没说。没想到切出了‘不好的东西’。当手术结束，已是第二天凌晨。同事赶紧联系我的妻子，让她来看看。”孟凡超并不愿太多回忆这段经历。

“别干了，让其他人干呗。”妻子红着泪眼说。

这是远比工程技术艰辛的难关。进或退，孟凡超需要作出选择。“如果一个人没有追求、不能忘我，他做事就达不到那种高度和深度。”孟凡超再一次说出了母亲的教导“看准的事，用恒心去做”。他永不言退。短暂的休养时间，他远程指挥设计。没过多久，他就回到了工作岗位。

年近六十，又设计出港珠澳大桥这篇“奇迹之作”，有些人觉得，孟凡超或许会急流勇退，回归真正的“生活”。“希望丈夫能注意休息，多陪陪家人”也一直是欧阳华安最大的期盼。

可是孟凡超一刻也没有闲下来，他仍在努力拥抱梦想。

“设计师在建一座桥的时候，他需要考量自己的创新方法能不能在下一座桥梁中发挥作用。”现在，孟凡超的心中，就装着三座“桥”。

他告诉记者：“港珠澳大桥的高质量建成，为今后琼州海峡跨海通道、渤海湾跨海通道乃至台湾海峡跨海通道的建设，积累了宝贵经验。从宏观上讲，我国依靠自己的力量完全能够高质量建设超级跨海通道，但要安排充足的前期规划研究周期和经费，切忌搞短期突击。从现在开始研究，用‘四化’理念建这些跨海通道，是有把握的。”

“我时刻准备着听从召唤。”孟凡超说。

记者手记

留住“匠心”守望“桥梁强国”

在采访中，“国家”被孟凡超反复提及：“我们这一代人，与国家改革开放同呼吸共命运。我们为国家发展作出了贡献，国家的发展又成就了我们。”孟凡超说，只有奉献出最好的作品，才能无愧于这个时代。

孟凡超多次强调：“我国是‘桥梁大国’，还不是‘桥梁强国’。我们要保持清醒的头脑，否则会迷失方向。”

“匠心”用什么来守护？除了升职离开之外，还有没有办法能让一线的工匠，在留下来的同时拥有获得感？孟凡超建议，尽快推行职业经理人机制，保障工匠们在尊严和待遇都得到提升的前提下，坚守历练成为“身经百战”的成熟人才。

孟凡超相信，未来的20年间，经过不断地改革创新，随着超级跨海战略通道的建设，我国桥梁界各个技术领域都将迎来爆发式的增长，“中生代”“新生代”的桥梁工匠们，把个人命运同国家和民族伟大复兴的需求融为一体，有望完成“成为‘桥梁强国’”的重大使命。

王泽山在野外基地中工作（均南京理工大学供图）

王泽山

王泽山，1935年出生于吉林省吉林市。1960年毕业于中国人民解放军军事工程学院火炸药专业。我国著名火炸药学家，发射装药理论体系的奠基人，火炸药资源化治理军民融合道路的开拓者，系列原创技术的发明人。1993年获国家科学技术进步奖一等奖，1996年、2016年两次摘得国家技术发明奖一等奖。1999年当选为中国工程院院士。2018年1月荣膺2017年度国家最高科学技术奖。现任南京理工大学教授，长期从事含能材料方面的教学与科学研究。发表学术论文100多篇，出版专著14部。

王泽山：火炸药研究已融入我的一生

杨萍　叶志明

在南京理工大学，有这样一位年逾八旬却仍然精力充沛的学者。凭借对火炸药事业的挚爱，他埋首一甲子，坐热“冷板凳”。2018 年 1 月，王泽山院士登上了国家最高科学技术奖的领奖台。“一辈子做好一件事”，他胸怀“军工报国”理想，一生坚守、矢志不渝，在火炸药技术领域攻坚克难、创新超越，收获了三项国家科技一等奖，成为科技界罕见的“三冠王”，书写了中国“火炸药王”的英雄传奇。

走下领奖台，王泽山又一头扎进野外试验基地，默默投入早就计划好的工作中。功成名就，他依然奋战在试验场、实验室等科研、教学和生产一线。一年中，他有一半多时间在试验场地工作。目前，瞄准无烟火药新工艺的目标，王泽山带领团队再次向着火炸药领域又一项重大难题发起了冲击。“面对新时代科技强国的召唤，我会在国家和团队需要的时候，做一些助力工作，为继续创造世界一流的火炸药成果而努力。为此，我义不容辞！”

军工报国，他选择了最“冷僻”的专业

“火炸药研究已融入我的一生。”王泽山结缘火炸药，始于 1954 年。那一年，立志“军工报国”的他 19 岁，如愿考入了中国人民解放军军事工程学院，即著名的“哈军工”。

在选择专业的时候，王泽山主动选择了火炸药。他说，当时在“哈军工”，有空军、海军、装甲兵、工程兵等系统，更多的人愿意从事空军

造飞机上蓝天，从事海军驾军舰入深海，穿的衣服也不一样。他选择的火炸药属于炮兵系统，是一个很冷僻的专业。“当时没人报。我想，没人报，那我就报吧。”在同一班的 20 人中，只有他是自愿申报火炸药专业的。“这个专业是国家设的；国家设的专业，就是有用的。国家的需要，就应该有人去做！”王泽山的想法很朴实，也很坚定。

立志自主创新
抢占核心技术制高点
王泽山 2019.4.10

王泽山寄语

军工报国，是王泽山少年时就立下的志向。他出生于 1935 年，吉林省吉林市人。那时，东三省早已沦陷，他的童年在动乱和战争中度过。他从小被迫学习日语，接受的是奴化教育，对于自己是中国人的概念并不是很清晰。但是，他的父亲一直提醒他，你不是所谓的“满洲国人”，你是中国人，你的国家是中国。国家落后，必遭欺凌；强国必先强军，强军才能御侮。特殊的经历，让王泽山很早就萌发了学习军工、献身国防的念头。那年，王泽山毅然放弃留学苏联的机会，选择了当时最为冷僻的火炸药专业。

“专业无所谓冷热，任何专业只要肯钻研都会大有作为的。国家的需要就是我研究的方向。”他说。

火炸药是一个国家国防实力的重要体现，离开它，常规武器和尖端武器都难以发挥作用。“火炮、导弹、航弹、鱼雷、水雷等，都是火力打击武器。这个‘火’，就是火炸药。用火炸药驱动的武器，在武器系统中占绝大多数，其性能是决定武器性能的重要因素。”王泽山说，“如果没有火炸药，坦克充其量就是推土机。”

然而近现代以来，我国的火炸药技术却远远落后于西方大国。如何让我国的古老发明赶上世界的脚步，从追赶、跟跑到超越并实现领跑，绽放属于我们这个时代的荣耀，王泽山一直在思考、探索。“这是我们的责任和使命！”王泽山说。

王泽山无怨无悔地选择了这个“冷僻”专业。“一个人成功不成功，与专业没有绝对关系，而是要看对国家作出的贡献。”从那时起，他就许下了一个承诺，一辈子做好一件事。经过60多年的奋斗，王泽山院士和他的火炸药研究团队，不仅带领我国火炸药科研的整体实力迈向世界强国的行列，也为我国武器装备和火炸药产品的更新换代作出杰出贡献。

创新超越，他啃下了最难啃的“骨头”

甘于寂寞，潜心研究，在创新中超越，是贯穿于他60多年科学研究的主旋律。在王泽山身上，体现得最充分的是他的坚持不懈、永不服输的拼搏精神和追求卓越、勇攀高峰的创新精神。

一生无悔的选择，伴随着他度过了一年又一年，甚至在“文革”年代，他也没有中断研究。20世纪60年代，王泽山将计算机技术诺谟图设计引入中国火药学体系，随后又提出火炮内弹道压力平台原理的概念和弹道性能与装药潜能的理论。“板凳甘坐十年冷”，在经历了30年的积淀之后，他迎来了科学研究的大爆发。“从做学问的角度来说，我感觉自己已经成熟了，我的研究目标也更加具体，理论基础、知识面、毅力、责任感、能力、思维方法和身体等都已经具备了冲击国际前沿技术的研发能力。”他说。

1985年，一项世界性难题摆在了他的面前。和平年代，硝烟渐远，但那些储备超期的火炸药对环境和社会构成了重大危害。露天焚烧、海洋倾泻、深井注入等国外常用的销毁方法，不仅浪费，还会造成环境污染和爆炸事故，因而受到国际法的禁止。当时，世界各国都在研究报废炸药的处理，但是因为弹药种类多、药型复杂、风险大，这项研究的进展十分缓慢。

“我们必须做，必须攻克这个世界性难题。这个垃圾不是日常普通的垃圾，它是燃烧的、爆炸的、有毒有害的危险垃圾。它好比一座火山。处理不好，我们就好像坐在火山上面，随时有危险。”他说。与其跟在人家后面亦步亦趋，还不如带领团队走一条全新的研究之路。他们强化了资源化治理再利用的思路，下工厂、跑部队，全身心投入，攻下了一道道难关，原创了二十几项技术，走出了一条变废为宝、变“害”为用、资源化再利用的新路，把原本每年上万吨退役或废弃的火炸药研制成了20余种畅销国内外的军用和民用产品，不仅产生了巨大的效益，而且彻底解决了这一“公害”。业界以“利国惠民”对这项技术给予高度评价。作为该项目的第一完成人，王泽山赢得了1993年国家科学技术进步奖一等奖。

1998年，王泽山在工作中

2017年3月15日，王泽山在检测自动装置系统

一个难题的解决，往往意味着他另一个新

研究方向的开始。含能材料的低温感是当时国际上难以攻克的尖端技术。如果在这个问题上取得进展，就意味着能够将含能材料的技术向前推进一大步。20 世纪 80 年代末，王泽山向这一世界性难题发起冲击。

低温度感度技术，是一个国家火炸药发展过程中必须解决的关键问题。火炮或者坦克在发射炮弹时，需要通过火药燃烧产生动力，火药燃烧作为一种化学反应形式，对环境温度的变化极为敏感。一般情况下，当环境温度从 15 摄氏度上升到 50 摄氏度时，武器膛内增量会上升 15%—30%，这是制约武器发射威力和精度安全性和环境适应性的技术瓶颈，也是国际军械领域共性的技术难题。我国幅员辽阔，不同季节、不同时间地点，最大温差有八九十摄氏度，火炮的射程精度等弹道性能极易受到环境温度的影响，火炮和坦克的发射效率也会因此大打折扣。火炮曾被称为“战争之神”。火炮的射程精度和发射效率对战争影响甚大，甚至直接关系到一场战斗的胜负。

欧美几个发达国家联合研制多年，他们对此也进行了多种技术尝试，例如采用 X 光、微波炉加热、改变火药成分、添加催化剂等等，但无法投入使用。他们试图通过改变火炮内部结构，达到适应温度变化的目的，也没有取得理想结果。

王泽山觉得，国际上对此研究了这么多年，“他们走过的路，我们绝不会去重蹈覆辙。我们不能朝这个方向去做，我们要走自己的路。”他决定换一个思路，提出通过控制火药燃烧的方式解决温度变化带来的影响。他认准了这个方向。在随后的数年时间里，他带领团队不断尝试、突破常规，通过研究发射药燃烧的补偿理论，发现了低温感含能材料，并解决了常储稳定性问题，显著提高了发射药的能量利用率。如今，王泽山和团队发明的这种火药已经装配于我国的武器装备，成为弹药的重要组成部分。

功成名就，他继续最壮丽的奋斗

“科技创新一定要搞原始创新。要立志自主创新，抢占核心技术制高点。一定要创新，要敢于超越，要走别人没有走过的路，要攻克别人攻不下来的难题。”他说。

经过反复试验、验证，采用王泽山团队研制的低污染、高效能、常储稳定的低温感发射装药，武器膛压的温度、感度可由原来的 15%—30% 降低至 3% 以下，发射威力提高 15% 以上。时至今日，其材料、工艺、弹道和常储等性能仍全面优于国外指标。凭借攻克这一世界性难题，王泽山以“第一发明人”的身份，荣获 1996 年唯一一项国家技术发明奖一等奖。

这是短短数年内，他摘下的又一项国家科技奖的一等奖。那一年，他 61 岁。享誉无数、功成名就的他没有选择急流勇退，此时的他越发地有一种紧迫感。“当时面临许多课题需要去做，有的是应用上的，有的需要推广。我感觉，我与火炸药研究融合在了一起，已经分不开了。”他说，“国家的任务，需要我去做。我要是做不好，会觉得没脸见人。国家交给我的任务，这就是使命。我有这个能力，可以完成，可以继续。”

他带领团队，向另一个世界性难题发起冲击。在常规战争中，需要射程远、威力大的炮火支援。通常情况下，为了满足火炮远近不同的射程要求，模块装药在发射前需要在两种不同的单元模块间进行组合，操作烦琐、费时。能够使用同一种单元模块，通过模块数量的不同组合，来实现火炮对于远近不同目标的精确打击，一直是国际军械领域梦寐以求的技术。然而，要想研发出这种全等式模块装药技术绝非易事。多国科学家曾经联合开展 155 火炮等模块装药研究，历时多年，终因无法突破技术瓶颈，研究被迫中断。

远射程与模块发射装药是火炮实现“高效毁伤、精确打击、快速反应、火力压制”的关键技术，也是火炮系统现代化的重要发展方向。凭借着自己数十年的研究积淀，在达到退休年龄之后的20年时间里，王泽山另辟蹊径，创立装药新技术和相应的弹道理论，终于研发出了具有适用性的全等式模块装药技术。依照这一独创的补偿装药的理论和技术方案，火炮只需用一种装填模块即可覆盖全射程，从而大幅度提升了远程火炮的打击能力。

通过实际验证，我国火炮在应用王泽山院士的技术发明后，或实现等模块装药，或射程提高20%，或最大发射过载有效降低20%以上。此外，不仅其弹道性能全面超过所有国家的同类火炮，还降低了火药燃烧产生的火焰、烟气、有害气体，减少了对操作员和环境造成的危害。

2017年1月，以第一完成人身份，王泽山院士摘得2016年国家技术发明奖一等奖，这不仅是他第五次获得的国家级的科学技术奖，也是他第三次以第一发明人的身份获得三项国家科技一等奖。一年后，他再次登上国家科技奖的领奖台，荣获了2017年度国家最高科学技术奖。

“他将中国人发明的火药在文明的基础上，用现代技术将其效能、工艺推进了一大步。”原国防科工委、总装备部科技委常任委员，总装备部科技委顾问马殿荣将军这样评价王泽山院士。

记者手记

“我愿意做那执灯的人”

王泽山院士依旧很忙碌。在南理工校园，在汤山科研试验中心，常常会看到他健步行走的身影。他的步履可以用矫健来形容，完全看不出是一位年逾八旬的老人。

他的心是年轻的。他69岁考驾照，短途外出喜欢自己开车；玩微信、手机打车、网上订票、自己做PPT，他始终保持着对新事物好学的态度。

他不愿意麻烦别人。外出办事，他从不让学校派车；去外省市出差，他不喜欢人家接送，而是自己“打的”，悄悄来去。他不喜欢住宾馆，总愿意住在相关企业或实验室附近的招待所里。

他说：“我清闲不下来。如果不搞火炸药研究，我的生活将失去重心。”“只要能给别人光明，我愿意做那执灯的人。”他桃李满天下，培养了90多名博士，如今都是这个领域的中坚力量。萧忠良教授是他的首位博士生，在其他高校工作多年后选择回到南理工工作。萧教授说，这是因为受到了恩师的学术思想与人格魅力的感召。和老师在一起工作，心里感觉特别踏实。

他说，创新就是多想一步，不去重复别人的老路，遇到困难顶着上，不避让、不绕路。他喜欢独辟蹊径，从一个全新的角度闯出一条前所未有的新路来。他用一生的坚守，将中国的火炸药技术一次次推向新的高度。

在上海爱乐乐团，吕其明接受专访
（叶辰亮摄）

吕其明

>>>>>>>>>>>>>>>>>

吕其明，1930年生于安徽，著名作曲家。1940年5月参加新四军，此后九年在部队文工团从事音乐工作。1945年9月加入中国共产党。1949年11月转业到上海电影制片厂，1951年任电影作曲。1959年至1965年在上海音乐学院进修作曲与指挥。他陆续为200多部（集）电影、电视剧作曲，还创作了管弦乐序曲《红旗颂》、交响组曲《使命》（合作）等十余部大、中型器乐作品，以及《弹起我心爱的土琵琶》等300余首不同体裁和形式的声乐作品。

吕其明：19 岁生日第二天，上海解放了

姜方

1949 年 5 月 26 日，吕其明 19 岁生日。那天，他随华东军区文工团开进了上海。那天晚上，他和战友们睡在老北站的条凳上。5 月 27 日，上海宣告解放。

他 10 岁加入新四军，15 岁入党，在战火中锤炼，在红旗下成长，进而成为一名优秀的文艺工作者，中国著名的作曲家。如今，这位已是 89 岁高龄的老人，每天仍然花费不少的时间整理和修订以前的作品。

为祖国、为人民而写作，对吕其明来说，是终身的崇高天职和神圣使命。26 岁写出电影《铁道游击队》插曲《弹起我心爱的土琵琶》，32 岁与人合作写了电影《红日》插曲《谁不说俺家乡好》，35 岁创作中国当代音乐经典管弦乐序曲《红旗颂》……直到 82 岁，笔耕不辍的他还与陈新光合作谱写了交响组曲《使命》。新中国成立 70 周年之际，诞生 54 年的《红旗颂》终于定稿——这是一位不忘初心的老人送给祖国和人民的礼物。

在近 70 年的音乐创作生涯中，吕其明始终不渝地履行着自己的入党誓言与承诺，讴歌党、讴歌祖国、讴歌人民、讴歌英雄，抒写伟大时代。他始终怀着一颗赤子之心，在作品中倾注了对党和人民发自内心的感情，他的音乐作品因此成为跨越年代的经典。

在红旗下前行，在党的怀抱里成长

阳光明媚的季节，在上海爱乐乐团，耄耋之年的吕其明先生向记者讲

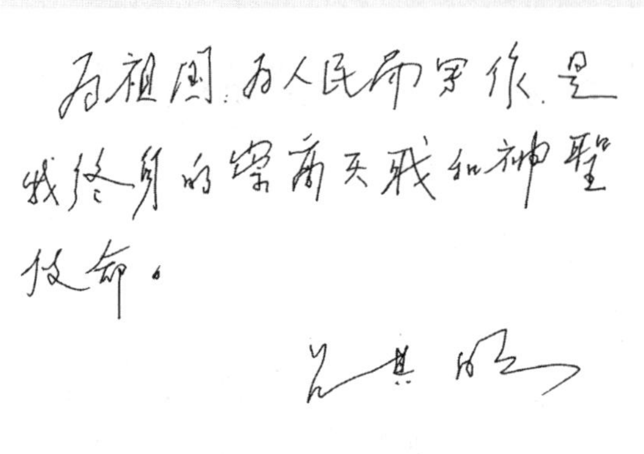
为祖国、为人民而写作，是我终身的崇高天职和神圣使命。
吕其明

吕其明寄语（除署名外，均受访者供图）

述70年前随部队开进上海时的情景，一切依然历历在目。“上海宣告解放的前一夜，我们华东军区文工团全团同志睡在老北站的条凳上。这是历史性的一夜。第二天，我精神抖擞地走在上海的马路上，我和团里其他五六个同志的背包上，都架着一个小提琴盒子。”

在红旗下前行，在党的怀抱里成长。70年来，这位中国著名作曲家始终和祖国血肉相连，休戚与共。

吕其明出身于一个革命的家庭。在抗战时期，他的父亲吕惠生曾是新四军第七师皖江抗日根据地行政署主任。“我父亲一生清正廉洁，一身正气。正如他在日记中写下的：‘革命事业，就是我的生命，为了革命鞠躬尽瘁，死而后已。’”吕其明回忆，1945年抗战胜利后，我军战略转移，在北撤途中，由于叛徒出卖，父亲不幸被捕。在狱中，吕惠生写下大义凛然的诗篇：“忍看山河碎，愿将赤血流。烟尘开敌后，扰攘展名猷。八载坚心志，忠贞为国酬。且喜天破晓，竟死我何求。”在刑场光荣就义时，他高呼：“中国共产党万岁！”时年43岁，他走完了自己的光辉一生。

吕惠生牺牲了，虽然没有给吕其明留下任何物质遗产，但留给了儿子无比巨大的精神财富，使其受益终身。“父亲给了我生命，也给了我铮铮铁骨、耿耿丹心、一腔热血和浩然正气。父亲的英雄形象就是我崇高的路标，影响了我的工作、学习、生活、创作乃至我生命的全部。我用一生踏着父亲的足迹前行。”

孩提时代的吕其明有过在战火中且歌且行的难忘经历。1939 年冬，吕惠生冲破围捕，带领全家投奔新四军。1940 年 5 月，吕其明成为新四军第二师抗敌剧团的小团员。当时正处在抗战中期最艰难的阶段，斗争非常残酷，生活十分艰苦，剧团经常随部队日夜兼程，有时晚上在驻地还要演出。有一次的演出至今让吕其明难忘。那是 1940 年秋天，鬼子的“扫荡”被粉碎后，剧团开进了一个大火燃烧的村庄，同志们在帮助老乡灭火后，傍晚就为群众演出三幕歌剧《农村曲》。“我在第三幕中演一个逃难的小孩，由于那天行军实在累坏了，临到上场时，我在幕前的假山下睡着了。”睡得正香的小吕其明被叫醒后急忙上场，嗓子却已沙哑。“孩子，真是为难你了，行军一天我们大人也非常累啊。”演出结束后，团长没有批评反而安慰了吕其明，让他感动得哭了。

这之后每逢演出，剧团都会派一位大哥或大姐陪着吕其明，给他讲故事直至其顺利上台演出。“我们这个革命大家庭，有着多么温馨、多么深情的爱啊！”钢枪伴琴弦，硝烟卷歌声，在这战地课堂，在这以抗战音乐和民间音乐为课本的年代，作为一个只读过四年书的 10 岁孩子，作为一名部队文工团的文艺战士，吕其明就像进了一所没有围墙的生活大学、艺术大学、革命大学。唱歌、演戏、教歌、行军、打仗、宣传，把他和指导员、乡亲们交融在一起，把一颗稚嫩的心和中国民族独立、人民解放的伟大事业交融在一起。“部队文工团九年的战斗生活和艺术实践，使我受到极大的锻炼和艺术熏陶，是我人生经历中的一个关键时期。”吕其明说。

1945 年 9 月，吕其明加入中国共产党。在老乡家里，油灯照耀下，15 岁的他向党宣誓，为共产主义奋斗终生。“从此，我确定了自己的世界观、人生观、文艺观和价值观。我决心把一切献给党，献给祖国和人民。”吕其明说，共产党教他要有崇高的理想和信念，要做堂堂正正、坦坦荡荡、老老实实、品德高尚、乐于奉献、拥有一颗赤子之心的人；在事业上要有责任感，以高标准严格要求自己，追求完美。回首往事，那一刻依然让他感到热血沸腾。

诞生半个多世纪，《红旗颂》终于定稿

采访当天，记者看到满头银发、戴着红框眼镜、精神矍铄的吕老和上海音乐出版社的工作人员，一起探讨最新版《红旗颂》套谱的封面设计。

《红旗颂》首演于1965年5月第六届“上海之春”开幕式，由著名指挥家陈传熙指挥，上海交响乐团、上海电影乐团和上海管乐团联合首演，并获得巨大成功。音乐描绘了1949年10月1日的开国大典，天安门上空升起第一面五星红旗时的动人场景。在红旗下长大的吕其明，对红旗怀有无比深厚的感情。无论是无数革命先烈用鲜血染红的战斗红旗，还是天安门的胜利红旗，都在作曲家的脑海中形成了伟大崇高的形象。他把自己对党、对祖国、对人民的真切情感，完全融入了作品的每个音符中。

小号嘹亮地吹出以《义勇军进行曲》为素材的号角音调，《红旗颂》的引子尽情表达了对胜利的喜悦和对红旗的赞美。在连接部，双簧管吹出如歌的优美旋律，抒发了经过斗争洗礼的人们仰望红旗、心潮澎湃的炽热情怀。乐曲逐步发展，赋予节奏以激越的动力，号角声再度响起，宽广的颂歌主题变为铿锵有力的进行曲，表现了中国人民在红旗的指引下，意气风发、一往无前的豪迈气概。尾声中，嘹亮的号角与深情的颂歌交融在一起，在更为激越的高潮中，仿佛听到站起来的中国人民迈开巨人的步伐，乐曲由此响彻云天，气壮山河。

吕其明告诉记者，当年他写《红旗颂》时功力尚不到家，没有“一锤定音”的能力。初稿的创作花了七天，原本他心里有多个关于作品主题、曲式的方案，当时挑了一个相对可行的，日夜拼搏、热泪盈眶地写出了《红旗颂》。短短七天时间，为何《红旗颂》初稿的创作时间如此紧

迫？那是 1965 年“上海之春”开幕之前，当时贺绿汀、丁善德、孟波、黄贻钧、钟望阳、瞿维等音乐界的老前辈，一致决定由 35 岁的后辈吕其明赶写一部交响乐作品。黄贻钧先生建议曲名定为《红旗颂》。面对这个“命题作文”，吕其明既兴奋又紧张地接受了这一艰巨的创作任务。而当年《红旗颂》第一次排演时，正是在上海爱乐乐团的排练厅内。如今在故地回忆往昔，吕其明满是感慨。“如果没有‘上海之春’提供这一机遇和良好的创作条件与氛围；如果没有老前辈们的信任、鼓励，就不可能有《红旗颂》。因此，我对音乐界前辈们充满着敬意与谢意。”

1948 年，吕其明在华东军区文工团

这部在中国音乐史上拥有重要地位的作品，贯穿了吕其明大半生的音乐创作生涯。“不能否认，或许正是因为当时一周时间里乐思、灵感、激情源源而来，才使得《红旗颂》能够如此振奋人心。不过我依然希望可以精益求精，所以多年来一直在修改这部作品的细节。”据悉，最新完成的定稿版《红旗颂》改动涉及三四十处，包括很多小节中的音符，以及作品整体的和声等都有所调整。定稿版最大的亮点，在于作品尾声的配器加强了国歌的旋律，旨在进一步把作品的情绪推向最高潮。用吕其明的话来说，这个过程好比雕塑家在完成一尊塑像以后，依然会用上很久的时间，小心翼翼地再用沙子把作品磨得更光滑。

“这一次，我对自己说：不改了！《红旗颂》的创作可以说是画上一个句号了。”吕其明表示，这部诞生已有54年的管弦乐序曲，终于在这个春天定稿了。2019年4月，在第36届“上海之春”开幕式上，上海交响乐团首演了今春定稿版《红旗颂》。

为人民写作，一辈子秉持的信条

1942年，延安文艺座谈会召开，这让身在部队文工团的吕其明深受鼓舞。1944年，他开始集中精力学习毛主席《在延安文艺座谈会上的讲话》。通过学习，他深感“讲话”内容之丰富，而对14岁的吕其明来说，最根本的两条具有终身的指导意义：一是文艺为人民服务；二是文艺工作者要深入生活，生活是创作的源泉。向传统文化学习，向民间音乐学习，从生活中去吸收营养，这些重要思想渗透到少年吕其明的心灵和血液里，成为他日后工作的指南针，牢记了一辈子。

1949年11月，吕其明脱下军装，成为上海电影制片厂乐团的一名专业小提琴演奏员。1951年，吕其明调至北京新闻电影制片厂，开始电影音乐创作事业。面对庞大的交响乐队，他在岗位上如履薄冰、兢兢业业，如饥似渴地学习，勤奋努力地工作。为写纪录片《一定要把淮河修好》的音乐，吕其明在淮河工地劳动了两个月，搜集老乡唱的山歌；为给另一部纪录片《鞍钢在建设中》配乐，他又在鞍钢生活了三个月，下车间和工人们一起劳动。

1955年，吕其明调回上海电影制片厂，担任故事片的作曲。一年后，26岁的吕其明应导演赵明之邀为《铁道游击队》配乐，写下传唱至今的《弹起我心爱的土琵琶》。为这首歌谱曲时，吕其明联想起自己曾于战火之中，在山东目睹过不少身穿便衣、手拿套筒枪或大刀的游击队战士。结合生活体验和感受，吕其明用音乐表达了游击队员们的革命乐观主义精神，以及他们对“人民的胜利就要到来”的坚强信念。此外，《弹起我心爱的土琵琶》谱曲并没有以现成的民间歌谣为素材，而是根据他多年来对民间音乐的学习研究和理解，采用了山东民歌中富有典型意义的调式落音、民歌的旋律、音调，紧密结合方言，重新创作了一首具有浓厚山东地方风格、神似民歌的歌曲。

吕其明与上海爱乐乐团指挥张亮推敲演奏细节（叶辰亮摄）

吕其明曾担任上海爱乐乐团的前身——上海电影乐团的团长。从《红日》插曲《谁不说俺家乡好》到《庐山恋》中的《啊，故乡》，从管弦乐序曲《城南旧事》到另一部管弦乐序曲《焦裕禄》，还有《白求恩大夫》《霓虹灯下的哨兵》《雷雨》等电影中的音乐……几十年来，他与人合作或独立写出一部部脍炙人口的作品。82岁时，吕其明与上海爱乐乐团作曲家陈新光合写《使命》。这首为庆祝党的十八大胜利召开而创作的交响组曲，表达了创作者对中国革命历程的一往情深和深切感受。“没有我亲密的合作者陈新光，就没有《使命》这部作品。他有丰富的创作经验，对于乐队也很熟悉，我们的创作思想、理念、风格都很一致。通过《使命》，我们的创作友谊进一步加深，我要特别感谢他。”吕其明动情地说。

“作为一名文艺工作者，要深入生活、扎根人民，把提高创作质量作为文艺作品的生命线，用心用情用功抒写伟大时代，创作出无愧于这个伟大民族、时代的优秀作品，奉献给党、祖国和人民。这就是我一个老共产党员的心声。”吕其明表示，他将不忘初心、牢记使命、永远奋斗，一如既往地作出自己应有的努力和贡献。

记者手记

听得懂　传得开　留得下

“‘听得懂、传得开、留得下’，这九个字是我做音乐的最高追求。”吕其明先生告诉记者，多年来他始终坚持着自己的创作理念，从未后悔。

吕老认为，中国几代作曲家在交响乐的创作道路上进行着不断的探索，音乐界有着多元的创造理念、技法和风格，这是可喜的。而就他个人而言，力求自己的作品能够做到雅俗共赏，一定要让普通群众能够听得懂，一定要民族性格鲜明。

1959年，吕其明开始带职在上海音乐学院学习作曲和指挥，专业学习的经历赋予他更好地为祖国、为人民写作的本领。每当在音乐创作上取得一点成绩的时候，吕老都会由衷地感谢母校上音和他尊敬的老师们。

“有人愿意听我写的音乐，有音乐家愿意指挥我的作品，这就是我最大的快乐。”记者眼前的吕老鹤发童颜、思路清晰，言谈间始终昂扬着一股朝气。他喜欢同人和乐迷朋友们称他为“电影音乐作曲家”，更希望自己可以继续用音乐为人民服务——因为，这是他一生的根基和灵魂。

对吴贻弓而言，电影就是一个梦
（均受访者供图）

吴贻弓

吴贻弓，祖籍浙江杭州，1938 年生于重庆，1960 年毕业于北京电影学院导演系，同年回沪工作。先后出任上海电影制片厂厂长、上海市电影局党委书记兼局长等，参与创办了上海国际电影节。获“新时期全国影视十佳电影导演”“国家有突出贡献电影艺术家”等称号。还曾任中国文联副主席、中国电影家协会主席、上海电影家协会主席等。中共第十四届、十五届中央候补委员。主要电影作品有：《我们的小花猫》《巴山夜雨》《城南旧事》《姐姐》《阙里人家》等。其中《巴山夜雨》获首届中国电影金鸡奖最佳故事片等奖，《城南旧事》获第二届马尼拉国际电影节最佳故事片金鹰奖等国内外奖项。

吴贻弓：岁月厚重，理想总不肯泯灭

王彦

中国电影导演的代际划分里，“第四代”是那样独特。他们生在中华人民共和国成立前，长在红旗下，是新中国培养起来的一代艺术家。岁月厚重，怎样的能量才能穿透时间，支撑“第四代”的作品至今释放着长久的生命力？

2012 年，已与中国电影、上海电影相伴了 60 余载的吴贻弓获颁中国电影导演协会终身成就奖。回想那一幕，他的感言里藏着答案：“有人说我是理想主义者，片子里到处流露出理想的色彩。我以前常说，金色的童年、玫瑰色的少年，青春年华总不会轻易忘记，常常在创作过程中表现出来。我们是与共和国一起成长的一代人，那个年代留给我们的理想、信心、诚挚的追求、生活价值取向、浪漫主义色彩等等，总不肯在心里泯灭。”

自 1948 年随父母迁来上海，吴贻弓的生命就与这座孕育了中国电影的城市紧紧相连。他和亲人们一同迎来上海解放的喜讯，在上海的许多影院里确定了一生的择业方向，又在大学毕业后承继了海派电影的文化气息。

“我觉得，一个人，只要认真地去做一件他认为有意义的事，做成了，就什么都有了。”

无论经历多少身份，最珍视的是“导演”

吴贻弓的电影开蒙来得比同辈人更早。父亲就是他电影路的启蒙人。

天真对于艺术
乃是不朽的生命！

吴贻弓

吴贻弓寄语

有两点可佐证：父亲喜爱文艺，抗战胜利后他常带家人去看电影；父亲的授业恩师包括李叔同，这让吴贻弓“有种莫名的自豪感”，以至于后来他在《城南旧事》中用了那首《送别》。

上海刚解放那会儿，平安、美琪、金门、新华、大光明、国泰、大上海和卡尔登影院都留下了少年吴贻弓的足迹。时间久了，他萌生自己制作电影的奇想。他找来硬纸盒，在盒底挖个小洞，后面安上手电筒，上下各装一根细铁丝，一台原始放映机便成了。再收集些父亲烟盒外层的玻璃纸，将它们首尾连接，用毛笔画出故事，“胶片”也有了。每每晚饭后，父亲问“今晚演什么”，小吴贻弓便搬出他的家什，关了灯，把“胶片”卷在细铁丝的轴上逐格拉去，手电筒的光把那“写意”影像投到墙上。至于声音，由吴贻弓现场配置。

如今已是耄耋老人，可那段天真时光其实呼应了长久以来的坚持，“所有称呼里，导演是我最看重的一个”。

1960 年，吴贻弓从北影毕业后进了当时的上海海燕电影制片厂。起初五六年，他给大导演们当助理，沈浮、孙瑜、郑君里、鲁韧、徐韬、吴永刚……几乎跟遍了所有知名艺术家，他努力从大师们风格各异的艺术锦囊里汲取养分，兼收并蓄，时刻准备着。

许多次午夜梦回，他设想了未来自己影片的模样：“应该是一条缓慢的小溪，潺潺细流，怨而不怒。有一片叶子飘零到水面上，顺着流水慢慢地往下淌，碰到突出的树桩或堆积的水草，叶子被挡住了，但水流又把它带向前去，又碰到一个小小的漩涡，叶子在水面上打起转来，终于又淌了下去……”

党的十一届三中全会后，他第一次独立执导电影，短片《我们的小花猫》获得文化部优秀青年创作奖。1980 年，在吴永刚总导演的提携下，吴贻弓完成了他第一部长片——《巴山夜雨》。诗意的故事里有雾，有人性，有迷惘，也有光芒。它是两天两夜，却也浓缩了一段特殊岁月。吴永刚总导演大胆放手，用抒情去点染冷峻，吴贻弓就这样站到了中国影史的前台。

1981 年末，吴贻弓拿到了一沓复印件，是宝岛台湾作家林海音的小说《城南旧事》。他一页页地读，深深地被感动。刚从《巴山夜雨》走出来的他，再次走进历史——重现一个宝岛台湾作家眼中 20 世纪 20 年代的北京。小说十来万字，吴贻弓只选了小英子六岁到九岁的经历，完全让孩子的感受来触动观众。电影的成功是众所周知的。影片从马尼拉国际电影节载誉归来后，在国内卖出 115 个拷贝，相当于收进 80 多万元票房，在 20 世纪 80 年代蔚为可观。

细致入微的风物、绵长的意蕴、悠悠弥漫开的情感，“家”“童年”“往事”，《巴山夜雨》和《城南旧事》里，这些意象无形又有形。看《巴山夜雨》，银幕上的航船从蒙蒙烟雨中穿越峡江驶往黎明，观众总会一致沉入“何当共剪西窗烛，却话巴山夜雨时”的意境。《城南旧事》里，当镜头穿过月洞门游弋于老旧的院墙和窗格上寻踪往事，人们不禁想起童年里夏天的风、田间的路、小伙伴的光脚丫。而当小英子在天真齐唱的骊歌中兀自陷入沉思，一个孩子心灵成长的微妙变化穿过极简的镜头，在观众心里荡出涟漪，言有尽而意无穷。

这便是吴贻弓电影最别致的特征了，他不那么注重传统的戏剧冲突，更偏爱用视听语言层层晕染出人物的内心世界。在被评论家们称为“散文诗”的吴贻弓电影里，观众们总能获得这样的直觉反应——道是寻常，却有万千心事涌上来。

但在导演心里，自己不应拘于“抒情散文诗”。他拍《姐姐》，用全新的影像语言表达意念和情感；他拍《流亡大学》，鼓荡抗日壮歌的激情；他给《少爷的磨难》当总导演，与张建亚一起以喜剧讽刺金钱；他在《阙里人家》《月随人归》里注入对家庭伦理的深入思考；动画电影《宝莲灯》、电视剧《走出凯旋门》、音乐剧《日出》等都有他的参与。

吴贻弓说：“成功是重要的。但在每一次成功后，又往往会感到新的茫然。因为再一次向成功发起新的冲刺时，需要的不仅是努力，更是勇气。”

创办上海国际电影节

很多时候，才华与责任既相随又无法两全。

1984 年，吴贻弓获悉自己被任命为上海市电影局副局长。这期间，他最辉煌的成就是创办上海国际电影节。1993 年创办第一届，1995 年第二届时即被国际制片人协会认可为国际 A 类，上海国际电影节已成为国外了解中国电影文化、中国观众观看世界的重要窗口。如同人之长成必然经历蹒跚学步，上海国际电影节的发端何尝不是一条磕磕绊绊的小路。

20 世纪 80 年代后期，中国电影进入第三次创作高潮。谢晋的《芙蓉镇》、吴贻弓的《城南旧事》等影片获得国内外各类电影节奖项。同时，电影产业快速发展，每年全国生产影片逾百部，电影制片厂超过十家。吴贻弓觉得，无论是从艺术还是市场的角度，中国电影都需要一个与之相匹配的国际电影节。“当时亚洲已有三四个国际电影节，东京、马尼拉等，

1956年，吴贻弓考入北京电影学院

我们如果没有的话，有点不太像样。”更关键的是，他认为由上海来创办国际电影节，水到渠成、责无旁贷，“因为这里是中国电影的发祥地。”

1992年，办“我们自己的国际电影节”正式提上日程。决心已下，但没钱，没人，没经验。身为行政领导，吴贻弓当仁不让地为申办奔波，为经费苦恼，为邀请嘉宾反复游说，为替“金爵奖”起个响亮的名字而绞尽脑汁。为省钱，他们出差住招待所；缺人手，他就把秦怡等几位老电影人一起拉来当志愿者，帮忙招待各方来宾；国内前无来者，他就跑到德国，跟着同行上上下下地考察柏林电影节，直到“摸透每个部门如何运作”；临近正式办节，他和许多工作人员干脆在新建成的上海影城席地而卧。

许多事因陋就简地办，但有一样，吴贻弓和谢晋很一致，都不“将就”——他们坚持评委一定要响当当、够分量。头几届上海国际电影节评委会阵容，亮出了谢晋和吴贻弓等中国电影人在世界范围内的朋友圈。赫克托·巴本科、卡伦·沙赫纳扎洛夫、大岛渚、奥利弗·斯通、降旗康男、保罗·考克思，这些国际上叫得响的名字，既装点了“门面”，也从起点便奠定了一个电影节的胸怀和视角。

1993年10月，全无经验可借鉴的上海国际电影节在吴贻弓等人的努力和引领下问世。开幕那天，当索菲亚·罗兰、奥利弗·斯通、大岛渚、罗伯特·怀斯、中野良子、张曼玉、张艺谋、巩俐等全球顶级影人云集上海，为这场盛会殚精竭虑的人们欣慰：几代中国电影人的梦想终于开了花，未来会有更多中国影人得益于这个年轻的平台。而落幕之夜，吴贻弓站在灯光渐暗的舞台上，热泪盈眶。

数据显示，1993 年首届上海国际电影节有 20 多个国家和地区报名参加。2019 年，报名影片已达 3964 部，来自 112 个国家和地区。

第 15 届上海国际电影节，组委会向吴贻弓颁发华语电影终身成就奖。手捧奖杯，激动和幸福当然有之，但更多透着一以贯之的温和谦逊。“我特别激动，电影就是一个梦，它包罗万象、五花八门、绚丽多彩、应有尽有。电影最大的好处就是不拒绝任何人，不论你是谁，都可以获得应有的快乐。但我是不是真的有终身成就，还需留待后人评说。”吴贻弓说。

千方百计在作品中投射“共和国情结”

《城南旧事》导演阐述里有一段文字很特别：“‘祖国’的含义是什么？我不一定能讲得清楚。她既抽象又具体。抽象可以到无垠博大，具体可以到极其细微。有位诗人说：祖国就是他故乡门前的那条小河；而当我在意大利正苦于那里盛筵上的生肉、生火腿、生香肠，突然在我们使馆的食堂里喝到一碗极普通的大米粥的时候，似乎祖国的含义全在这一碗稠稠的、热腾腾的、又带着不尽甜意的粥里了。”

1938 年 12 月，吴贻弓生于重庆。喜报辗转传到已沦陷的老家杭州，阖家欢喜。大伯父给他起了名——“贻”为收藏，“弓”指代兵器，“刀枪入库，天下太平”，生而便与“国”血肉相连。少年时代的一则家规，又给了吴贻弓关于“祖国”的一重感性认知：每年除夕吃过年夜饭，吴家都会全体出动去看一场国产电影，“无论那天排映国产片的影院离家多远，也绝不就近观看西片”。

1983 年 1 月 9 日，吴贻弓随中国电影代表团带着《城南旧事》参加第二届马尼拉国际电影节。经过一周角逐，这部中国电影脱颖而出，夺得了最高奖——最佳故事片金鹰奖。那一回，他深深体会到“祖国”两字的分量。

作为改革开放后第一次摘得国际大奖的中国影片，《城南旧事》的征途并不平坦。彼时，马尼拉国际电影节号称亚洲第一，参赛国家众多。以当时中国电影的标准来研判，《城南旧事》的53万元成本称得上大制作了，它几乎是同时段上影平均拍片成本的2.5倍。但在马尼拉，这部作品竟是所有参赛片里耗资最低的一部，与投资额倒数第二的影片相比，也仅是其三分之一。“单就这点来说，我并不介意。因为在我们国家，可以用极低的成本拍出相当于人家好几倍成本的影片来。”吴贻弓回忆，他真正担心的，是美国等参赛方的“经济压力”，用钱砸出营销阵仗，这是《城南旧事》不可比的。

1983年，《城南旧事》获第二届马尼拉国际电影节最佳故事片金鹰奖

但事实证明，经济大棒并不奏效。和所有参赛片一样，《城南旧事》在电影节原定只放映两场：一场供评委和观众同时观看，另一场全部面向普通观众。意料之外情理之中，马尼拉当地华侨蜂拥而至，争相观看这部“来自祖国”的电影。人，络绎不绝地来，组委会不得不加映一场。影院门前，等候的观众排成了长龙。中国代表团带去的2000份资料，早在第一场放映前就被一抢而空。最后一场，连场内过道都挤满了人。吴贻弓留心一看，发现挤在过道上的几乎都是记者和电影节工作人员，“他们被前两场观众的高涨热情所感染，挤出时间，撂下工作，争着来看个究竟”。

一个来自中国的故事打动了所有人，不仅在华侨心里深深留痕，也触到了各国评委、记者的心底柔软处。一时间，“来自中国的影片出乎意料地使马尼拉升温”的报道压倒了一切，使得先前一些国家的宣传攻势全都黯然失色。

1983 年 1 月 16 日，隐隐的期盼成为现实。颁奖典礼当晚，中国电影代表团全体成员步入会场。走在队伍最前列的，是一名高擎五星红旗的菲律宾总统卫队士兵。行进在国旗之下，除了“自豪”，吴贻弓再也想不出第二个更适合的词来描述心情。“我做梦也没有想到，作为一名电影导演，能得到这么大的荣誉。最重要的是，这荣誉是和我的祖国紧密联系在一起的！”回到上海，他写下：“‘祖国’是什么？祖国不就是你在任何时候、任何情况下都可以依靠的坚强后盾么？”

1992 年伊始，吴贻弓前往曲阜拍摄《阙里人家》。那几年出国热让吴贻弓不停思考：中华民族的传统文化在当代都市生活的潮流下将如何传承。他理解一些人的选择，但绝不能接受另一些人对自己民族的否定。“我认为生活中有人抱怨自己的遭遇、抱怨贫穷都可以理解，但抱怨自己是黑眼睛黄皮肤，这一点我不能赞同。一个人如果连这点都否掉，那就完了。”正因为此，人们从《阙里人家》品出如是意味：阙外千重浪，阙里一家人。

2018 年秋冬，吴贻弓 80 周岁之际，上海市文联汇编、上海戏剧学院教授石川撰写的“海上谈艺录”吴贻弓专册《流年未肯付东流》出版。书中辑录了一位电影人与一位电影学者的对谈，让人动容的不止于其间流淌的电影理想，更是一股深植于家国情怀的绵绵之力。回顾自己的创作心境，吴贻弓用了“共和国情结”五个字。他们这一代人在时间的长河里曾历起伏、分流，但他说——“归根结底我们的内心情结还是很单纯的‘共和国情结’，我们总把新中国看得很理想、很美好、很亲切，并千方百计想把这种情结投射在银幕作品中”。

记者手记

天真长存

说来有些意外，无意间把少年“领”进电影门的父亲，却在1956年吴贻弓准备报考北京电影学院时，明确地持反对态度。是他自己的坚持外加母亲暗中支持，他才走上了一生之路。

父亲为何反对，直到老人家过世，他们父子间都未再提那次分歧。只是在后来追忆时，母亲告诉吴贻弓：“当年爸爸是怕你掉进一个大染缸里染黑了自己。”解开了30多年的谜团，吴贻弓并未松一口气。相反，他“惴惴地反思，父亲的担心是否有道理”。

时间是最公允的。

时间看见初出茅庐的他扎扎实实地在剧组当“超级助理”；看见非常时期仍希望不堕“时刻准备着”；看见20世纪80年代他与时间赛跑的夜以继日；更看见他接续前辈的路，磨砺十年捧出了一部《上海电影志》……

有个细节可见一斑。关于《城南旧事》，吴贻弓至少写过三个版本的导演手记。第一次成稿于1982年，即电影刚刚诞生时。此后，20世纪90年代、2007年他又两易其稿，增补的内容无不是他这些年对创作的反复思考、对艺术的更深沉体悟。可外人不了解的是，第一稿已相当工整完备，以至被许多电影学者称为“论文”。

他犹记得沈浮导演当年与他说，“岁月流逝，但愿天真长存”。因为天真对于艺术乃是不朽的生命。耄耋之年，吴贻弓仍是天真的电影守护人。

阮武昌近照（均受访者供图）

阮武昌

阮武昌，1929 年出生，江苏如皋人。1943 年 4 月参加工作，同年加入中国共产党。1945 年至 1946 年先后担任新四军苏中军区如西县独立团政治处统计干事、新四军一师一旅政治队学员，1949 年在 23 军 67 师 201 团先后担任政治处宣教股宣教干事、军士队副政指。先后参加过许多战役，包括盐城战役、高邮战役、苏中战役、鲁南战役、孟良崮战役、豫东战役、淮海战役、渡江战役、上海战役、抗美援朝等。1983 年任上海警备区副政委。1989 年离休后任新四军历史研究会会长。

阮武昌：硝烟里的温情让我回味一生

何易　王嘉旖

他是一位亲身经历1949年解放上海战役硝烟的老战士。参加完解放杭州战役后，阮武昌随部队急行军至上海投入战斗，从西南角打向东北角，解放上海全境。1949年的激战恍若昨日，战火中那些熟悉或者陌生的身影令他记忆犹新，红色年代里闪现的温情让他回味一生。

共和国的今天，是千千万万英烈用自己的鲜血和生命换来的。在采访中，阮武昌提到了30多位有名有姓的战友，英勇牺牲在战场上或者敌人的监狱里。他们为国家的独立富强和人民的翻身解放献出了年轻的生命，有的遗骸至今仍然散落在各地，无法找到。我们怎么能忘记他们？!

参加革命以后的70多年里，阮武昌和战友们一样，经受过艰苦的磨炼，经历过死亡的威胁，也面对过灯红酒绿的诱惑。所有这一道道关，他们都闯过来了，没有在路上停下来，也没有摔跤。在亲身经历新旧社会两重天的同时，阮武昌还有幸参与了国家改天换地的伟大变革，在这一伟大的历史进程中一路跟着走了过来，留下了自己的汗水和脚印。

投笔从戎，红星照我去战斗

苦难的年代，阮武昌的童年经历了动荡不安和兵荒马乱。“抗战爆发的时候，我正在读小学，那时年龄还比较小。”阮武昌回忆道。他的爷爷是做医生的，爸爸当过小学教师，所以小的时候，家里经常讲，要他长大了当一名医生或者教师，可是日本鬼子来了，逼着我们投笔从戎，拿起武器。

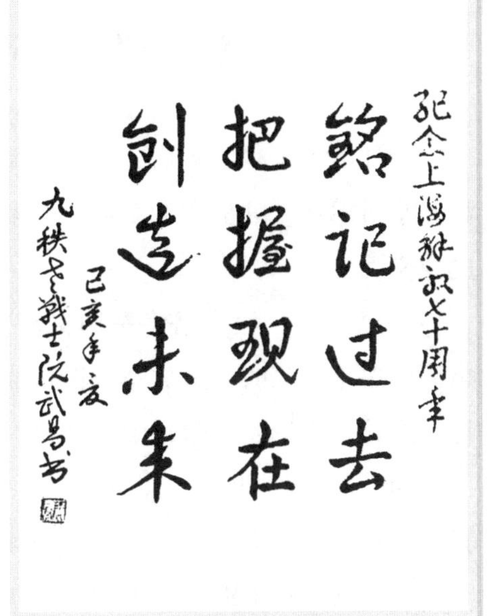

阮武昌寄语

读中学时，学校来了一位曾在上海做过地下工作的老师林在吾。1943 年春，阮武昌怀着为抗日救国、实现共产主义理想而奋斗的决心，由林在吾老师和吴荫生同学共同介绍，光荣加入党组织，成为学校的第四名学生党员。他至今还记得，那是利用一天中午休息的时间，悄悄躲在一条偏僻的河沟里，填写的入党志愿书。又在一天夜里，利用一处没人住的空房子，举行了简单而庄严的入党宣誓仪式。说是简单，因为“会场”上就三个人，台子上放着一盏豆油灯，墙壁上挂着一面手画的党旗，但是却显得很庄严。在林在吾的领读下，阮武昌庄严地宣读了此后影响了他一生的入党誓词，当年他只有 14 岁。

1944 年秋天，垂死挣扎的日寇对如西县进行重点扫荡。一天下午，阮武昌正在上课，突然听到附近的农民大声叫喊，说是有一队日伪军从北面向学校方向开过来了，要大家快点跑！阮武昌和几名学生干部立即组织全体师生撤离学校，跑到学校南面大约一两公里的一块低洼地隐蔽起来。从这以后，学校便决定在敌人扫荡期间，学生全部离校回家，老师采用分片巡回授课的方式。这样的教学，使大家经受了一次实际斗争的锻炼，增强了战斗意志，丰富了斗争经验。1944 年的 11 月底，高中肄业的阮武昌告别母校，参加新四军。此后，他一生戎马倥偬，跟随共产党领导的人民军队转战南北。

解放上海，“下策”成头号方案

渡江战役取得胜利后，解放上海便顺理成章地提上了日程。当时的上海，是敌军在大陆扼守的最后一个要点，这为上海的解放染上了一层别样的意义。

直至今天，阮武昌将军回忆起那场战役时，都会觉得那是“异乎寻常”的决定。当时，解放军与国民党军队间的力量对比已经发生了翻天覆地的变化。无论是从数量上，还是在质量上，解放军都占有较大优势。

“我军完全掌握着战斗主动权，想什么时候打，就什么时候打；想怎么打，就怎么打。”阮将军言及那段充满硝烟的战争，脸上有掩不住的自豪。

虽然此时的上海，陆上通道已被解放军全部切断，真正成了一个与世隔绝的“孤岛”，但想要最大限度在保全上海的情况下攻占，难度依旧很大。阮将军清楚地记得，当时国民党军队在上海驻扎的武装力量包括 8 个军、25 个师的陆军，以及 30 多艘军舰和 120 多架飞机，总共 20 多万人马。凭借着这些力量，国民党完全有能力和机会在上海支撑相当长的一段时间。更遑论，他们还在市区和四郊修筑了 4000 多个碉堡，埋设了 2 万多个地雷，挖掘了几百公里密如蛛网的战壕。

此时，有三个选择摆在解放军面前。上策，长期围困，逼得敌人在弹尽粮绝之后，不得不缴枪投降。这个对于解放军而言不费一枪一弹就可拿下敌军的上策，对于上海城内 600 万市民而言却是下策。被长期围困，在缺衣少食的情况下，他们的生活也难以为继。因此，这个计划第一时间被剔除出了考虑范围。

中策，先弱后强，首先进攻敌人防御比较薄弱的苏州河以南地区，然后再打外围。但是这样一来，战斗的主战区就势必要在市区，那么上海许多珍贵的建筑物就会遭受严重破坏。中策也因此被划出了作战方案之外。

此时，留在解放军面前的只有下策，也就是将攻击重点放在吴淞等外围地区，吸引敌人在这里决战。“这些地区是敌人防御重点，兵力集中、工事坚固，打起来必将是一场恶仗，我军伤亡肯定会比较大。”阮武昌眼前又浮现起 1949 年的那场艰难抉择。为了最大限度地保障上海的城市建筑和人民生命财产安全，这个杀伤力极大的打法成了最终被选中的作战方案。为此，许多年轻战士付出了鲜血的代价，自此长眠，但上海完整地交给了人民。

挥师北上，急行军“后卫”改“前卫”

阮武昌所在团在 1949 年 5 月 3 日解放杭州后不久，便奉命沿杭甬公路向东前进。5 月 20 日深夜，部队正静静地走在夜色苍茫的大路上，身后却突然传来了口令“放下背包，就地休息”。

休息了大半个小时后，新口令传来：“掉转头，往回走！”这一突如其来的改变，弄得战士们一头雾水。就这样，装着满脑子的问号，队伍的“后卫”又突然改成“前卫”，急匆匆走在刚刚走过的路上。

过了一会儿，师首长派人送来了一封信，并附上了详细的命令。原来当时上海打得正激烈，即将发起总攻，可敌人仍在市郊一些地方负隅顽抗。此外，一些外国军舰还停泊在吴淞口外，虎视眈眈。为尽快解放上海，阮武昌所在的部队接到指令，需要立即挥师北上，加入战上海的队伍。

据阮武昌回忆，当战士们听到这个消息后，一个个都高兴极了。尽管已经走了六七个小时，肚子也饿得咕咕直叫，但此刻这些都是小事一桩。大家三步并作两步，直奔上海。

相较于其他战士，阮武昌此时心里更多了一份期待。9 岁的时候，他逃难来上海投奔舅舅，在上海居住过一段时间。在繁华都市的背后，他也看到了那些在底层苦苦挣扎的老百姓穷困潦倒的生活。那时候，他就悄悄许下了一个心愿，希望有一天，这些底层百姓也能迎来充满阳光的生活。

而此时，距离他曾经的心愿又近了一步。

他们前后连续走了三天四夜，终于在5月24日上午，赶到了莘庄火车站。

三天三夜，从西南角打到东北角

5月24日傍晚，部队抵达徐家汇，做最后的准备。在徐家汇的天主教堂前，神采奕奕的阮武昌兴奋地向大家作战斗动员。他还记得，在讲话的时候，周围聚集了许多老百姓，“尽管他们有些人第一次见到我，但却一点儿也不生疏”。在阮武昌的印象中，这些老百姓十分亲切。阮武昌还听到身边的一个青年人说：“你看解放军多和气，哪像国民党军队！”

战斗打响后，阮武昌所在的部队却面临着一个极为棘手的难题。根据师部命令，部队计划从曹家渡附近的宁平桥渡过苏州河，向北攻击前进。但敌军在宁平桥北侧整整部署了一个营，扼守该桥。解放军的突击队刚一发起冲锋，敌军的轻、重机枪便马上一齐开火，密密麻麻的子弹把本就不宽的桥面封锁得严严实实。在当时的情况之下，如果采用炮击，必定能很快解决问题，但解放军却要坚守市区战斗一律不许使用火炮的命令。于是，战况一时胶着了起来。

如何才能尽快绕到敌人侧面呢？正在大家一筹莫展的时候，一位工人模样的男子突然从人群里走出来，解决了解放军的燃眉之急。阮武昌对这名踏三轮车的男子印象深刻，对方十分熟悉这一片的道路情况，表示可以给解放军带路。在这位工人师傅的带领下，阮武昌带了一个排和另一个连的战士一起，绕到大桥的西侧，在那里架起机枪，对着敌人的工事猛烈射击。经过一番准确而猛烈的射击，加上正面火力夹攻，解放军乘势冲过大桥，消灭了桥北的敌人。

就这样，部队一路往东北方向挺进。阮武昌一直对当年那些亲切带路的上海人民怀着极深的感激之情。“没有他们，我们许多小路都找不到，也不能这么迅速地将上海攻占下来。”阮武昌还记得，当时部队刚刚行至天目路，有一位中年男人主动跑来说，交通路上有一个敌军器材仓库，里面还有几百个敌人。经过一番周旋后，阮武昌所在的部队成功劝降了对方500多名官兵，避免了一场恶战。

1999年，阮武昌（中）接待美国加州大学研究新四军的学者

5月26日下午，部队打到了江湾路上的淞沪警备司令部。此时，敌军司令早已逃走，但里面还驻着7000多名官兵。据阮武昌回忆，当时他们突进围墙之后，一下子就抓到了400多个敌人。经过一夜奋战，5月27日早晨，敌军被迫宣布投降，7000多人全部放下了武器。

当天下午，他们又马不停蹄地向东北方向挺进，一直打到江湾机场。敌军仓库里存放的大量枪支弹药，统统被他们收缴了。

至此，阮武昌所在的23军从上海的西南角，一直打到东北角，历时三天三夜，圆满完成任务。

放下背包，转到另一条战线

打下上海以后，阮武昌所在的团马上移驻当时尚属江苏省的金山县海边，进行渡海作战训练。

1950年11月初，阮武昌随部队第二批准备入朝。刚抵达东北时，战士们等不及换上适应寒区的服装，穿戴的还是在江南发的衣、帽、鞋子，就急匆匆地于 11 月上旬从集安、临江等地跨过鸭绿江，进入朝鲜。

抗美援朝取得了胜利。停战以后不久，阮武昌奉命撤离朝鲜返回祖国。临下山那天，大家一早就爬起来，把应带的东西收拾停当，然后，抢着把坑道里所有的地方打扫得干干净净。有的同志还到外边摘来一些野花，把洞口装扮了一番。还有的同志用小刀在洞壁上刻上了自己的名字，说是要让它永久留在这个曾经度过自己青春年华的地方。

阮武昌和夫人陈华庆祝金婚

离开祖国多年，祖国各方面都发生了巨大变化。阮武昌说，我们放下背包，也立即从一条战线转到另一条战线，投入到热火朝天的国家建设和军队建设的大潮中去。

1997 年 7 月，离休以后，阮武昌便倾心于新四军研究会和关心下一代工作委员会的工作，一干就是 20 年，相当于他入伍时间的二分之一，成了他一生中的第二次“上岗”。虽说是发挥余热，但工作要求绝不比在职时低，工作量也不比在职时少。

他认为，要把青年作为重点对象，把关心下一代的健康成长作为具有战略意义的历史责任。因为他深知，青年是祖国的未来，祖国的前途和命运系在一代又一代青年身上。青年人强，祖国一定强。

在阮武昌看来，向青年人宣传的过程，也是自己学习的过程。每次和青年人座谈之前，他都要拿出一定时间进行准备，自己先学一步。“从我看到或者听到的大量事实说明，我们的青年一代是充满希望的一代，是能够担当起历史重任的一代。常言道，长江后浪推前浪，当代青年一定能作出更加辉煌的成绩。”

“为关心青少年的成长，为对内对外的宣传，做了一些力所能及的工作，取得了一点成绩。作为幸存者，总算可以告慰长眠于地下的革命先烈，告慰我的那些已经牺牲的战友。尽管人的生命是有限的，但传承历史、弘扬革命传统的工作是无限的。”阮武昌说，这是历史赋予的责任。生命不息，奋斗不止！

记者手记

一个个朴实身影无比动人

战上海，阮武昌随部队激战三天三夜。回忆这惊心动魄又激情燃烧的时光，阮将军仍是感慨万千，难以忘怀。除了硝烟弥漫的战场，还有那一个个朴实却无比动人的身影。正是那些给予了解放军极大帮助却没有留下姓名的上海普通百姓，一场场本应发生的硬仗、恶战消解于无形之中。

年届九旬的阮将军对这些往事的细节记得很清晰。虽然听力已不如以前，但他依然声音洪亮，中气十足。在攻打宁平桥时，那位主动请缨为解放军带路的三轮车工人让阮武昌记忆犹新。他还能清晰地回忆起当时的场景：三轮车工人弯着腰，敏捷地带着部队沿着河边前进，很快绕到了桥的侧翼。战斗一结束，这位工人又帮助解放军看管俘虏，整理缴获枪支，清除敌人设置的障碍，跑前跑后，忙个不停。

这场战斗结束后，这位工人表示，要继续为大军带路。经过再三劝阻，他才恋恋不舍地和解放军说再见。

70年一晃而过，但这位工人的身影却停留在阮武昌及许多战友的脑海中。阮武昌经常会遐想，如果这位工人还健在的话，他一定会常常向儿孙们讲述当年解放上海时的战斗故事吧。

还有一群人同样深刻地烙印在了阮武昌的记忆里。当时，育才中学有几十位同学，竟然穿过了火力封锁线，一路跑到阮武昌所在团的指挥所，主动要求给部队作慰问演出。此时，战斗还在进行中，到处乱蹿的子弹随时会威胁到学生们的生命。战士们便向学生们提出，将演出队改为救护队，帮助他们救护伤员。有的学生干脆提出，给他们武器。他们的要求没有得到批准，但学生们那诚挚的热情却从此深深印在阮武昌心底。每当他想起这些学生，心中都会涌起一股暖流。

5月27日解放上海当天，战士们蹲在马路边上吃的那顿早饭，也令阮武昌永生难忘。为了不扰民，部队在上海战斗的三天三夜里，每一顿饭都是后方做好再送过来。27日早晨也是如此，不过当做好的早饭从漕河泾送到江湾时，米饭已没一点热气。由于当时部队只带了少量人民币，上级为稳定市场不准多用，而战士们手里又没有通行的金圆券、银圆，无法买配菜，只好干吃白米饭。附近居民看到这一场景，立马跑回家，端来了许多菜，直接往士兵们碗里夹。战士们遵守部队纪律，坚决不肯，百姓们还追着来夹菜。

在战火硝烟的红色年代，闪现的那些温情足以让他回味一生。

程不时接受专访（袁婧摄）

程不时

程不时，1930 年出生于湖南醴陵。1951 年毕业于清华大学航空工程系。中国第一代飞机设计师，在 40 多年的飞机设计生涯中，他负责过许多不同类型的飞机的总体设计，其中包括中国第一架喷气式飞机歼教 –1、第一架超音速飞机强 –5。他是中国第一架喷气式客机运 –10 的副总设计师，还是国产大飞机 C919 的专家顾问团成员，并负责起草中国第一部适航标准。

程不时：给雄鹰插上“中国翅膀”

赵征南

大飞机，对于中国的航空人而言，是一个充满挑战的梦想。

1903 年，美国莱特兄弟发明了人类历史上第一架载人动力飞机，之后的数十年间，世界航空技术迎来飞速发展，可对于中国而言，飞机如同一个沾满鲜血的魔鬼，带给国人更多的是伤痛。在抗日战争中，日本空军肆无忌惮地轰炸中国的土地和百姓，我们的空军曾用“血肉之躯”，阻挡侵略者的袭击。

曾经，有外国人讽刺说：“中国是一只没有翅膀的鹰。”

擦干眼泪，仰望星空，我国的第一代航空飞机设计师们发誓，一定要给雄鹰插上飞翔的翅膀。程不时就是其中的代表。

程不时寄语（除署名外，均受访者供图）

中华人民共和国成立后，百废待兴，21 岁的程不时在国家开启航空工业之年加入建设队伍。7 年后，由他负责总体设计的中国第一架喷气式飞机歼教 –1，在碧蓝的天空划出一条优美的弧线。后来，他从军机战线转向了民用飞机战线。1980 年，由他参与设计的我国首架喷气式客机——运 –10 首飞成功。

雄鹰的翅膀越发强劲、有力。2017 年 5 月 5 日，国产大飞机 C919 成功首飞，为大飞机之梦奋斗了 47 年的程不时，终于圆梦。

耄耋之年，这位亲历中国航空事业发展的老人，回忆起逐梦路上的点滴瞬间，依然热情如火。

雄鹰初啼——陪伴他的是小提琴、飞机

程不时的家，是上海市静安区的一处公房。

房子修建于 20 世纪 80 年代，已经有些年头，老化的墙纸快要看不见最初的底色，斑驳的地板踩上去会发出吱吱的响声。

进门就是厨房，拥挤显而易见，灶台上放着烧得变色的水壶和铁锅，搓衣板立在墙根，洗碗池也同样是洗脸池、洗衣池。朝北的一间小屋被他改造后，兼具客厅和书房的功能，木凳、沙发椅、靠椅分开摆放，静静地等待客人的到来。

在这样一个看起来有些杂乱的老屋里，第一次看见程不时的样子，足够让人吃惊。

他显然是个“讲究”的人。会见客人，满头华发的他精心打扮，白衬衫搭配着黑色背带西裤，脚上穿着黑皮鞋，举手投足间都是绅士风范。同行的女记者看到，连声发出“好帅”的赞叹。

听到这，一旁的程不时妻子贺亚兮开心地笑了起来。她同样是航空领域的高级专家，相知 50 多年来，一直是程不时的“小迷妹”，夫妻二人携手铸就了“伉俪妙笔绘鲲鹏”的佳话。

书桌上，密密麻麻的书本中，一把满是“伤痕”的小提琴成了焦点。程不时说，这把二手小提琴的琴身上，刻着它上一个主人记下的日期，落款时间是 1921 年。

自从程不时搬进来的那一天开始，小提琴的乐谱一直架在靠窗的位置，没有移动过。曾经是清华大学管弦乐队首席小提琴手的他，如今还是

被网友称为“清华学霸合唱团”的清华大学上海校友会艺术团的主心骨之一。

现在，窗外的人们依然可以时常听到老屋里传出悠扬而厚重的小提琴曲。采访当天，多天未拿起小提琴的他，即兴演奏了三段曲子，当他演奏完最后一段《梁祝》时，在旁的最忠实听众贺亚兮陶醉于此，激动得一直鼓掌。

程不时夫妇感情极深，不过却并未把二人的合影放在房间的C位，而只是挂在墙角。因为，在程不时的心中，有比合影还重要的东西。

多年来，陪伴程不时的，除了妻子、小提琴，还有飞机。他的电脑屏幕，还有微信头像，都是飞越喜马拉雅山脉航行的运–10飞机。而客厅墙壁的正中间，沙发的上方，仍然是运–10的位置——程不时以大飞机顾问的身份到中央电视台参加节目录制，临走时，他将运–10背景板一路夹在胳肢窝里，乘着飞机带回上海，如今成了程不时家中最显眼的装饰。

主要设计人员在飞机歼教–1前留影，右三为程不时

幼年的程不时住在湖北汉阳机场附近，常常有飞机低低地越过他的头顶，引擎声吸引着他。抗战期间，在日军飞机的轰炸中，程不时随留德回国的工程师父亲辗转到山东、河南、广西生活，在桂林七星岩，当他抬头望着高空中翱翔的雄鹰时，常常畅想：“有朝一日我设计的飞机要像这些鹰一样翱翔天际。”

深埋在泥土里的种子从此扎下了根。读初中时他郑重地向同学们“宣布”:“我将来要设计飞机。”

高考时，程不时，只有一个选择。

其实当时家中来客们有的并不支持他北上，因为在1947年，“学习航空可能没有好的就业前途”。但是他依然义无反顾地报考了清华大学——中国第一所建立航空工程系的大学。

可刚入学，他却遭到了航空系主任的当头“棒喝”:“中国航空事业的发展势头微弱，学生毕业后很难找到合适工作，建议转系。”有转系的同学也想拉他一起，跟他说:“你对艺术有兴趣，去建筑系吧，那里工程和艺术完美结合。”

在山河破碎、国难当头时许下的豪情壮志，怎能轻易放弃？他下定决心，哪怕就几个人，也要设计飞机！

雄鹰展翅——中国天空有了一个个第一

程不时的心中，还珍藏着一份1949年开国大典的特别记忆。

1949年，留在清华的全体师生参加了开国大典，为了准备晚上的提灯游行，航空系师生决定制作一盏从未有过的“飞机灯”。他们并未按一般灯笼的结构，而是拆了吊扇做螺旋桨，还在飞机翼尖和机尾装上了红绿白灯，部分实现了飞机的实际构造。有人对学子们说:“希望你们以后设计出真正的飞机。”走在游行队伍中的程不时明白，发展航空，不仅是他个人的梦。

1951年，新中国决定建立航空工业，首先要有生产能力，因此，程不时的第一份工作，是参与设计新中国第一批航空工厂。

1956年，航空工业局在沈阳成立“第一飞机设计室”，主任是科班出身的徐舜寿，程不时担任总体设计组组长，当时他只有26岁，设计组的平均年龄仅为22岁。

“飞机设计要遵循‘需要和可能’。为何设计室成立后的第一种机型，就是喷气式教练机歼教－1？因为那时需要这样一款飞机，新中国的设计队伍也需要成长，而当时我们已具备制造喷气式歼击机的工业基础。”程不时说。

有种声音认为，与其辛苦研制飞机，不如买图纸，照葫芦画瓢。程不时说，新中国从设计第一架飞机开始就确立一条设计路线——根据飞机的任务需要，从世界航空技术库里挑出合适的手段，进行新的“工程综合”来形成自己的设计。

“就是要‘熟读唐诗三百首’，熟悉许多不同的型号，熟知部件的各种可能方案，从中取舍新设计的工程措施，绝不应设计出某种飞机的仿制体。”程不时说。

1958 年，歼教－1 首飞成功。这是中国自行设计和制造的第一架喷气式飞机，也标志着中国的自主设计能力进入喷气式时代。

谈及为何自己的重心从军用转向民用，程不时说：“20 世纪 60 年代，周总理出国，只能向巴基斯坦借飞机，中国航空业离世界太远。我们明白这不是某个人落后，而是国家、民族落后了。”

1970 年，“708”工程启动，国家先后从各地调集了 300 多名航空技术人员，前往上海研制运－10，41 岁的程不时在飞机研制中担任副总设计师，分管总体设计、气动力分析、计算机和试飞工作。

“运－10 是我国第一架自主研造、拥有完全自主知识产权的喷气式民用客机，也是我国在 20 世纪自主研造的最大飞机。仅其平尾面积，就比我过去所从事的喷气战斗机的机翼面积大上 5 倍，是我国的飞机设计首次从十吨级向百吨级冲刺。在科学技术上，凡数量差上十倍就称为达到一个量级，事物就会起质的变化。”程不时说。

当时的条件极为艰苦，程不时家 6 口人，挤住在只有十几平方米的小房子里，睡觉只有行军床解决，晚上只能伏在木箱上编程序。

而设计组连办公室也没有，只是借用民航废弃候机楼临时工作。为了

C919 首飞仪式现场，程不时是年龄最大的出席者

展开图纸，设计人员就在食堂办公，一到开饭时，便要把图纸收起，吃完饭别人都出去了，再把图纸摊开工作。那时不同的设计组，有的在走廊上、在楼梯间，就摊开工作，还有人把大包装箱当作设计室，边上开个门，在里面工作。闷热的夏天，设计师就不停擦汗，生怕汗水滴下来濡湿了图纸，便把报纸裹在腿上、手臂上，同时还可抵挡蚊虫叮咬。

“飞机设计绝不是一个‘热闹’的工作，而是要吃苦，有时很枯燥，要耐得住寂寞。”在程不时的自传中，他也提到了飞机设计师的必备素质——是一个创造者；是一个涉及诸多学科的“通才”；有良好的判断力和预见性；在常规技术任务之外熟练运用语言、文字和图像等交流的技能。

程不时还给年轻设计师一个建议：“应对飞行有必要的关注。”在他看来，设计师如果只执着于在车间拼命干活，意识里没有“天空”，很难实现开拓天空的意愿。“我和飞行员都是很好的朋友，飞行员带我体验过载，别人都在吐，而我每次试飞都很关心，询问飞行员飞行的感觉如何，体验怎么样，这对我的设计工作是重大的参考。”

1980 年 9 月 26 日，运 –10 在上海大场机场飞向蓝天。“当时，我特别专注，动用全部的知识储备，思考着几百万个零件可能出现的所有问题，为之准备对策。”程不时说，首飞非常顺利，试飞员王金大降落后评价“像‘大个子打篮球’”，庞大却灵动。

“这是科学的胜利，也是开创精神的胜利。”程不时感慨。

雄鹰腾飞——“不时”说自己“生逢其时”

令人遗憾的是，1982 年后，受多种原因影响，运 –10 的研制工作基本停顿，国产大飞机的逐梦之旅暂时搁置。

在 C919 的总装基地摆放着一架运 –10 飞机，飞机前的石碑上镌刻着四个字“永不放弃”。

“‘永不放弃’四个字，不是不放弃运 –10，而是不放弃我国自主设计民航客机、发展本国工业体系的道路。”程不时说，“遭遇运 –10 这样的挫折，我感到无奈。但是前进路上我们不能害怕困难。经过运 –10 项目的洗礼，我始终相信我们有能力研制大飞机。”

最艰难的时刻，仍然是对工作的热情，以及对梦想的追逐支撑着他，让程不时充满斗志。他仍然心甘情愿地做逐梦路上的一分子，哪怕只是一块铺路石。

甚至在退休后，为了让大飞机项目重新启动，程不时每天要花十几个小时撰写对我国自主发展大飞机的意见。有时，写到中午，饿了，他就跑到街上买两个包子吃；累了，就在沙发前面的空地上打地铺躺一会儿。他还参加香山科学会议、全国经济界讨论会，对“中国如何走出大飞机的路”陈述他的意见。

除了工作，程不时还有丰富的业余生活。科技和艺术是他生活的两条平行线，一个是正业，一个是爱好，两条独立的线互相烘托。

程不时喜欢巴赫、亨德尔、海顿、莫扎特等人的小提琴奏鸣曲和协奏曲，最常习练的，是贝多芬的《D大调小提琴协奏曲》。“贝多芬是个硬汉，我很喜欢他那种大调风格带男子气的庄重，不怕痛苦，直面艰难险阻。”

不少人和程不时有同样的想法：“在当时那样一个中国连高压锅都造不出来的时代，研发的运-10，其材料竟然全部靠自主研发完成。”“有了运10的研制，我们才有干大客的信心，才有干大客的基础。”

2007年，经过长期的论证，国产大飞机C919正式立项。十年磨一剑，2017年5月5日，C919首飞现场，作为民用大客机专家组的成员，时年87岁的程不时成为仪式上最年长的出席者。那一天，研制飞机的青年科技团队，身穿“中国商业飞机公司”的绿色工作服，胸前配有国旗图案，他们却把最前排、最显眼的位置让给了程不时。

翼展35.8米，机身长度38.9米，可载客155人，程不时看着C919推上油门，在跑道加速，轻盈离地，昂首飞上天空，眼里充满泪水，喉头哽塞，他极力控制声音的颤抖，大声地说：“我们国家多少人为C919的腾飞努力了几十年，终于走到了这一步！这是一个了不起的胜利，一个非常重要的成就！”

在程不时看来，在民机制造，或者说整个工业领域，过去曾存在两条岔路：一条是闭关锁国，独自发展；一条是崇洋媚外，抱国外的大腿。而C919走出了一条自主创新与全球合作结合的路。

“有人说，科技创新的金字塔必须从基础开始一步步向上，C919不是中国制造而是中国组装。但我认为，我们不可能孤立于世界，全球供应链的时代，波音也不是自己造发动机。关键在于，我们掌握了最主要的东西，就是飞机设计的知识产权，自主设计意味着掌握了飞机型号的主导权。核心技术需要从局部突破，以点带面发展，否则，创新的时间会拉长，成本也显著提高。”程不时说，“为外国打工能赚钱，美滋滋。但历史的经验证明，如果期待飞机设计也可以像冰箱、洗衣机那样，靠引进外国整条生产线，一个个环节‘国产化’，以为这样就可以得到整条生产线的本土化，并取得民族科技的发展，那就错了。往往越是关键的技术，国外越不会给你，即便‘甘当小学生’去求人，也得不到半点怜悯。”

有人说，程不时“生不逢时”——如果当年运 –10 没停下来，他个人的成就也许更加辉煌。

对此，程不时表示，父亲给他取名“不时”，是希望他不去赶时髦，老老实实做实事，更要勇于创新、开拓。而自己作为一名飞机设计师是“生逢其时”，赶上了中国航空事业发展的好时代，并为此作出贡献。

“我们今天仍然应该敬佩詹天佑、茅以升、徐舜寿，他们到国外学习先进技术，目的是用来振兴自己的国家民族，并在这项事业中万死不辞。他们在留学过程中，拒绝了国外的各种诱惑；在遇到挫折时，也没有愤而抛弃自己的国家，而是和国家一起共患难，报国之心从未降温。”程不时说：“21 世纪中国航空产业的振兴，需要一批真正用科学思想武装起来的、充满朝气的、生气勃勃的人才，他们一定会是时代的主流。”

关于未来，程不时忍不住再次提醒：“真正的命脉绝不能掌握在别人手中。”

记者手记

感恩奉献于时代的人

采访结束，到了程老的晚饭时间。老人缓缓起身，由于前些年不慎摔跤的缘故，腿脚已有些蹒跚。他对一日三餐没什么特别的要求，都是社区为老助餐点送来的饭菜。

走下楼梯，推开门，被高楼环绕的上海闹市气息扑面而来，可程老却习惯老屋里的一切。

“对于新中国第一代飞机设计师而言，这样的生活条件是否过于平凡？”

对于记者的这个问题，程老认真地回答：“我们这一代人一腔热血建设新中国，不是只图享受的一代。我不是一个整天在意‘吃喝拉撒睡’这些生活细节的人，我的脑海里只有大事情，只有大飞机——这个实实在在的志向。”

为了实现大飞机的梦想，程老付出了47年去等待，盼啊盼，他盼到了那一天。

这两年，程老的不平凡人生，由于在《开讲啦》《出彩中国人》《朗读者》等多个节目中出现而更多地为人所知，年轻人亲切地叫他“清华学霸爷爷”，向他表达敬佩之情。

“我每天会上两个小时的网。”程老说，“我也看到了网友们对清华校友合唱团演唱《我爱你中国》的评价，有这么大的反响很意外，也很高兴。我觉得，我和其他头发花白的老专家之所以能成为‘网红’，是因为国家真的进入了尊重科学、尊重知识分子的时代。”

回顾这条圆梦之路，程老说他首先要感谢四个人：北京航空学院（现北京航空航天大学）的创建人沈元，世界流体力学权威普朗特的唯一中国弟子、冯·卡门的师妹陆士嘉，中国首个飞机设计室主任设计师徐舜寿以及航空航天教育家曹传钧。

让老人心怀感恩的，是四人对中国航空业的贡献。

我想，我们同样应该是懂得感恩的人。对于面前这位将一生奉献于新中国航空事业发展的老人，唯有说声——程老，谢谢您！

2017 年 7 月，时任云南省公安边防总队普洱市支队支队长印春荣荣获“八一勋章”和证书（均受访者供图）

印春荣

印春荣，汉族，大学文化，1964 年出生于云南保山昌宁，18 岁入伍，1988 年入党。历任云南省公安边防总队保山支队战士、军医、情报调研科科长、副支队长、畹町边防检查站政委，省公安边防总队司令部协理员、普洱市支队支队长，公安部边防管理局司令部副参谋长等职。现为国家移民管理局机关党委纪委常务副书记，二级警监。

印春荣在云南边境一线参加缉毒斗争 28 年，数十次面对毒贩枪口，30 多次乔装打入贩毒集团内部卧底侦查。1998 年以来，作为侦办主力先后破获贩毒案件 3234 起，抓获犯罪嫌疑人 4246 名，缴获各类毒品 4.62 吨、易制毒化学品 487 吨、毒资 3520 万元，个人参与缉毒量创公安边防部队之最。

印春荣：出生入死擒毒枭

郑蔚

近代中国曾是世界上毒祸最为深重的国家。

深度研究中国毒品史的上海师范大学教授苏智良告诉记者，20 世纪 20 年代后期，中国的罂粟种植面积为 8000 万亩，鸦片总产量达 6 万吨，几近各国鸦片产量的 10 倍，而吸食各类毒品者多达 8000 万人，涉及全民族 16.8% 的人口。日本帝国主义的入侵更加剧了毒品的泛滥。直到 1949 年初，全国仍有 2000 万瘾君子。

中华人民共和国成立后，人民政府大力治理毒祸。1953 年，中国政府庄严宣告，中国已是一个“无毒国”。

这“无毒国”的称号保持了 30 年。

20 世纪 80 年代起，国际毒潮再次入侵我国。据世界卫生组织统计，当时全球有 2 亿—3 亿人吸毒，金三角贩毒集团借道我国，向欧美等地偷运毒品，毒品在我国死灰复燃。一场禁绝毒品的人民战争，再次打响。

印春荣，是全国缉毒战线上的杰出代表。2017 年 7 月，中共中央总书记、国家主席、中央军委主席习近平向时任云南省公安边防总队普洱市支队支队长的印春荣颁授了“八一勋章”和证书。印春荣是全国公安现役部队中唯一获此殊荣的警官。

“什么样的人才能做卧底？”

“30 多次乔装打入贩毒集团内部卧底侦查”，这是印春荣缉毒战史中被媒体格外关注的一项。

“您为什么去做卧底？”“什么样的人适合做卧底？”很多记者都曾问过他这样的问题。

卧底，如入虎穴龙潭，堪称“无间道”。2002年，横扫第22届香港电影金像奖最佳电影等七项大奖的港片《无间道》，在香港和内地公映，一时“卧底警察”几成全民英雄。

而现实中的“无间道”，印春荣正面临险情。

地点是厦门一家五星级酒店二楼的茶室。首次出场，印春荣的身份是送货人“三哥”，买家是台湾人“刀疤脸”。据查此人曾当过5年特种兵，枪不离身，还带了一个身高1.96米、体重106公斤的保镖，而印春荣身高才1.64米。“货到了吗？”“到了。”双方首次接头就这么简单，随即分手。

之后多日，“刀疤脸”杳无音讯。“是不是有什么漏洞让‘刀疤脸’察觉了？”印春荣和专案组反复考量，认为应该没有破绽。按送货人的心态，带了28公斤毒品在人地生疏的地方还交不了货，他应当是焦虑不安的。于是，“三哥”主动给“刀疤脸”打了电话：“老板，我们在这里情况也不熟，能不能抓紧把这件事办了？”对方只淡淡答了两个字：“好吧。”

等到第4天，印春荣的手机响了。见对方主动来电，他心中一喜。但“刀疤脸”依然非常警惕，说：“你一个人来交货。”

再次见面仍在酒店二楼茶室，人数仍是1对2。双方坐定，看似漫不经心地海聊，从云南边境的风土人情，到进出境的山间“便道”，凭着生于斯长于斯的积累和分寸的准确拿捏，印春荣让对方慢慢放松了警惕。突然，“刀疤脸”话锋一转，问道：“听说曼海桥查得很严啊？你们是怎么把货带过来的？”

曼海桥是他们的必经之路。这问题太关键了，不但必须回答，而且必须让对方觉得印春荣是不假思索地回答的，但又不能全答。“我们用车子过桥的。”他爽快地答道，见对方还在期待他往下说，便果断地打住了，“但货具体放在车子的什么部位，我就不能说了”。既是“道”上的“三哥”，就必须懂“道”上的规矩。

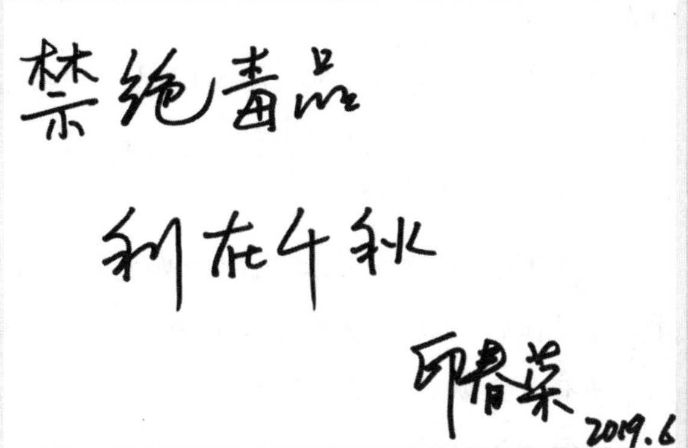

印春荣寄语

这看似聊天，实质却是盘问。聊了一个多小时后，毒枭终于提出验货。印春荣从楼上取了样品，回到茶室，以“递烟”的方式送到“刀疤脸”手上，这本是毒贩的惯用手法。验过毒品后，“刀疤脸”确信“三哥”人货俱真，于是下令保镖打款。

印春荣当着“刀疤脸”的面给扮作“大哥”的专案组领导打电话：“钱打过来了。”谁知突发意外，“大哥”在电话中说：“款还没到账啊。”钱不到账就不能交货，不能交货就不能收网，这环环相扣的案情哪里出了错？

印春荣不知道究竟发生了什么。原来，专案组原定先抓捕“刀疤脸”团伙的其他几个成员，最后这里才收网。不料，外围的抓捕出了意外。

“刀疤脸”几次三番催印春荣打电话问钱究竟有没有到账。谁知这一拖就是一两个小时，钱“还没到账”，“刀疤脸”焦躁不安了。

“为了稳住对手，我当时几乎把能说的话都说尽了。”印春荣告诉记者，“最后我不得不对电话里的‘大哥’说，你让小弟好好查查，钱再不到账这生意就做不成了。这时，才听‘大哥’说，钱刚到账。我心中一块石头落了地。”

谁知，狡猾的“刀疤脸”让保镖一个人随印春荣去取货。印春荣想：“可不能让你跑了。”他装作亲昵地搭着“刀疤脸”的肩说：“老哥，还是咱俩去交接吧。”

之后的桥段太过经典：在客房里，印春荣打开藏着28公斤海洛因的密码箱，“刀疤脸”心中大喜，随后接过密码箱走进了警方的伏击圈。等他想拔枪时，已被按倒在地。

“你知道毒贩为什么这么疯狂吗？如果1公斤海洛因在东南亚是1万元，在我国台湾和香港就可以卖到40万元，甚至上百万元。”印春荣说。

所有的毒贩，都是贪婪的。

那卧底警官呢？

“有时候，并不是我自己想去卧底。”印春荣说。

在侦破2006年“3·30”大案时，嫌疑人“肥仔”愿戴罪立功，要和两名假冒毒贩的警官一起去深圳与毒枭“黄毛”接头。谁装扮毒贩最合适？印春荣让“肥仔”在刑侦队员中挑。

谁知“肥仔”看了一圈，首选印春荣，其次李海峰。印春荣自嘲道：“大概是我又黑又瘦，又熟悉当地社风民情，就连毒贩都觉得我最适合卧底。”他知道“肥仔”不敢造次，因为“肥仔”要是一旦被“黄毛”发现他带来的人是警察，就死定了。

来到深圳，意外也接踵而至。“黄毛”住在17楼，平时闭门不出，印春荣和李海峰只能主动上门。进他家门时发现，防盗门特别坚固，即使用警方的破门器也不是三五分钟就能打开的。走进客厅，印春荣暗暗吃了一惊，原来说只有“黄毛”一人在家，实际上除了“黄毛”外，还有他妻子、弟弟和3个孩子，加上嫌疑人“肥

印春荣深入基层开展精准扶贫工作

仔”，警方和对方的人数之比是 2 比 7。万一“肥仔”反水怎么办？正担心着，“黄毛”和“肥仔”突然用潮汕话聊了起来，而印春荣和李海峰都听不懂潮汕话，这让他俩的心绷紧到了极点。一会儿，“黄毛”拿出当地的糕饼招待他俩。吃还是不吃？印春荣果断选择了吃，以便对方降低防范；同时李海峰不吃，以防万一。正说着，突然又进来了一男一女，是来买毒品的，双方人数对比更成了 2 比 9。此时，他们进门已半个多小时。当时潜伏在门外接应的侦查队长杜风告诉记者：“那么长时间没接到抓捕信号，我都紧张得要冲进去了。”

屋内那一男一女买下 4 块海洛因就要走，印春荣猛地一把将“黄毛”按在地上，同时拔出手枪对着一男一女大喝一声：“不许动！我们是警察！”李海峰也一把将“黄毛”的弟弟控制住。“黄毛”还以为他俩是想“黑吃黑”的同行，连声说：“大哥，钱在床上，你拿走吧……”印春荣喝令“肥仔”：“快打开门！”

门外，早已等候在侧的杜风和他的战友一拥而入……

卧底必须具备的素质是什么？冷静、果断、敏锐、绝对过硬的心理素质。

“一切的一切，是忠诚使命”

怒江在高黎贡山脚下切割出一道河谷，曼海桥就跨越在河谷之上。曼海边境检查站是保山边境管理区的二线检查站，出得曼海桥，就可以直奔通往内地的保山，一路上再无固定的检查站。

2003 年 11 月 20 日，时任保山公安边防支队曼海边境检查站副站长的水成行在公路巡查时，发现一辆吉普车在距检查站 2 公里外的地方换车胎，感觉情况异常，立即向时任情报科长的印春荣汇报。印春荣提醒他，千万不要惊动对方，等该车到了曼海检查站时，重点检查它新换上去的车胎。

用车辆备胎藏毒品，已被我方多次破获。这次，狡猾的毒贩会不会改为将毒品藏在行驶中的车胎里？这从印春荣脑海里闪过。海洛因如长期受热会融化，所以毒贩很有可能在离检查站较近时才将藏有毒品的轮胎换上，过检查站后再将藏毒车胎悄悄换下。

水成行依计而行，在检查站守候，果然，从那车新换上的车胎里查获海洛因 5.96 公斤。突审驾驶员后，办案人员认为驾驶员对外联系不多，很可能已经暴露，失去延伸办案打击上下线毒贩的可能。但印春荣敏锐地发现，在审讯时驾驶员时不时地抬头看侦查员，似乎有话要说。于是，他和驾驶员聊了起来，从妻儿、父母这些最有人情味的话题聊起，聊到驾驶员从心底里认罪，供出了隐藏在昆明的“老板”。专案组立即赶赴昆明，抓获“老板”后，摸清了幕后的操纵者是躲在广州的台湾人“耗子”。

印春荣再次以“老板”手下的“小弟”身份出场，抓获了“耗子”。在带“耗子”去他家搜查的路上，他向印春荣请求道：“警官，我有个女儿才 2 岁，能不能别让她看见我这样。”

印春荣明白，他不愿让女儿看到父亲戴手铐的样子。在落实了相应的控制措施后，印春荣摘掉了他的手铐。

刚打开他家门，一个可爱的小女孩欢叫着“爸爸”扑向了“耗子”。印春荣心里一紧：如此天真烂漫的小女孩，却已成了贩毒的受害者！

在书房里，“耗子”悄悄拿出一张银行卡对印春荣说：“这张卡里有四五百万元，你拿去。”

印春荣严词拒绝：“你想得美！拿了你的钱，我就跟你一样成为罪犯了！”

在“耗子”家和他藏得很隐蔽的车上，总共搜出了 225.9 公斤冰毒。那张用来行贿印春荣的银行卡里，还真有 485 万元。

“当‘耗子’用银行卡来诱惑您时，您怎么想的？”记者问。

“我在想，他到底想要什么花招？他离窗有多远，有没有逃脱的可能？”印春荣答。

他就是没想钱。

“钱？我相信任何一个警察都不可能拿他钱的。”

做好卧底，原来一切的一切，最根本的是忠诚使命。

有人说，印春荣从小就看到了太多毒品的危害，所以他要当缉毒警。印春荣说，没错。他还在读中学时，有一次下了夜自习回家，在一条暗巷里被什么东西绊了一个踉跄。他拿手电筒一照，竟然是一个死去的男人，手里还拿着注射毒品用的针管。印春荣的一个同宿舍睡上下铺的同学，做生意发财后，先是家里盖起瓦房，娶了漂亮的傣族姑娘，后来却因贩毒走上了绝路。还有个同学吸毒后，家破人亡，甚至将自己亲生儿子背到境外卖掉，最后自己也成了死在异国他乡的孤魂野鬼……

不仅是对毒品的痛恨，更是男儿肩头的责任感和骨子里的血性，让他坚定不移地走上了缉毒警的道路。刚入伍时，组织让他当卫生兵，后来又成了军医。1998 年，一个偶然机会，他获得了一条贩毒情报，首次出战就是卧底，破获了毒案。从此，他在缉毒第一线与境内外形形色色的贩毒集团较量了 28 年。

“老英雄”的心里，记着更多的英雄

走进云南边境的普洱、保山边境管理支队及下属边境检查站，记者在荣誉室里见到无数的英雄事迹，这里真的是“年年有英雄，月月有战斗，日日有行动”！扼守在杭瑞高速公路上的芒颜边境检查站，有着“缉毒劲旅”称号，是全国禁毒先进集体；东风桥边境检查站一等功臣就有 4 位：杜风、邓志、蒋炎、白建刚；而曼海边境检查站，一等功臣有赵富荣、王定军、余龙辉……

记者还意外发现，印春荣的战友都不称呼他的名字或职务，而直呼他为“老英雄”。

普洱市支队张副支队长告诉记者，“老英雄”当年在这里摸索出的“望闻问切”“网上作战室”等缉毒方式，已在缉毒一线推广普及，并融入了云南省公安厅新推出的“禁毒大数据（云南）中心”，取得了良好战绩。支队李政委说，该支队每年缴获毒品数已连续6年超过1吨。

印春荣（右一）到澜沧江边境检查站传授查缉经验

然而，所有的英雄，背后都是他本人和家庭的奉献和牺牲。自1950年8月以来，云南出入境边防检查总站总共牺牲了177名英雄。

多少次，印春荣也命悬一线。

曾任保山支队副参谋长的胡令告诉记者，有一次，印春荣带领专案组在潞西市遮放收费站截停一辆嫌疑吉普车时，嫌疑人突然猛踩油门，强行冲卡。印春荣侧身闪过，又扑了上去，左手紧紧抓住车门，右手与嫌疑人争夺方向盘。但吉普车还是硬将前方拦截的警车顶开，他的双脚被吉普车拖在地上，鲜血直流，但决不松手。被拖出50多米后，慌不择路的吉普车撞上大树，翻下山坡。嫌疑人落网了，印春荣手上、腿上的伤口鲜血直流，战友们要赶紧送他去医院，他却下令把嫌疑人带到车上，边走边突审。

很多记者问过印春荣同样的问题：“您执行的最危险的任务是哪一次？”

“难说哪一次最危险，很多次都很危险。”印春荣实话实说。

毒贩大多是亡命之徒，枪毒合流并不鲜见。“其实，就是我们破案中最常见的跟踪、蹲守和每一次控制下的交付，都充满危险。从云南跟踪毒贩的车到广东，单程就近 3000 公里，一路上既要不被发现，又要不让嫌疑车辆失踪，难不难？”

连续几天几夜的蹲守，疲劳就是一大考验。为了防止睡着，印春荣啃酸芒果、吃朝天椒。但吃到第 5 根朝天椒时，味觉神经已全然麻木。他又发明了“香烟自燃法”，一根香烟燃尽的时间约 5 分钟左右，他就点一支烟夹着，让香烟烧到手指时把他烫醒。曾经，他的指间都是烟头燎出的水泡。

印春荣在众人眼中是“老英雄”，而在这位“老英雄”的心目中，还有更多的英雄。“牺牲在缉毒一线的战友有陈锡华、杨军刚、白建刚……”说起牺牲的英雄，他难掩悲痛。

“我是幸运的。”印春荣多次对记者说。“所以说，这‘八一勋章’真不是奖励我个人的，是授予全国缉毒干警的，包括我牺牲的战友。”

（注：因缉毒工作需要，部分缉毒警官为化名）

记者手记

铁汉真情

“都说当兵要欠三代情：上不能孝敬父母，中不能给妻子以温存，下不能教育孩子。”印春荣的老战友钱峻说，“缉毒警尤其如此。‘老英雄’一年也回不了几次家。他在侦办案件中的时间，都比和嫂子在一起的时间多。”

印春荣和很多缉毒警一样，不知道自己孩子的幼儿园老师、中小学的班主任。同样，为了保护家人不被贩毒集团报复和威胁，父母、同学、亲戚和孩子的老师也都不知道他们的真实身份。很多事，甚至就连妻子都不能说。

境外贩毒集团曾在网上公开威胁他，并开出100万元赏格买“三哥”的人头。

“这个事嫂子知道吗？”记者问他。

“这个怎么能说！”他顿了顿又说：“有时我们去昆明执行任务，为了怕暴露，故意放风说是去景洪。结果战友在昆明意外地被亲友撞见了，成了他们夫妻间说不清道不明的‘冤案’。”

“儿子在读小学时，曾经给我打过一个电话。我们当时正在商量要不要马上抓一个毒贩，时间很紧。我看是孩子的手机号码，想不接他电话不好，又实在没时间和他细聊，简单说了句‘爸爸现在有急事’，就挂了电话。没想到这件事成了孩子心中的阴影，后来很多年他没有主动给我打过电话。”说起往事，他内心依然充满愧疚。

“没有一个女性会希望自己只有一个在电话里的丈夫。”印春荣的妻子在获悉丈夫获得“八一勋章”时哽咽着说：“但现在国家给了他这么大的荣誉，我觉得，值了。”

“嫂子的牺牲真的很大。‘老英雄’是我们领导，但嫂子从来不是‘官太太’。她是主任医师，但就像是我们整个队的家庭医生。无论任何时候，只要我们的家人去看病，嫂子接到电话总是在最短的时间里帮我们联系上最好的医生。”杜风感激地说：“我和队里好几个战友的孩子都是嫂子亲自接生的。”

这位和她丈夫一样坚韧、充满牺牲精神和仁爱之心的知识女性，真了不起！

2015年4月，王宁为国家图书馆开讲“国图公开课”（均受访者供图）

王宁

王宁，1936年出生，浙江海宁人。北京师范大学文学院教授，著名语言文字学家。

在中国传统语言文字学领域有多项创建：训诂学方面，创立了理论训诂学；文字学方面，创建了汉字构形学，提倡汉字字体学与书写汉字学。著有《〈说文解字〉与汉字学》《训诂学原理》《汉字构形学导论》等。

21世纪以来，她在汉字标准化、规范化和语文基础教育方面有突出贡献：是多项汉字规范的第一列研制人，担任2013年国务院发布的《通用规范汉字表》研制组组长，同时又是2017年教育部发布的高中语文课程标准研制组组长。

王宁：打开汉字之美

江胜信

训诂学家王宁先生2019年八十有三，她是章黄学派的传人。

何为训诂学？何为章黄学派？

中国古代教育有“礼、乐、射、御、书、数”六艺，“小学”学“书、数”；隋唐时期，“小学”分成了文字学、音韵学、训诂学三支，分别研究汉字的形、音、义，并把三者结合起来解读古书。清末民初思想家、学问家、民主革命家章太炎把“小学”改造为“中国语言文字学”。章与其大弟子黄侃均致力于以语言文字和历史来激发民族自信心和凝聚力，其学术派别被后人尊为章黄学派。往上，章黄学派承继了清初顾炎武奠基的乾嘉学派，生发出以弘扬民族优秀文化为宗旨的现代国学；往下，黄侃的学生们在大学里传播和发展国学，嫡系学生陆宗达教授在北京师范大学创建了第一个以“中国传统语言文字学”为特色的学科点，培养出新中国第一批训诂学研究生，其中就有王宁。

训诂学已有2000多年历史，它能顺利走进现代吗？

翻开《汉字与中华文化十讲》一书，跟着王宁的娓娓道来，读者蓦然惊见，训诂学所映照的汉字之美犹如一幅徐徐打开的壮阔画卷。比如，她谈到“尘”字的演化，小篆中，“尘”是三个“鹿”加一个“土”，意指鹿群奔跑，步伐轻快，扬起细尘；繁体字里，三个“鹿”减成了一个“鹿”；简化汉字里，“鹿”改为“小”，小土即尘。王宁又由“鹿”谈到了“逐鹿”“伉俪”（“俪”的繁体字是“儷”）等词的由来，解析这些词所折射出的人与自然的和谐关系……《汉字与中华文化十讲》录编于她讲的国图公开课，这本书日前在第 24 个世界图书日上，一举拿下“中国好书”“文津图书奖”两项荣誉。

几十年的学术跋涉让王宁即便在荣誉面前也能保持独有的清醒。她深知，历史常常会因为受到时潮冲击而被现代所冷落，训诂学作为走进古籍、还原历史的工具型学科，或许注定是冷门。这就更需要以热心肠坐冷板凳，“因为现代永远浴于历史的积淀之中。扬弃一种糟粕和吸收一种精华，是必然在经过撷取和研究历史之后的。总要有一些具有国学基础的人去从事历史的撷取和研究工作，然后才能把历史教给民众”。

善歌者使人继其声，
善教者使人继其志。
录《礼记》语以自勉
王寧
2019. 5. 30

王宁寄语

回望来时路，涵养她这一腔衷肠的，有父亲为爱女写下的警语，有恩师赠予爱徒的“金针”，有农牧民为读书人点亮的油灯，有信息革命对新时代学者提出的挑战……

响应号召，学中文，赴边陲

1954 年至 1958 年，王宁就读于北京师范大学中文系。她曾将 20 世纪 50 年代大学生的特点概括为：“他们大多在中上等经济条件的家庭中长大，经历过新旧两个社会，期盼自己站在时代的前沿，把学习的优秀和政治的进步当成铸造自己的标准。他们对祖国的强大有着一股痴情，希望达到忘我的境界而进入先进建设者的行列。”

风起云涌的年代把王宁如扁舟一般抛入大海，她颠沛沉浮，却沿着航标灯的指引坚定前行。

王宁祖籍浙江海宁，家世显赫：曾祖父是清末上海县的县长，在海宁盐官镇修建了“耐园”，是江南昆曲的领袖人物之一。祖父是著名的佛学居士，心中心法的第二代传人。父亲毕业于震旦大学，抗日战争胜利后作为工程师被派往山东修复胶济铁路。大哥是燕京大学中共地下党重要成员，生前曾担任中国新闻社社长兼总编辑。

12 岁之前，王宁在父亲的教导下通读了《古文观止》和《唐诗三百首》，完成了国学启蒙，又跟着家庭教师学习钢琴、芭蕾。但无论是诗书还是艺术，在父母眼里只能算一个人的修养，他们认为唯有数理化才能救国。父亲发现了女儿的数学天分，便刻意培养，不断“喂”难题，令小王宁渐渐上瘾。用心良苦的父亲慈严并济，专门写了副对联贴在爱女的书桌前：“戒骄戒躁戒任性，耐劳耐苦耐吃亏。”

王宁的数学成绩一路拔尖，北大数学系是她的高考志愿。“不料学校动员我，要我同意保送北师大中文系。”那会儿，全国有一大半人不识字，急需中文教师。在国家需要和个人爱好的抉择面前，18 岁的王宁忍痛割爱，选择了前者。

同样因为国家需要，4 年之后大学毕业，王宁报名支援西部边疆教育，被分配到刚刚组建的青海师范学院。年轻的她对缺氧高寒的自然环境尚能适应，“运动”迭起的社会环境却让她屡涉艰险。

1948 年，12 岁的王宁（后）与父母、兄弟合影于青岛

1961 年，国家教育部决定招收新中国第一批文科研究生。

王宁报考成功，回到母校。陆宗达先生将王宁等 8 位弟子领进传统语言文字学的殿堂。3 年之后，中文系领导找王宁谈话：“陆先生希望你留在北京……你属于‘在职研究生’，青海师范学院的校长希望你回去……是留是回，由你自己决定。”

王宁多么想留在北京追随恩师、照顾母亲。那会儿，学雷锋运动如火如荼，一个普通战士崇高人格的感召使她回想初衷，一种使命感催促着她：“当初去‘建设青海’，并没有建设好，还是回去吧！”1964 年，她与新婚的丈夫回到青海，不久被卷入“四清”“文革”的旋涡。到 1983 年被调回北京，她在青海又度过了近 20 载光阴！

尊崇师承，变“不意”为“自觉”

1961 年至 1964 年研究生学习的滋味，被王宁浓缩为 4 个字——苦尽甘来。

她虽有家学底子，但这对研究章黄之学是远远不够的。“这 3 年的从师，是一场学术的脱胎换骨，死记硬背知其事，冥思苦想得其理，没有陆先生的引导，我是一步也走不出来的。”

先是点读段玉裁《说文解字注》，同时用大徐本作《说文》系联。王宁解释道：“这工作就是把《说文》甲条中与乙、丙、丁……诸条有关的各种形、音、义材料，全部抄到乙、丙、丁……诸条下，9000 多条一一如此处理。”后来又啃《毛诗》《马氏文通》《论语正义》《孟子正义》……出于对章黄之学民族大义的感佩及对陆宗达先生的信任，王宁每天十几个小时刻苦攻读。但内心充满惶惑：一个现代人如何尽快接近古代？面对文化积淀如此深厚的古代文献，我们这一代人继承遗产的能力究竟有多强呢？如果我们过这一关都这么艰苦，还有可能再往下传吗？

当把《说文》系联做到第八卷，王宁忽然进入了“莫之求而自至”的境界，“明白了汉字的形音义都是互相关联的，一个字被周边的许多字支撑着，成为不可更改的它自己，‘汉字科学’的概念油然而生，内心的疑惑变成快乐的自觉。”形成语感与明了语理互相促进，王宁在看到古今差异的同时，越来越多地发现了古今的沟通，这让她喜出望外。

然而，苦尽甘来未及细细品尝，学术道路便戛然而止。再赴青海的王宁在政治运动中因受到迫害而离开讲台和书桌，七下农村牧区，在高原最贫瘠的山坳里和一望无际的大草原上与农牧民相处。

那时，读古书是冒险的，但这些她吃了很多苦头才啃下来并初尝甜头的书，又如何舍得放弃？每次下乡，王宁总要在枕头里塞几册《说文》《十三经注疏》《史记》《诸子集成》，又把音韵字表抄成卡片，藏进笔记本的封皮。为了独自温习，她主动要求睡柴房甚至马圈。

有一次，她偷偷读书时偶被房东和农村干部“抓了现行”，她本以为招来了祸事，但他们却投来了心照不宣的保护和尊重的目光。有天晚上她突然发现，油碟里多了两根灯捻儿，窗户被挡上了破毡。碰上烧灰肥等艰苦的农活，大队长就把王宁偷偷拉出队伍：“人手够了，你在家看书吧。”有一次，一个大队把 24 个孩子交给王宁，“教教孩子们吧，哪怕会写自己的名字也好啊”。没有纸笔，村民就把地铲平，把树枝子削尖。孩子们很快就学会了三位数加减法和两位数乘除法，认识了两三百个汉字。王宁离开这个大队时，爹妈牵着孩子哭成一团，“啥时候才能再来一个教孩子们的老师啊”！在这之前，她在另一个山区还专为妇女、老人开了识字班。汉字认到 500 个左右，他们就能简单阅读了，于是每天都蹲在村口，等邮递员送来《人民日报》。几个脑袋凑一起看，不得劲儿，干脆把报纸一拆四份，看了再换。他们一看到不认识的字，就喊：“王老师快来快来！”王宁就给他们讲：“这是协作的协啊。看，它左边多像农具啊，协的繁体字右边是三个力，三个人出三份力，扶着农具一起犁地，就是协作啊。怕你们写起来麻烦，现在只留一个力，另两个力省略成它旁边的两个点。”

这样一解释，村民们就把“协”这个字记得牢牢的。

身处被饥饿和贫穷笼罩的山村和草原，面对不识字却渴望读书的父老乡亲们，王宁曾经委屈、不平、焦灼、失望、痛苦的心渐被治愈。她有一种顿悟的感觉：“我已经得到真正属于祖国和人民的理解和默契，拥有这样人民的祖国不会没有希望！”

1986 年，黄侃纪念会上，王宁（后中）与陆宗达（前）、章念驰（后左）、谢栋元（后右）合影

阴冷的山谷里，夜听松涛呼啸，仿佛让家乡的钱塘潮冲洗内心。王宁扪心自问：“是否愿意忍耐寂寞？是否能够吃尽苦头？”章太炎和黄侃师徒面对西学突起，曾顶着“保守”和“复古倒退”的骂名，在教育界摆开不合时宜的维护国学的疆场；陆宗达先生在训诂学销声匿迹的那些年，数次撰文呼唤训诂学的复生。先师与前辈的风骨与情怀，仿佛通过那阵阵松涛，给王宁的内心输送力量。她听见自己回答：“我可以！哪怕永远没有风风光光传播优秀传统文化的机会，我也要不顾一切，通过教育，为自己的民族留下一些文化的火种！”

在苦难中她明白，优秀传统文化从不属于个人，它是若干代人共有的财富，践踏它、舍弃它，甚至冷落它，都是对人民的一种背叛。她要为自己的民族和人民找回他们自己的文化精华！

顺应变革，让训诂学走入现代

党的十一届三中全会的春风，让经历严寒的训诂学复苏返青。

陆宗达先生此时已逾古稀，北师大校领导对他说：“您这是绝学啊，得往下传啊。”陆先生想到了王宁。1983 年，经历异地调人的种种烦琐，王宁终于回到老师身边，成为他的科研助手。师徒之间依然默契的学术讨论在中断了 19 年之后，仿佛一个转身又回来了。19 年来，王宁在严酷环境下以巨大的勇气、毅力和痴情积攒下来的关于文字、音韵、训诂学的许多想法，因为重新被老师点化而更加成熟。

拥有数学天分的王宁善于理性思考，在和陆先生讨论时，她从不问“这段书怎么讲”“这个字怎么解”等琐碎问题，而是把各种现象加以梳理，试着去解释，然后拿到先生那里请教、讨论。陆先生的老师黄侃主张“得其法而明其理”，正在创建训诂学基础理论的陆先生，又从爱徒身上看到了代代相续的学术追求。

宋代释师观有两句诗，“鸳鸯绣出从君看，不把金针度与人”，意思是只让他人看到绣品，技法是秘不外传的。章黄学派的师生关系反其道而行之。太老师黄侃先生曾写道：“古人云，不把金针度于人，亦何偏也，我与陆生谈诗是度金针耳……”黄侃曾将“金针”度于“陆生”，“陆生”又将“金针”度于“王生”。数年间直至陆先生于 1988 年故去，陆王师徒合写了《训诂方法论》《古汉语词义答问》《训诂学的知识与应用》等著作，这些基础理论让曾经古奥艰涩的训诂学，以更平易的面貌和更容易把握的规律为现代青年所接受、所应用。1996 年，王宁又以《训诂学原理》一书，进一步完善了训诂学的基础理论体系。

而文明的加速显然甩给了王宁更多的时代命题。1981 年，王选院士主持研制成功中国第一台计算机汉字激光照排系统原理性样机华光 I 型，此后数年又推出从华光到方正共 5 代产品，从此，汉字印刷告别了铅与火的时代，并且接受了信息时代的挑战而直接进入了互联网。1990 年，中日韩三国将各自所用的汉字合在一起，正式发布了 CJK 字符集，含 20902 个包括简体和繁体的汉字，成为汉字第一个国际编码的基本集。这么多的汉字要在只有 26 个字母加上 10 个数字的美式键盘上经过输录进入电脑，必须有一套系统的交换码，由于编码不统一，汉字在传输过程中时常出现乱码，影响了信息的顺畅交流。为了研制汉字形码，很多计算机大家纷纷将汉字拆成部件，方法各异，形成一种“万码奔腾”的局面。

1994 年，中国将 CJK 作为国家标准，国家语委成立了专家课题组，为 20902 个汉字进行规范的部件拆分。这时候，王宁从《说文解字》中采用系统论方法创建的汉字构形学已经基本定稿，依理拆分的规则制定后，为课题组打开了一度受阻的思路。举个例子，“颖”这个字怎么拆？不懂训诂学的人可能会将它从中间劈开，右边为“页”，左边就不是字了。完全按汉字构形的规律拆分则先拆出“禾”字，剩下的是“顷”，“顷”再拆成“匕”和“页”，“禾”是“颖”的义符，“顷”是“颖”的声符。有了字理为依据的规则，部件拆分顺利完成。从 20 世纪 90 年代开始，王宁在传统语言文字学的研究道路上迈开了新的一步。

躬别恩师后 30 年过去了，她谨遵师嘱，坚持培养传统语言学的优秀人才，而且适应信息时代的要求，在招收传统语言学博士之外，还连续招收了 5 届信息技术与文字训诂学交叉的硕博士。现在，她有了一支继承传统并走向现代的学术队伍。这支队伍有雄厚的文字训诂学功底，具有继承传统的意识和能力，以及发展创新的意志和担当，他们忘却名利、忠于教育，是传承章黄之学站立起来的一支生力军。他们不但在教学岗位上开创新课题，致力于传统语言文字学的人才培养，而且站在前沿，先后创建甲骨文、小篆字库，研制《通用规范汉字表》，开发《数字化〈说文〉学研究平台》，完成了《汉字全息数据库》等重大项目……这支团队于 2018 年被评为“黄大年式教师团队”。作为这个团队创建者和引领者的王宁，凭着她文理科思维兼具的优势，敏锐地运用信息化手段，终于一步步趋近了“让训诂学走进现代”的理想。

记者手记

“三不”与养生之道

《礼记·学记》有两句话：“善歌者使人继其声，善教者使人继其志。”孔子善教，其志绵延。教育亦是王宁心中最神圣的事，她说：只有守住教育，才能守住未来。

所以，她不顾高龄，依旧把课程排得很满，不仅指导博士，还从不放弃开创新课程，甚至不放弃对中小学教学的关注。她还是个“飞人”，几乎每周都要飞外地讲学。

看到她的新著《汉字与中华文化十讲》获了大奖，“好心人”劝她：“你有那么多好的想法，为什么先在课堂上讲出来，而不赶快出书？出书才能获奖，才能得到荣誉。”王宁淡然一笑：“人各有志吧。我们的很多师辈，学问比我们丰厚，道德比我们高尚，贡献比我们突出，但他们并没有什么荣耀的光环！跟他们相比，我们已经愧受了不少荣誉。”

有了教育的传志藉心，王宁对其他事很少萦心甚至非常粗糙。她常常穿起20年前的旧衣，“不坏，干嘛要扔？”她常常一连几个小时坐在电脑前，因为太专注而废寝忘食、晨昏颠倒。王宁奉行“三不主义”——不吃补药、不遵作息、不为闲事生气。

如此轻视养生却依然精神矍铄。对教育的热忱与对名利乃至健康的淡然，分处于她生命哲学的两极，它们恰恰构成了最好的平衡——最好的养生之道。

谢军在西昌卫星发射中心（均受访者供图）

谢军

谢军，1959 年生于山西太原，在西安完成中小学教育，1978 年考取中国国防科技大学电子技术系雷达专业。1982 年本科毕业后入职中国航天科技集团五院 504 研究所，1987 年毕业于该研究院通信与电子系统专业，获硕士学位。

从事航天事业 37 年来，谢军历任中国航天科技集团五院 504 研究所所长，北斗二号导航卫星总设计师，现任北斗三号工程副总设计师、北斗三号导航卫星首席总设计师。

谢军："上天揭取北斗柄"

郑蔚

阿波罗登月、航天飞机和卫星导航，这是20世纪人类航天事业的三大杰出贡献。就其对人类日常生活影响而言，尤以卫星导航为最。

人类最早的导航设备是什么？是岸边的灯塔？是崖壁上的石阶？还是夜空中璀璨的北斗七星？"河汉纵且横，北斗横复直""入得光芒北斗星""泰山北斗人皆仰"……在中华民族灿若星河的唐诗宋词里，留下了多少诗人对北斗七星的敬仰和咏叹。

2019年5月17日23时48分，长征三号丙运载火箭冲破西昌卫星发射中心的夜空，将第45颗北斗导航卫星送入预定轨道。

在中国航天科技集团五院总体部，北斗二号导航卫星总设计师，现任北斗三号工程副总设计师、北斗三号导航卫星首席总设计师谢军告诉记者，2018年一年，我国成功发射了19颗北斗卫星，到2020年前后，北斗三号将实现从目前为我国及"一带一路"沿线及周边国家提供基本服务到覆盖全球、服务全球的跨越。

北斗系统是国家重大空间基础设施。习近平总书记曾高度评价来之不易的北斗系统："北斗系统已成为中国实施改革开放40年来取得的重要成就之一。"

"4小时的冲刺"源于跨世纪的梦想

2007年4月16日，是谢军和他的团队永远也忘不了的一天。

此前2天——4月14日凌晨4时11分，从西昌卫星发射中心冲天而起的长征三号甲运载火箭，将北斗二号第一颗MEO（中圆轨道）飞行试验星送上太空；5时16分，太阳翼帆板展开。两天后，卫星经过3次远地点变轨等控制，于16日进入卫星工作轨道。

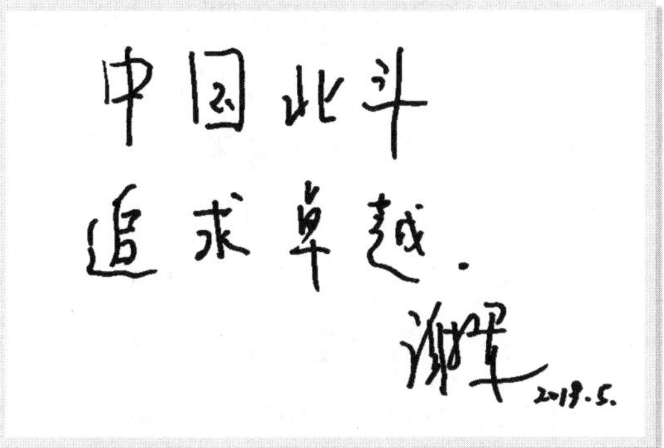

谢军寄语

“16日晚上20时14分，试验星上的有效载荷产品开始加电开机。”谢军如数家珍般地告诉记者，“那晚，所有参与北斗二号导航卫星接收终端产品研发的单位，都将自己的接收设备放在一个操场上，等待卫星发送信号。21时46分，地面系统正确接收到了卫星播发的B1导航信号；21时54分，接收到了卫星播发的B2导航信号；22时03分，接收到了卫星播发的B3导航信号。当地面设备接收到这来自太空的信号时，所有在场的同志都高兴地跳了起来！当时，我在西安卫星测控中心，也非常激动！我们终于实现了2007年4月17日前激活北斗导航信号的目标要求，确保了北斗二号系统申请的卫星导航信号频率与轨位资源！此时，距离国际电联规定的空间频率申请失效仅有不到4个小时。”

太空浩瀚，但频率资源有限。此前，国际电联曾规定，任何国家申请空间轨道和信号频率资源是有时限的，如超过7年还不能将所设计的卫星发射上天，所申请的频率资源作废。

当时，美国的GPS和俄罗斯的格洛纳斯导航卫星已经使用了大量频率，所剩下来的有限资源为欧洲导航卫星“伽利略”和中国导航卫星“北斗”所分享，谁先完成发射谁就拥有使用频率的优先权。国际电联“先到先得”“逾期作废”的规定，给了中国航天人很大的压力。

“我是在2006年3月时，才听说我们2000年向国际电联申请的导航信号频点，到2007年4月17日要过期。”谢军说，当时确实有点紧张：“因为当时我们卫星的研发还未全部完成，担心时间不够。唯有优化流程，抓紧研发。”

之前，北斗一号虽已在2002年完成了双星定位，但按照国际电联的标准，北斗一号仍是“试验系统”，它与北斗二号卫星播发的导航信号技术体制完全不同，使用信号的频率资源不同。

为了确保这一国家任务的如期完成，航天科技集团要求“标准不能降，流程不能减”。剩下能压缩的，只有休息时间，“我们只能以跑百米的速度来跑马拉松。”谢军说。

2007年的春节都没有过完，大年初三，五院的大队人马就从北京飞往西昌。从卫星总设计师谢军起，所有参试人员进场后先干3天体力活，搬设备、扛机柜……检测设备安装就位，马不停蹄开始了连续6天6夜的不间断加电测试，以模拟卫星和有效载荷在太空连续工作的状态。从院士、型号总师到技术人员，一刻不停地轮班盯着测试进程，发现了问题及时解决。后来，在卫星从技术区转入发射区后还是暴露了星地通信应答机信号源不起振的问题。

所有的问题都“归零”之后，专家层决定：北斗二号首颗MEO试验星14日发射。

“就在卫星发射前一天晚上10点多，孙家栋院士还在和我商量，万一卫星在太空再发生什么故障，你要怎么和地面测控系统、发射场系统协调，我都一一记在‘发射任务清单’上。”谢军说，“孙院士等老一辈航天人的责任感真的是特别强。按照孙总的要求，我们与地面测控人员的沟通协调一直持续到14日凌晨2点。所幸，非常顺利。”

“你知道吗？早在20世纪六七十年代，老一辈航天人就曾提出过一个名为‘灯塔’的卫星导航计划，可由于当时国家陷于‘文革’动乱，只能被迫止步，但这个‘灯塔’的梦想始终在我们一代又一代航天人心里。”谢军说。

“北斗二号的设计寿命是8年，但我们2010年1月17日发射的第一颗组网星，至今（2019年——编者注）状态良好，仍在使用。”谢军颇感自豪。

原子钟误差1毫秒，定位精度误差300公里

2003年9月，两个来自北京的电话改变了谢军的人生。打第一个电话的是时任五院院长袁家军，他说，院里决定调你担任北斗二号的技术总负责。时任504所所长的谢军，知道这副担子不轻，不敢贸然答应。几天后，谢军的老领导、五院常务副院长兼北斗二号总指挥李祖洪的电话来了：“你别犹豫，现在北斗二号的任务很紧迫，难度很大，赶紧来。”

谢军明白，此乃航天用将之时。

当年12月，五院成立北斗二号项目办，谢军正式走马上任。

既然已建成北斗一号，为什么国家还要接着上马北斗二号？长期从事北斗系统建设工作的研发副总师周鸿伟告诉记者，北斗一号始建于20世纪90年代，陈芳允院士认为国家实力有限，不可能像发达国家一样一下子打几十颗导航卫星上天，提出了“双星定位”的体制，用“2颗GEO星（地球静止轨道卫星）+地面站”的方式，实现了我国导航卫星从无到有的飞跃，但其覆盖区域和定位精度仍难以满足国家发展和百姓生活的需求。

横亘在谢军和他的团队面前的，是从平台到星上载荷的全新挑战。

周鸿伟说：“作为北斗二号的技术总负责，每颗卫星的设计定型、生产制造、进场发射，谢总都要在文件上签字的，因此，他的压力确实很大。”

北斗一号采用的是通信式的有源定位，用户机必须发送信息才能参与定位，这一转发式体制不仅造成用户容量受限，而且用户机的成本很高；

而北斗二号采用广播式的无源定位，即用户机可不发送信息，只要接收和解读 4 颗以上导航卫星发来的数据，即可计算出其自身所在的位置，这一导航方式用户数量可以不受限制。

而为了实现上述目标，北斗二号必须以星载原子钟来定时，方能实现定位。而此前，北斗一号的授时工作主要由卫星地面站来完成，星上没有原子钟组。

周鸿伟为记者科普说："既然导航用户是通过至少接收 4 颗以上导航卫星发射的位置信息来计算出自身位置的，因此这 4 颗星的时间必须准确而同步。过去，你的手表过一段时间需要校时；现在你的手机要校时吗？你的手机时间与电视台的时间永远是同步的，就是因为都采用的是北斗卫星导航系统授时时间。北斗卫星导航的时间精度是 50 纳秒。1 纳秒是千分之一微秒、百万分之一毫秒、10 亿分之一秒。为什么需要这么精准的时间？你知道光速是每秒 30 万公里，如果有一只原子钟慢了 1 秒，那计算机就会判读你离这颗卫星又远了 30 万公里！"

谢军与团队成员探讨技术细节

谢军向分系统团队成员布置研发任务

时间在此转换为空间。

谢军告诉记者："我们

已知：C（距离）=R（光速）×T（时间），因此 T 的误差量级为：1 毫秒的误差，在定位精度上造成的距离误差为 300 公里；1 微秒的误差影响定位精度 300 米，1 纳秒的误差是 0.3 米。”

这是太空版的“差之毫厘，谬以千里”。

“星载原子钟哪里来？最初，我们也想过购买或引进。”谢军说，“但要么是发达国家不卖给我们，要么是价格贵得我们买不起。我们的自主创新其实是逼出来的。”

正如全国政协委员、中科院院士、航天科技集团科技委主任包为民所言，中国的航天史实则就是一部自主创新史。他说：“在改革开放初期，我们也曾大量引进、吸纳西方的先进技术和元器件。但是一旦应用到我们的尖端装备上，随即就会受到封锁和制裁，市场上马上就买不到了，即使还能买到，价格也会被抬高 10 倍以上。”

“我们的经费，只够买北斗二号所需原子钟数量的一半，还有一半必须我们自己动手造。当时我们就提出了‘集智攻关，团结协作，强强联合，突破星载原子钟的工程化’的要求，必须拿下原子钟。”谢军说。

“一开始，我们就想到过自主创新很难，但真没想到这么难。”谢军回首这些年走过的创新之路时说，“有人问我，做总师最怕什么？就是怕自己做出决策后，解决不了产品的问题，而眼看着时间在一个月一个月过去，这是最焦虑的。但为了完成国家的任务，再难我们也只能扛着。当初，研制出的第一台原子钟在工作中经常突跳，精度很差。怎么办？我自己的专业不是研究原子钟的，只能泡在一线上，和研制原子钟的专家一起分析问题，想方设法攻克难关。”

该院总体部导航卫星总体室副主任设计师康成斌说，为了解决星载原子钟质量这个“拦路虎”问题，谢总是用心去深入一线，那些原子钟生产厂家的技术人员，他都叫得出名字。有时做产品试验，他也一直守着，36 个小时不合眼。

星载原子钟设计出来后，谢军提出，必须防止出现星载原子钟在地面准而上了太空不准的问题。这就要从解决太空和地面的差异入手，地面有空气的辐射、对流、传导，而太空中没有。经过反复攻关，终于在生产控制中解决了在非真空的条件下，模拟保证真空条件下的工作特性问题。

星载原子钟对环境温度非常敏感。在太空中，因阳光的直接照射和地球阴影区域的不断交替，卫星每天的温差上下超过 200℃。谢军带领团队为星载原子钟组设计了一个恒温舱，通过精密的温控措施，将温度控制在设定目标值的 ±1℃之内。“这 1℃的误差所带来的影响，直接关系到我们要求的 10—14 米的精度。我们系统的要求就是这么高，这才能保证我们的星载原子钟 300 万年只有 1 秒的误差。”谢军说。

周鸿伟评价道：“谢总是北斗二号天基时空基准最重要的开创者。”

谢军告诉记者：“北斗二号，从 2004 年立项到 2012 年完成，由 5 颗 GEO、5 颗 IGSO（倾斜地球同步轨道卫星）和 4 颗 MEO 实现组网，可为亚太区域提供导航服务。定位精度从北斗一号的 20—30 米，提高为水平和高程均为 10 米，接近当时的 GPS 民用标准。”

星间链路，唯有自己成长为“巨人”

“北斗三号的预研，于 2009 年启动。2017 年 11 月 5 日，首次发射北斗三号的 2 颗全球组网卫星。”谢军告诉记者，“北斗三号系统共由 30 多颗导航卫星组成：3 颗 GEO、3 颗 IGSO 和 27 颗 MEO。2018 年 12 月 27 日，北斗三号基本系统正式向‘一带一路’及全球提供基本导航服务，向距离全球组网的目标迈出了实质性的一步。目前，北斗三号在国内的定位精度可达 4—6 米，部分地区最高精度可达 2.5 米，而在全球的定位精度是 10 米以内。”

全球组网，全球服务，是北斗三号的目标和承诺，也带来了全新的挑战。

首先是我国的卫星地面站基本都在我国境内，卫星在西半球上空时怎么办？

谢军带领团队花了近 5 年的时间，不仅提出了星间链路高轨和中轨结合的方案，首创了星间链路和混合星座的架构体系，还研发、突破、解决了原子钟组、大功率微波产品、高精度测量等一系列重大难题。

星间链路在空中为北斗三号的 30 多颗导航卫星建了一个“群”：只要依靠国内的地面站，就可管理全球的卫星，解决了海外布站、卫星境外监测的难题，实现了所有导航卫星的互联互通。即使和地面联系一时中断，卫星也能继续提供服务。

GEO 运行的是定点在赤道上空 3.6 万公里的地球静止轨道；而 IGSO 运行的是倾斜地球同步轨道，星下点在地球上呈“8”字形；而 MEO 运行的中圆轨道也要距地面 2.15 万公里。北斗三号卫星某型号总体技术负责人聂欣告诉记者，这 3 种卫星彼此之间最远的距离是 6.9 万公里，要始终保持联系，谈何容易。

康成斌告诉记者，北斗三号卫星之间的信号不是采用广播式发送的，而是采用更高频段的窄波束，所以对卫星天线的指向性要求非常高。且由于双方无时无刻不在运动之中，通信天线既要像“万里穿针”般精准，实现信号的快速捕捉、跟踪和通信，还要把卫星运动带来的“多普勒效应”出现的误差补偿掉，这对我国创建的首个大型空间网络来说，是极大的挑战。

更何况，在北斗三号的前期论证中，就提出了元器件和器部件全面实现国产化与自主可控的目标，囊括了一颗星上近 200 台（套）设备，国产设备不再是冗余系统的备份。

谢军对研发团队反复强调：“谁也不要以国产化为理由，降低标准。”用于放大无线电信号的行波管放大器，之前一直使用进口产品，按国产化要求有关单位开始自己研制。费了九牛二虎之力拿出了 6 台产品，却被谢军全部“退货”。

“当时作出这个决定其实挺难的。”谢军告诉记者，“我知道这个新产品用一二年还是可以的，但我们北斗三号的寿命要求是提高到10—12年，如果它第3年出问题了怎么办？和大家反复商量之后，还是决定拿下来重新研发。”

聂欣说，谢总强调要把所有的创新建立在扎实可靠的数据上，新产品在地面上就要进行全寿命不断电的可靠性试验，以充分掌握其长期性能，如发现问题必须进行改进“归零”。

康成斌说，谢总非常务实，他有句口头禅是“大家不要只提问题，而要提解决问题的方案”。

当北斗三号最早的2颗全球组网卫星在西昌卫星发射中心升空时，指挥大厅中的年轻人注意到谢军激情难抑。作为严守质量关的总设计师，率领团队一路披荆斩棘，有时不得不和总指挥一起承担推迟进度的风险，心中的压力可想而知。

李祖洪说，在北斗起步之时，我们也希望能站在“巨人的肩膀上”。但“巨人”可不是这么想的，对我们技术封锁，不让我们站在他的肩膀上。所以唯一的办法，就是自己成长为巨人。

他们做到了。他们是中国人的骄傲。

（特别鸣谢中国航天科技集团闫宁、赵之辉、潘晨对本次采访报道的大力支持）

记者手记

“北斗未来，敬请期待”

顶着北京初夏的骄阳走进中国航天科技集团五院总体部的

大楼，最先进入视线的是门厅上的一行大字："伟大事业始于梦想，基于创新，成于实干"。记者觉得用它来概括中国航天人和航天事业，真是再贴切不过。

周鸿伟曾有幸在孙家栋院士率领的团队工作过。记者请他谈谈这两位的风格有何异同？他说，孙老平时非常慈祥，但决策时非常果断；而谢军是率领团队在第一线冲锋陷阵的总师，他是抓得住关键，打得开思路，承受得起压力，也经得住失败。而要做到这些，必须没有私心杂念。在谢军身上，我感受到了老一辈航天人的家国情怀。

记者冒昧地问谢军："孙院士有没有批评过您？"他坦诚地说："他当然批评过我，有时批评得还很严厉，要求很明确。"他举例说："在攻克微波开关这个难题过程中，孙院士就提醒我们：国外的资料为什么这么说？到底对不对？我们能不能验证结果？每一个技术问题都必须研究透了，你心中才有底。现在，我们院已经把老一辈航天人的作风化作具体的工作指南和制度。"

"2020 年，北斗三号服务范围覆盖全球后，你们还会研制新一代的北斗导航卫星吗？"记者问。

"肯定会。卫星的应用，取决于人的想象力。我们期望能融合多种手段，为社会打造一个新的综合性 PNT（定位导航授时）体系。北斗未来，大有可为，敬请期待。"

舒德干近照（韩宏摄）

舒德干

舒德干，1946年生于湖南湘潭，长于湖北鄂州。进化古生物学家，西北大学教授，长江学者，中国科学院院士。现任西北大学博物馆馆长。主持翻译《物种起源》，并撰写“导读”和“进化论十大猜想”。第十个实证猜想（“动物界三幕式爆发成型假说”），是唯一由中国学者提出的进化论重大猜想。在澄江动物群和寒武纪生命大爆发研究上形成系统性科学发现，其多项重要发现和理论假说，获得学界广泛认同，并被录入多国教材、辞典、专著。获长江学者成就奖一等奖，国家自然科学奖一等奖和二等奖，陕西省科学技术最高成就奖。全国模范教师，全国先进工作者。

舒德干：矢志破解达尔文世纪悬案

韩宏

“在唯物主义哲学革命史上与马克思比肩的达尔文，凭借《物种起源》和《人类由来》两部姊妹篇构建了进化论大厦，成为改变人类自然观和世界观的伟大思想家。然而，由于时代的局限，他遇到许多科学难题，其中两大难题至今仍是自然科学界的世纪悬案：寒武纪生命大爆发如何缔造地球动物树？人类远祖的众多基础代谢器官在何时、由何种低等动物创造并传承而来？”

在西北大学办公室，舒德干院士把记者带进了5亿多年前那个波澜壮阔的“寒武纪生命大爆发”，他聊起了一个半世纪前达尔文创立进化论的传奇故事，以及留下的世纪悬案。他向记者介绍自己的“三幕式寒武纪大爆发”新假说、“广义人类由来”新概念，深情地回忆破解达尔文难题的那些难忘岁月。

他说自己近40年来一直在“沿着达尔文的足迹前行”，一步也不敢懈怠，终于在破解达尔文世纪悬案上取得了实质性进展。

他是我国早期生命领域的学术带头人之一，其研究团队在古生物学研究领域已进入全球第一梯队。他们在《自然》《科学》上发表了十余篇重要论文，发现了最古老最原始的脊椎动物“天下第一鱼”昆明鱼目，创建了古虫动物门，首次发现了后口动物亚界谱系起源证据，并构建了地球上最早的动物树框架，提供了远祖们陆续创造“第一口”“第一鳃裂”“第一头脑/第一脊椎/第一心脏”等基础器官系统的可靠化石证据，在国际学术界引起轰动。

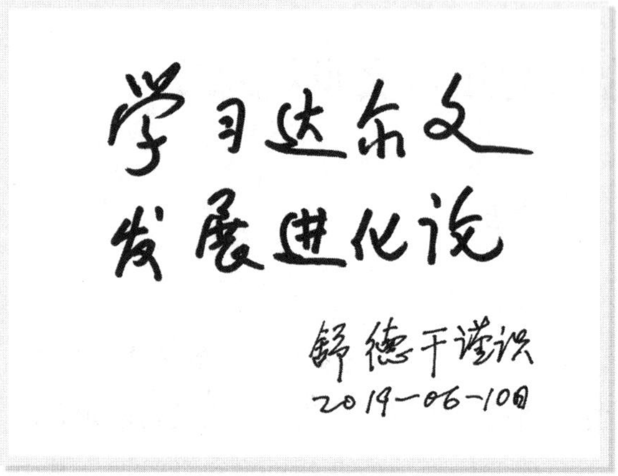

学习达尔文
发展进化论
舒德干谨识
2019-06-10日

舒德干寄语（除署名外，均受访者供图）

国家自然科学奖评奖委员会评价说，这些成果“是对达尔文进化论的重要发展，科学价值重大，在世界范围内影响深远”。英国皇家学会院士莫里斯（S. Conway Morris）指出：“能够对这两个极富挑战性的进化论题作出如此重大的贡献，其意义不言而喻；而且，即使一个科学家只对其中一个论题作出如此重要的贡献，那么，这位学者和他的祖国都将会因此而引以为豪。”

初识进化论，北大求学立志有所作为

舒德干说，他上小学时贪玩，丢过书包；上初中时爱打乒乓球，有“球台霸主”的名号；念高一时，赢得黄冈地区少年乒乓球赛亚军。达尔文学说影响了他的人生。上高中生物课时，他开始对进化科学有了朦胧兴趣。18 岁考进北京大学，是黄冈中学那年唯一考进北大的。入学选专业时，他毫不犹豫地选择了古生物专业。

当时，他们有一门“达尔文主义”课，课堂讨论时同学们争得面红耳赤，但结果仍一知半解。“那时对我是一个很大的触动，下决心用自己的一生，来探索达尔文留下的难题，希望在这一领域有所作为。”他回忆说。

“‘文革’中断了学业。”1970 年初，舒德干和同级地球化学专业的女友陈苓被分配到陕西彬县教书，在那里度过了八年半时光。他说：“那是很接地气、很甜蜜的一段乡土生活，尽管艰苦，但十分愉快。”由于表现好，他入了党，当上了教导主任。1971 年、1975 年，女儿舒强、儿子舒刚相继降生。

1978 年，夫妻俩重燃旧梦。妻子考回北大进修，舒德干考取了西北大学硕士生。“刚入学，我就到图书馆借了一部《物种起源》，又到旧书店买了一本朱洗先生的《生物的进化》，将自己埋在陋室里独自咀嚼玩味，自得其乐。”

“读高中和大学期间我的俄语都是全班最高分。”读研究生时改学英语，毕业考试成绩在全年级名列前茅。毕业后留校任教，一头扎进早期生命研究中，开始了对生命之源的探索。1980 年，妻子毕业后也来到西大任教，一家四口四地分居的生活结束了。

1985 年初，受夫人鞭策，他到中国地质大学（北京）地质系，师从郝诒纯院士攻读博士学位，继续高肌虫研究。此间，他单独出版了《寒武纪和早奥陶世高肌虫》专著，1990 年再次获得国家教委科技进步二等奖，前一次是与他的硕士生导师霍世诚先生共同获得的。

“那时，我很幸运，毕业前获评年级唯一的三好学生和校级优秀共产党员，还获得了三次出国机会！”舒德干一一说来，“美国史密斯研究院、德国洪堡基金、意大利出国进修访问”。

1988 年舒德干先到史密斯研究院，接着在波恩大学做洪堡学者；其间，一项化石的数学研究成果获得陕西省科技进步奖二等奖。

“我们与科学前沿隔离太久了。翻看文献发现，作者几乎都是外国人，中国人只充当配角。全面开放的国策，为中国学人提供了后来居上的绝好机会，我们再不能错失机会了！”在国外学习访问期间，舒德干每每陷入“痛心疾首”的感慨。

“天下第一鱼”，重大成果引发全球轰动

100 多年前，澄江化石就被认知，1984 年开始大规模开采研究。其精美的软躯体构造化石提供了探索动物起源的绝佳窗口，吸引了国内多个优

秀团队和国外不少优秀学者全力投入。此后的十年，进展迅速、成果丰硕，基础动物亚界和原口动物亚界的大多数门类的始祖化石相继露面；然而，后口动物亚界里的门类却未见踪影。

1996 年以后，舒德干将主要精力投向后口动物亚界的探索。在接下来的第二个十年，他以第一作者身份 8 次叩开《自然》大门、3 次发文于《科学》，不仅揭示出 5 个现生后口动物门类（半索动物门、棘皮动物门、头索动物门、尾索动物门、脊椎动物门）的始祖，而且还发现了一个绝灭的动物门类“古虫动物门”，并构建了完整的最古老后口动物亚界谱系图。其中以他为第一作者兼通讯作者的《自然》3 篇长文（Article 形式论文）受到该杂志的高调专题评述，有 2 篇入选“中国十大科技进展”，另一篇入选“中国高校十大科技进展”。

1996 年 4 月、11 月，舒德干等在《自然》上先后发表《云南虫被证实是地球上最古老的半索动物》《中国发现脊索动物的早期祖先华夏鳗》，后一重要发现将脊索动物的演化历史向前推进了 1000 万年。“华夏鳗类似于今天的文昌鱼，没有真正的头，也无脊椎，只有脊索。”他介绍说。

“1999 年逮住‘天下第一鱼’有一个传奇的故事，也是一种极大的学术享受。”1998 年 12 月底，他带着博士生张兴亮去拜访云南省地质研究所的老朋友罗惠麟、胡世学。在显微镜下，舒德干对他们的一块标本看了不到一分钟，他欣喜若狂，“这是世界上最早的脊椎动物”！

2000 年 9 月，舒德干（右）获长江学者成就奖一等奖

他们立即返回西北大学，在标本箱翻捡从云南采集的标本。次年元旦假期，竟发现了类似但保存更完整的鱼化石。舒德干回忆说：“那年的元旦和春节前后，我都是在极度兴奋中度过的，几乎每天工作到深夜，欣赏和解读这两枚超级国宝。”他将西大这枚标本命名为“凤姣昆明鱼”，凤姣是他母亲的名字；将另一枚命名为“海口鱼”。

1999 年 11 月 4 日，《自然》以长文形式发表了这一寒武纪生命大爆发的重大突破性成果，将已知最古老脊椎动物起源向前推进了 5000 万年！该杂志以《逮住天下第一鱼》为题的专题评论认为，“舒德干等人发现的两条鱼——是学术界期盼已久的早寒武世脊椎动物，填补了寒武纪生命大爆发的重要空缺”。国际学术界为之轰动。英皇家学会院士道金斯在其专著《人类祖先的故事》中提出，从原始单细胞生命演进到人类共经历 39“代”祖先，而昆明鱼最接近第 18 代祖先。三年后，他们又发现大量保存更好的第一鱼化石，添加了新成员“钟健鱼”，并创建了“昆明鱼目”。

2001 年，舒德干在澄江动物群发现了后口动物亚界的一个新门类，命名为古虫动物门。他介绍：“这个成果来之不易。在生物学和古生物学界，创立一个新门类极为困难。古虫类动物形态构造十分奇特，没有现生动物可供类比。而且，如鳃裂那样的关键特征被掩盖在身体里面，需要细致解剖方能被认知。当然，现在已得到学术界的广泛认同，被列入国内外权威教材。”

由于长期伏案读书，低头在显微镜下观察修理标本，他得了严重的颈椎病，脖子又硬又酸又痛，越过了警戒线。“1999 年两篇《自然》文章的完成和发表，让我付出了惨痛的代价。”那年 6 月，他在日本作报告时病情加剧，甚至无法动弹，从日本回国一路上半蹲着“站”飞机。8 月，他冒险做“后开门”手术，挽救“串珠状脊髓”。

“手术十分危险，稍有不慎就会导致颈部以下身体完全瘫痪，但不做无异于等死！我还是决定赌一把，冒险做手术！”术后在夫人和助手的陪伴下，他带着护脖去了野外。“后来，得到了尾索动物始祖化石‘长江海鞘’，成果也在 2001 年《自然》面世。”

2004 年，《自然》第三次以长文形式发表了舒德干等人的研究成果，报道了棘皮动物门祖先古囊虫，并首次创建最古老后口动物亚界谱系图。2006 年，《科学》报道了他在寒武纪地层发现的“文德动物”。传统认为该类动物仅限于前寒武纪。他首次提出寒武纪与前寒武纪生命连续演化的新理念，有力驳斥了神创论。

寒武纪之恋，破解达尔文世纪“悬案”

达尔文创立进化论，由于时代局限，遇到一系列难题，其中三大难题极为严峻。当时，生物学中的最大难题是遗传学尚未诞生。孟德尔凭借颗粒遗传（即后来的基因遗传）假说创立了遗传学基础。摩尔根等后继者通过实验建立的基因理论不断破解遗传学内涵，发展了进化论，获得一系列诺贝尔奖。

然而，另外两个地质古生物学悬案依旧迷雾重重，而且一直是神创论诋毁进化论的主要口实：其一，无论是现在还是过往生命史上，可辨识的进化过渡类群极度缺乏，尤其是寒武纪生命大爆发时期生命演进出现巨大断层，达尔文对此困惑不已。爆发是否真实存在，其真相和本质内涵到底如何？其二，依据比较解剖学和胚胎发育学等各种间接证据，达尔文天才地断言“人类源自低等动物”。然而他迫切期待古生物学能够提供直接可靠的历史证据予以实证支撑。

在距今 5.4 亿年的寒武纪初期，地球生命演化史上出现了一次规模最大、影响最深远的生命创新事件，即在不到地球历史 1% 的“瞬间”，爆发式产生了 90% 以上的动物门类，俗称“寒武纪生命大爆发”。这一奇特现象至今仍是进化生物学的一大悬案，构成当代自然科学六大难题之一。主张渐变论的达尔文坚持认为“自然界不存在飞跃”，大爆发不过是化石记录保存不全造成的假象。100多年后，化石记录越来越多，“生命大爆发”景观越来越清晰，于是美国科学院院士古尔德提出“一幕式爆发”猜想，使得许多人附和“几乎所有的动物都站在同一起跑线”。对此说辞，神创论者喜笑颜开：能够发动如此非凡爆发者，岂非上帝莫属？

2015年2月，舒德干在加拉中白戈群岛考察达尔文湖

基于全球三大著名早期化石库，尤其是澄江化石库的真实记录，2008年舒德干在著名英文杂志《冈瓦纳研究》上发表长文，将寒武纪生命大爆发的本质内涵与地球生物树起源及演化成型紧密联系在一起，创新性提出“三幕式寒武纪大爆发”新假说，实证了三幕式爆发依次诞生了动物界的三个亚界，从而首次完成了早期完整动物树框架的构建：前寒武纪晚期的第一幕爆发形成了多门类基础动物；5.4亿年前的寒武纪初期开始的第二幕爆发，不仅延续了基础动物亚界的繁荣升级，而且还诞生了原口动物亚界的大多数门类；约5.2亿年前的澄江动物群启动第三幕爆发，其间不仅基础动物亚界和原口动物亚界各门类继续繁荣昌盛，而且首次出现了后口动物亚界中几乎所有门类的始祖代表，甚至还创造了初具鳃裂构造的绝灭动物门“古虫动物门”。正是鳃裂的出现，引发了所有后口动物在取食和呼吸上的新陈代谢革命。该团队以三幕式爆发假说为基础的“地球动物树成型研究”项目，荣获2016年国家自然科学奖二等奖。

在《人类由来》的结尾处，达尔文留下另一悬案：“人类的器官构造永远打上了低等生命创造的印记”。舒德干解释说：“就是说，要论证这一伟大猜想的正确性，科学亟待发现真实的化石证据，以确证到底是哪些人类远祖在何时、以何种方式创造了他们的基础器官系统？”达尔文将破解悬案的艰巨任务留给了后人。

舒德干团队基于他们在早期生命研究上的系列性发现，尤其是那些关于关键演化过渡类群的重大发现，比如从基础动物亚界向两侧动物演化的过渡类群，原口动物亚界与后口动物亚界之间的珍稀过渡类群，以及在后口动物亚界中由无头类（无脊椎动物）向有头类（或脊椎动物）演化的过渡类群的可靠证据，他提出“广义人类由来”新概念（即相对于人类源自古猿的“狭义人类由来”概念），深层次揭示了人类更为远古的由来。其核心内容揭示了远祖创造一系列基础器官系统的真实历史。

诺贝尔奖得主薛定谔说，什么是生命？简单地说就是“吃”或者“吃负熵”。舒德干解释说：“对动物这类吞噬型生命而言，为了实现新陈代谢或能量转换以防止体内因增熵而走向无序，首先需要有口吃食物，同时还需要有吃氧气的呼吸系统。进而，为了提升新陈代谢水平而高效率地吃，进化中陆续产生了高级神经系统、运动支撑系统和高级循环系统等等。”那么，这些至关重要的为吃而生的基础器官是谁创造的呢？

2017年初，团队成员韩健等人在《自然》发表封面论文（舒德干为通讯作者），报道了寒武纪初期的微型动物皱囊虫。这个有口无肛的初级两侧对称动物开始实现了“口吃食物”功能，开启了新陈代谢的第一次形态学创新（注：前寒武纪大多数“动物”都没有口，只能靠表皮渗透汲取营养）。

舒德干等人发现的古虫动物门是原口动物与后口动物之间的珍稀过渡类群，它们首创鳃裂，实现了呼吸系统大升级，启动了新陈代谢的第二次形态学重大创新。

舒德干等人发现的“第一鱼”创造了第一头、第一脊椎和第一心脏，完成了新陈代谢的第三次大创新。至此，包括人类在内的高等动物的基础器官系统构建基本完成。

“最古老的脊椎动物‘昆明鱼目’甚至有可能恰好是人类的远古祖先，人类今天之所以无所不能，主要得益于三大武器——头颅和大脑、脊椎、心脏。今天，这三大武器都能在老祖宗‘昆明鱼目’那里找到自己对应的源头了！”舒德干相信，“广义人类由来假说会成为《人类由来》的升级版！”

记者手记

冰冷化石背后的故事令人陶醉

“坐得住冷板凳，耐得住清贫，顶得住压力，‘十年磨一剑’历来是我们团队的传统。磨剑很清苦，但锋利的剑能破解重大学术难题。30年来，我们磨出了两把‘长剑’和四把‘短剑’。‘长剑’一是澄江动物群，二是清江动物群。”

舒德干认为，我国传统文化十分优秀，有东方特色，但科学尤其是科学精神是其软肋。应该加强全民科普，宣传和践行科学精神，建设创新型国家。科学精神的灵魂是理性质疑和批判。科学工作者要敢于质疑，经得起质疑，如此方能创新。

采访结束时，他向记者道出了自己几十年来的人生和事业感悟：“地史舞台上最美妙绝伦的大戏乃是40亿年无奇不有的生命演进，变化莫测，令人叹为观止；透视进化奥秘，令人陶醉，乐此不疲。借助严谨的科学实证以破解达尔文猜想和世纪难题，探索旅程的艰辛总能被发现真理的愉悦所荡涤；人生的极致幸福，无出其右。”

谷建芬近照（除署名外，均谷建芬家人供图）

谷建芬

谷建芬，1935 年生于日本，1941 年回国。1950 年考进旅大文工团，1952 年入东北音专（现沈阳音乐学院）主修作曲，师从李劫夫等。1955 年进入中央歌舞团（现中国歌舞团）从事音乐创作。当代著名作曲家。历任中央歌舞团作曲，中国国际文化交流中心理事，中国致公党第八、九届中央委员，第六、七届全国政协委员，第八、九、十届全国人大常委会委员，全国人大华侨委员会委员，中国音乐家协会副主席，中国音乐著作权协会副主席等职。

谷建芬：为祖国和时代谱写经典

李扬

她被誉为“改革开放后最重要的通俗音乐创作者”；她谱写的歌曲，与祖国的奋进历程相伴，与人民的命运相连，很多歌曲早已超越了作品本身，成为几代人共同的美好记忆；她为中国乐坛培养了一批优秀歌手，为流行音乐在中国的发展、繁荣作出了贡献。她，就是我国当代著名作曲家谷建芬先生。

谷建芬创作了近千首作品，许多佳作代代相传。《年轻的朋友来相会》描绘了20世纪80年代青年人开创未来、拼搏奋斗的精神活力，《今天是你的生日》抒发了对祖国的热爱和由衷的祝福，《滚滚长江东逝水》将经典名著《三国演义》的大气磅礴嵌于深沉沧桑的音符中……《思念》《歌声与微笑》《绿叶对根的情意》等歌曲传唱大江南北，影响了一代代听众。

2005年，在谷建芬70岁的时候，她将非凡的笔触，投放在少儿歌曲创作中，“谱诗成曲”，历时13载，谱写出50首“新学堂歌”，让孩子们在歌唱中汲取古典诗词的营养，感受中国传统文化的魅力。如今，“新学堂歌”已成为儿歌音乐启蒙和国学启蒙不可或缺的组成部分。这些歌，是谷建芬的心血结晶，更是她“要为传承做点事，要为孩子做点事”的赤子之心的写照。

“新学堂歌”：可以唱的中华文化

活泼明快的音乐响起，身穿汉服的孩子们跑入古朴的学堂，打开手中

音乐不僅是課堂的学習
更是人生一輩子的陪伴！
谷建芬 2019年6月19日

谷建芬寄语

的竹筒，天籁般的声音齐声咏唱起《三字经》《千字文》《声律启蒙》……整个舞台如一幅简约唯美的水墨画，孩子们边表演，边歌唱，时而温润灵动，时而朴拙传神，仿佛是从丰子恺先生画中走出来的孩童。

那清澈的童声，那千百年来传唱的诗句，让全场的孩子和他们的父母都随着节拍合唱起来。大家怀着对作品的敬意、对人民音乐家的敬意，起立鼓掌，向谱写“新学堂歌”的谷建芬致敬。84 岁的谷建芬从座位上站起来，面向全场的大观众和小观众挥手、再挥手。

这是 2019 年“六一”儿童节在国图艺术中心上演的《谷建芬“新学堂歌”音乐会》上令人感动的一幕。

音乐会在2019年“六一”期间连演3场，场场爆满。而《谷建芬“新学堂歌”音乐会》已经是自 2017 年以来连续第三年在儿童节期间举行。2018 年，中国东方演艺集团决定将《谷建芬“新学堂歌”音乐会》打造为一块艺术品牌，在每年“六一”儿童节上演，让更多的孩子通过咏唱“新学堂歌”得到音乐和国学的启蒙。

2019 年的音乐会选取了“新学堂歌”系列作品中的 18 首，沿着国学修养的发展脉络，以养性、养正、养志和养德四个篇章展开。《三字经》《弟子规》《千字文》等传统诗文的说念恰到好处地与旋律融合，节奏轻快的吟咏引人共鸣；《悯农》《游子吟》等蕴含节俭、孝道等中华民族传统美德，意在陶冶孩子情操；《出塞》《己亥杂诗》等表达民族气节和崇高志向的诗词气势磅礴……最后，在明快的《春晓》和《敕勒歌》歌声中，谷建芬走上舞台，与观众齐声歌唱，舞台上下仿佛都是快乐的孩童，融汇成一片蓬勃的朝气。

“新学堂歌”是谷建芬晚年潜心13年创作而成的，“谱诗成曲”，她将内心对孩子们快乐成长与传承中国文化的期望都寄托在这旋律里。

事实上，早在20世纪80年代，谷建芬就创作了家喻户晓的少儿歌曲。1986年她创作了《歌声与微笑》，旋律传遍大江南北，并被载入中小学音乐教材。但是，“新学堂歌”与以往的少儿歌曲不同，它开创了一种新的少儿歌曲形式，可以当之无愧地被称为“可以唱的中华文化”。

谷建芬说，创作“新学堂歌”受到了20世纪初在我国新式学堂传唱的“学堂乐歌”的启发。“学堂乐歌”借用外国名曲，由中国人以中文填词，内容多为振奋人心、鼓舞士气，被视为中国近代音乐文化的开端，李叔同的《送别》就是其中的代表作。孩童时期的谷建芬哼唱着这些歌曲，感受到其中的力量。因此，她给自己为孩子们“谱诗成曲”的歌名为“新学堂歌”，希望用优美的旋律、童趣的表现拉近古代圣贤与儿童之间的距离。

为唐诗宋词谱曲并不简单。谷建芬说：“这一头要考虑诗词的年代意境，使音乐能和内容融合在一起，那一头要尊重孩子。”在这样的自我要求下，谷建芬常常会为一首唐诗重谱五六遍曲。“我希望我写给孩子的作品能够经受时间的考验。他们现在爱唱、10年后爱唱，

1980年，45岁的谷建芬正处在音乐创作高峰期

等他们成为父母了，还能教给他们的孩子唱下去”。

“新学堂歌”问世后引起巨大反响，一位妈妈写道：“我有一双可爱的儿女，在听了我给他们播放的‘新学堂歌’后，他们很快学会了演唱其中大部分歌曲，‘新学堂歌’确实抓住了孩子的耳朵和心。”

2018 年，50 首“新学堂歌”正式经北京市教委立项、北京市财政局招投标，进入全市 1630 所中小学校，融入学生的社会实践活动中。可以说，这是对谷先生 13 载心血付出的一种回报，一种致敬。谷先生的家人向记者透露，创作和录制“新学堂歌”，除了 2005 年得到文化部的 20 万元拨款，其后的近 200 万元录制费用全部是由谷先生个人付出，因此北京市教委可以说是率先为全国教育领域普及“新学堂歌”带了好头，这是对谷先生创作的尊重，对知识产权的尊重。

如果说，中国传统文化是祖先留给我们的精神财富，那么，谷建芬先生给孩子们谱的歌曲，就是老人在祖先与孩子、过去与未来之间架起的一座桥。

用真情谱写经典，和着时代的节拍跃动

谷建芬在日本度过童年，母亲很重视她的音乐启蒙。6 岁时，她随家人回到祖国，定居大连，音乐一直在她生命里扮演不可或缺的角色。1955 年，在从东北音专作曲专业毕业后，谷建芬进入中央歌舞团从事音乐创作。

几十年艺术生涯中，谷建芬创作作品近千首，她是一位把音乐和生命献给祖国和人民的作曲家。她谱写的歌，或风格清新，节奏明快；或情感细腻，感人至深；或气势磅礴，雄伟壮阔。而这些歌曲都有一个共同点：和着时代的节拍跃动，唱到了人们的生活里，唱到了人们的心坎里。

“年轻的朋友们，今天来相会，荡起小船儿，暖风轻轻吹，花儿香，

鸟儿鸣，春光惹人醉，欢歌笑语绕着彩云飞。”欢快、清新的《年轻的朋友来相会》乐音一起，立刻将人们的心带回到改革开放初期的青春豪迈。

“那时写这些歌，是一种由衷，一种冲动。”1980 年的一个夏日傍晚，她去北海散步，偶然遇到一群年轻人，围在一起，弹着吉他，扯着嗓子号叫。她停下脚步，听这些小伙子东一句西一句，荒腔无调地乱唱一气。是的，没有适合他们唱的歌，谷建芬心情沉重，她感觉到了作曲家的责任。

1980 年的《词刊》第 3 期发表了张枚同的新作《八十年代新一辈》，这首词主题新颖、语言活泼动人、音乐性强，一下子吸引了谷建芬的注意，浮现在眼前的就是那群弹吉他唱歌的小伙子。她读着这些明快的文字，跳动的旋律便飞旋在脑际，很快，谷建芬把它谱成了歌曲，并将第一句“年轻的朋友来相会”作为了歌名。同年，歌唱家朱逢博第一位录制了这首歌的磁带，她的歌声清脆明快，倾诉出年轻的心对未来的无限向往与憧憬。《年轻的朋友来相会》甫一发表，便迅速传遍了大江南北。

那时的谷建芬已经40多岁了，她说：“属于我的青春年代已经过去了，但我想把自己的青春时光找回来，通过音乐宣泄出来。”

一首歌能脍炙人口、经久不衰，是因为它深入人心。每当国庆日，举国上下为祖国庆生的时刻，一首饱含对祖国深深祝福的歌曲就会回荡在人们心中——

“今天是你的生日，我的中国，清晨我放飞一群白鸽，为你衔来一枚橄榄叶……”1989 年，谷建芬创作了歌曲《今天是你的生日》，30 年过去了，这首歌曲早已成为每年国庆必不可少的经典曲目。

谈起这首歌的创作过程，谷建芬的心无法平静。那是 1989 年的 1 月，北京市政府募集歌曲，希望能写出纪念北京市解放 40 周年主题歌，当时歌的名字叫《10月是你的生日》。谷建芬接到歌词，就被它的内涵所感动。“第一眼看到歌词时，一下子就点燃了我心中积累已久的感受，因此我在谱曲时基本是一气呵成，感到非常舒畅，好像是把我几十年来对祖国的深情一

谷建芬与小演员合影（谷婴摄）

下子抒发了出来。”

1986年，谷建芬谱写出《绿叶对根的情意》，用动人的旋律将离开家乡的游子对故土的眷恋之情表达得淋漓尽致：“不要问我到哪里去，我的路上充满回忆，请你祝福我，我也祝福你，这是绿叶对根的情意。”1987年，毛阿敏凭借这首歌在南斯拉夫贝尔格莱德国际声乐大赛上获奖，这也是内地流行音乐第一次在国际上获奖。

对谷建芬来说，每一次成就经典的过程，都是全身心沉浸的过程。1994年播出的84集电视连续剧《三国演义》，片头曲《滚滚长江东逝水》、片尾曲《历史的天空》，以及插曲《这一拜》《卧龙吟》《貂蝉已随清风去》《江上行》等16首歌曲，均出自谷建芬之手，是她历时3年多完成的呕心沥血之作。创作时，她随时随地在寻找灵感，甚至在走路、聊天、出游时，都会哼出一些旋律，寻找创作灵感。正是这种对音乐的执着，使她将《三国演义》的大气磅礴嵌于深沉沧桑的音符中，为这部经典名著改编的电视剧增添了浑厚之感。

2015年，中国文学艺术联合会和中国音乐家协会联合向她颁发了“终身成就音乐艺术家”的荣誉奖章。

谷建芬不仅谱写经典曲目，她还为中国流行乐坛培养出一大批优秀歌手。20世纪80年代，她克服重重困难创办了“谷建芬声乐培训中心”，以“出人才，出作品”为宗旨，培养了毛阿敏、孙楠、那英等一大批优秀歌手，推动了当时通俗音乐领域的发展和创新，她的一些学生至今仍影响着华语流行乐坛。

多年来，谷建芬还致力于音乐知识产权的保护，为保护中国词曲作家的著作权做出不懈努力。任全国人大常委会委员期间，她第一个提出为知识产权立法的议案，提出给予知识和创造的尊重和保护，并为音乐著作权人的权益奔走呼吁。世界知识产权组织对她在知识产权领域所作的贡献给予高度的认可和赞许，并为她颁发了世界知识产权（WIPO）奖。

要为孩子留下歌曲，让他们在歌声中长大

尽管被称为“改革开放后最重要的通俗音乐创作者”，但是晚年的谷建芬常说：“‘新学堂歌’比我之前的创作都有意义，为孩子们创作使我感到心里最充实。”

人到晚年，为什么要选择为中华古诗词谱曲这么难的命题？

这要回溯到21世纪最初那几年，当时，网络歌曲开始盛行，但可供少儿歌唱的歌曲却越来越少，小孩子们开口便是“老鼠爱大米”。2004年末，时逢召开未成年人教育工作会，国务院一位领导见到谷建芬说：“现在的孩子们都没有歌唱了，为孩子们写歌吧。”

这句话触动了谷建芬长久以来的心结：“物质富足让我们能轻松满足孩子们的各种需要，可当他们向我们要属于自己的歌时，我们却会囊中羞涩，拿不出几首好歌来。孩子就是中国的未来，这样的现状必须得到改观，为了孩子，更是为了中国的未来。”

2005年，70岁的谷建芬告别大众流行音乐创作，全身心投入到为孩子们的创作中。

她先从小学课本教材中挑选素材创作，在最先完成6首歌后，在中央电视台进行缩混录制，听着孩子们稚嫩的童声唱出《游子吟》等歌曲，她激动得不能自已。那一次，她问孩子们是不是喜欢这些歌，孩子们说：“这些歌就

像小时候姥姥给我们唱的歌。”这让谷建芬领悟到，“新学堂歌”的实质，应当是代代相传的文化情感，让孩子们在歌唱中体会到自己的由来与归属。

怀着这样的信念，谷建分一首接着一首地创作。平均每首费时 3 个月左右，在写到 20 首的时候丈夫担心她身体状态，劝她“写得差不多了，就停停”，可是谷建芬还是坚持创作，常常，一晃就是凌晨四点，东方既白。

转眼到了 2015 年，在歌曲创作到第 49 首时，谷建芬的生活却遭遇了变故。与她相濡以沫的老伴，新中国第一代舞者、舞蹈艺术家邢波先生因心脏病突发去世，相隔 8 个月后，小女儿又因为脑溢血突然地离开了她。巨大的伤痛让老人在之后的一年半里几乎无法创作。

50 首就差一首完稿，可是却怎么也写不出来了。直到有一天，她遇到了两句话——“有种幸福叫放手，有种痛苦叫占有”。谷建芬决定将痛苦搁下，继续完成自己的使命。“女儿和老伴一直是我推广‘新学堂歌’的帮手，是他们支持我创作和进行推广，我要完成他们的心愿。”2017 年，她终于完成了 50 首“新学堂歌”。

如今，“新学堂歌”在全国各地的幼儿园和中小学生中渐渐普及，成为今天中国儿童国学与音乐启蒙教育的重要组成部分，这些歌曲甚至推广到了自闭症儿童的课堂上，经典与音乐结合的力量帮助这些孩子们打开了心灵的窗户。

“新学堂歌”倾注了谷建芬对文化传承、对祖国下一代的责任感。正像她在自己的书中写给孩子们的话：“古诗词是祖先对我们的谆谆教诲，它像粒粒种子播撒在你心田，滋润你心扉，愿你读它，唱它，思索它……我来写，你来唱，愿‘新学堂歌’伴着你们快乐成长。”

如今，《春晓》《悯农》《江南》等古诗词变成了美丽的歌曲，由此而排演的歌舞也成了全国各地幼儿园、小学的校园风景。当看到那些朝气蓬勃的生命，在演唱谷奶奶创作的旋律时，我们一定可以期待，这旋律、这曲调、这文化的滋养，在孩子们心中终将积淀成永久的回忆和信仰。

记者手记

润物无声的文化滋养

一代人有一代人的歌，而谷建芬先生几十年中谱写的歌曲，已成为伴随了几代人成长的难忘旋律。

犹记得，父母那一辈在唱起《年轻的朋友来相会》《思念》时，那沉醉于年轻时美好回忆的表情；而步入中年的我这一代，是伴随着《妈妈的吻》《歌声与微笑》《采蘑菇的小姑娘》度过童年，每当唱起这些歌，眼前便浮现儿时的欢乐时光。

如今，我的4岁女儿，也成了“新学堂歌”的忠实拥趸。在刚满两岁时，她第一次过“六一”儿童节，第一次登台表演，演的就是谷建芬先生创作的《春晓》。直到今天，无论何时何地，只要听到《春晓》的前奏响起，她会立即用双手捧住小脸，摆出预备起舞的姿势，待歌声响起，便会欢舞一场。

今年“六一”期间的《谷建芬“新学堂歌”音乐会》，女儿作为虔诚的小歌迷全程兴奋地看完了演出。18首歌曲，很多她都能随声唱和，还骄傲地说：“这就是我们幼儿园的歌！”

是的，“新学堂歌”带给孩子们无限的快乐与遐想，动听的旋律，朗朗上口的诗句，像一股清澈的泉水，滋润着孩子们的心田。随着他们渐渐长大，谷建芬先生谱写的“新学堂歌”也将如同种子一样，在他们的心里生根发芽，形成了乡愁、思念、祝福，形成了美德、志向和气节，不觉之间，化作每个人心底不可磨灭的中国传统文化的印记。

金冲及近照（均受访者供图）

金冲及

>>>>>>>>>>>>>>>>>

金冲及，著名历史学家，1930 年生于上海。曾任中共中央文献研究室常务副主任、研究员，第七、八、九届全国政协委员，中国史学会会长，国家哲学社会科学规划领导小组成员。现任马克思主义理论研究和建设工程咨询委员，北京大学、复旦大学、中国社会科学院教授，博士生导师，俄罗斯科学院外籍院士，是中国历史学界继郭沫若、刘大年之后获此殊荣的第三人。

金冲及在多个领域取得了开拓性成就，并撰写了多位党的领导人传记，多次参与党的重要文献的起草工作。主要著作有：《二十世纪中国史纲》《二十世纪中国的崛起》《转折年代——中国的 1947 年》《孙中山和辛亥革命》；主编《毛泽东传（1893—1949）》《周恩来传》《刘少奇传》《朱德传》；合著有《辛亥革命史稿》（四卷本）、《从辛亥革命到五四运动》、《论清末的立宪运动》等。

金冲及：恪尽史心，立范史德

彭丹

诚实地考察过去，是社会走向成熟的途径。如何看待历史，关乎着如何塑造未来。历史学家肩负着重大的使命，在讲述与研究一个民族的历史时更是如此，唯有具备真实严谨的治学态度、深厚广博的史学积累、审慎独到的见地思考等，才能真正产出“益人神智”、烛照当下的叙述或洞见。作为中国近代史和中共党史的大家，年近 90 的金冲及已在史学领域潜心耕耘了 60 余载。他开阔的视野、扎实的功底、深厚的学养、严谨的学风、晓畅的文字为后辈立下了治学典范。

出生于 1930 年的金冲及亲历了自己笔下的诸多历史。作为浩荡历史里的个体，他既见证参与了中国从贫困危难到屹立于世界民族之林，又以历史学家的第三者视角去记叙、考察这段曲折的民族复兴之路；他既能对近代历史做出涵盖广泛的一般梳理，又能深入到辛亥革命、解放

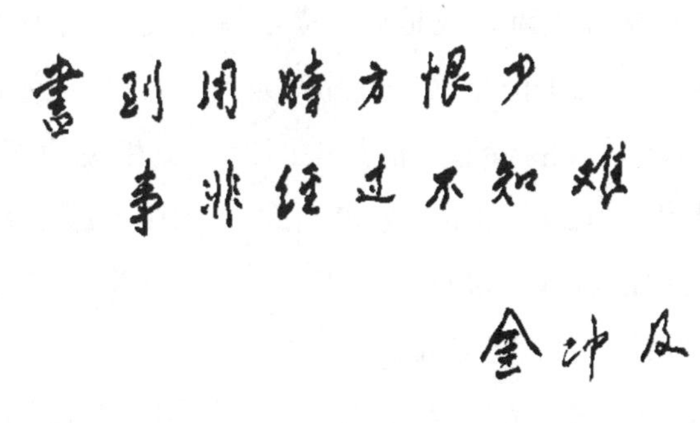

金冲及寄语

战争等局部专题，博专通擅；他的文章不仅记叙清晰、更能议论风生，启发深思。

对于历史，金冲及力求“按照本来的面目去研究它”，这不仅要求史学家有求真之心，更要有甘坐“冷板凳”的功夫，在浩如烟海的史料中去伪存真、去芜存菁，不断反刍、对照、联想、融合，力求对历史事件的全貌了然于胸。

如今 89 岁的金冲及依然精力充沛，在学术的天地里乐此不疲。他几乎用了一生来镌刻民族历史，而回溯这位历史书写者的历史，除了记录下他的治学精神，或许也多少能照见跨越两个世纪的时代变迁。

“突然间觉得眼明心亮”

1930 年 12 月，金冲及出生于上海。小学时候的他便对历史流露出浓厚兴趣。当时商务印书馆出版了一套 100 本的“历史小丛书”，他还记得书名中有《威灵顿大败拿破仑》《墨索里尼进军罗马》等，金冲及每本都看得入迷。

他的母校复旦中学保存着他初中时的成绩单，入学年龄 10 岁，初一英文补考后才及格，但历史课程得了 98 分。当时，得到图书馆主任“特权”的他有空便往书库里跑，或是自己攒下零花钱买书阅读。小小年纪的他先后读过“四书”、《史记》、《纲鉴易知录》、《经史百家杂钞》，吕思勉《白话本国史》，之后又涉猎了一批与中国近代史相关的著作，如李剑农写的《最近三十年中国政治史》、梁启超的《中国历史研究法》及其《补编》等。金冲及犹记得读《最近三十年中国政治史》时津津有味的情形：“小孩子读这样的书居然不觉得沉重。”

1947 年，金冲及考入复旦大学史地系。他坦言自己当时有过思想斗争，因为史地系毕业生很难找到“饭碗”。他当时还考取了一所大学的化工系，最终仍是选择了读历史。那时他还年轻，对历史学的意义谈不上有深刻的认识，但总觉得：历史讲的是人类和中国社会怎样一步步演进，是古往今来那些最重要的历史事件、最动人的历史场面和最有智慧、才能的历史人物，读来能打动人心、扩大眼界、增长智慧，越深入便越为它所吸引。

金冲及（左）与胡绳（右）合影

他还是一个有爱国心和正义感的青年。抗日战争胜利后，国民党政府的极端专制和腐败，使他很快就失望了。因为正在学校中住读，和他连铺睡的同学、复旦中学地下党书记何志高引导他积极投入“反会考”和“反饥饿反内战”的学生运动，使他的思想发生很大变化。

刚入大学时，学生运动一时陷入低潮，金冲及十分苦闷。面对时局动荡，他试图从书本中求索良方：“眼看着国家和社会的状况一天天坏下去，我急切地寻找着解决办法。邹韬奋的书给了我很多启发，他思想进步、充满激情，作品非常适合年轻人阅读。”除此以外，他还读鲁迅的杂文与小说、艾思奇的《大众哲学》以及胡绳、华岗、范文澜、翦伯赞、薛暮桥、许涤新等学者的著作。

这些浸透着理性思辨与人文光芒的文字启发金冲及反观自己所处的社会，但他仍觉得迷茫：中国社会究竟是什么状况？存在着哪几种力量？将来前进的方向是什么？而当毛泽东的《中国革命和中国共产党》《目前的形势和我们的任务》等油印件在进步学生中秘密流传时，书中对中国社会的透彻分析，让金冲及“突然间觉得眼明心亮，本来乱糟糟的脑子一下子变得井井有条”，经过反复思考，金冲及最终选择了马克思主义。

使他思想发生转变的，不光是读书，更有疾风骤雨的现实。面对凋敝的民生和国民党当局种种倒行逆施、专制腐败的行径，金冲及不愿安坐于象牙塔，而是横下一条心全力投入爱国学生运动。“那个时候的状况，现在年轻人无法想象。”金冲及回忆，有一次他正在校园里走着，背后有一个人一下子把手插到他的口袋里。他掉头一看，是自己认识的训导员。

“你干什么？”

“我看你口袋里是什么东西。”

下课后，不经训导处批准，教室就上锁，怕进步学生在那里开会。

复旦大学的情况还好一些，在暨南大学，甚至有特务带着枪查宿舍。这一切让金冲及义愤填膺：“如果国家没有前途，你个人一点希望也没有；但是你要反抗的话，光靠个人没有什么用处。正因为这样，我才下狠心抛弃自己的爱好，准备牺牲一切，投身到革命运动中去。”

1948 年 1 月，金冲及参加复旦学生支持“同济大学抗议校方大批开除同学而进京请愿”活动，亲眼看到国民党当局派出的几千军警如何残酷镇压学生：“国民党军警的马队冲入其美路（现四平路）上密集的学生群内，用马刀乱砍……同学们退入同济的礼堂后，又被驱出会场，在严冬寒冷的广场上被分成一堆一堆坐着，面对国民党军警一圈雪亮的刺刀，就像电影里‘鬼子进村’那种场景一样。”那次，金冲及被校方记了“大过”。

不久，金冲及加入了中共地下党组织。这年 8 月底，他被国民党政府特种刑事法庭以“妨碍治安，危害民国”的罪名传讯和通缉。根据党组织的指示，他被迫离校，在外躲藏了好几个月。虽然行动受限，金冲及却得以如饥似渴地读书学习，尤其读了不少马克思理论的书籍（延安整风的二十二个文件就是这时读的），也更加坚定了自身的信仰。

“治学没有捷径可走”

1949 年 5 月上海解放，金冲及返回复旦大学，先后担任校务委员会常务委员（学生代表）、学生会主席、第二届上海各界人民代表会议代表。虽然忙于各种工作而时常缺课，但是学校教育依然对他影响至深。金冲及清楚记得给自己上过课的诸位老师，包括周谷城、周予同、谭其骧、蒋天枢、胡厚宣、冯雪峰、唐弢、章靳以等。

“这些老师的榜样和熏陶作用，使我在心中对怎样才算是学问树立起一种标尺，多少懂得一点研究历史的方法，如果达不到一定要求就不敢拿出来。”前人“如临深渊、如履薄冰”般的治学态度为金冲及种下了思想根苗。

1951 年，从复旦大学历史系毕业后的他留在了学校，先后担任过团委书记、教务部副主任、教学科学部副主任等。内心里，金冲及渴望回到自己喜爱的历史研究，但想到革命刚刚胜利，自己若就想“各奔前程”，“良心上也过不去”。

幸运的是，1952 年，复旦大学校党委鼓励有条件的党政干部可以在系里兼课，金冲及十分乐意地承担起这种“双肩挑”，他先是参与编写中国近代史课程（从鸦片战争到五四运动的历史）的教学大纲，1953 年起先后给新闻系、历史系的学生开授中国近代史这门一年的基础课程。

金冲及（左）与胡乔木（右）、逄先知（中）交谈

曾有金冲及的学生回忆，金老对史事与史料娴熟于胸，从不照本宣科；讲课时情感充沛，极富感染力：“1239 教室坐得满满当当的……先生讲龚自珍‘九州生气恃风雷’时的豪兴、讲太平天国金田起义时的炽热、讲英法联军火烧圆明

园时的愤怒、讲‘武昌起义天下应’时的畅快……感动得我们全班九十八个人，个个热血沸腾，豪情满怀。”

在复旦大学工作期间，金冲及的学术生涯迈向第一个小高峰。24岁那年，他在刚创刊半年的《历史研究》上发表了《对于中国近代历史分期问题的意见》，提出同胡绳同志商榷，文中的独到见地受到史学界的重视，也得到胡绳同志的关注；29岁与学长胡绳武合作完成第一部学术著作《论清末的立宪运动》；33岁又与胡绳武一起写出了《辛亥革命史稿》第一卷。

世上的高明，大抵是靠“笨”功夫。金冲及说自己不会用电脑，只能按照“笨”法子写作。他大概用80%的时间来读资料，20%的时间用来写作：等成竹在胸后便将文章一气呵成。他曾不止一次谈到，治学没有捷径可走。无论是论说还是考证，都要遍览史料、披沙拣金，在掌握了充足论据之后才敢动笔，力求做到言必有据。

比如，写作《辛亥革命史稿》时，金冲及花了多年时间，逐期读了辛亥革命时期革命派、立宪派和留日学生的大部分刊物、逐日读了清末《民立报》等报纸，为了充分感受当时的时代氛围和民众心理，他连报刊上的插图、广告等也不放过；此外，他还广泛阅读全国各地文史机构征集的当事人所写的回忆资料和保存在宝岛台湾的大量辛亥革命史料。尽管如此，他深感读得还不够。通过对大量原始资料的研读，这场运动不再是抽象的名词和孤立的事件，而是在金冲及的脑中汇聚成“一幕幕生气勃勃、激动人心的宏伟历史场景”。

“多花点功夫，要把基础打扎实些，从各个角度多想想，看起来好像慢一些，其实总的步子倒会更快一些。”金冲及常对年轻人说：要“不争一日之短长”。许多看似标新立异的结论，其实缺乏扎实的史料支撑和对前人论说的悉心总结，仅靠“灵机一动”的学问不会有生命力。

他还常告诫自己的学生：“学而不思则罔，思而不学则殆。”阅读材料时要有问题意识，不断思考它是怎么回事，为什么会这样。常常一开始形成某种看法，随后自己又推翻或作重要补充。“一件件文献并不仅仅是一张张纸和文字，透过它要看到活生生的历史人物和时代画面，就像电影胶片，如果分开看，每张都是死的，但通上电力一摇，反映在银幕上，就在你眼前活起来了。读历史资料时，需要的这股电力就是人的理解力。”金冲及说。

“当代人也可撰写当代史”

1966 年，“文化大革命”爆发，刚调到北京不久的金冲及被复旦的造反派突然袭击，强行押回上海，在复旦学生宿舍关押了一年。押回北京时又受到无中生有的严格政治审查，其中有三年多时间，在湖北咸宁“五七干校”一边种水稻、一边受审查。

那是金冲及十分苦闷的一段时期。他不仅不能随便同人讲话，甚至一看书就会被训斥：“怎么了？没有事了吗？不考虑考虑问题？”几年下来，除了写交代材料和检查外，根本没机会写任何文章。

1972 年，一位老领导不管他的“审查”还没有作结论，就将金冲及调往刚恢复的文物出版社工作，一干就是 10 年。

1983 年，他又被调到中共中央文献研究室，而此前他从未对党史做过专业研究。在中共中央文献研究室工作期间，金冲及一要参加编辑出版党和国家主要领导人的文集、文献汇编，二要研究这些领导人的思想和生平，重点是编写他们的传记。中共中央文献研究室的党史资料收藏十分丰富，再加之受胡乔木、胡绳等老一辈党史学者、理论家耳提面命，金冲及受益极深。他主编或共同主编了《毛泽东传（1893—1949）》《周恩来传》《刘少奇传》《朱德传》《陈云传》等一批党和国家领导人传记，写出《转折年代——中国的 1947 年》《孙中山和辛亥革命》等专著，并多次参与中央重要文献的起草工作。

74 岁那年，金冲及从中共中央文献研究室的领导岗位上离休。但因为《陈云传》的最后修改和定稿工作没有完，仍无条件地上了一年全天班。75岁生日的第二天，他在桌前摊开纸笔，着手来写《二十世纪中国史纲》。两年多下来，密密麻麻手写的120万字铺满了稿纸，从甲午中日战争的风云到2000年新世纪钟声响起，这期间的斗争曲折、思想流变——百年民族复兴史在纸上徐徐展开。这本书已发行了8万多套。

“为什么到这个年龄还要做一件自讨苦吃的事？”金冲及说，20世纪是决定中国生死存亡的关键时代，为实现中华民族复兴而奋斗的主题贯穿其中。写作这百年的沧桑巨变既是出于史学工作者的责任感，也是对自己亲历历史的凝视回望。

中国古代素有隔代修史的传统，早在金冲及撰写《周恩来传》时，有人就说：当代史没法由当代人来写。对此，他不尽以为然：当代人治史固然有它的“时代局限性”，却也有后人难以具有的优势，二者应互为补充。正如法国哲学家柏格森所说，看100张从不同角度的凯旋门照片不如去实地站5分钟，更能理解凯旋门的灵魂和价值。金冲及亲历了20世纪中70多年的历史，他的《二十世纪中国史纲》既有客观理性的分析，又不乏声情并茂的讲述。

曾有人推测《二十世纪中国史纲》是他的封笔之作，他却果断回应“我不说‘封笔’”。之后他又陆续写作了《决战——毛泽东、蒋介石是如何应对三大战役的》《新旧中国的交替》《生死关头——中国共产党的道路抉择》《向开国领袖学习工作方法》《联合与斗争：毛泽东、蒋介石与抗战中的国共关系》《星火启示录》等一批史学著作，不少已译成外文出版。除了精力充沛，作为史学家的高度使命感和旺盛不灭的好奇心或许是他始终坚持在学术一线的原因。

“我想，到了我这样的年纪，虽然再做长期的、很大的计划不太现实了，但的确还可以再做一些事情。”金冲及说道。午后的阳光穿过帘子，照在他明朗的笑脸上。

记者手记

历史研究大有作为

北京，胡同里的前毛家湾1号，如今是中共中央党史和文献研究院所在地。走道尽头有一间两面环书的老式书房，便是金冲及坐了30多年的办公室。虽然已在2004年从这里离休，金冲及依然习惯来此阅读资料、撰写文章。即便已迈入耄耋之年，他仍有著作从这一安静的楼内流出，在史学界引起关注。

对史学后辈，金老也寄予了殷切厚望："立志史学研究，要坚定不移，耐得住'冷板凳'。"他劝诫一些年轻人不要过于性急，不可贪多求快，功夫未到家便急急忙忙地把成品推出去。

"在当前急功近利的环境下，还有不少青年学者喜欢历史，刻苦从事历史研究，是非常难能可贵的。"金冲及认为，研究历史看似与商品浪潮汹涌的当下格格不入，却能给个人带来精神上的享受，牵系到一个国家的命运前途。史学者一旦有坚定的目标，就应勤勉治学、砥砺奋进。

"我不相信一个文明的民族会是一个不懂得历史、没有历史感的民族。"金冲及说道，"事实上，今天史学工作者的各方面待遇和条件已有了很大改善，而且，历史研究得有一个较长积累的过程，并不是一旦有需要临时把人拉上就能用得上的，我们今天应该早做准备。从长远的眼光来看，历史研究的天地是广阔的，是可以大有作为的。"

2008年，巢峰在福建大金湖国家地质公园留影（上海辞书出版社供图）

巢峰

>>>>>>>>>>>>>>>>

巢峰，1928年出生于江苏阜宁，1942年参加新四军，1945年加入中国共产党，1954年开始从事编辑工作，历任上海人民出版社、上海辞书出版社社长、总编辑等职。在60多年职业生涯中，巢峰获中国出版政府奖优秀编辑奖、中国韬奋出版奖、辞书事业终身成就奖，入选新中国60年百名优秀出版人物，出版过《出版论稿》《政治经济学论稿》《巢峰辞书学论稿》《辞书记失》等学术专著。现任辞海编辑委员会常务副主编、中国辞书学会名誉会长、中国编辑学会顾问、上海市经济学会名誉会长、上海市编辑学会名誉会长。

巢峰：此生无悔渡辞海

许旸

《辞海》问世 83 个春秋的风雨历程中，巢峰是一个绕不过去的名字。2019 年 7 月 5 日，在众亲朋好友的簇拥和祝福声中，巢峰度过了 91 周岁生日。“我一辈子就是要做《辞海》。”这几年因身体原因住进华东医院，但巢峰仍心心念念着《辞海》最新版。

不少老同事明白他的心思，凑到巢老耳边说：“等第七版印出来了，就抱过来给您过目！”第七版《辞海》于 2019 年亮相，修订和新增比例大幅提升，并同时推出纸质版与网络版。

作为中国唯一以字带词，集字典、语文词典和百科词典主要功能于一体的大型综合性辞书，《辞海》堪称历史的大事记、档案馆和里程碑。这一当之无愧的上海文化金字招牌，融入了全国乃至海内外一代代读者的记忆。

时代每走一步，都在《辞海》中留下印记。而出版家巢峰的人生，也与《辞海》彼此交融。从第三版（1979 年）至第七版（2019 年），巢峰是我国唯一一位先后参与主持了五个版本《辞海》编纂修订出版工作的“辞海人”。40 多年筚路蓝缕，巢峰在新中国辞书编纂、出版业改革的大潮中，搏击风浪，挺立潮头，不唯书，不盲从。

“这么多年来，我的生命跟编纂《辞海》交织在一起。我老了，但我相信《辞海》不会老。”这份告白，从未褪色。

一辈子被“套牢”，他谦称“后勤部长”

透过生日蛋糕上摇曳的烛火，许多人都会追忆起 40 多年前的那片灯

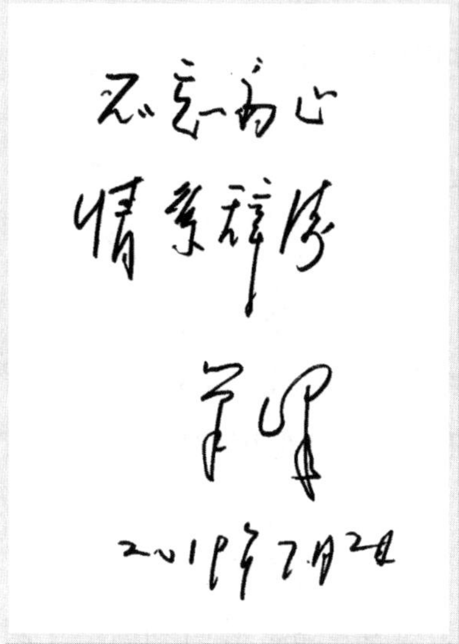

巢峰寄语
（除署名外，均受访者供图）

火——中共十一届三中全会结束后的第三天，1978 年 12 月 25 日，首批《辞海》编纂人员进驻上海陕西南路 25 弄的几幢楼房，紧锣密鼓展开工作，好多个夜晚灯火通明，没有休假，连春节都在加班。

从接到编纂 1979 年版《辞海》任务到其出版献礼，前后时间不足一年。在这样短的时间内，时任上海辞书出版社副总编辑的巢峰组织专家和人员，史无前例地完成 1300 万字、超过 10.6 万个词条的编纂，出版了中国最大的综合性辞典《辞海》（第三版）。这套书成了改革开放伊始出版界的"报春燕"，许多词条注释在当时都经反复论证，具有突破性。图书出版反响爆棚，定价 55 元的《辞海》三卷本共售出 62 万套，《辞海》缩印本定价 22.2 元，销量近 300 万部。

"我是后勤部长，大事小事都得干，烤火的煤炭，我去弄，烧饭的师傅，我去请。从出版系统抽调了许多资深编辑和 100 多位编辑校对等一大批人，热火朝天地干起来……"巢峰认为，大型辞书"三分编写，七分组织"，因此编《辞海》堪称大兵团作战，作者以千人计，编者以百人计。当年为了协调工作，巢峰在会场张贴进度表，整整"霸占"了一面墙，每个学科都插上小红旗标明进度。"各学科组成员经常端着碗看进度表，谁落后了，不用别人说，晚上他们办公室的灯准最后一个熄。"

缘何甘心一辈子被《辞海》"套牢"？巢峰有句朴实的感言：编辞典，枯燥是枯燥，但钻进去其乐无穷，每一条都是知识。那一代人对知识的饥渴，是显而易见的。1928 年巢峰出生于苏北黄海之滨那片贫瘠的土地上，他曾自述，自己是不足 14 岁就投身革命、17 岁就加入中国共产党的“红小鬼”。小学没毕业，初中只读过三个月，巢峰的学识，靠的是长年累月的刻苦自学与实践。每审一部书稿，他先找一堆参考书，书稿审完，参考书基本上也看完了。他倡导的“辞海学”亦见成果，开山之作《辞海论》一书曾获上海图书奖。

多年来，“对不对，查《辞海》”，已成广大读者的口头禅。一书在手，常用的单字、语词和百科词语，包括名词、概念、术语、成语、人名、地名、学校、机构、企业、会议、事件、决议、协定、条约等，均可查到。《辞海》最早于 1915 年由中国近代著名教育家、出版家陆费逵动议编纂，第一版诞生于 1936 年。80 年来，在舒新城、陈望道、夏征农、陈至立等历任主编的主持下，自 1979 年第三版起，形成了稳定的十年一修规律，到 2009 年面世的第六版，累计发行达 600 万部，分册达 2000 万册，创中国大型工具书发行量之最。作为全面反映人类文明优秀成果、系统展现中华文明丰硕成就的大型综合性辞典，《辞海》显现出长久的生命力和特有的影响力。

“我们编辑出版队伍以作风严谨为荣。一个引文，每个数据，都要逐一核对，每个标点、每个符号，都要认真推敲。字斟句酌，一丝不苟，是我们信守的格言，而马虎草率，粗制滥造，不负责任的行为，则是令人唾弃的。”以巢峰为代表的几代“辞海人”，倾其一生诠释了精益求精、反复打磨的出版工匠精神。

巢峰（右）与《辞海》（1979 年版）主编夏征农（左）合影（上海辞书出版社供图）

从框架设计到样书检查，《辞海》编纂背后有近

20 道工序。而每一道工序之下，是一遍又一遍的斟酌，“校对五稿算是少的，有的分类校对十稿也不在话下”。比如《辞海》中关于秋瑾生年，有 1875 年、1877 年、1878 年、1879 年四说。虽经手头资料考证，仍莫衷一是。巢峰率团队拜访秋瑾外甥女和外孙女，查阅了秋瑾之弟写的文章，秋瑾之友写的秋瑾墓表，特别是秋瑾亲书的《兰谱》，才确定秋瑾生年为 1875 年。

身处搜索引擎发达的海量信息时代，《辞海》之所以被视作“标准书”，很大一个原因就是编制词条的素材都是各学科研究的结晶；在此基础上编纂者如切如磋，如琢如磨，加以提炼和概括，并经一次次审校而成。“而面对日新月异的网络语言，一方面要予以呈现，但另外一方面需要谨慎，在反映生活和时代发展的同时，注重稳定性。”如今，《辞海》编订队伍不断扩大，越来越多专业领域的顶尖人才加入。诚如上海辞书出版社社长秦志华所说，不管是在《辞海》纸质时代还是当下互联网时代，巢老身上一丝不苟的工匠精神，都值得坚守。

《辞海》最紧俏时，需要凭结婚证购买

当年 1979 年第三版《辞海》顺利面世，引发巨大效应，那之后六年内，上海辞书出版社总产值增长了 16 倍，销售总码洋增长 16 倍，利润增长 20 倍，进入发展快车道。喜悦之余，巢峰没有躺在功劳簿上。

为了持续推进中国辞书事业，寝食难安的巢峰在调查研究的基础上，提出长达 22 年（1979—2000）的辞书出版选题规划。规划中含《中国成语大辞典》《哲学大辞典》《中国人名大词典》等大中小型辞书 400 多种，涵盖了社会科学、自然科学大部分领域。令人欣慰的是，大多数选题已经出版，其中 11 部获国家出版最高奖，填补了文化建设中许多空白。

当初一纸规划，已成满目琳琅。当人们走进辞书社那间不大的会议室，环壁书柜，大小典籍比肩。累累硕果背后，巢峰也注重量与质同行。20 世

纪 80 年代，《辞海》确立“十年一修”制度。这意味着每隔十年，这部综合性大辞典都要进行增删修订。而这在国内外辞书界，都是极其少有的。

“《辞海》不是天书，不可能不犯错。一代代辞海人，即便是‘超人’，也只能认识客观世界的某些部分，却不能认识整个客观世界。”巢峰认为，金无足赤，书无完书，每版《辞海》都打上了各个时代的烙印，历史的车轮滚滚向前，不断有新事物萌生，人们的观念随之发生着深刻的变化，书中知识点同样会陈旧老化。真理的长河无止境，在长河探索前进的过程也是无止境的。辞书的生命力正在于不断修订——每次“打补丁”，既是承前启后，也是修正缺点错误、使之转化为真理或接近真理的过程。

就拿“抗日战争”词条来说，《辞海》从第二版收入开始，其后每个版本都有所修订，到 2009 年第六版，“中国人民抗日战争”成为正条，“抗日战争”作为参见条，包括了 1931 年开始的局部抗战到全国性抗战的整个过程，表述上更加严密。“编《辞海》就像坐在火山口上，稍有疏失就可能犯大错误。我们应当做的是放弃终极知识源泉的观念，承认一切知识都是人的知识；承认知识同我们的错误、偏见、梦想和希望混在一起，我们所能做的一切就是探索真理。”巢峰坚持，编纂辞书是严肃的科学研究，一个有质量的条目远胜于一篇平庸论文，学习、研究与撰写修订密不可分。而辞书的进步性，根本体现在它对于历史发展规律的揭示与尊重，为推动人类进步提供知识支持与精神动力。

出人出书出效益，每一版《辞海》亮相，都在业界引发不同层面的震动——1979 年版《辞海》成了畅销书，读者蜂拥挤至柜台抢购，有的书店甚至需要新婚夫妇凭结婚证购买《辞海》。良好的经济效益“解决了社里 180 个人的住房”，为业界艳羡。巢峰满是欣慰：“作为一社之长，就要让编辑们工作时心无旁骛。”1999 年版《辞海》主体版本配置了彩色插图，在我国大型词典中开风气之先；2009 年版《辞海》有了衍生产品电子阅读器，搭建了数字技术平台。

每天搬小板凳坐门房，谁都不敢迟到

从新四军小战士到戴上中国出版人最高荣誉桂冠，巢峰身上既有一名战士的果敢与坚毅，也体现出一位学者的审慎和严谨。很多出版人都受过巢老的亲身教诲，大家公认他是上海出版界共同的精神导师和职业典范。

“老巢待人处世有严有慈，他之前在社里时，每天早上就搬个小板凳坐在门房里，谁都不敢迟到。但他对同事、下属十分宽厚，但凡大家有什么困难，哪怕他已经从领导岗位上退下来了，都会尽量帮助。”上海辞书出版社原党委书记、副社长孙宏达说，巢峰的这些品德就是出版界的传家宝。自20世纪70年代中期就与巢峰共事的资深编审秦振庭曾赋诗一首，传神概括巢老风采——“析辞辨义风云骤，问海探峰典籍编。新城望道征途漫，华章再奏志当坚。”

“《辞海》就像他的孩子一样，是他念念不忘、最放不下的。每次见面都会问，《辞海》编得怎么样了？”上海辞书出版社原副总编辑唐克敏是巢老带进出版的门的，“我最敬佩他活到老学到老，视野开阔、心胸宽广”。

巢峰办公室内藏有多个版本的《辞海》

上海人民出版社社长、总编辑王为松曾用笔为这位“敢做敢当、疾恶如仇”的前辈“画像”：“白发，圆眼，苏北口音，声若洪钟。这形象在我记忆里是慈祥的，在传说中则是严厉的。”在日常交往中，他堪称性情中人，碰上辞书界的歪风邪气，或是辞书条目中的种种谬误，巢峰会毫不留情地批判，一番番发言总是掷地有声。

俯身写蒙学读物，“扣好人生第一粒扣子”

离而不休勤耕耘，老骥伏枥献余热。2017年，年届九旬的巢峰还出版了《巢峰品德修身读本》(书法诵读版)，“俯下身子”为青少年写蒙学读物。

为了看书稿，医院的病床旁专门安置了写字桌和台灯，巢峰抱病修改、几易其稿，力求言浅意深、朗朗上口。扫一扫书中二维码，读者还能收听书中所有关于品德修身的佳句名言。该书责编朱志凌曾感叹：“别看巢老年纪大了，但他十分接受新事物，认可用新的技术和方式传播知识。”

“蒙学教育的根本也是品德教育。为了中华民族的今天和明天，需要教育引导广大青少年儿童树立远大志向、培育美好心灵，从小引导他们‘扣好人生第一粒扣子’。”巢峰记得，自己小时候颠沛流离，只能在外公、大舅父、大伯父的指导下自学，他熟读了《三字经》《百家姓》《千字文》和四书五经，中华传统文化对他影响至深。但随着时代变迁，“三百千”中一些内容在今天已不适用，因此工作之余，巢峰常常思考如何用传统形式“旧瓶装新酒”，跟上青少年需求和口味的变化。

1995年巢峰曾组织编写《品德三字经》，当时请了著名画家贺友直画插图，销量一举达数十万册。到了这本《巢峰品德修身读本》(书法诵读版)，对《品德三字经》《品德千字文》重新修订，书中穿插两位“90后”书法专业研究生分别书写的隶书、楷书。全书多处运用典故，既有先贤典范，也有新时代道德模范以及先进集体。2016年11月12日，我国培养的首位驾驶歼-10战机的女飞行员余旭，在训练中不幸牺牲。当时在病榻上审读付型清样的巢峰，看到新闻后不胜惋惜，连夜在“奉献篇”中专门增补余旭事迹：“好余旭，金孔雀，驾‘歼十’，蓝天掠。”寥寥数笔，一位新时代女英雄形象跃然纸上。

记者手记

不忘初心　情系辞海

耄耋高龄，面容清癯，剑眉华发，眼神清亮——迎着老人温和的目光，记者走近巢峰，握手时能感受到指尖传来的力量。虽身囿病房，讲话行动不似从前那般利索，巢峰仍惦记着“挚爱”。接过记者的采访本，他握笔的手微颤，但一字一句结实铿锵：不忘初心，情系辞海！

集几代中国知识分子心血之大成的这一品牌，长销80多年，备受读者信任，也凝聚着“辞海人”的付出与骄傲。作为《辞海》一路走来多个版本的见证者和亲历者，巢峰太明白编舟渡海中的苦与甘。他有几个“金句”，从辞书社出来的人都记得很清楚：养之三年不足，毁之一旦有余；书比人长寿；三分编写，七分组织……

“汗青头白休相笑，曾读人间未见书。”清代文学家纪晓岚在担任《四库全书》总编纂时，曾在《自题校勘四库书砚》中如是形容编辑工作不为人知的艰辛。而巢峰以一辈子的求索与坚守，重塑了辞书人、出版人的风骨风范。不妨重温他的一段著名论述：见钱不见书的出版者，是劣等的出版者；见书不见人的出版者，是平庸的出版者；而以提高人的素质和加强社风建设为治社之本，以出好书为强社之路的出版者，才堪称具有远见卓识。

巢峰无疑是看得远的出版者。告别时，巢峰坚持要送记者到电梯口，门合拢的瞬间，再次对上巢老目光，透着历经世事后的澄澈。

孙泽洲和“嫦娥三号”探测器
（均受访者供图）

孙泽洲

孙泽洲，1970年出生于辽宁沈阳，在沈飞集团的大院氛围中长大。1992年毕业于南京航空航天大学电子工程专业，进入中国航天科技集团五院总体部工作。2001年开始参与“嫦娥”的前期论证，负责星载测控分系统论证工作。2004年，年仅34岁的他被任命为嫦娥一号卫星副总设计师。2008年，担任嫦娥三号探测器总设计师，现为嫦娥四号探测器总设计师和火星探测器总设计师。

他为我国深空探测领域的发展作出了突出贡献。曾获国家科学技术进步奖特等奖1项、一等奖1项、创新团队奖1项、国防科技特等奖等省部级科技奖励5项，以及全国五一劳动奖章。

孙泽洲：探测月球火星，他的诗和远方

郑蔚

“谁发现了月亮？”即使是最爱刨根问底的《十万个为什么》里，也没有这个“荒唐”的问题。月球和地球已经相伴了45亿年之久，最初“举头望明月”者，也许是250万年至300万年前刚刚开始直立行走的原始人类吧。

这也许意味着，人类从看到月球到踏上月球，花了250万年至300万年。1969年7月，阿波罗11号实现人类首次登月。当时，中国“两弹一星”科学家们还在极为艰难的条件下为我国第一颗人造卫星上天而奋斗。

从第一颗人造卫星升空以来，中国人终于搭起飞向太空的天梯：神舟飞天、北斗组网、天宫遨游、嫦娥探月……

2013年12月14日21时11分，随着嫦娥三号在月球实现软着陆，鲜艳的五星红旗第一次登上月面。“嫦娥奔月”，这个中华民族流传千年的美丽神话终成现实。

2019年1月3日，嫦娥四号又开创了人类航天器首次登陆月球背面的纪录。

“嫦娥四号着陆器和玉兔二号巡视器根据科学探测需求，已成功完成第七个月昼的工作，分别于7月9日9时和9时10分，完成月夜设置，进入‘梦乡’。玉兔二号已超过了它的设计寿命，正期待着被第八个月昼期的温暖阳光唤醒。”在北京航天城的航天科技集团五院总体部，嫦娥四号探测器总设计师孙泽洲告诉记者。

嫦一，真觉得月球非常远

即使在接到南京航空航天大学的录取通知书时，孙泽洲也没有想到自己会一辈子干航天。1988 年，他报考南航时，就想着学成之后，能子承父业回沈阳进沈飞集团。从小在沈飞集团家属大院里长大，从父辈的日常言谈中，他多多少少了解到中国航空工业的短板和痛处，以及父辈们的拼搏和宏愿。期盼在南航学成后进沈飞的研究所，制造出中国新一代的战机，这是他和在沈飞干了一辈子工艺设计的父亲共同的人生愿景。

同样是国内知名的航空航天大学，为什么选南航而不选离沈阳更近的北航呢？“北航的录取分数更高一些，第一志愿就填了南航。”快人快语的孙泽洲回忆道。

也许，这说明孙泽洲很适合干航天这样高风险的行业：诸多选项中，高可靠性才是最重要的。

“读南航时，我一个月的生活费才 50 元。”虽然并不承认自己当年有多“学霸”，但好在他几乎每年都能拿到一等奖学金。更重要的是，南航还培养和锻炼了他的组织能力，他是班长兼系团总支副书记。这段经历对他后来成长为必须协调方方面面的总设计师来说非常重要。“其实，我读大学时只有一个小目标，就是尽可能把眼前的每一件事情做好。”

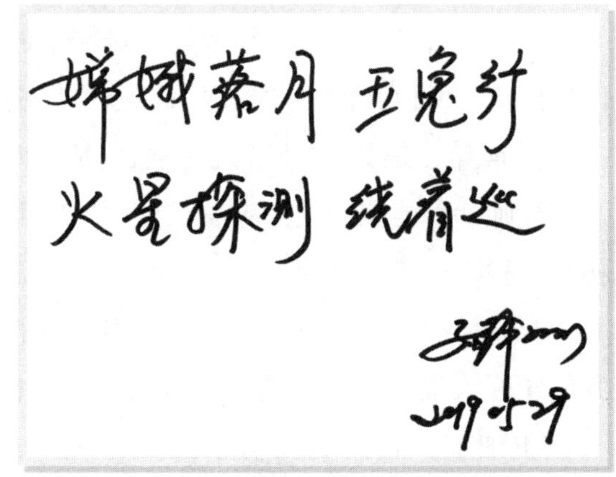

孙泽洲寄语

1992 年夏，南航毕业的他却走进了航天科技集团五院的大门，先后参与了资源一号、资源二号卫星和实践五号卫星的总体工作。2000 年，而立之年的他就被任命为中巴资源一号 02 星的总体副主任设计师。次年，加入嫦娥一号研发团队。

“嫦娥一号是我国航天迈出深空探测的第一步，面对很多挑战。它的主要任务是对月环绕探测，用得上我学的专业。之前，我国发射的各种卫星主要在近地轨道运行，高度大约在 1000 公里以下。即使有 3.6 万公里的地球静止轨道卫星，也是定点在赤道上空的，地面站的天线不用整天转着跟踪。当时，我国地面测控站的天线直径是 10—12 米，而深空探测的天线直径至少要 30 米以上。”孙泽洲告诉记者，“地月之间的平均距离是 38 万公里，月球的远地点甚至达到 42 万公里。从 38 万公里外发回的无线电信号强度，仅为从 380 公里近地轨道发回信号强度的百万分之一。我们当时真觉得地月间非常遥远，瓶颈是我国当时还没有建成大口径的深空测控网，因此亟须破解地月通信这一难题。”

天线的直径有多重要？孙泽洲为记者科普：“简单来说，天线的直径每增加 2 倍，通信能力就增加 4 倍，两者是平方关系。”

但建设地面站周期较长，孙泽洲带领团队从提高星载测控系统能力这一端开始攻关。“科学发现是个不断试错的过程，试错的终结者是终于试对了。”他说，“但这个终结者经常姗姗来迟，可航天事业不会允许你长时间地试错。所以我们必须想尽一切办法尽快试对。”

2004 年，嫦娥一号正式立项，孙泽洲被探月工程卫星系统总指挥、总设计师叶培建院士选为副总设计师，协助其分管测控与数传、天线、机构与结构、热控、供配电等 6 个分系统的总体技术管理工作。

“当时我们这个团队都是 30 岁多一点的年轻人。”孙泽洲说，“叶总对我们年轻人很信任，但同时要求又非常严格。他的特点是既能把握大局，又注重细节。我们航天历来强调作风严、慎、细、实，那时有本书叫《细节决定成败》，叶院士专门买来送给我们，人手一册。他最经典的话就是：‘对问题就是要捕风捉影’‘把问题彻底搞明白了，工作才会不留遗憾’，叶院士的言传身教对我影响非常大，他就是我‘怎么做一个总师’的榜样。”

孙泽洲率领他的研发团队，夙兴夜寐，殚精竭虑，终于发现通过对星载测控系统有效的分路合路，以及天线的异频空间组阵，可以有效提高星载测控数传的能力，从而破解了在没有深空测控网支持下的地月远距离通信难题。

嫦一遇到的另一个拦路虎就是月食阴影。设计初期主要考虑了月球阴影的影响，只有 45 分钟。进入初样研制阶段，认识到长期环月飞行期间月食阴影的不利影响，这个阴影的时间可能是 5—6 小时。

月食阴影的时间何以这么长？因为地球的影子远大于月球的影子。“阴影期过长，太阳能帆板长时间不能供电，对嫦一的设备温度维持能力、蓄电池组蓄电能力等带来严峻考验。”孙泽洲说。

“通过集思广益，我们确定了星上设备‘开源节流’和卫星‘轨道调相’等措施，调整特定时刻卫星在轨道上的位置，有效缩短了卫星在阴影区滞留的时间。”孙泽洲说，“嫦一圆满完成了月球探测的任务”。

嫦三，挑战多个世界第一

“我当嫦娥一号副总师的时候，总觉得叶院士是我们的主心骨。遇到困难，有叶院士在，我和团队就不会慌。”孙泽洲告诉记者，“2008 年，我被任命为嫦娥三号总设计师后，肩上的压力陡然增大了，因为团队把我当作‘主心骨’了”。

嫦三承担着探月工程第二阶段“落”的使命，主要任务是实现月面软着陆和巡视勘察。它不仅有着陆器，还有巡视器“玉兔”，等于从地球出发时是一颗航天器，抵达月球后要变成两颗航天器，推进系统、控制系统、移动系统……几乎都是从零开始设计、研制、试验、验证。通常一颗新的卫星包含的新技术、新产品，大约 20%—30%，而嫦三的新技术、新产品占到了 80% 左右。

五院总体部空间科学与深空探测总体室嫦娥四号总体副主任设计师温博回忆说，她自 2007 年进五院工作就加入了嫦三研发团队。那时，因为条件有限，嫦三研发团队在航天城的一间地下室“集同工作”。“集同工作”是航天特有的一种工作方式，就是不同专业、领域的团队在一起脑力激荡。连续好几个月，孙总和团队天天在地下室里，从 8 点一直讨论到 22 点。每次会议开始时，他不多说话，倾听各方面的意见，然后集思广益，把住关键点，提炼出一个个思路，给人“拨云见日”的感觉。

2013 年 12 月 2 日，嫦三用长三乙发射成功。25 分钟后就进入地月转移轨道，5 天后抵达环月轨道。12 月 14 日，在预定的距离月面 15 公里高度的轨道上，启动了我国航天器上使用的最大的 7500N 变推力发动机，开始软着陆。

软着陆历来被视为落月过程中风险最大的环节，有“黑色的 720 秒”之称。“嫦三选择了月面地势较为平缓的虹湾着陆，着陆时您还担心吗？”记者问孙泽洲。

“虽然嫦三所有的系统在地面都进行了反复试验，我们的团队对我们的产品是有信心的，但毕竟之前人类对月面观测的精度是有限的。嫦三下降时，我主要担心月面地形是否安全。”

月球没有大气层，所以嫦三不能使用降落伞减速，只能通过变推力发动机反喷减速。“由于月球表面凹凸不平，为避开大石块和大坑，下降过程中探测器会自主进行粗避障，然后下降至距月面约 100 米时，嫦三像直升机一样悬停，通过敏感器实现精避障，这些都是世界首次。”孙泽洲说，“虹湾虽然平缓，但仍有不少大坑和石块。巡视器‘月兔’虽然具有爬坡 20 度和越障高度 0.2 米的能力，但我们的着陆器目前只能从一个方向释放

‘月兔’。如果巡视器的释放方向正好有一个大坑或一块大石头怎么办？所以着陆过程的避障极为关键。”

嫦娥一号卫星试验任务期间，孙泽洲（右三）与研制团队合影，站在他左边的是叶培建院士

“嫦三为何不采用气囊式软着陆？”

“这主要是因为嫦三的质量较大，着陆质量超过了1吨，比较下来还是采用了悬臂梁式的4条着陆腿设计。”他说，“每条腿上有2根拉杆缓冲器和一个脸盆一样大的‘大脚掌’，将最后2米自由落体过程中产生的冲击能量全部吸收。这一研制过程非常坎坷，曾经多次断裂，直到最后才成功。”

为破解软着陆和月面探测难题，孙泽洲率领团队建立了可模拟仅为地球重力六分之一的月球重力环境和月表地形地貌的大型试验场，甚至用火山灰等来仿真月面，还进行了上万次数学仿真和成百上千次的桌面联试，终于为嫦三成功奠定了扎实的基础。

嫦三着陆器设计使用寿命为一年，但至今仍在超期服役，它和嫦四遥相呼应，成为在月面工作时间最长的探测器。

嫦四+鹊桥，踏上人从未去过的月背

“嫦三已经很成功了，原来作为备用星的嫦娥四号怎么办？如果因为挑战一个更困难的任务，它万一失败了，社会舆论会不会觉得嫦三的成功也只是一种偶然？如果都这么去想，那就没有登陆月球背面的嫦四了！”孙泽洲对记者说，“在嫦四的使命选择上，叶培建院士发挥了重要作用，体现了航天人以国家利益为重的胸怀和以科学探索为重的境界。”

2016年1月，国防科工局正式宣布，嫦娥四号将于2018年年底发射，着陆器和巡视器将首次登陆人类从未留下足迹的月球背面。

五院总体部电子信息部嫦娥四号主任设计师刘适告诉记者，从嫦二开始，我国建设深空探测网，分别在佳木斯和喀什建了直径66米和35米的天线，但嫦四选择了永远背对地球的月背着陆，因此仍必须建立新的通信架构，就是在地月之外再定轨一颗通信中继卫星“鹊桥”，孙总为这个新的通信架构的建立，作出了重大贡献。

之前，记者还以为“鹊桥”既然是中继星，也许就在月球边上绕飞，谁知刘适说：“‘鹊桥’绕月飞行的Halo轨道，近月点4.7万公里，远月点8万公里。它携带直径4.2米伞状天线，既要对准月背嫦四着陆器和月兔二号，又要将信号传输回最远48万公里的地球，难度非常高。”

原来，“鹊桥”至月背的距离，竟然比3.6万公里的地球静止轨道离地球还要远。那为何要选择这个轨道呢？

孙泽洲告诉记者：“要实现月背与地球的中继通信，这个中继星的轨道有两种选择，一种是环月轨道，它的优点是离月球距离近，为100—200公里，但缺点是它不能始终对着月背，从无线信号的传输来说，它的中继实时性不佳；而另一种就是我们最终选定的L2点，它的优点是始终对着月背，能满足中继通信必须始终保持实时性的要求，但缺点是距离月背太远，需要解决远距离中继通信的难题。”

这就不难理解为什么“鹊桥”的研制难度这么大。刘适回忆说：“为了解决中继星的一个又一个难题，我们团队经常加班。试验经常做到凌晨二三点了，早晨8点钟又开始第二波试验。”

总体部质量处嫦四项目办产保助理付春玲说：“产品保证工作遇到新问题时，孙总总是特别叮嘱我查清标准，以体现‘按规定工作、按标准办事’。每次质量评审会，等专家和领导走了之后，他会把相关的团队留下来，逐条落实专家的意见，凡有疑点的地方彻底解决，实现问题的闭环。”

2018年5月21日，一枚长四丙将“鹊桥”送上太空。

7个月后的12月8日，嫦四搭乘长三乙火箭升空。

“在月背软着陆的风险，与月面有什么不同？”

“嫦三着落区的地形起伏仅800米，而嫦四着落区选择的月背南极－艾肯特盆地地形起伏高达6000米，因此它必须落得准、落得稳。”孙泽洲说。

孙泽洲（右）与嫦三探测器总指挥张廷新（中），嫦三探测器试验队临时党委副书记刘燕宁（左）合影

2019年1月3日10时许，嫦四在距月面15公里的轨道上自北向南飞向南极－艾肯特盆地，10多分钟里将运行速度从每秒1.7公里降到0，然后开始动力下降。在距月面100米处，嫦四开始悬停，对下方的障碍物和坡度进行识别，自主避障，向西南方向移动了8米，然后开始缓速垂直下降。10时26分，一吨多重的嫦四探测器成功着陆在南极－艾肯特盆地冯·卡门撞击坑的预选着陆区（月球背面东经177.6度、南纬45.5度附近）。选择此处是缘于该撞击坑的物质成分和地质年代具有代表性，对研究月球和太阳系的早期历史具有重要价值。

在地面指挥中心控制下，通过“鹊桥”搭建的中继通信链路，嫦四探测器展开太阳翼和定向天线，建立了定向天线高码速率链路。11时40分，着陆器获取了世界第一张近距离拍摄的月背影像图并传回地面。

当日22时22分，月兔二号巡视器完成与着陆器的分离，驶抵月球表面。

1月11日，在“鹊桥”支持下，嫦四着陆器与玉兔二号顺利完成互拍，图像清晰完好，中外科学载荷工作正常，探测数据有效下传，搭载的各项科学实验项目顺利开展。

“嫦三的‘月兔’在第2个月昼期间于行进中‘受伤’，可能是被石块磕碰，机构控制不能正常进行。针对这一问题，我们对嫦四的‘玉兔二号’进行改进升级，重新进行了布线，以免月面石块触碰。”孙泽洲告诉记者，“在系统的设计上，我们重视了对故障的有效隔离，现在做到了即使2个轮子受损，它依然能运行。”

截至记者发稿时，休眠中的嫦娥四号着陆器和玉兔二号正在等待第八个月昼期，以继续开展科学“测月”探测。据悉，嫦四工程地面应用系统已向科学研究核心团队发布第六批科学探测数据，总数据量为1.2G，共计531个数据文件。

记者手记

火星探测，必须的挑战

叶培建院士曾说，如果把从地球到月球的距离，比作从天安门广场到王府井，那从地球到火星的距离，就相当于从天安门广场到上海的外滩。

这4亿公里的远征，是壮怀激烈的深空之旅。

“中国的火星探测任务要一次实现‘绕、着、巡’目标，这在世界上从来没有哪个国家是一次同时实现的，任务难度非常大。”身为火星探测器总设计师的孙泽洲深感责任重大。

自20世纪60年代以来，人类共实施了42次火星探测任务，成功率仅为52%。“我们的火星任务最难的地方，就是探测器进入火星大气后利用气动外形减速和降落伞减速的过程。”他说，“火星有大气，我们必须加以利用，但它又与地球不同，火星的大气密度仅为地球的百分之一左右。火星探测器着陆的时间更短，只有7—8分钟。而火星离太阳更远，火星的太阳光照强度只有地球轨道的40%。虽然火星的天空没有云彩，但同样会衰减阳光的强度，更重要的是，火星上还有沙尘暴，沙尘一旦落在太阳能帆板上还会影响太阳能帆板能力的40%—60%，这些都是我们必须面对和解决的巨大挑战。”

按我国深空探测计划，火星探测器将于2020年发射，飞行7个月后，于2021年抵达火星。“所以我们现在的工作特别紧张，好在我爱人同在航天系统，她比较能理解我们航天人。”孙泽洲宽慰地笑了，“我平时每天很晚回家，家里人都睡了，但是我家门厅里的那盏灯总是亮着，让我觉得很温暖”。

2011 年 3 月 29 日，戴逸先生在书房中
（均受访者供图）

戴逸

戴逸，1926 年 9 月出生于江苏常熟，1946 年考入北京大学史学系。

曾任中国人民大学历史系主任、图书馆馆长、清史研究所所长、北京市文史研究馆馆长、中国史学会会长。现任国家《清史》编纂委员会主任，中央文史研究馆馆员，中国人民大学清史研究所名誉所长。

戴逸是中国清史学界领军人物，有《中国近代史稿》《一六八九年的中俄尼布楚条约》《简明清史》《乾隆帝及其时代》《18 世纪的中国与世界》《清通鉴》等 40 多部著作。2002 年，我国《清史》纂修工程正式启动，戴逸任《清史》编纂委员会主任。2013 年，戴逸获得吴玉章人文社会科学终身成就奖。

戴逸：专鹜清史　愈久弥醇

江胜信

位于北京张自忠路的段祺瑞执政府旧址，入口处一块“中国人民大学”的牌匾无声诉说着历史的变迁。清康熙九贝子府、清雍正和亲王府、北洋政府海军部、段祺瑞执政府……这栋建筑两百多年间所承担的皇亲府邸、军政要地的功用，随着新中国的成立而发生转变：1950 年，新中国创办的第一所新型正规大学——中国人民大学将这里作为校舍；1978 年，其主楼由清史研究所使用；2006 年，它被评定为国家级文物保护单位。

但它对于 93 岁高龄的历史学家戴逸先生而言，变迁之中亦有不变。主楼后面的一栋红砖瓦房里，自打 70 年前中国人民大学讲师戴逸住进来，他就再也没有挪过窝。

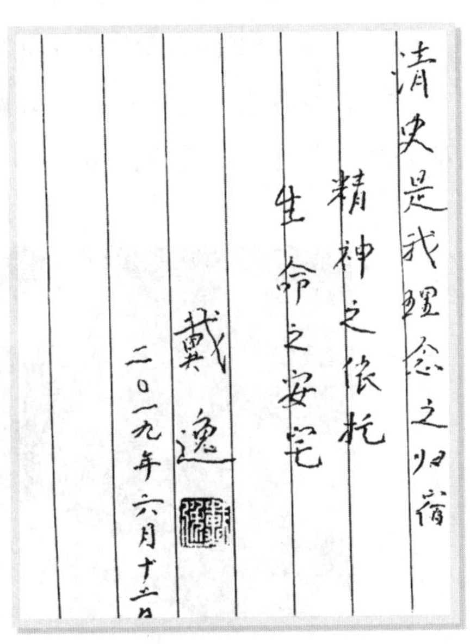

戴逸寄语

戴逸将治学的四个境界概括为勤、苦、乐、迷。专鹜清史，几乎摒弃其他书籍于不观，他如今的这一治学情状，是难以为外人道的超越了勤与苦之后的乐与迷。读他笔下的那句：“清史是我的专业，我将毕生的精力贡献给它，可说是寝于斯，食于斯，学于斯，行于斯。清史是我理念之归宿，精神之依托，生命之安宅。”

在戴逸主持之下，2002 年启动的

新中国成立以来我国最大的国家级文化工程——《清史》纂修工程目前已进入最后审阅阶段。工程终会画上句号，而他与清史的缘分，将愈久弥醇。

改专业　改名字

1936年，铁蹄未至，常熟市古里镇如古画般静美。“画”中有一座名楼——位居清代四大私家藏书楼之首的铁琴铜剑楼。楼主人是第四代传人瞿启甲，他年过花甲，有一个非血亲的10岁“孙儿”。

“孙儿”便是小戴逸，那会儿他的名字叫戴秉衡。人丁兴旺的戴家一掷千“银”（一千银圆），刚以十年租期将铁琴铜剑楼斜对门的荣木楼租下，此楼是清初文学宗师钱谦益的故居。戴瞿为世交。瞿启甲发现，“孙儿”对书有着天然的亲近，别家孩子拿零花钱买吃的，他却把铜板塞给走街串巷的租书人，租下《东周列国志》《三国演义》《说唐》《杨家将》《西游记》《水浒传》等连环画。隔代的同气相求令瞿老爷子欢喜而慷慨，允“孙儿”翻阅藏书楼内珍贵的宋元善本。

藏书楼最怕火，日军的炮火偏偏就来了。1938年，小戴逸随家人避难上海。喜爱历史的他，却在1944年高中毕业时“一狠心”报考了上海

《清史》书稿上的小贴纸，是戴逸认为需要修改之处

交通大学的铁路管理专业，原因是，“抗战期间上海很多学校都迁往内地，没有一所像样的文科学校，而且当时读文科毫无出路，毕业就失业”。

1946年暑假，20岁的戴逸即将升入大三，从昆明回迁的北京大学途经上海时开设了考场。戴逸试着报考史学系，被录取了。这反倒让他为难起来，若上北大，他得重新从一年级读起。犹豫一番后，他决定顺从内心，离家北上。

这年深秋，戴逸走进北大沙滩图书馆的大阅览室，“心境豁然开朗，如入山阴道上，应接不暇”。胡适、郑天挺、沈从文、朱光潜等很多名教授给他们低年级学生开基础课。北大的学术氛围让戴逸如饮甘霖。

然而，对心系国家民族命运的北大学子们来说，读书、听课并不是全部的追求。1947年夏初，日见衰颓的国民党政权风雨飘摇，爱国民主运动高潮迭起。崇尚正义、渴求光明的北大学生通过募献筹办了以曾任北大校长蔡元培字号为名的“孑民图书室”，戴逸被举荐为常务总干事兼编目股长。同学们口口相传：想看解放区出版的革命书籍，就去“孑民图书室”！

1948年8月，戴逸因参加进步学生运动而遭通缉。时任校长胡适赶忙给庭长写了一封信，说这是一个很优秀的学生，保释他。由于胡适的声望，戴逸被审了两个多小时就给放出来了。他在党组织的安排下离开北京，奔赴解放区。

为防止国民党发现自己投奔共产党而连累家人，得改个名字。“我是‘逃’出来的，那就叫戴逸吧。”不熟悉他这段历史的人，不会把“逸”和“逃逸”相联系；但可能会感慨人如其名，他身上恰有一种“超逸”之气——超脱俗流，翱逸史海，修史亦修心，立功先立德。

三起三落修《清史》

北大学业被迫中断之后，戴逸走进了河北正定的华北大学课堂。他将这里视作个人学术生涯的起点。

当时，华北大学集聚了范文澜、成仿吾、钱俊瑞、田汉、艾思奇等文化名人，校长是吴玉章。戴逸在华北大学一部系统学习了马列主义和中国革命史。毕业留校，他先后在华北大学及后来以该校为基础成立的中国人民大学，担任党史专家胡华的助手。

戴逸协助胡华撰编了《中国新民主主义革命史》和《中国新民主主义革命史参考资料》。以丰厚的版税购得一架飞机，捐给了抗美援朝的志愿军。

1955 年，中国人民大学决定增设中国近代史学科，但一时没有合适的老师。学校将戴逸调过去补缺。将届而立之年的他被评定为新中国第一批副教授，开启了在高校系统讲授中国近代史的先河。

两年之后，以授课讲义为基础，他开始撰写《中国近代史稿》。1958 年出版第一卷，这是戴逸的第一部代表作，也是当时用马克思主义理论指导写成的最详细的中国近代史著作，被国家教育部指定为大学教材。其后因风云突变，第二、第三卷未能如期完璧。不过，此时戴逸的学术建树已足以引起时任北京市副市长、明史专家吴晗的注意。

应吴晗之邀，32 岁的戴逸成为《中国历史小丛书》最年轻的编委。有一次开会，主编吴晗专叫戴逸“会后留一留”，戴逸自此与清史结缘。中华人民共和国成立初期，董必武同志曾向中央建议编纂两部大型的历史书，一部是《中国共产党党史》，一部是《清史》。这一建议受到毛泽东主席、周恩来总理的重视。1958 年，周总理和吴晗谈过相关事宜。吴晗在考虑初步设想之后，便来征询戴逸的意见。可叹这一设想，因随后遭遇“三年困难”而搁浅。此为《清史》纂修的第一起、第一落。

《清史》纂修第二次被提上日程是 1965 年秋。受周总理委托，中宣部副部长周扬召集会议，决定在中国人民大学成立清史研究所，由戴逸等 7 人担任《清史》编纂委员会委员。因“十年浩劫”，修史计划又一次夭折。

教授戴逸变成了江西“五七干校”养猪的猪倌，长达八九年时间与书本绝缘。

1978 年，中国人民大学清史研究所正式成立，戴逸被任命为所长。举国上下百废待兴，千头万绪，一时难以将《清史》纂修列入议事日程。

怎么办？干等吗？不！

为了梳理清代历史大致脉络，戴逸用 7 年时间主编了《简明清史》，这是新中国第一部系统完整论述清朝历史的专著。此时的戴逸已年届六旬，却思敏笔健，厚积薄发，《乾隆帝及其时代》《18 世纪的中国与世界》等著作相继推出。

拿《乾隆帝及其时代》举例，乾隆皇帝的面貌不再是以往平面的脸谱，而是矛盾的综合体，“先进与落后、英明与庸碌、聪睿与愚昧、理智与荒唐、仁慈与残酷、光辉与黑暗，错综复杂地交集于一身”。这种如见其人、如闻其声的呈现，固然得益于戴逸独特的禀赋，但在对文字调遣驾驭的背后，是他对史料的熟稔、融汇与领悟。“乾隆档案有 40 函，还有 4 万多首诗，我花两年多时间全部看完了。”

《清史》是第二十五史

2018 年，中国人民大学出版社将戴逸先生的部分著作、文章结集为 12 卷《戴逸文集》，总计约 700 万字。捧读这些穿过几十年风雨而依然鲜活的文字，读者很难发现：进入 21 世纪之后，戴逸不写了。

“2000 年以后我就不写了！”给本报记者签名赠书时，戴逸朗朗地说。记者没有问为什么。不用问——随着 21 世纪初《清史》纂修工程的正式启动，他把“小我”舍掉了，历史把修史的重担交给了他，他肩负的是老一辈无产阶级革命家和几代史学家的郑重托付。

2001 年 3 月的“两会”上，全国人大代表、中国人民大学清史研究所教授李文海和全国政协委员、北京大学历史系教授王晓秋分别在人大和政协会议上提交议案和提案，倡议启动《清史》纂修工程。2002 年 8 月，党中央、国务院作出决定——启动《清史》纂修工程。2018 年 2 月，在中国人民大学清史研究所名誉所长、《清史》编纂委员会主任戴逸的领衔苦耕下，这部由国内 2000 多名清史学者共同参与完成的 100 卷 3000 万字的《清史》，进入最后的审阅阶段。

与过去著作上显眼的“戴逸　著”不同，在《清史》样书的封面和书脊上，你是看不到他的名字的，仅在翻开后的内页上，才有“戴逸　主编”的字样。但这样的“编”与那样的“著”，在戴逸心里自有泰山鸿毛之别。

人们常用“清史泰斗”尊称戴逸，他摆摆手：“不敢当不敢当，我只是个修史的。”

“如果说清朝的功绩，总要提《四库全书》《明史》；说明朝时又总要提《永乐大典》《元史》；说宋朝总要提《文苑英华》《太平广记》。我们子孙后代看 21 世纪最大的文化工程是什么呢？我认为编纂《清史》可以算一项！”戴逸的这番自信正是来自他的鉴古知今。

600 年来，国家修史只有四次。此次之前的三次是：1368 年，朱元璋下令修元史；1645 年，顺治帝下令修明史；1914 年，袁世凯下令修《清史稿》。

《清史稿》已属易代修史，为什么现在还要隔代重修《清史》呢？戴逸的回答是：“《清史稿》由清代遗老们编写，往往站在清朝的立场说话：如对辛亥革命贬抑殊甚，以致国民政府将它列为禁书；对丧权辱国的条约轻描淡写，语焉不详，如《南京条约》只提到五口通商，而对于关系重大的割让香港、协定关税、赔偿军费烟费等均未提及。由于仓促杀青，《清史稿》中众多人名、地名、时间均有讹误。”需要一部立场公正、内容翔实、史实准确的《清史》，是历史交给当代的命题。

《清史》是接续传统“二十四史”的第二十五史。清代后期已从封建社会跨进近代社会，时代面貌的迥异对修史的体例、史观等提出了创新性要求。《清史》纂修的创新之处或可概括为六个方面：

戴逸先生明媚的笑意

一、具有世界眼光。《清史》纂修团队很重视搜集外国史料，以此作为清代社会的参照，比如结合英国议院的讨论来研究鸦片战争。

二、在主体工程之外，前所未有地搞了一个体量浩大的基础工程——整理出版了清代档案和各种文献18亿字，相当于两部半《四库全书》！很多人不理解为什么这样做，戴逸解释道："整理档案文献和纂修《清史》相辅相成：要撰写一部高质量的'信史'，必须对原始资料做一番认真、切实、细密的清理和研究，力争言必有据，而纂修《清史》又可以带动文献档案的抢救、整理，功在当代，利在千秋。"

三、编纂体例的创新。《清史》将以往的《本纪》变成了《通纪》，在《传记》中增辟了"类传"，在《史表》中添加了"事表"，《典志》的数量和涵盖面也大大提高。《清史》又从20万件图片档案中选出《康熙南巡图》《耕织图》等8000张画作和照片，汇成新设的《图录》，再现当时的生活场景和人物肖像。

四、史观的创新。以往史书按统治阶级的标准书写，《清史》则去掉了许多事迹、言行不彰的文武官员和贞女烈妇，在"类传"中挖掘出大量有才能、有贡献的下层百姓，比较全面地反映了清代社会结构。戴逸介绍道："建造了故宫、颐和园、承德避暑山庄、清东陵等世界历史文化遗产的'样式雷'，说书艺人柳敬亭，相声艺人朱绍文，拳师霍元甲、大刀王五，京剧名家程长庚、谭鑫培等等，《清史》都为他们立了传。”

五、修史用语的创新。“二十四史”用文言文写成，而《清史》采用的是简洁典雅的白话文。

六、以往修史的基本全是官员，而《清史》编纂委员会的25名成员全都是学者。《清史》还注意吸纳别的学科的成果，以助力于历史真相的还原。比如，光绪皇帝是怎么死的？光绪比慈禧早去世仅一天，这是巧合吗？光看档案永远得不出结论。考古工作者打开了光绪帝崇陵的地宫，取出光绪的衣服和头发进行检测，结果发现光绪体内砷的含量惊人的高，可确定死因是砒霜中毒。究竟是谁下的毒呢？戴逸认为：只可能是慈禧，因为别人没有这样的胆量，更没有这样的权力。

隔代修史、新时代修史在带给《清史》诸多创新性优势的同时，修史者也会因其个体生命的不在场和对漫长历史、遥远未来的视程所限，而注定在解开历史谜团的同时也留下谜团：中国社会的发展在近代何以落于西方国家之后？中国近代化的道路何以如此坎坷曲折？中国在近几个世纪内实现了怎样的历史伟绩，又丧失了哪些历史机遇？中国有没有走一条更加便捷、畅通道路的可能……戴逸感叹道：“历史学家寻遍资料，搜索枯肠，但尚没有得出一致、令人满意的结论。岁月流逝，历史学家将探索下去，探索这一斯芬克司之谜。”

记者手记

历史的因　现实的果

“每当夜深人静，万籁俱寂，独坐小楼之上，青灯黄卷，咿唔讽诵，手握彤管，朱蓝粲然。”戴逸如是回忆少年时期的读书时光。若将这段话中的“小楼之上”换成“小屋之内”，则完全适用于今天的戴逸先生。初心相随，小楼小屋便能装满读书之乐。

但正如他在北大读书时积极参与进步学生运动一样，他的格局不仅仅囿于一楼一屋，他不是为读书而读书，为修史而修史，他不同意“史料即史学”，而主张经世致用，“历史的因铸成现实的果。鉴古而知今，史学可以使我们在一个巨大的远景中观察自己和社会，这样才能够透彻地了解现在、预见未来”。他也看重现实对历史的反作用力，常说：“对现实知道得更多，对历史会理解得更深。”

所以他从不回避现实。《清史》中专门增加了“海洋篇”。光绪年间，广东水师提督李准就带水师在南海各个岛屿巡逻，这是南海为我国领土的铁证。今天的“一带一路”也能从清朝文化政策和民族政策的包容性中找寻到历史之基。

“但也要看到，史学不是对策学。”戴逸强调，“任何以现实需要为借口随意剪裁历史的行为都是不被允许的”。

秦大河近照（均受访者供图）

秦大河

秦大河，1947年1月出生于甘肃省兰州市。我国冰川学家和气候学家，2003年当选为中国科学院院士，2004年当选为第三世界科学院院士。曾任中国气象局局长、中国科学技术协会副主席、中国科学院兰州冰川冻土研究所副所长、中国科学院资源环境科学与技术局局长、世界气象组织中国常任代表、国际地理联合会副主席、国际南极科学委员会（SCAR）冰川工作组主席等职务。现任国家自然科学基金重大项目“中国冰冻圈服务功能形成机理与综合区划研究”首席科学家、中国科学院学术委员会主任、冰冻圈科学国家重点实验室名誉主任。

秦大河院士为促进我国与国际气候变化研究工作的进步，为推动全球气候变化研究，实行环境保护和节能减排等应对行动，作出了卓越贡献。2008年他获得被称为“气象诺贝尔奖”的国际气象组织奖，2013年获得享有“环境诺贝尔奖”之誉的沃尔沃环境奖。

秦大河：气候变化和冰冻圈科研先行者

李扬

1990 年 3 月 3 日，一个脸庞瘦削、带有冻伤的中年人抵达东南极冰盖边缘的苏联和平站，他与来自美、法、苏、英、日的 5 名队员，共同实现人类首次不借助机械手段，徒步 5896 公里横穿南极大陆的壮举。他一路采集 800 多个雪样，是世界上唯一在一个野外季节连续采集到南极冰盖表面 1 米雪坑雪冰样品的科学家。

他就是我国气候变化和冰冻圈科学研究的先行者，中国科学院院士——秦大河。

他和团队在国际上最早提出冰冻圈科学的理论框架，并以此指导冰冻圈变化、影响及其应对的研究。他的研究视野不仅仅是南极、北极、高原这些冰冻圈发育的地区，还包括冰冻圈影响地区的生态环境和经济社会发展。我国冰冻圈变化对水资源和生态系统产生的影响，关系到周边若干国家 30 亿人口的可持续发展。

在担任中国气象局局长期间，他提出了中国气象事业是科技型、基础性社会公益事业的定位；他组织领导完成了“中国气象事业发展战略研究”，提出“大气象”的概念，为中国气象事业的发展开拓了创新思路。

自 1995 年起，秦大河直接参与和领导联合国政府间气候变化专门委员会（IPCC）的工作，时间长达 21 年。IPCC 的评估报告是国际社会应对气候变化的科学文献，具有不可替代的权威性，他在 IPCC 第四、第五次评估报告中担任第一工作组联合主席和主席团核心成员，他的不懈努力为人类经济社会可持续发展作出了卓越贡献。

“恋”上冰川学

早在小学六年级时，秦大河就在作文中写过这样的一段话：“我要让我的脚印，印遍地球上的任何角落。”这句话，似乎预言了他日后的科学探险和奋斗历程。

1947 年 1 月 4 日，秦大河出生在黄河之滨的兰州市，他的父亲秦和生是我国著名的兽医教育家和兽医外科专家，曾辗转于云南、贵州、四川、陕西、甘肃、宁夏和北京等地，从事教学和科研。因此，秦大河兄弟姐妹的名字，都带上了较明显的地理色彩，他的哥哥名叫秦大山，姐姐名叫秦爱宁，妹妹名叫秦爱兰。

受家庭的影响，秦大河从小就勤奋、律己，学习成绩名列前茅。1965 年，秦大河高中毕业，进入了兰州大学地质地理系自然地理专业，这并不是他最初想要报考的数学或物理专业。那时的冰川学研究刚刚起步，1964 年中国科学院希夏邦马峰地区科学考察中的现代冰川考察，当年的“新闻简报”作过介绍，而兰州大学又是国内冰川学研究最好的大学，因此在学习过程中，秦大河对冰川研究产生了浓厚的兴趣。

大学一年级时，《地理学报》的一篇文章引起了他的兴趣，那是中国当代冰川学奠基人施雅风和谢自楚合著的《中国现代冰川的基本特征》。这篇文章描述的中国现代冰川的美景和其巨大影响力，让秦大河“恋”上了冰川学，他发誓一定要当面拜见两位老先生，并决心将来从事冰川学研究工作。

学地理的人对吃苦都是有思想准备的，为野外考察工作准备身体条件，秦大河每天都练长跑，锻炼了意志和毅力。后来他在一篇文章中写道：“横穿南极，开头一个月几乎是跑着前进的。在那么恶劣的环境里，如果没有我年轻时练就的长跑功夫，没有毅力，恐怕很难坚持到底。”

大学毕业后，秦大河被分配到甘肃和政县，在农村劳动一年多后，又卧冰踏雪，创新奋进！

秦大河 2019.7.18.

秦大河寄语

被分配在当地中学教数学。教师职业是高尚的，秦大河从来不敢敷衍。

但是，他搞科研的心思一直没有动摇过。1974 年放暑假，秦大河回家路过兰州，想拜访一下施雅风、谢自楚两位老先生，于是就大着胆子来到了中科院兰州冰川冻土研究所。

幸运的是，通过打听，当天他就找到了谢自楚的家。秦大河说对冰川学很感兴趣，想学习学习。话刚说完，谢自楚就热情地请他进到屋里。在谢先生狭小的房间里，两人越谈越投机，最后谢自楚感慨道："现在根本没有人想搞冰川，都认为干这行太苦，你却自己找上门来，我真高兴啊！"接着谢自楚又询问秦大河的学历和专业知识学习情况，临走还给了他冰川学方面的资料。

这次毛遂自荐成了他人生道路上的转折点。1978 年 5 月，秦大河调进了冰川所。同时，他也通过了研究生面试，考取了兰州大学地理系李吉均教授的硕士研究生。1980 年 10 月，他获得硕士学位，返回冰川所工作。他铆足了劲，要在冰川所好好地干一番事业。

徒步南极的"疯狂"

20 世纪中期，许多国家开始重视冰川研究，尤其是对南极冰盖的考察和研究。

1990 年 3 月 3 日，一支由 6 名不同国籍科学家组成的科考探险队实现了一项壮举——他们经过 220 个昼夜的艰苦跋涉，徒步行进 5896 公里，实现了人类历史上首次不借助机械手段徒步横穿南极大陆。在一张当时拍摄的照片中，一个脸庞瘦削、黑红还有些冻伤，手持五星红旗的中年人站立在南极点，他就是秦大河。

这支横穿南极的国际探险队由美、法、苏、英、日和中国 6 个国家的 6 名队员组成，其中只有秦大河和苏联队员是科学家，其他 4 位都是职业探险家。当时，秦大河已 42 岁，他毛遂自荐争取到了这次机会。

“南极是冰川学家的圣地，对于一位冰川学工作者而言，南极洲是科学研究最理想的地方。因为那里有地球上现存的最大冰盖——南极冰盖，世界上 86% 的冰川冰集中在那里，有无限的吸引力和感召力。”秦大河说。

秦大河与来自美、法、苏、英、日的 5 名队员徒步横穿南极大陆

尽管秦大河此前已经两次去过南极，但这次的困难程度与之前不可同日而语。出征前，他遇到的第一个“拦路虎”是牙齿。南极内陆没有医疗条件，徒步过程中一旦牙齿出问题吃不下东西，生命就会受到威胁。美国医生建议他拔掉所有“嫌疑”牙齿，否则就不能参加。为了喜欢的科研事业，他一共拔掉了 10 颗牙。

在横穿南极之初，秦大河还不会滑雪，只能踏在滑雪板上跑着前进，这比起在陆地上跑步不知要难多少倍，摔倒了无数次，有时他累得实在抬不起腿，就把自己拴在雪橇上拖一段路。也不知道摔了多少个跟头，1 个月后，他终于能全天滑雪了。3 个月后，他的体重减轻了 15 公斤。

“我是一个地球科学工作者，自从我选定干冰川这一行，认定了就得爬山，就得风餐露宿，就得在空气稀薄的高原上生活。只有在苦难中，人们才能认识自我，事业的乐趣也就蕴藏在这艰苦之中。”秦大河说。

顶着肆虐的狂风，秦大河每 55 公里挖掘一个 1 米深的雪坑，观察记录雪层剖面，采集雪样。几个月下来，3 把铁锹都挖坏了。

南极冰盖上的降雪不会融化，年复一年，在低温和重力作用下，雪的密度逐渐增加，最后形成冰川冰，来自大气乃至外太空的物质都会沉降到冰盖表面的雪上。因此采集雪坑和表层雪样进行分析，可获得地球气候环境变化的许多定量的信息，对冰川学和气候变化研究有重要意义。

为了保住采到的珍贵雪样，秦大河丢掉了自己备用的衣服，把更多的采样瓶藏在枕头里和行李中。同行的法国队员对他的行为表示不解，说他是“疯狂的科学家”。而秦大河却说：“对于一个研究冰川的科学家来说，雪样如同生命一般重要。”

就这样，7 个多月时间，科考队冒着严寒和风暴，战胜冰裂隙、暴风雪等艰险困苦，通过南极半岛，翻越埃尔斯沃思山脉，抵达了南极点，又穿越“不可接近地区”，终于到达终点——苏联南极和平站，书写了人类南极科学探险的奇迹。

在近 6000 公里的风雪途中，秦大河共采得 800 多个珍贵的雪样，特别是采集到南极洲“不可接近地区”内的珍贵雪冰样品。如今，他仍是世界上唯一拥有全部南极地表 1 米雪坑雪冰样品的科学家。

建中国首个冰芯实验室

从南极归来后，秦大河成为中外媒体的焦点，但他表示："我是一名冰川工作者，我的心已飞到了实验室，从南极带回的800多个雪样还等着我去分析研究呢。"

秦大河用了将近两年的时间，对带回的雪样进行分析和研究，取得了一系列创新性发现和创造性成果。这些成果对认识组成南极冰盖物质水汽的来源、南半球大气环流的特征、生物地球化学的循环，以及南极海冰的进退规律等，都有重要的意义。

然而，雪样分析进行得并不顺利。20世纪90年代初，国内没有相应的实验室和分析仪器对这些雪样进行分析测试。所以这些样品的实验室分析，只能放到法国科学研究中心的冰川实验室完成。当时，秦大河就萌生了一个念头——要为中国建立一个冰芯实验室。

"自己没有'武器'、没有实验室，这是科学研究上的重大缺陷。艰苦的野外工作获得的宝贵科学素材，必须要有实验室进行分析。"秦大河说。

秦大河对野外科考情有独钟，年近七旬时还在考察祁连山老虎沟

可当时国家并不富裕，科研经费也很少，建一个实验室至少需要上千万元，这对秦大河和他的研究团队来说无疑是个天文数字。

一次，秦大河见到时任中科院院长周光召。周光召关心地问起秦大河有没有什么困难。秦大河想了想，答道："能不能帮助我们把实验室建起来？我想先要一台仪器。"

于是，冰芯研究室有了第一台仪器——价值 165 万元的 MAT–251 型气体稳定同位素比值质谱仪。

有了仪器，还需要安放仪器的地方。在建实验室大楼的过程中也是困难重重，他曾四处筹钱，凑够了首期工程款就立即开工，秦大河为国家建冰芯实验室的梦想终于一步步实现了。

现在，冰芯实验室已经从最初的中科院院级实验室，于 2007 年通过了科技部组织的国家重点实验室建设计划可行性论证会，成为"冰冻圈科学国家重点实验室"，这也是国际上第一个以冰冻圈科学命名的研究机构。

2008 年 7 月，国家重大基础研究项目"我国冰冻圈动态过程及其对气候、水文和生态的影响机理与适应对策"（"973"计划项目）提出"变化—影响—适应"的研究主线，在随后的"超级 973"项目（地学第一个 A 类项目）"冰冻圈变化及其影响研究"中，该研究主线得到进一步凝练；2016 年，国家基金重大项目"中国冰冻圈服务功能形成机理与综合区划研究"进一步提出建立"自然—变化—影响—适应—服务"的冰冻圈科学体系，在国际上第一次提出将冰冻圈功能和服务与人类福祉关联起来，展开研究。2017 年，我国提出"冰冻圈地缘政治"课题，冰冻圈科学体系日臻完善。

为人类福祉作卓越贡献

全球气候变暖的今天，冰冻圈科学已成为国际关注热点和前沿研究领域之一。

早在 1988 年，世界气象组织（WMO）和联合国环境规划署（UNEP）联合在联合国麾下成立了联合国政府间气候变化专门委员会（IPCC），组织全世界气候系统各圈层和社会经济与可持续发展领域的顶尖科学家，将气候系统五大圈层的变化与人类社会经济活动相联系，对过去一段时间的气候变化研究进行科学评估。

1990 年以来，IPCC 先后发布了五次评估报告，成为各国在联合国气候变化框架公约（UNFCCC）开展谈判的科学基础，是国际社会应对气候变化的权威文件，也是各国政府制定应对气候变化政策、采取行动的重要科学依据。

秦大河与 IPCC 结缘始于 1995 年，他是第三次评估报告的主要作者。之后，他在第四、第五次评估报告编写期间担任第一工作组联合主席、主席团核心成员，直接参与和领导 IPCC 工作长达 21 年。

秦大河于 2012 年参与领导撰写的 IPCC《管理极端事件和灾害风险推进气候变化适应特别报告》，在全世界引起广泛关注。2013 年，他在瑞典斯德哥尔摩获得了国际实践环境科学领域的最高奖项沃尔沃环境奖，这一奖项授予在环境和可持续发展领域有卓越创新或科学贡献的个人或组织。评委会认为，该报告“第一次明确指出了气候变化、极端气候事件同全球人类活动之间的相关性”，“具有划时代的意义”。

2000 年，他被任命为中国气象局局长。他提出了“大气象”的理念：“气象事业不仅仅是天气，还应当包括气候和气候变化工作，再加上生态气象、人工影响天气、大气成分、空间天气等等。”

为此，在国务院领导下，中国气象局邀请了全国 70 多位两院院士、300 多名科学家，开展了跨学科、跨领域、跨部门的研究。经过两年多的调研和研讨，形成《中国气象事业发展战略研究》一书，总结出“公共气象，安全气象，资源气象”的发展理念，为中国气象事业的发展开拓了创新思路。2006 年，《国务院关于加快气象事业发展的若干意见》发布，这是半个多世纪以来中国气象界唯一的一个国务院专发文件，气象事业成为为全国人民和各行各业服务的事业。

2007年后，秦大河将全部精力投入到科研和教学上。至今，他为国内十多所大学的本科生和研究生讲授《冰冻圈科学概论》和《气候变化科学概论》两门课程。他在研究生新生开学典礼上鼓励学生勇敢探索。在他记得满满的日程表上，大部分事项都是科研和教学。甚至在70岁以后，他仍远赴北极、阿拉斯加和格陵兰冰盖腹地考察。秦大河说："我是科学家，落叶归根就是回归科学人生，其乐无穷！"

记者手记

筚路蓝缕的开拓者

"冰冻圈变化对全球环境和气候造成的影响，怎么警惕也不为过。我们亟待拓展研究的深度和广度，以应对可能到来的各种变化。"秦大河说，关注气候变化，实现人类社会的可持续发展，是包括中国在内的全世界科学家义不容辞的重大责任。

他不仅是科学家，更是一位高瞻远瞩的教育家。在卸任中国气象局局长职务后，他推掉了诸多社会兼职，把更多时间留给了课堂和学生们。

他始终认为，科学家必须具备超前思维。中国科学家的话语权在不断上升。但秦大河也提醒年青一代："不要骄傲自满，应该清醒地看到，我们与欧美先进国家还存在一定差距……气候变化事关人类未来发展福祉，青年科学家应继续努力。"

吴为山近照（解飞摄）

吴为山

吴为山，1962 年出生于江苏东台，国际著名雕塑家，现为全国政协常委、中国美术馆馆长、中国美术家协会副主席、中国城市雕塑家协会主席。2016 年当选俄罗斯国家艺术科学院荣誉院士，2018 年当选为法兰西艺术院通讯院士，2019 年当选意大利艺术研究院荣誉院士。作品矗立于世界多个国家，并被国际重要博物馆收藏。代表作有《马克思》《国家公祭纪念碑——南京大屠杀组雕》《孔子》《问道》《天人合一——老子》《超越时空的对话——达·芬奇与齐白石》《睡童》等。

吴为山：为时代人物塑像

周渊

石头和黄泥，看似普通，但经雕塑家“丹心铸魂”，便有了灵魂。雕塑，不仅是形似，更是用心灵感受，然后一锤一锤、一刀一刀、一手一指地塑造出来。

吴为山执着于塑中华古今贤人像，30 年来创作了 500 余件作品。回溯他创作的起点和初心，都围绕着一个问题：如何用可视的形象，将那些史书记载、口口相传的民族历史展现出来，把每一个人物雕塑成时代坐标。

2019 年在国家博物馆展出的“丹心铸魂——吴为山雕塑艺术展”，是吴为山凝练 30 年“为时代造像”创作历程所交出的一份答卷。在偌大的展厅内，观众将与 179 件套栩栩如生的雕像神交，他们中有炎帝、黄帝、孔子等中华历史文化名人，有达·芬奇、马可·波罗、顾拜旦等世界名人，有焦裕禄、雷锋、孔繁森、南仁东等时代楷模，还有南京大屠杀组雕，等等。观展的过程仿佛是在与历史、与时代对话。

展览热潮尚未退去，吴为山又一头扎进新的创作中，他的日程计划密密麻麻，新作品既有 1949 年中国人民政治协商会议首届全体会议的人物群像，也有为二万五千里长征“零公里处”福建长汀创作的主题雕塑，还有为守岛英雄王继才塑造英雄形象等。

“在雕塑中展开以人为核心的创作，表现一个伟大民族自强不息的心路历程，这是我矢志追求的。一个文艺工作者只有把自己的情感和民族情感融为一体，才能传递温度、弘扬道德、体现筋骨。”正是怀着这样的

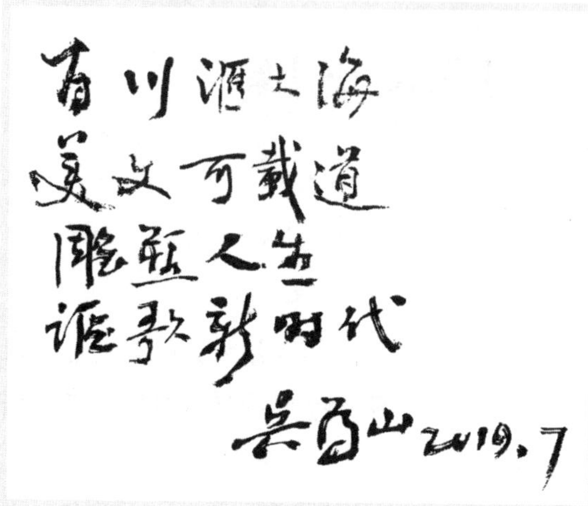

吴为山寄语（除署名外，均受访者供图）

文化自信与自觉，吴为山首创中国现代写意雕塑之风，提出“写意雕塑”理论和“中国雕塑八大风格论”。他为时代造像，为历史讴歌，为中外文化交流发力。

吴为山的作品以“诗风浩荡”的写意精神引起关注与共鸣。如今，他的作品被许多国际著名博物馆、美术馆收藏，在韩国更有“吴为山雕塑公园”。2017 年 10 月，巴西将 4.5 米高的“孔子”铜像立于库里蒂巴市政中心广场，还将广场命名为“中国广场”；2018 年 5 月，在马克思诞辰 200 周年之际，吴为山应邀创作的马克思像回归其故乡德国特里尔市……

杨振宁曾形容吴为山的作品“真、纯、朴”。吴为山用一把刻刀与古今中外杰出人物“对话”，铸造传承中国精神的丰碑，也在更广阔的舞台上延展着不同国家、不同文明间的“灵魂对话”，留下历史与时代的心迹刻痕。

读懂“他们”，把人物塑成时代坐标

1962 年，吴为山出生于江苏书香世家，在兄弟姐妹七人中排行第五。水乡是他童年快乐的源泉，而家中所藏的古书插图和陶瓷器皿上的画作是他孩提时代的艺术启蒙。1969 年，吴为山随父母下放农村，11 岁时开始摸索写生，画身边熟识的老人。尽管当时传统文化不受重视，但父亲仍要求他每天早上背完一首古诗才能去上学。

恢复高考后，吴为山响应“向科学进军”的号召立志学医，却在1978年、1979年连续两次以一分之差落榜。似是命中注定，第三年他因美术特长被无锡工艺美校录取，学习泥塑。吴为山还记得，当年父亲送他过长江到惠山脚下求学时，郑重写下一首诗：“求医失路笑难关，从艺有期莫等闲。坐井观天终是小，大江放眼快扬帆。”

“父亲的诗和闻名海内外的无锡惠山泥人，是我攀登艺术之峰的起点。”吴为山回忆说。1983年，倔强的他再次参加高考，以优异成绩进入南京师范大学美术系学习。在古都南京的历史文化积淀和秦宣夫、杨健侯等名师的熏陶之下，吴为山迅速成长。

20世纪90年代，有感于经济大潮涌动，社会价值取向多元，商业雕塑大行其道的社会现状，吴为山为自己设定一项创作工程：塑中华古今贤人像，以立时代丰碑，昭示来者，引领精神。

1995年，当时在南京师范大学任教的吴为山为著名社会学家费孝通塑了一尊头像。费孝通曾问他：“我这个老人美在哪里？”吴为山回答：文化需要积淀才拥有永恒的魅力。而雕塑正是把一代知识分子的风貌展现出来。塑像完成后，费孝通题字：“得其神胜于得其貌”。

坚守着这份初心，吴为山将这项“没有经费”的工程一直持续至今，他创作的500余件雕塑成为一个个时代坐标，记录历史，展示历史，激励着当下的人们。季羡林先生曾赞其“为时代塑像，为文化塑像”。但这背后所下的

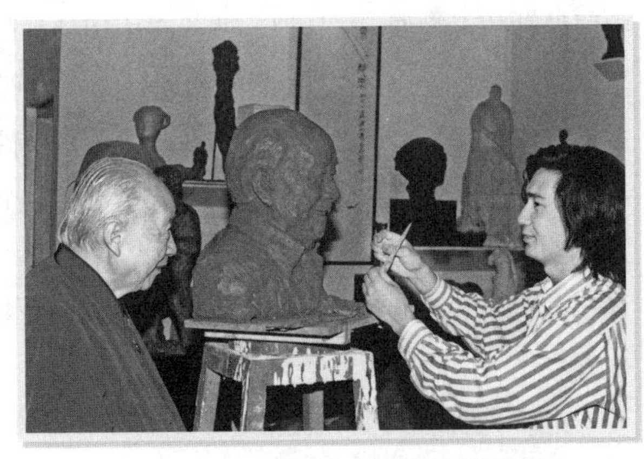

2002年，吴为山为著名科学家钱伟长塑像

苦功夫只有吴为山自己知道。“苦功夫不在于雕塑技巧，而是研究要塑造的对象，只有读懂了他们，才能塑造出传神的作品。”他说。

在吴为山塑的一个个时代坐标中，一个重要的里程碑是他为侵华日军南京大屠杀遇难同胞纪念馆所创作的大型雕塑。如今来到位于南京的纪念馆，这组史诗般的雕塑总能吸引每一位观众的目光，继而激起波澜起伏的情感交响。比如伫立在纪念馆门前那件 11.5 米高的雕像《家破人亡》，塑造了一位被凌辱悲痛至极的母亲，双手无力地托着死去的婴孩，仰天呼号。这是一位悲怆的母亲，也象征着受屈辱、被践踏的祖国母亲。

“记住历史，而不是记住仇恨。”这是吴为山塑魂鉴史的立足点。这组雕塑表现苦难、控诉罪行，虽未出现一个侵略者的形象，但正义必胜的信念、呼唤和平的心声更为深入人心。

除了在南京守护遇难同胞，这组雕塑也走进了纽约联合国总部、意大利罗马国家博物馆、韩国浦项美术馆、俄罗斯国家艺术科学院等地，作品集被翻译成多国文字出版，激发起人们珍爱和平的共同期望。正如吴为山所说：“我认为，雕塑不仅仅是在塑个体，实际上也是在塑历史、塑造一个时代、塑造一个民族。”

回顾 30 年创作史，吴为山将自己的工作归为三个部分：一是塑饱含中国精神的人物像；二是把这些代表中国精神的作品传播到世界上；三是开创写意雕塑之风。“它们紧密相连，无不展现中国人的形象和精神。20 多年前费孝通先生曾对我说，人一生要做好一件事并不简单，你要塑造好一代人的精神面貌。从那时起，我就坚定了这个目标。”他说。

典藏活化，“以美育人，以文化人”

雕塑家身份之外，吴为山更愿意称自己为“中国美术馆一号员工”。国家最高美术殿堂的“家底”如何？吴为山向记者公布了一组“大数据”：建馆半个多世纪以来，中国美术馆收藏古今中外各类美术作品 11 万余件，既有苏东坡、“扬州八怪”、“明四家”等的水墨画，也有大量现当代大家的精品，几乎每件都能称为“国宝”。

吴为山在 2014 年年底接棒馆长一职时就提出了“典藏活化”理念，并不遗余力进行推广。“典藏活化”，即“宝藏经典，活化精神”，在吴为山看来，经典文艺作品中所蕴含的思想及智慧，反映了民族精神和时代特征，承载着艺术家的追求和探索历程。要发挥经典的价值，首先要梳理，其次要活化。

2015 年，中国美术馆专门辟出一个展厅，定期梳理、展示这些“镇馆之宝”。当年 9 月，作为揭幕展的“明月入怀”展出了“明四家”沈周、文徵明、唐寅、仇英的多幅精品，这也是这批距今 500 多年的画作首次走出画库集体亮相。

吴为山为观众讲解雕塑的创作特点（解飞摄）

由于展出的都是精品中的精品，这个不足 200 平方米的展厅被亲切地称为“国宝厅”。不过晒国宝却并非易事，藏品梳理、体检、修复都是一道道难题。为让一度“压箱底”的国宝呈现完美的展示效果，吴为山还请来国外专家进驻馆内，耗费数月进行修复。

“典藏活化”还包括中国美术馆收藏的“洋家底”。2018 年 7 月，由中国美术馆策划的“网红”展览“美美与共”，一举展出了 61 个国家的 224 件作品，时间横跨 19 世纪至今，使毕加索、达利、珂勒惠支、葛饰北斋等璀璨的名字首次集结与观众神交。令吴为山感到意外的是，该展览在短短十余天内迎来了 11 万余人次的参观者，逢周末，大家还在烈日下排起 1 公里多的长队。“艺术作品所展示的是全人类可以共享的情感、智慧和思想，多元文化的交融与互动，不仅能汇聚成人类文明的美的河流，也在彼此的观照中更清晰地认识自己、丰富自己。”吴为山说。

时至今日，中国美术馆的“典藏活化”系列展已形成品牌，徐悲鸿、吴昌硕、齐白石、林风眠等名家作品先后走出画库，展示空间也从“国宝厅”延伸到更广阔的空间，甚至走出国门。令吴为山尤为感动的是，“典藏活化”催生出不少“爆款”展览。他笑言：“我欣赏人民大众追求美的那种热情，证明美术馆办的展览受到大家认可。”

作为国家最高美术殿堂的掌门人，吴为山认为，国家美术馆既要重视弘扬经典作品，展示当下时代的精品力作，更要承担“以美育人，以文化人”的重任。他还率领团队探索线上美术馆、“大师讲大美”艺术讲堂、“为时代人物塑像”雕塑工作坊等多种形式，将艺术创作与公共教育相融合，以“宝藏经典，活化精神”。

对话世界，筑起中西人文交流桥梁

从事雕塑艺术创作和美术研究 30 年，吴为山坚持将中华传统文化的精髓融入艺术创作，构建了可与国际对话的现代写意雕塑体系。担任中国美术馆馆长以来，他积极推动馆藏经典和反映新时代的优秀作品参与国际交流，讲述中国故事。

东方与西方，毫无疑问，吴为山在艺术领域找到了最佳契合点，以“美”筑起中西人文交流的桥梁。

在吴为山的创作中，有一系列“对话”形式的作品尤为吸引人。

达·芬奇和齐白石在吴为山的刻刀下屡次神交。2019 年 5 月，正值达·芬奇逝世 500 周年，吴为山的作品《超越时空的对话——达·芬奇与齐白石》被意大利艺术研究院收藏，永立文艺复兴的发源地佛罗伦萨。在国博的展厅里，观众则可以遇见另一件达·芬奇与齐白石“对话”的雕塑，二人各坐一条船的两端，象征西方和东方，同在人类文明的漫漫长河里泛舟。这件名为《在一条船上——达·芬奇与齐白石的神遇》的作品可以追溯到吴为山与著名数学家陈省身的交往，陈省身90岁高龄时，吴为山到南开大学拜访并为其塑像，老先生执意让他住在家里。一天晚饭后，陈省身和他聊起了孔子的“仁”，陈省身说，仁是“二和人的组合”，强调人与人之间的关系。受此启发，吴为山多年后创作了这幅作品，它体现了中国文化与世界文化相融合。

再比如在国博展出的青铜雕塑《问道》，取自《史记·老子韩非列传》中所记载“孔子问道于老子”的典故，展现的是端严温厚的孔子向飘逸悠游的老子请教学问的形象。这组雕塑同时矗立于白俄罗斯国家美术馆及世界多个国家。

立于乌克兰国立基辅大学的《灵魂之门：塔拉斯·舍甫琴科与杜甫对话》形如两本书，也像是两扇正打开的门，一位是把人民装在心中的诗圣杜甫，一位是乌克兰的英雄诗人舍甫琴科，他们跨越千年时空、地域和民族展开永恒的心灵交流。“作为中乌建交25周年纪念的收官之作，作品落成已是12月，但乌克兰领导人告诉我，在最寒冷的时刻，中国送来了温暖。”忆起这些细节，吴为山充满了感情。

法国前总理德维尔潘对这些作品赞赏有加，他说：“从孔子脸上的道道皱纹，我看到了中国历史的悠久，从他的微笑，我感到这个民族的宁静而致远。从腹中刻满《道德经》的虚怀若谷的老子像，可以知道一个人如果没有文化，他就是空的。齐白石像让我想到，如果我们在中国迷路，我会向这位智慧的老人问路，这就是塑像给我的信任感。”

从自身创作经验出发，吴为山尤为感受到艺术之美能融通各国人民的情感。

2018 年 6 月，中国美术馆牵头成立丝绸之路国际美术馆联盟，与韩国、希腊、俄罗斯、白俄罗斯等 18 个成员国的美术机构共同致力推动美术领域的交流合作。在馆际合作中，吴为山与记者分享了这样一个故事，他在访问白俄罗斯时，偶然得知当地雕塑家康斯坦丁·谢利哈诺夫的祖父谢尔盖在 20 世纪五六十年代曾到访中国，为齐白石、郭沫若、巴金、茅盾等中国艺术家以及普通民众创作了一系列雕塑作品。“谢尔盖是白俄罗斯 20 世纪艺术史上的重要名字，却少有人知道他和中国的缘分。这些雕塑被收藏在他们家中，我发现后便把祖孙两人的作品请来中国，在中国美术馆举办了名为‘塑痕·中国记忆’的展览。在白俄罗斯艺术家的创作中，齐白石 97 岁时矍铄的神情、巴金洞察人生的沉思、蒋兆和悲天悯人的神情、袁雪芬的戏剧表情以及矿工、车夫、农民、劳模等等陌生又亲切的中国记忆，历经半个多世纪的漫长岁月首次‘回归’。”吴为山感慨地说。这批作品也被艺术家无偿捐赠给中国美术馆，在中国与白俄罗斯的文化交流中留下一抹亮色。

记者手记

好的艺术塑魂育人

吴为山的雕塑工作室位于北京东五环，偌大的空间却没有装空调，冬冷夏热。对此他说，恒温容易让人“死于安乐”，冷的环境促使人思考、动手创作，热的时候则告诉自己静下心来。

即便已获得海内外众多荣誉，吴为山还是将雕塑创作放在第一位，不出差时，一天的工作轨迹是美术馆、工作室和家三点一线，下班后便直奔工作室，埋头忙到凌晨1点多才回家。“睡觉？我都是在路上休息的。”他对此不以为意。

创作上他耐得住寂寞，平心静气，但在美育教育领域，吴为山的奔走和发声却很“高调”，因他坚信：好的诗歌流传千古，好的艺术塑魂育人。

记者曾连续4年报道全国“两会”，每年都与吴为山有一场“春天之约”。每一次，工作繁忙的他总是早早备好数份精心撰写的提案，包含翔实的数据、心得体会、意见建议等等。记者发现，吴为山的关注视角大都聚焦于“新时代的美育教育”这一大主题。除了身体力行地为人民创作精品，打开美术馆画库向人民“献宝”，探索“文化扶贫”的更多方式，2019年他还特别提出，美术馆、博物馆应与学校联动，一方面让更多代表中国精神、中国文化的名作进入教材，另一方面要积极探索馆校合作教学，从小培育孩子们对中国文化的自觉和自信。

在美术馆的展览现场，不时能瞧见吴为山担当志愿者为观众讲解的身影，在面向普通观众的艺术教育工作坊里，他亲手塑造一个个时代人物。说起国家博物馆展出的“丹心铸魂”雕塑展，最令吴为山印象深刻的是这样一个小插曲：一个小学生在看到《弘一法师》的雕塑后，席地而坐，拿出速写本画了起来。她的父亲说，孩子刚刚学完《送别》的课文，她画的正是心中的“送别”。

“这或许正是经典作品的奥义——让文化自信、中国精神、中华美学不流于一些空泛的口号或概念，而我们这一代人所能做的，唯有‘丹心铸魂’。”吴为山说。

2018年，吴孟超在办公室（均受访者供图）

吴孟超

>>>>>>>>>>>>>>>>

吴孟超，我国肝胆外科的开拓者和主要创始人之一、中国科学院院士。1956年以来，吴孟超首先翻译出版第一部中文版《肝脏外科入门》专著；率先制作出完整的肝脏血管铸型标本。20世纪50年代末，他首先提出中国肝脏解剖“五叶四段”新见解；60年代初，又首创常温下间歇肝门阻断切肝法，突破肝脏手术禁区，成功进行了中肝叶切除；70年代，吴孟超建立了完整肝海绵状血管瘤和肝癌二期手术新观念；80年代又建立常温下无血切肝术、肝癌复发再切除和肝癌二期手术新技术；90年代，吴孟超在肝癌免疫治疗、生物信号转导、肝癌疫苗和肝转移等领域取得重大进展。粗略统计，吴孟超发表论文540余篇，SCI收录49篇，出版专著18部。先后获国家和军队科技进步一、二等奖15项，首届何梁何利基金奖、陈嘉庚医学科学奖、全国侨界十杰、全军医疗保健特殊贡献奖等殊荣。1996年1月，吴孟超被中央军委授予“模范医学专家”荣誉称号，2006年1月获国家最高科学技术奖。荣立一等功1次、二等功2次、三等功3次。

吴孟超：当好医生要全心全意为人民服务

陈青　张鹏

“所谓好医生，就是要接近病人、亲近病人，全心全意为他们服务。要加大医学科研力度，肝病治疗力争做到早发现、早治愈，这对于病人而言是最重要的事。”近日，在长海医院病房里，中国科学院院士、第二军医大学东方肝胆外科医院院长吴孟超回忆自己一辈子与医学结下的缘分时，不禁这样感慨。他从医时间与新中国成立时间一样，整整 70 周年。

吴孟超被誉为“中国肝胆外科之父”。前段时间，他不小心跌了一跤，虽无大碍，但为了保险起见，吴老在长海医院暂住。在病房里，吴孟超也不曾与病人分离。每天，医院里的年轻医生拿着各种各样棘手的病例敲开他的房门。与大家讨论治疗方案，吴老总是乐此不疲。

病人、学生是他一辈子惦念的，从医以来，吴孟超自主创新重大医学成果 30 多项，创建我国肝脏外科理论基础，主刀完成包括我国第一台中肝叶切除术在内的 1.6 万台重大肝脏手术，肝癌患者术后最长存活已 45 年。如今，全国肝胆外科的专家和医生中，八成以上是他的学生。

提及国内肝病治疗水平，吴孟超显得十分自豪。他说：“眼下，我国肝脏疾病的诊断准确率、手术成功率和术后存活率均已达世界领先水平。今后还应该做得更好，让老百姓更加健康。”

游子恋故土，志士爱祖国

几经颠簸求真理，找到党就找到了母亲。吴孟超说：“有了信仰的支撑才充满奋斗的激情。”

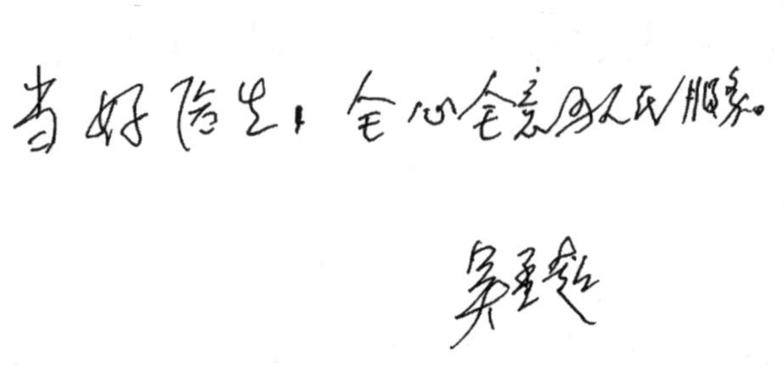

吴孟超寄语

1922 年夏天，吴孟超出生在福建闽清的小山村。五岁时，他随母亲移居马来西亚，直至初中毕业，吴孟超毅然决然放弃学做生意的机会，回国抗日。彼时，尚且年轻的吴孟超就深深懂得："国家不强盛，咱们的腰杆就不硬！"

1943 年秋天，吴孟超考取德国人创办的同济医学院，成为"中国外科之父"裘法祖的学生。他的梦想十分高远——当一名像裘法祖那样的外科医生。但是在毕业考试时，他平时学得最认真的外科只考了 65 分，而小儿科的成绩却是 95 分。按当时惯例，哪科成绩考得好，就会被分配到相应的科室去工作。而且，对身高只有 1.62 米的吴孟超来说，想做外科医生，确实有点"痴心妄想"。

当吴孟超拿着小儿科的报到通知书去找教导主任，说想去外科时，负责分配的主任说："你也不看看自己的个子，能做什么外科？再说了，就你的成绩，当外科医生是不是不太合适？"

年轻气盛的吴孟超不服气："我一定要做外科医生，而且还要做个最好的外科医生！"

那年 8 月，上海华东军区人民医学院（第二军医大学前身）在社会上公开招聘医生，前去应聘的吴孟超以他的自信和真诚打动了主考官。从此，吴孟超走上了医学报国之路。

从医几十年后，吴孟超回忆起当年第一次穿上白大褂时的情景，仍然动情地说："如果不是在自己的祖国，我也许会很有钱，但不会有我的事业；如果不在人民军队，我可能是个医生，但不会有我的今天；如果不是在党组织，我可能会做个好人，但不会成为无产阶级先锋队的一分子。"

当时，摆在年轻医生吴孟超面前的挑战并不小。1956 年，外国的一个肝脏外科专家在访问中国时断言——中国的肝脏外科水平要达到世界先进水平，至少需二三十年时间。

吴孟超不服气，他带领肝脏外科团队，仅用七年时间，从无到有，不断创新，实现了我国肝脏外科理论基础研究和临床治疗的重大突破。

1959 年，吴孟超团队创立中国人肝脏"五叶四段"的经典解剖学理论，奠定了我国肝脏外科的理论基础；1960 年，他主刀成功完成第一例肝癌切除手术，发明"常温下间歇肝门阻断切肝法"，开创我国肝脏外科手术止血方法先河；1963 年，吴孟超成功完成世界首例中肝叶切除术，使我国迈进国际肝胆外科的前列……

多少"不可能"在吴孟超团队手里变为"可能"。

吴孟超常说："一个医学家应把国家和人民的需要作为终身追求。"吴孟超从医以来，不断刷新为患者解除病痛的纪录，使肝脏外科手术死亡率降至 0.3%，肝癌术后 5 年总体生存率 56.1%，小肝癌术后 5 年生存率 79.8%。

天使护人民，大医佑苍生

既有悬壶济世的仁心厚德，又有游刃肝胆的妙手神功。吴孟超说："人民军医要把挽救病人生命作为终身追求。"

自从选择了肝脏外科作为自己的事业，吴孟超就与肝脏结下不解之缘。

肝脏是人体的"营养库"和"化工厂"，由于肝脏血管极其丰富，解剖极其复杂，一直被视作外科手术的禁区。在我国，肝脏外科直到 20 世纪 50

20 世纪 60 年代，吴孟超制作肝脏血管铸型标本

年代初还是一片空白。吴孟超勇于走别人没有走过的路，不怕风险、敢于挑战，在肝脏手术“禁区”中，用神奇的双手挽救了数以万计病人的生命。

1975 年春节刚过，一个挺着大肚子的男子在家人搀扶下，步履艰难地跨进第二军医大学长海医院，径直来到肝胆外科，点名要找吴孟超。原来，这个名叫陆本海的庄稼汉特地从安徽来到医院，他的腹部在八年前长了个拳头大小的瘤子，去医院检查后医生认为是肝癌。两年过去了，陆本海肚子里的瘤子越长越大，肚子看上去就像怀胎十月的孕妇那么大。

吴孟超仔细检查了病人“梆梆响”的大肚子，根据对肝脏的了解，他确认这是一个罕见的特大肝海绵状血管瘤。检查显示，瘤子直径竟达 68 厘米！

肝海绵状血管瘤属于肝脏良性肿瘤，但其最危险的是肿瘤破裂会引起腹腔急性大出血，常可导致死亡。手术是解除病人痛苦、挽救病人生命的唯一途径，但这样的手术风险实在太大，大家都劝吴孟超三思而行。

“人民军医要把挽救病人生命作为终身追求。”为了治好陆本海的病，医院调集 15 个科室共 40 多名医务人员，全力配合吴孟超，确保手术成功。

手术当天，吴孟超整整花费 12 个小时，才把陆本海从鬼门关前拉了回来。走下手术台，吴孟超就抱着被子和病人一起住进了病房。整整一个星期，他日夜守护侍候着病人……此后的三四十年里，陆本海还经常打电话给吴孟超，反复表达他们全家人的感激之情。

“如果一个医生在风险面前过多考虑自己的名利得失，那无数病人就可能在医生的犹豫和叹息中抱憾离开人世。”“我看重的不是创造奇迹，而是救治生命。医生要用自己的责任心，帮助一个个病人渡过难关。”

肝母细胞瘤是一种罕见的小儿肿瘤，发生肝细胞癌的可能性很大。1983 年，吴孟超为一名仅 4 个月的女婴成功切除重达 600 克的肝母细胞瘤，创下了世界肝母细胞瘤切除者年龄最小的纪录。

1993 年，他和学生一起成功进行了世界首例腹腔镜下的肝癌切除手术。一个星期后，小患者身体的各项指标全部趋于正常，体重还增加了 1 公斤。10 天后，患者的父母千恩万谢地带着孩子出院。

受到吴孟超治病救人的影响，这个患者初中毕业后，考了当地一所卫校，学习护理专业。虽然她没能成为一名医生，但一样可以为病人送去天使般的爱心和温暖。

特需科主任杨甲梅教授动情地对记者说，吴孟超对患者关怀备至，冬天查房时，他总是先把手搓热了才开始给患者检查。做完检查之后，他总会顺手为患者拉好衣服，掖好被角，并把鞋子放在最方便的位置。

吴孟超医术高超，他切除一个肝脏肿瘤的手术费、治疗费却远低于全国平均水平。他总是想方设法减轻患者负担，千方百计为患者“省钱”。每次手术缝合，他都是用手用线。他说：“我们要多用脑和手为患者服务，器械用一次，‘咔嚓’一声 1000 多块，我吴孟超用手缝线，分文不要。”

生命有尽头，奋斗无止境

如斗士永远不知疲倦，似战士保持冲锋姿势。吴孟超说：“如果有一天倒在手术台上，那就是我最大的幸福。”

记者在医院查阅手术记录，2010 年，吴孟超主刀完成手术 196 台。只要患者需要，他总是冲在第一线。那时已经 90 多岁高龄的吴孟超只要不出差，每天都亲自上台手术，有时甚至一天三四台，经常一口气在手术台边站五六个小时。

2018 年，96 岁的吴孟超被邀请走上中央电视台《朗读者》的舞台。主持人董卿几度哽咽，读出了护士长写给吴孟超的信：“很多人看到您是个传奇，但只有我看到过手术后躺在椅子上的您，胸前的手术衣都湿透了，两只胳膊支在扶手上，掌心朝上的双手在微微颤抖……”

熟悉吴孟超的人都知道，医院好比他的家。

他每天八点钟到办公室，一边处理公务，一边接待慕名求诊的病人。九点左右，吴孟超拿出手术专用眼镜，准备开始他一天中最辛苦也是最快乐的工作——手术。

一踏进手术室大门，吴孟超立即会兴奋许多。上台、开腹、探查、切除、打结、冲洗、缝合，吴孟超的每一台手术都像电脑程序设计和控制的一样，没有一个多余动作，让身边人无不惊叹他的流畅、轻捷。一连几台手术下来，吴孟超也没有休息的意思。他说，一个合格的外科医生要有“三功”——站功（能一站几个小时）、饿功（手术时能忍饥挨饿）和憋功（在手术台上绝对不上厕所）。

“如果有一天倒在手术台上，那是我最大的幸福。”吴孟超如是说。常有全国各地被“判了死刑”的肝癌患者，会冲着吴孟超的名望来医院，“让吴老开刀是我最大的希望，哪怕让吴老摸一摸，也死而无憾了”！

直到 2018 年，96 岁的吴孟超依然坚持每周至少完成三台手术，并且是比较复杂的手术。“我自己身体还可以，而且主要是为了带教年轻人，培养年轻医生。”吴孟超深知，推动医学发展的第一要务，便是人才。

2006 年，为表彰其在肝胆外科界作出的突出贡献，吴孟超获颁国家最高科学技术奖和 500 万元奖金。解放军总后勤部也奖励他 100 万元。

吴孟超说：“我所有的知识和荣誉都是党和军队给予的，而我回报祖国和人民的还太少太少。600 万元对我没什么用，还不如拿出来培养人才。”他把奖金 500 万元用于培养科技人才，100 万元用于奖励有重大贡献的医护人员。

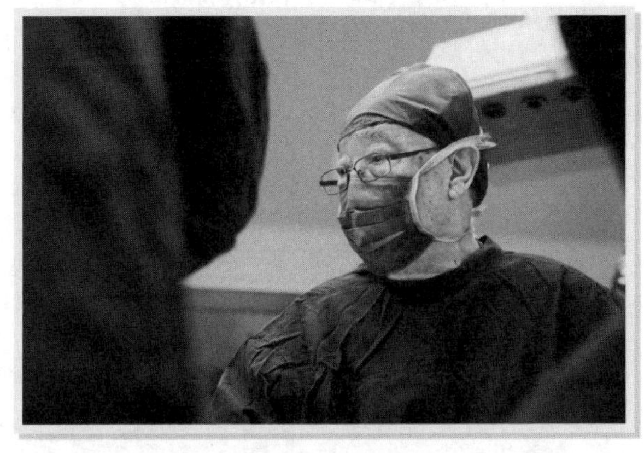
90 岁高龄的吴孟超仍亲自上台手术

在一次中德医学会学术年会上，吴孟超发现王红阳思路敏捷，就推荐她到德国留学。回国后，为她建立最好的实验室。后来，王红阳在肝癌等疾病信号转导研究上取得重大突破，当选为中国工程院院士。

“培养出超过自己的接班人，是我最大的心愿，也是对我最大的奖赏。”吴孟超说。目前，一批由院士、长江学者等组成的学术人才梯队脱颖而出，他培养的 250 多名博士、硕士研究生，已成为我国肝胆外科的中坚力量。

2019 年 1 月，吴孟超宣布从院士岗位上退休。在院士退休仪式上，他动情地说：“现在看来，回国、学医、参军、入党，这四条路的正确选择才让我能真正实现自己的人生价值。所以，我庆幸自己的选择，也永远感激党和国家，感谢部队这个大家庭对我的教育培养。”

正是患者的敬慕和信赖，让吴孟超依然坚守在肝胆外科一线。他说：“虽然退休了，但只要组织需要，只要病人需要，我随时可以进入战位，投入战斗！我觉得我身体还可以，所以我有信心，也有决心。”

记者手记

医术有高低　医德最要紧

走近望百之年的吴孟超，你一定会被他所感染、感动，也一定会觉得他是多么可敬、可爱。

“为医之道，德为先。”“从医这么多年，我时时记住老师裘法祖教授讲过的一句话：‘医术有高有低，医德最是要紧。’”这成为他70年来的行医准则。

周围的学生告诉记者，吴孟超看病，常常一上午不喝一口水，无论是初诊病人还是复诊病人，他都不厌其烦地给病人解释病情、制定治疗方案。学生们心疼老师，常常偷偷塞给吴孟超牛奶，却从未见他喝过。

“喝了要上卫生间，会耽误看病，病人大都是外地的，要帮他们早点看好，让他们可以及时赶回家。”“你知道病人挂我的号多不容易？你知道病人和家属心里有多急吗？”若给他的关注点排序，病人当仁不让排在首位。

接受记者采访时，原本喜笑颜开的吴老提及治病救人，立刻变得严肃起来。2019年，97岁的吴老回忆起中国肝病治疗的发展和自己培养的众多学生，总是会露出满意的微笑：“现在中国肝病治疗走在世界前列，发达国家的患者都来我们中国治病咧。每年在我这里开刀的肝癌病人就不下100多例。”

提及下一步的发展，吴老又马上收起了笑容：“肝癌是生活方式的癌，能否将治疗关口前移，是医学界亟须突破的问题。”他说，过去我国肝炎、肝癌病患人数较多，现在患者人数逐年减少，经过治疗后，病人恢复情况也越来越好，这是好现象。

吴孟超补充说，但也不能掉以轻心。下一步，要不断发展基础研究，想办法降低治疗费用。“治疗时要为病人着想，不能总用贵的药，要能更便宜、更好地治愈病人。”他笑笑说，“可以说，我这辈子都贡献给了医学界。但我做得还不够多，还可以做得更好。如果能让病人更快恢复起来，那么肝病就不再可怕了。”

陈同滨近照（均受访者供图）

陈同滨

陈同滨，1953 年生于浙江杭州，1979 年考入天津大学建筑系建筑学专业学习，1983 年至今在中国建筑设计研究院有限公司建筑历史研究所工作，1996 年担任建筑历史研究所所长，2008 年任“文化遗产保护规划国家文物局重点科研基地”主任，2012 年任中国建筑设计研究院有限公司总规划师；兼任中国文物学会副会长、中国建筑学会城乡建成遗产学术委员会副理事长、中国文物学会传统建筑园林委员会副会长、全国文物保护标准化技术委员会委员，国际古迹遗址理事会（ICOMOS）灾害防范与文化线路等专业委员会委员。曾获住建部“中联重科杯”华夏建设科学技术奖特等奖、第四届新加坡城市规划奖金奖、联合国亚太地区文化遗产保护奖杰出项目奖等。

陈同滨：从人类文明高度解读中国遗产

付鑫鑫

2019年7月，第43届世界遗产大会在阿塞拜疆首都巴库召开，“良渚古城遗址”成功列入《世界遗产名录》。5330页良渚申遗文本的编制，负责人是陈同滨。

这不是陈同滨的第一份“战绩”，她之前做过《长城保护总体规划》《故宫保护总体规划》《敦煌莫高窟保护总体规划》等9处世界文化遗产的保护规划。在2019年之前，她已成功主持申报“杭州西湖文化景观”“元上都遗址”“丝绸之路：长安—天山廊道路网”等世界文化遗产。而且，在“高句丽王城、王陵及贵族墓葬”的申遗过程中，也有陈同滨之功。这一记录，在国际遗产界都是罕见的。

“良渚古城遗址”是她主持申遗咨询成功的第四项世界文化遗产。在良渚申遗文本中，有这么一句重要的定论：良渚古城遗址可填补《世界遗产名录》东亚地区新石器时代城市考古遗址的空缺，为中华五千年文明史提供独特的见证，具有世界突出普遍价值。

“我们在讲述遗产价值的时候，不仅要说它对中国人有什么价值和意义，而且要阐述它可以见证过去人类是一种什么样的状态、有什么样的智慧，并落脚到对人类的今天和未来有启迪意义。”陈同滨说，“申报世界遗产，必须突破自身文化背景的局限，从人类文明的高度去解读。假如一座中国宫殿，你跟联合国教科文组织说，这是中国某皇帝登基的地方，所以重要，那一定很难入选。打动评委的，一定是对世界、对人类的今天和未来都有重要意义的价值！”

压力重重之际，聚焦大遗址保护规划

在西子湖畔长大的陈同滨，读书时最怕语文课，最喜欢数学和外语。少时心中向往的是像居里夫人一样专心做一件有意义的事。

1969年，陈同滨远赴黑龙江下乡插队，此后又进工厂做了7年的工人。从田间到机床车间，对大学教育和知识的渴求，一直是她心底不舍的执念。

1979年，陈同滨考上了天津大学建筑系。天津大学的前身是创建于1895年的北洋大学，学校建筑学专业与清华大学、东南大学和同济大学的建筑学专业同属中国一流。在天大建筑系那幢灰蒙蒙的八号楼里学习了4年之后，陈同滨感慨："从可敬可佩的老师们那里学到的，不仅仅是建筑学的基本知识，更重要的是天大的学风——求是务实。"

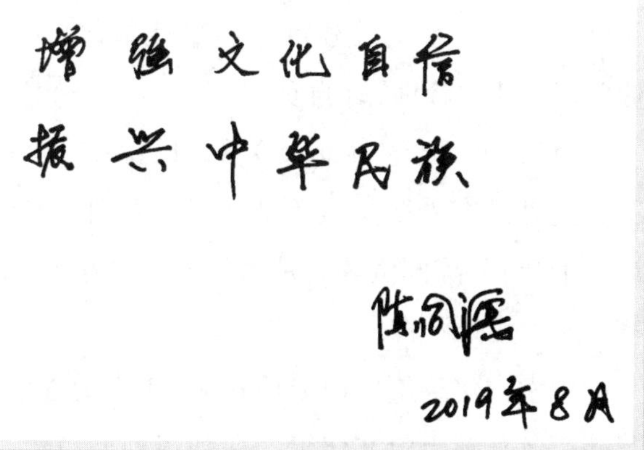

陈同滨寄语

大学毕业，陈同滨被分配进中国建筑技术发展研究中心（现名中国建筑设计研究院有限公司）。进所不久后，一次开会，陈同滨坐在了前辈傅熹年先生的书架前，无意中发现了一篇发表于《历史研究》杂志的文章——《王国维传》，文章是从杂志中拆出的，单独用牛皮纸订了一个封面。

王国维是谁？一个当时她并不熟知的人物及其人生历程、学识与精神，深深触动了陈同滨。此后 10 年间，从王国维、罗振玉到陈寅恪，从闻一多到张爱玲……一系列的人物事迹，以及当时大量出版的哲学文艺理论译著，向她展现出前所未有的耀眼光芒。自此，陈同滨完全沉浸在人文知识的探求中。

伴随着《1851—1980 世界建筑编年史》与《新艺术运动》两个课题的推进，陈同滨在思想受到冲击的同时，个人兴趣也逐渐从异彩纷呈的建筑历史转向与人类文明文化发展关联更为密切的城市史，特别是受当时张光直先生《考古学专题六讲》的影响，先秦乃至史前的中国文明起源成为她的关注重点。这一状态一直延续到 1992 年。

1992 年，作为住建部直属事业单位，中国建筑设计研究院实施“事业单位企业化管理”，自负盈亏。

“我那个《新艺术运动》的课题就差最后一章，但是一个月也坐不住了，生计没有着落，既不能也不可能让别人养着做课题呀，得马上去找活、干活！”陈同滨说，那时，对于从事历史研究或行业基础研究的人而言，压力无处不在。

所幸，建筑历史研究所在 1993 年受理了宁波市规划局委托的一个项目——《月湖历史文化街区保护规划》，第二年，天一阁的负责人也发来邀约。这是陈同滨受理的第一个全国重点文物保护单位规划与工程项目。很快，宁波地区的河姆渡遗址也来委托他们规划博物馆的二期工程。

1996 年，在河姆渡遗址现场勘查，陈同滨站在回填探坑的土垄上，下定决心说：“今后就走这条路。”这是一条服务考古遗址保护，同时得以研究中华文明起源的理想之路。

“当时，对方的要求是在河姆渡遗址上盖一个大展厅、揭露考古现场用于展示，我们以为就是个盖房子的事。”陈同滨回忆说，实地勘察后才发现，遗址现场位于当地地下水位的 4 米之下，设想压根没有可行性。双方商议，改为在地表原址模拟考古现场，同时在保护范围之外就近设计局部聚落展示场景，呈现7000年前河姆渡人的生活起居。

为了“复原”7000年前的聚落场景，特别是干栏式建筑，陈同滨依据《云南民居》策划了云南边境的“大房子”考察：“我们对全国范围的民居摸底调查过，只有云南才有干栏式的大房子建筑。”做史前考古，需要从出土遗址遗迹来推断早期社会的形态，比如，一群人是住在一所大房子里，还是分开住几所小房子？过去的人是怎么选址的，房屋又是如何建造的？火塘在哪个位置，瓶瓶罐罐尺寸几何、意味着什么？在室内外分布的情况怎样……太多的细节和问题，需要在遗址遗物里探索。也只有立足考古现场的实物与发掘情况，结合民族考古学、人类学等多学科知识，才能对史前干栏式建筑进行推断性设计。

这个项目在1998年的国家文物局评审之际，获得考古学界徐苹芳、严文明等老先生的一致赞赏。自此，湖南城头山古文化遗址、甘肃大地湾遗址、辽宁姜女石遗址、辽宁牛河梁遗址等一系列考古遗址的保护规划与展示工程，成了建筑历史研究所仅存六七人的全部“生产任务”，也开启了我国大遗址保护规划技术在20世纪末的早期探索。

丝绸之路的遗存，我国为何要分5类？

“我们从老一辈学者身上学到的是坚持、初心不改。单位改制，我们面临的是生计问题，建筑历史研究所要么活、要么死，一直都没有选择离开的人，肯定都是真心热爱这份事业的。”陈同滨说，当然，仅仅凭借坚持也不能解决生存问题，还要创新。“杭州西湖文化景观、故宫古建筑群、敦煌石窟……文化遗产分布环境的差异很大，有的在江南水乡、有的在西北戈壁，遗产本身的类型也有很大差异，有古建筑群、考古遗址、石窟石刻，还有新兴的文化线路、文化景观等。每一个项目都是新的挑战，我喜欢有挑战的项目。”

建筑历史研究所团队对古建进行研究，右起：傅熹年、孙大章、陈同滨、王力军

2000年，建筑历史研究所受理《新疆吐鲁番地区文物保护与旅游发展总体规划》项目。项目的时间很紧，规模也大，陈同滨拉回来一平板车资料的同时，也发愁："当时的科技手段非今天可比，我们做7万平方公里的地区规划，连1∶50000的地形图都没有！因为那里，还是无图区。"

陈同滨想办法找了一套1∶250000的地形图，没法用。7万平方公里的吐鲁番，分布着208个各级文保单位，自治区级文保单位就有二三十家。不得已，她主动找到了国土资源部遥感中心出图，订了一份6万元的合同，买7万平方公里的卫星影像图，"性价比很高，但颜色与实际情况比是相反的。戈壁滩的颜色像生牛肉，血红血红的，不是自然色……我们和遥感中心的同志一起调试，成功后再挂到墙上，6幅图挂了足足6面墙"。

图纸解决了，接着是保护规划技术的挑战。吐鲁番盆地是世界第二低地，因巨大的地势高差引发常年大风，盆地东侧有百里风区、西侧是30里风区，风力最大时能把火车掀翻！因此，吐鲁番地区的文物保护面临的最大问题是风蚀，以及因戈壁沙漠、山地沟壑、盐碱盆地等不同地貌对文物保存造成的环境压力。

如何防治风蚀，陈同滨最后从国外资料里找到了答案。"保护规划必须考虑吐鲁番地区的地理气候特征——极干旱，水资源紧张是最根本的问题，种植防风林的规模要取决于水资源的供应可能，游客量的增长也要取决于水资源的供应可能。所以，规划必须以当地生态本底格局为基础，综合考虑文物、生态、旅游等各类资源保护利用。”她说，考古工作成果不属于文物保护措施，文物保护措施也不能解决社会协调发展问题，文物保护规划必须以保护为前提，集合众多学科知识，统筹协调、因地制宜。

2014年“丝绸之路：长安—天山廊道路网”申遗成功之前，国际上对丝绸之路的遗存分类给出三大类型：第一类是生产类，如直接生产陶瓷的窑址；第二类是交通类，如驿站、旅馆等与直接维系交通有关的遗存；第三类是产物类，如因交流交通而产生的集市城镇，包括宗教和文化艺术科技等。

陈同滨解释道：“这个分类方式是一种自上而下、依据文化线路的定义设定的。一旦应用到中国境内，问题马上就出来了：中国的汉长安城，不是丝路开通之后才有的，显然不属于第三类，更没法归入其他两类。所以，我们就自主创新，立足中哈吉三国的33处申报点自身的历史功能，归纳出五种类型：中心城镇、商贸城市、交通设施、宗教遗迹、关联遗迹（如张骞墓）等。当然，这是一个开放的类型模式，还可依据后补的遗产点增加生产基地之类。这套分类法与国际专题研究报告的方式完全不同，但满足遗产描述的逻辑要求。最后，这个超大型文化线路的系列遗产分类理论获得联合国教科文组织委托审理的国际古迹遗址理事会的充分肯定，为丝路申遗奠定基础理论。”

良渚保护规划或将修编遗址，可能调整两个边界

20世纪80年代以前，各地文化面貌的辨识、文化谱系的建立是中国考古的主要任务。80年代中期以后，随着红山文化、良渚文化随葬玉器大墓的发现，才开始文明探源。而良渚遗址的发现，证明中国在距今5000年左右已经进入早期国家形态。这就改变了以往国际考古学界对中国新石器时代的认知。

如今，人们知道良渚文明出现的时期，也正是古埃及、苏美尔、哈拉帕文明开始出现或正在发展的年代，在距今5000年这一重要时期。良渚古城遗址凭借大量的遗址遗迹，包括高大的宫殿台基、完整的城墙遗址、古老而庞大的水利工程，以及数以千计、象征权力与信仰的精美玉器，足以让人相信，5000年前，良渚王国社会发展程度，完全可与其他世界古老文明比肩。这便是良渚对世界文明和人类发展的普遍价值。

陈同滨（左一）向良渚古城遗址国际验收专家莉玛·胡贾教授（左三）介绍情况

时针回拨到2000年，陈同滨第一次来到良渚遗址，身份是《良渚遗址保护总体规划》的主持人。当时，有130多个遗址点，反山、瑶山和莫角山等遗址较为清晰，其他遗址点清晰程度不一，其中大多只是找到一些红烧土、陶片。怎么把这些遗址点串起来并确定古城边界？浙江省文物局组织了3代考古人一起座谈，众说纷纭之后，依然画不出个大体轮廓。

于是，在那年盛夏酷暑中，陈同滨和浙江省文物考古研究所的同人一起“打卡”135个遗址点。三伏天里，偶尔遇上一个过路农人，他问：“这么热的天，我们都不干农活了。你们在干什么？”说完，大家一阵无言地苦笑。

“夏练三伏、冬练三九”是基本功，40度得去实地，零下二三十度一样得去。陈同滨笑着说，吉林高句丽项目是冬天勘查现场，“冻得整个人都麻木了”。

2002年，良渚遗址规划初稿完成，2003年通过国家文物局专家评审。

2012 年，陈同滨向时任杭州市余杭区委书记徐立毅汇报情况。“当时，我没有讲规划，直接讲良渚遗址的价值。讲完后，徐书记说了一段话，我觉得特别到位。他说，从这个价值来看，我们余杭区无论工业、农业，做任何产品，也不及这个文化项目对全国的意义大。所以，他建议这个项目要立即启动，决策后的第一件事是公布实施文物保护专项规划《良渚遗址保护总体规划》，第二件事是立马从整个余杭区的辖区范围里划出一块土地，拍卖部分款项反哺遗址保护，这个措施起了决定性的推进作用。”

陈同滨表示，浙江省文物考古研究所考古工作的持续推进，良渚遗址管委会的用心保护，以及规划编制组“十几年如一日”的跟踪调研都值得肯定，是大家勠力同心促成了今天的成果。

申遗成功后，杭州市政府明确提出，要把良渚古城遗址公园作为一个圣地，控制每天 3000 人的访客量。“这一认识使得良渚遗址避免了普通旅游观光景点的游客量超载问题，这是对良渚遗址最好的定位，是保护工作的后续保障！”陈同滨欣喜地说。

2020 年，陈同滨及其团队还将针对良渚古城遗址新发现进行总体规划的修编。“我们团队会对《良渚遗址保护总体规划》进行修编，并调整两个边界，进一步提升世界遗产的价值阐释、协调好遗产和遗产所在地的和谐发展关系。”

记者手记

初心不改，创新不止

采访陈同滨，不是在她北京的办公室，而是在她杭州的老家。她身着灰色正装，娓娓道来，言语间透着江南女子的温婉可亲，又自带“理工科”严谨坚毅的气场。

从1983年入行，她在建筑遗产研究与保护领域干了36年。这期间，建筑历史研究所不仅“没有成为历史”，还经由不断地创新，承担了一系列的重大文化遗产保护项目。“所有的项目都很难，一言难尽，但有一些精神是贯彻始终的：忠诚、坚持、创新”，陈同滨总结说，“如果再要概括就是一条：不忘初心、振兴中华”。

有人称陈同滨为“点金圣手”，因为她所参与的国家申遗计划项目都成功了。可对于这个称呼，陈同滨说，她决不敢认同。她认为，世界遗产的申报过程是一场“国际游戏”，主要规则是别人定的，申报项目的成与不成，不是一厢情愿的事。但在任何一个申报项目的推进过程中，我们都能体验到一个遗产价值被不断挖掘，甚至重塑的提升过程，特别是从世界的角度、人类文明史的角度，去重新看待和评价我们中华文明与民族在世界文明发展史上的特征，“这是一件值得做、有意义的事”。

她还坦言：“于我个人而言，每一个项目都是独一无二的探索与实践。我既然接手了这个项目，起码要负责任，或者说，不求有功、但求无过。要做到这一点很不容易，学无止境。尽己所能在国际语境中讲好中国故事，让世界了解中国文化遗产的价值，看到并理解中华民族的祖先对人类文明的贡献，是我的责任和使命。”

王振义接受专访（袁婧摄）

王振义

王振义，1924 年 11 月出生于上海，我国著名血液学家，国家最高科学技术奖获得者，中国工程院院士，上海交通大学医学院附属瑞金医院终身教授。他从医 77 年，为我国医学实践和理论创新作出诸多重大贡献，尤其是成功实现将恶性肿瘤细胞“诱导改造”为良性细胞的白血病临床治疗新策略，与学生陈竺、陈赛娟等人确立的急性早幼粒细胞白血病（APL）“上海方案”，令 APL 成为人类肿瘤治疗历史上首个可被治愈的肿瘤，因此获得国际肿瘤学界最高奖——凯特林奖，评委会称他为“人类癌症治疗史上应用诱导分化疗法获得成功的第一人”。

王振义：“上海方案”惠苍生

唐闻佳

2015 年，王振义收到一封海外来信，由于地址不明，这封信辗转了很多地方，时隔半年才来到王振义位于上海瑞金医院的办公桌上，却令王振义珍藏至今。

这是一封怎样的特别来信？打开信封，首先掉出一张陌生外国小朋友的照片，再读内容，令人动容：这是一名美国病人，28 岁时被诊断为 APL（急性早幼粒细胞白血病），濒临死亡，吃了全反式维甲酸，康复了，还生了两个孩子。若干年后，当她在阅读科学文章时，才知道该特效疗法是一名中国医生发现的。她开始收集与这名中国医生相关的报道读给孩子听，还决定提笔写信，表达感谢。

“因为你的努力，我战胜了病魔。我想对你说 100 万次的感谢，但我认为这依然不足以表达我的感谢。我对你的感谢难以用语言来形容。”她在信中写道。

多么真诚的“100 万次的感谢”，这应该是医者最有成就感的时刻，历经千辛万苦发现的医学成果，最终跨越国界，造福苍生。这也是王振义将这封越洋来信珍藏至今的一大原因。

学无止境

王振义

2019.7.1

王振义寄语（除署名外，均瑞金医院供图）

时至今日，95 岁的王振义依旧会收到类似的“海外问候”，有法国人、意大利人、日本人……因为这名中国医生的重要医学突破，全球获救者已难以计算。

癌症，多么令人胆寒，人类与其搏击百年，尚不敢说征服它。而在中国上海，有一名医生，取得了一点“小小的胜利”（用他自己的话来说）。他就是王振义。他教癌细胞“改邪归正”，为人类探索出一条全新的癌症治疗途径。他的故事被写进很多中英文读物，但都不如他改写的生命故事来得精彩。

生于“小康之家”，从小立志学医

1924 年，上海公共租界陈家浜珍福里（现成都北路、北京西路路口）一条石库门里弄里，王姓家族迎来了第三个孩子、第二个儿子，因是振字辈，得名振义。

王振义的父亲王文龙当时在荷商上海保险行工作，尽管每日浸润于新思想中，但从给孩子取名的这件事上，可以看出这是一个深受中国传统文化影响的人——若把王振义五兄弟名字的最后一个字连起来，就是“仁、义、礼、智、信”。

尽管是“小康之家”，但王文龙对子女要求十分严格，他不允许孩子们沾染一点富家子弟的做派。“做一个好人，一个老实人。”多年后，王振义还回忆父亲教给他的座右铭。他说，父亲的这句话影响了自己一生，“因为我如果讲一句假话，就会脸红，心跳加快”。

在“实业救国”的氛围下，王文龙尤其注重对子女的科学技术教育，要求孩子们好好读书，掌握一定的专业技术，做一个对国家有用的人。

重视教育的良好家风，令王家子女个个优秀。八名子女里，只有幼女王妙琪因北上参加革命未能完成大学学业，其他七人都是上海名校毕业，两人毕业于震旦大学、三人毕业于圣约翰大学、一人毕业于复旦大学、一人毕业于大同大学，并在日后都成为各自领域的杰出人才。

1942 年，王振义免试直升震旦大学，毅然选择了学医。1948 年，王振义从震旦大学医学院毕业，获医学博士学位，因成绩名列前茅，留在广慈医院（今瑞金医院前身）担任住院医师。

1952 年医院院系调整，大内科趋向专业化。他想着血液病比较简单，就是“拿个显微镜看一下细胞怎么样，就可以诊断了”，便选择专攻内科里的血液病方向。不过，这个“简单”的疾病非但不简单，反而最复杂，令王振义躬耕一生。

八年求索终不悔，“上海方案”惊世界

如今，大家都知道王振义是“白血病专家”。其实，在血液病领域，王振义最先接触的是止血与血栓领域，并且取得了一系列重要成就。比如，首次在国内确立了血友病 A、B 的分型检测及其轻型的鉴别诊断方法，一下子解决了不明原因出血的诊断和治疗问题。

当然，他最为瞩目的成就还是在白血病领域。急性早幼粒白血病曾是白血病家族中最为凶险的一种，很多病人往往在抢救几小时后就死亡了。直到 20 世纪 80 年代，全世界范围内也没有有效治疗手段，让全球医生倍感挫败。

20 世纪 70 年代，王振义开始一场涉足未知的探险。“那时，物资缺乏，最简单的细胞培养，我们都不会，得出去学习。其次，能看到的书太有限了。”王振义回忆，当时做研究的难度很大，有人去国外开会回来，带点信息回来，就在如此有限的条件下，他们听说了“诱导分化”。不过，如何将肿瘤细胞“诱导分化”为好的细胞，谁都不晓得怎么做。

其时，瑞金医院里吹起科研之风，血液科的科研从一间小小的实验室蹒跚起步了。通过“道听途说”，王振义了解到一种氨基酸可能让肿瘤“改邪归正、诱导分化”。他带着学生想办法合成了这种氨基酸，抱了很大的希望。他的第一个研究生做的就是这个题目。结果，研究生毕业了，

论文也发表了，但具体方法用在病人身上没效果。

探索走进了死胡同，一次次挫败对医生的打击，难以用言语来形容。“这条路大概就是走不通的，这个病大概就是治不好的……”有人就此接受了现状，可这个团队没有。

不久，他们获悉美国用维甲酸类药物诱导分化了肿瘤细胞，这个名叫13–顺维甲酸的药物用于治疗APL，获得了对个别患者有效的成果，研究结果发表在《血液》杂志上。

国内没有13–顺维甲酸，却有一种全反式维甲酸，这药当时被批准用于治疗皮肤病。大家兴奋地找到药厂，制药工程师听到医生要用药去研究如何救命，就送了这群医生几盒药。

体外研究开始了。王振义带领研究生经过一系列的实验，发现维生素A的氧化物——全反式维甲酸可以在体外实验中，将幼稚的白血病细胞转为成熟的细胞。这群医生欣喜若狂。不过，全反式维甲酸有一定副作用，而且这种从未在国际上报道过的新疗法，其临床应用要承受很大的压力。

1986年，他们等来了“001号”病人。上海市儿童医院血液科收治了一名5岁的小病人，病情危急。这正是王振义夫人、儿童血液科医生谢竞雄工作的医院。

眼看小生命奄奄一息，谢竞雄很焦急。“我在研究这个，你们试试看。”王振义提议。面对这种前所未有的疗法，孩子父母同意一搏，“死马当活马医”！

一个疗程后，病情真的缓解了！小病人最终实现治愈，存活至今，已结婚生子。这是诱导分化理论让癌细胞“改邪归正”的第一个成功案例。1998年，王振义的相关成果发表在国际期刊《血液》上，这篇论文已被引用1713次，成为全球百年来引证率最高和最具影响力的86篇论文之一，医学界为之轰动。

此后，王振义与学生陈竺、陈赛娟等又创造性地提出“全反式维甲酸联合三氧化二砷”的治疗方法，让这种曾被视作最凶险白血病的急性早幼

王振义（中）与陈竺（左）、陈赛娟（右）等人合力确立的白血病治疗“上海方案”成为“20 世纪新中国对世界医学的八大贡献”之一

粒细胞白血病，成为世界上第一个可被治愈的白血病。该治疗方法被海外媒体誉为“上海方案”，与青蒿素的发明等并列为“20 世纪新中国对世界医学的八大贡献”。

王振义据此获得国际肿瘤学界最高奖——凯特林奖。凯特林奖此前从未颁给过中国人，评委会称他为“人类癌症治疗史上应用诱导分化疗法获得成功的第一人”。

这项研究前后历时整整八年，在 1986 年出现“001 号”病人这个转机时，王振义已 62 岁。很多人说，你 60 多岁了，别折腾了，小心毁了清名。他却说：“我为了病人，我是有试验依据的，我相信科学。”

甘为人梯，“一门四院士”传为美谈

王振义是一名本土培养的医学大家，他不但自己成就非凡，还创造了“一门四院士”（陈竺、陈赛娟、陈国强都是他的学生）的团队奇迹，为新中国培养了一大批医学翘楚。

1978 年，陈竺以专业考分第一名的成绩成为王振义教授的硕士研究生。1984 年，王振义力荐陈竺、陈赛娟夫妇赴法留学。1989 年，两人学成回国，继续在导师指导下工作，并最终开辟出一块令人瞩目的基因研究新天地。

“我一直以这两名学生为荣，看到学生超过自己，这是当老师最大的欣慰。”王振义说。

1996 年，陈竺的研究日臻成熟，王振义主动把代表中国血液学研究最高水平的上海血液学研究所所长的位置交给陈竺，因为他看准了陈竺渊博的学识、大度的气量、出众的才能，一定能将血研所带向新的成功与辉煌。

2011 年，王振义（右四）获国家最高科学技术奖

那一年，陈竺 42 岁。后来，陈竺、陈赛娟都因杰出的科学成就当选为院士，陈竺还成为中国卫生部部长。

在学生眼中，王振义始终是一位谦逊豁达的长者、严谨求实的学者、爱才惜才的大师。现任上海交大医学院院长、中国科学院院士陈国强是王振义的另一位得意门生。他至今难忘老师为自己修改硕士研究生论文的场景：王老师一遍遍修改，他就一遍遍整理抄写；王老师先后改了 10 遍，近两万字的毕业论文，陈国强就抄了 10 遍。

陈国强院士说，正是导师的言传身教，激励他向更高、更险的医学高峰迈进。

王振义先后担任过内科学基础、普通内科学、血液学、病理生理学等教学工作，培养了新中国血液学领域的一大批博士、硕士。由他创始并担任首任所长的上海血液学研究所先后成为上海市、卫生部、教育部的重点实验室，上海市“重中之重”重点学科，“211”工程重点建设专业，医学基因组学国家重点实验室等，承担了 100 多项国家级课题，一系列重要的科研成果写在人民的健康上。

放弃专利，始终不变是对患者的爱

如今，95岁高龄的他仍坚持每周四进行“开卷考试”。2003年，他将所有行政岗位“让贤”后，自创这一特殊的查房方式，即每周一由学生出题目，提交临床上遇到的疑难病例，他利用一周时间搜索最新文献，每周四与大家一起探讨。

“30多年过去了，我们只攻克了一种白血病，还有许多种白血病需要我们去攻克，还有很多工作要做。我只希望余生能再做些事，比如，学生们临床科研工作太忙了，没空广泛阅读文献，就由我来替他们泛读，然后精选给他们细读，帮助他们去救更多人。”老先生总说，这辈子看好了一种病，是欣慰也是遗憾。在给记者的题字上，他就写了四个字——“学无止境”。可谓大道至简，大医精诚。

2019年，根据王振义院士每周四“开卷考试”的答案梳理而成的专著《瑞金医院血液科疑难病例讨论集》第二集已出版发行，大家都说，这是王院士对青年医师最无私的奉献。

令人感动的是，这位老人不止在瑞金医院“交卷”，95岁高龄的他还会出现在徐汇区中心医院等区属医院。该医院血液科医生感慨地说：“没想到，如此蜚声国际学术界的老先生丝毫没有架子，这些年只要他自己身体无碍，风雨无阻都会来到患者身边。”

原来，2016年，瑞金医院在上海成立首个专科医联体“上海瑞金血液病医联体”，2017年又牵头成立全国首个血液专科医联体。正是随着“上海瑞金血液病医联体”的组成，各兄弟医院的血液科参加了疑难病例的讨论。

“解决患者的问题”，这是王振义一生不懈探索医学创新的源头，也是他始终不变的医者初心。

近年来，因为一部电影《我不是药神》，吃不起“天价肿瘤药”的情景让很多人唏嘘，但有一种治疗白血病的药很便宜。今天，在中国，一盒10粒装的口服全反式维甲酸的售价仅290元，并纳入医保。这个“全球最低价”也得感谢这位老人，他在成功发现并应用全反式维甲酸这种特效药后，却没有申请专利。

“老实说，当时没专利意识，就想快点救病人。”王振义说，没想过以此去发大财。他向记者展示了母校震旦大学医学院的校训，九条校训也是九条从医誓言。“余于病者当悉心诊治，不因贫富而歧视，并当尽瘁科学，随其进化而深造，以期造福于人群。”“余于正当诊金之外，绝不接受不义之财。”这两条被他标黑加粗。他说，当医生，在社会上收入不低，这就是“正当诊金”，够了。

这位被世界医学界誉为“癌症诱导分化第一人”、名噪国内外血液学领域的学者，客厅里挂着一幅《清贫的牡丹》。

“我认为这幅画表达的是清静向上的意思，做人要有不断攀高的雄心，但又要有一种正确对待荣誉和自我约束的要求。”对于这幅画的理解，印证了王振义为学、为人、为医、为师的人生观和价值观，也揭示了这位德高望重的医学科学家的成功之道。他说：“我相信做人最本质的东西：胸膺填壮志，荣华视流水。”

记者手记

爱、勇气与希望

熟悉王振义的人都晓得，他像极了“老顽童”，不会说“假大空”的话，喜欢调侃别人，也调侃自己。比如，他常说，自己这一生是“反”的。

他的理由很有意思：当年，美国人用13–顺维甲酸治疗APL，对个别患者有效，也发表了论文，但这条路最终还是没走通；而他在国内，当时没有13–顺维甲酸，却有一种全反式的维甲酸，化学式完全相反，结果他却走通“诱导分化”治疗这条路，成为“人类癌症治疗史上应用诱导分化疗法获得成功的第一人”。

老先生说得云淡风轻，“反式思维”背后包裹着突破常规的意思，也有“偶然所得”的幸运感，但偶然中少不了必然，那就是始终没有放弃探索。

疾病尤其是癌症是可怕的，在人类与癌症的对抗史上，治疗与认识这两条线索从来就是不断纠缠交错的。王振义团队的故事印证了这一点，他们不是第一个走到“诱导分化”这条道路上的，前人来过好几批了，没走通。王振义团队在“诱导分化”治疗这条路上，起初也没走通，历经八年摸索，几经挫败，最终看见治疗的曙光，轰动了世界。

现代医学文明的进程何尝不是这样一个过程：总有一些人前赴后继地在漫长而黑暗的摸索中，积攒着对自然和对自身的认识，最终走出治疗的蛮荒地带，不断创造出更有效的治疗方法，不断扩展我们对生命的认识。当然，这一切基于一个重要的前提——爱、勇气与希望。

尚长荣近照（均受访者供图）

尚长荣

尚长荣，1940年生于北京，著名京剧表演艺术家，首批国家级非物质文化遗产（京剧）项目代表性传承人。曾三次获得“中国戏剧梅花奖”，是中国戏剧界首位“梅花大奖”得主，三次获得上海“白玉兰”戏剧表演艺术奖，并获得文化部“文华表演奖”以及全国先进工作者、上海市劳动模范等多项殊荣。

尚长荣出身梨园名门，是京剧四大名旦之一尚小云的幼子。从小受到家庭艺术熏陶，他10岁正式拜师学京剧花脸，先后师从陈富瑞、苏连汉、侯喜瑞、李克昌等名家。他嗓音洪亮、宽厚，融“架子”“铜锤”于一体，形成独特的表演风格。1991年加盟上海京剧院后，尚长荣为创新京剧、传承传统艺术作出杰出贡献，主演新编历史剧《曹操与杨修》《贞观盛事》《廉吏于成龙》大获成功。他于2011年被国际戏剧协会授予“世界戏剧大使”称号、2013年获第二届中华艺文奖终身成就奖、2014年获第六届上海文学艺术奖终身成就奖、2017年被授予中国文联终身成就戏剧家荣誉称号。

尚长荣：艺无坦途，唯有攀登

宣晶

5 岁登台唱《四郎探母》，10 岁拜师专攻净角，著名京剧表演艺术家尚长荣已跟中国戏曲打了 70 多年交道。改革开放以来，他博采众长，不断创新、丰富京剧艺术。《曹操与杨修》里富有诗性的曹孟德、《贞观盛事》里直言进谏的魏征、《廉吏于成龙》里铁骨铮铮的一代名臣……他是舞台上一个又一个精彩角色的塑造者，更是有灵魂、有本事、有担当、有情怀的中国戏曲人。

功成名就并未让这位京剧大家停歇前进的脚步，近年来他从网络直播、3D 电影到京剧连环画，“玩”得不亦乐乎，只为了让京剧艺术能被同时代的广大观众接受。如今，年近八旬的尚长荣依旧身板挺直、声音洪亮，一站上舞台，仍是戏文中活灵活现的西楚霸王、三国枭雄，唱念做打毫不含糊。耄耋之年，有人劝他可以歇歇了，他却道：“艺无坦途，唯有攀登。”

紧贴着人民的心，戏曲创作才能拨动观众心底那根弦

尚长荣出生于 1940 年的北京，5 岁就登台唱娃娃生，四九城里国民党强弩之末的混乱是一段灰暗的儿时记忆。他目睹梨园同人毫无尊严地艰难生存，戏园子被砸，台下枪声大作、台上四下逃窜……老先生们纵使有心也无能为力，只能以自己的一方舞台坚守着道德的底线。在民不聊生的旧社会，京剧还有出路吗？带着深深的困惑，父亲尚小云迟迟不同意幼

子拜师学戏。

尚长荣寄语

1949 年 1 月，北平和平解放。解放军入城那天，古都沸腾了。市民、学生和工人们如潮水般涌向部队将要经过的线路，几乎人人手拿小彩旗。有的人还拿着脸盆往解放军的车前洒水，免得暴土扬尘中解放军战士吃到尘土，看不清解放军队伍的仪容。当时，尚小云和筱翠花（于连泉）正在西单长安大剧院演出，尚长荣就站在剧院高高的凳子上朝外瞧。长长的队伍行经长安街，解放军的威武雄壮、群众的热烈欢呼，化作孩子眼中最鲜亮的一抹红。

“那个年代，大家都经历着社会巨变、行业变动，‘唱戏的’成为文艺工作者、人民艺术家、国家的主人。这不仅是称谓的变化，更是政治地位、心理认同的改变，这是从未有过的、扬眉吐气的自豪感与亲切感。”尚长荣回忆，父亲和哥哥们参加了由解放区文艺干部授课的戏曲讲习班，连着两期，整整四个月。每次学习完回家，他们都会第一时间与家人、同行分享对新中国文艺政策的理解。而年少的尚长荣在西单长安剧院观看了秦腔《血泪仇》和《穷人恨》，头一回接触来自解放区的文艺作品，受到了前所未有的震撼，留下极其深刻的印象。这种印象，逐渐成为一种烙印，深深地影响了他，让他懂得戏曲扎根人民、反映的是人民的心声。

生活天翻地覆地变化着，梨园也向他敞开了怀抱。尚长荣 10 岁拜师净角名家陈富瑞正式学艺，他如饥似渴地汲取艺术养分，更用最大的热情拥抱生活、拥抱人民。1959 年，尚长荣来到陕西省京剧院。在生命中最繁盛的年华，他深入农村、工厂和部队，到田间地头为乡亲们演出，下工地、学烧炭，体验生活，作品《延安军民》《平江晨曦》等皆得益于这些经历。1965 年，剧团排演反映铁路工人生活的现代京剧《秦岭长虹》，他到嘉陵江畔的铁路建设工地下生活，与工人们一起睡“泥窝子”，一起参加加固路基的劳动。改戏时，包括他在内的 18 位主创又来到成昆铁路工地，尚长荣依旧住工棚、钻隧洞，甚至爬上高高的桥墩与工人们一起干最危险的重活。在那个火热的年代，他的汗水洒在了那一块块热土上。

“我过去的生活是走‘三门’——家门、剧团门和剧场门。深入工农兵以后，我被基层民众的艰苦和朴实打动了，演员就应该与他们打成一片、融为一体。这样演出来的戏，才能真实地反映他们的生活以及他们的所思所想、所爱所恨。”尚长荣认识到，戏曲工作者要感知和紧贴人民的心，才能创作出满足他们精神需求的作品。

心中“不安分”因子在东海之滨得以“孵化”

父亲尚小云过世后第三年，我国拉开了改革开放的序幕，春风吹拂神州大地，也掀动了西北的戏曲舞台。当时的尚长荣已是享有盛名的花脸大家、当仁不让的“台柱子”，在当地拥有五室一厅的大屋和专车。日子过得红火，可他心里产生了一个“不安分”的念头。

从那个年代走过来的人，大多有苏联文学情结。尚长荣最爱《钢铁是怎样炼成的》中的一段话——“人最宝贵的是生命。生命属于人只有一次。人的一生应当这样度过：当他回首往事的时候，不会因为碌碌无为、虚度年华而悔恨，也不会因为为人卑劣、生活庸俗而愧疚”。烦琐的剧团管理工作牵扯了尚长荣大量精力，甚至让他无暇顾及舞台创作。作为一个戏曲演员，没有戏演、创作停滞，就是“碌碌无为”。同时，他为京剧现状揪着心，电影、电视剧、话剧，甚至兄弟剧种都在进步，唯独京剧仍然以“固守传统”自居而踟蹰不前。1987 年，一年只演了 6 场戏的尚长荣，终于耐不住耗费艺术生命的“安稳”。他怀揣《曹操与杨修》的剧本，听着贝多芬悲怆的《命运》，登上绿皮火车一路南下，敲响了上海京剧院的门环。“那时真的是前途未卜，但就有那么一股子劲儿想做点事情，要跳出这汪平静的渊水。恍惚间，我甚至在想，这究竟是戏剧融入时代的‘命运抗争’，还是我个人艺术前途的‘命运抗争’？”那一年，尚长荣47岁。

1962年，在尚小云舞台艺术戏曲电影《失子惊疯》中饰金眼豹

尚长荣在上海无亲无友，他却觉得与这座城市缘分深厚。1951年，尚长荣第一次随父亲在上海登台，著名的天蟾舞台座无虚席，喝彩声如同惊雷乍起，把他吓了一跳。直到今天，每每走到福州路，尚长荣仍会感慨万千、驻足良久。1983年，尚长荣带团来上海演出，最爆棚的不是经典剧目《将相和》，而是新编戏《射虎口》。“这座城市最富创新、求新以及锐意求索的精神，这种精神激励着我、吸引着我。”或许是与这座城市的创新精神不谋而合，尚长荣的“不安分”因子在东海之滨得到了“孵化”。

1988年7月，骄阳似火，《曹操与杨修》剧组正式成立。那一年上海真热，排练场在京剧院二楼仓库旁，只有几台小电扇，吹出的是热风；场地上还堆着道具和杂物，跳蚤横行；尚长荣住的宿舍又小又闷，夜里赤着膊也没法睡，只能绕着楼下的停车场一圈圈地遛弯儿。他当时顺口编了一首诗：“热浪袭人，汗流满面。屋似烘箱，心烦意乱。求索艺术，忍苦实干。功成之日，体重减半。”

尽管条件艰苦，但大家心很齐，各方面都取得了艺术突破。扮相上，尚长荣仍然用京剧脸谱，只是将炭条眉微调为剑眉，把三角眼改成长目，将唇上的黑痣挪到眉上，这就增添了英武之气。在寻找角色内在支撑点时，尚长荣尝试把曹操作为一个“人”来演，抓住角色“伟大”和“卑微”之间不可调和的矛盾，进行性格塑造和心理推演，其艺术震撼力是巨大的。1988 年 12 月 13 日，《曹操与杨修》赴天津参加全国新剧目会演，一炮打响，被评为首届中国京剧节唯一金奖，尚长荣也荣登首届上海白玉兰戏剧奖榜首。从此，上海多了一个“新曹操”。

1991 年，尚长荣举家南迁，落户申城，正式加盟上海京剧院。之后，上海京剧院又陆续推出新编历史剧《贞观盛事》和《廉吏于成龙》，“尚长荣三部曲”终于完满。他说自己与上海一拍即合，艺术追求“如鱼得水”“如虎添翼”，“我需要这样的氛围，需要这样的团队，需要这么好的观众。上海需要我，我更需要上海”。2014 年，尚长荣被授予第六届上海文学艺术奖终身成就奖。这是褒奖他以创造性的艺术劳动，为新时期以来京剧新剧目创作演出作出的杰出贡献。

对艺术常怀敬畏心，京剧发展要激活传统、融入时代

“曹操的笑”“魏征的直谏”“于成龙的斗酒”……尚长荣在舞台上留下了许多华彩篇章，令人拍案叫绝。如今，《曹操与杨修》被誉为“新时期中国戏曲里程碑式的作品”，而“三部曲”也先后获得第一、三、四届中国京剧艺术节金奖（榜首），几乎囊括了中国戏剧界所有重要奖项。回眸近 30 年来的创作历程，尚长荣目光炯炯、语气坚定：“艺无坦途，唯有攀登。”

戏曲艺术创新，必须攥紧传统文化的根脉。“万变不离其宗，我们的传统是不能丢掉的，这是我们的根，不管怎么变，都不能离开文化的根。我们要敬畏传统、继承传统、研究传统，还要激活传统。”在尚长荣看来，“三部曲”中所有“创”与“改”都建立在传统根基上，所有唱腔与表演

也都是“有根之木”“有源之水”。《曹操与杨修》中第四场采用“反二黄慢板”来展现曹操的心境；《贞观盛事》第二场的“四平调”来自传统戏中生、旦行的专属，用在此处表达魏征的舒畅心情也十分恰当；《廉吏于成龙》则在众多传统板式的基础上融入了昆曲的“吹腔”和山西的民歌、方言，在最大程度吸收传统养分的同时，也大量汲取了非本体的音乐元素。“对传统报以最大的尊重，对创新也给予最大的包容，既要摆脱抱残守缺的‘僵化’，又切实防止‘走火入魔’的‘异化’，不能只顾外包装而背离戏曲的本体核心。这不但是剧院的审美理想，也是我的坚守、尺度和根本。”尚长荣说。

刻画鲜活角色，要找到滋养内心的沃土。为了揣摩曹操的内心世界，尚长荣细读《观沧海》《龟虽寿》等名篇，一字一句地解读《举贤勿拘品行令》等政令，从传世文本中追寻古人的人生足迹；为了把握魏征的个性，他不仅熟读《谏太宗十思疏》，还专程前往魏征故里汲取创作灵感；排演《廉吏于成龙》时，他一路颠簸赶到山西省方山县，从于成龙的出生地捧回一抔泥土，放在舞台上象征高洁操守的竹箱内，作为“镇戏之宝”。“只有踩着这样的泥土，才能走进戏中人的生活，感受到他们精神的力量。”

海纳百川，须得有开放包容的心态。戏曲艺术创作者不仅要做到“闻过则喜”，更应欣然、及时地“闻过则改”。《廉吏于成龙》在京剧艺术节上斩获头名，大家欢欣鼓舞时，某杂志刊登评论文章，直言不讳地批评“于成龙”有不切实际的“高大全”。尚长荣立刻拉着编剧们，对照文中的批评意见共同修改剧目。经过 11 次大修改、无数次小修改的“于成龙”最终呈现于舞台，并在之后获得中国戏剧戏曲类所有奖项即“大满贯”的殊荣。在鄂州演出那会儿，当“这是湖北黄州的红土，渗透着荆鄂赤子的热血；这是武昌江畔的流沙，记载着世代平民的甘苦”的台词响起时，台下掌声经久不息，散场后观众仍不愿离去，这是真正唱到了大家的心坎上。

品质精益求精，一字一句打磨出精品。《贞观盛事》1999 年首演，

2002年便获得了“文华大奖”，但尚长荣并不满足，仍希望剧目能够精益求精。本着“小改大提高”的原则，剧组在4个月里组织多场专家研讨会，一字一句，精雕细琢。魏征最后一场有句台词，最初是“怎能不清身自律”，后来改为“怎可不清身自律”，最后有位“高人”提出，能不能改成“敢”字，“怎敢不清身自律，以身作则”。好，一字值千金！

胸膛里揣着滚烫的心，要把京剧艺术传出去、传下去

“三部曲”红遍大江南北，但并未让这位京剧大家停歇前进的脚步。近年来，尚长荣常常走出国门，向世界传播京剧。2017年9月，他与史依弘携手在美国大都会博物馆和普林斯顿大学连演数十场《霸王别姬》，并通过网络向全世界直播。“时代赋予了剧场艺术新的挑战，戏曲人应该勇于接受，通过唱腔和表演，讲好中国古今人物的故事，传递中华民族悠久的文化艺术、优秀的民族精神。”

新编剧目《曹操与杨修》剧照

2008年，尚长荣在上海电影制片厂拍摄了由郑大圣导演的京剧电影《廉吏于成龙》。几年后，上海京剧院准备摄制京剧电影《霸王别姬》，导演滕俊杰提出要加拍3D全景声版，这对主演之一的尚长荣来说可是“正中下怀”。20世纪60年代，他第一次戴着眼镜在北京大观楼看立体电影，观摩的就是上海拍摄的电影《魔术师的

奇遇》。当时他就琢磨着想把戏曲拍成立体电影，40 多年后梦想成真。影片获得世界 3D 电影最高奖——金卢米埃尔奖的青睐，评委从几百部参评影片中遴选出 29 部电影，其中就有《霸王别姬》。之后，尚长荣又主演了 3D 全景声京剧电影《曹操与杨修》《贞观盛事》，让戏曲借着电影的翅膀，飞向世界。

年近八旬的尚长荣如今依旧忙碌着，一方面竭尽所能把中华文化传出去，另一方面致力于把京剧艺术传下去，他笑称这是艺术生涯的“重点转移”。从 2014 年开始，上海京剧院以一年一出戏的速度进行“三部曲”的传承。从念白、唱腔，到剧本分析、历史背景，乃至人物的身段动作，尚长荣将所有细节“掰开揉碎”了教给年轻人，“三部曲”终于有了青春版。“老师是一把钥匙，帮学生打开艺术灵感的门。我并不希望他们依葫芦画瓢地照搬，而是期待他们在学习过程中激发各自的独立思考和独特见解，更期待他们能够举一反三，提升在其他传统戏和新编戏中的编演能力。”尚长荣寄语年轻演员，要以“死学”为依托，扎根传统的土壤，方能“用活”。“成大才不靠捧，靠自己的追求与磨炼。”

记者手记

笑的学问

刚走到京剧院四楼办公室的门口，就听到屋里传出的一阵笑声，爽朗、洪亮、宽厚，很有识别度——那便是尚长荣。老先生正与友人煲电话粥，聊一些旧事，讲到微妙处，禁不住哈哈一乐。见记者来访，他忙站起身来打招呼，嘴角挂着笑意。

与爱笑的人交谈，气氛果然松快，老先生的“故事会”纵览70多年，横跨大江南北。谈起儿时往事，他美滋滋地翻出微信里收藏的老北京《叫卖组曲》，夸赞“北京人艺老艺术家们的吆喝，就是够味儿”；回忆与工人们一起睡“泥窝子”、钻隧洞、修桥墩的苦日子，他却品咂出艺术之花绽放的甜美；说到横行老排练厅的跳蚤，他哼着刘秉义的《跳蚤之歌》，似乎还“乐在其中”……

尚长荣爱笑，也喜欢研究笑，甚至琢磨出一套“笑的技法”。传统戏中曹操以狂笑、奸笑居多，在《曹操与杨修》里，他就设计了冷笑、阴笑、怒笑、喷笑、讥笑、逗笑、满足的笑、舒心的笑、爽朗的笑、威严的笑、由笑转哭，让曹操在舞台上“活”了起来。《贞观盛事》里，他又打开思路，魏征的僵笑假笑、李世民的尬笑，再到自我解嘲的笑，最终两人由衷地开怀大笑，一笑泯前嫌。“笑的技法来源于真实的生活体悟。创作应当进入自由的王国，摆脱一切束缚，以扎实的功底和敏锐的悟性，竭尽手段把生活艺术化。将舞台表演与生活积累交融在一起，那演戏才叫一个惬意，哈哈哈。”尚长荣说。

尚长荣的笑声中有开放包容的艺术观，也有豁达乐观的人生态度。有人曾问他，娱乐明星收入那么高，传统艺术从业者会不会有心理落差？尚长荣笑着反问，与当年参与“两弹一星”工程的无名英雄们比，会有落差吗？跟隐姓埋名一辈子、献了终身献子孙的科学家比，会有落差吗？作为戏曲人，不要纠结于“一亩三分地”的利益，要想靠这个职业挣大钱、发家致富就趁早改行。既然从事了这行，就要吃得起苦、耐得住寂寞、禁得住诱惑！

笑对人生，让人敬仰；笑的学问，令人叹服。

2017 年 1 月，王炳华在香港饶宗颐文化馆讲学（均受访者供图）

王炳华

王炳华，1935 年生于江苏南通，1960 年毕业于北京大学历史系考古专业，从事新疆考古 40 年。曾任新疆文物考古研究所所长、研究员，中国人民大学国学院特聘教授、博士生导师，中国唐史研究会、中国中外关系史研究会、中国中亚文化研究会理事。两次被评为新疆有突出贡献优秀专家，1992 年起享受国务院特殊津贴。

主持与日本早稻田大学、佛教大学，法国科研中心等有关丝绸之路调查，交河沟西发掘，尼雅考古调查发掘，克里雅调查合作项目等。提出的新疆青铜时代、楼兰早期文明、生殖崇拜、古代新疆居民及其文化、塔克拉玛干沙漠城镇废弃的内在制因等理念，为西域研究学界所关注。

主要论著有《吐鲁番的古代文明》《新疆天山生殖崇拜岩画》《丝绸之路考古研究》《西域考古历史论集》《西域考古文存》《孔雀河青铜时代与吐火罗假想》等 20 余部，主编《新疆文物考古新收获》《法国西域敦煌学名著译丛》等。

王炳华：瀚海沧桑显春秋

付鑫鑫

新疆，我国陆地面积最大的省级行政区，生活着 46 个民族，周边与八国接壤，在历史上是古丝绸之路的重要通道。

新疆号称古代文明的十字路口，这里不仅是东西方文化交汇之所，更是游牧文化与绿洲文化交融之地。

从 1960 年北大毕业赴新疆参加工作，到 2000 年从新疆文物考古研究所退休，王炳华与新疆“朝夕相处”四十载春秋，从青丝相伴到白发满头。

从帕米尔高原到塔克拉玛干沙漠腹地，从阿勒泰山到伊犁河谷，从天山内外到南疆北疆，他主持、直接参与的重要考古工地有 20 多处。

无论是“五星出东方利中国”的织锦，还是楼兰王国的金发女尸，抑或米兰古城遗址出土的“有翼飞天”像……对王炳华来说，所有文物都是历史的见证与还原。他常说，倚靠文献考证历史固然有其意义，但若要补足其缺漏和客观性，则需考古研究来辅助。考古时发掘到的物品很可能是当年不小心留下或弃置的，这样反而更能客观完整地保留古代的文化。这是他愿意花一辈子去考古的初心与坚守。

著名红学家、史学家冯其庸题赠王炳华的诗中写道：“瀚海沧桑觅梦痕，楼兰又见小河墩。君家事业传千古，卓荦群英是此人。”或许，这是对王炳华倾其一生奉献新疆考古事业的最好概括。

伊犁河流域乌孙古冢，具有里程碑式意义

1935 年，王炳华出生于南通一户殷实人家，父亲是温桥小学校长，

文明在交流中进步，
民族在融合中前行
王炳华
2019.8.18

王炳华寄语

外祖父是医生。儿时最高兴的事就是去舅父家玩，因为那里有很多书。

1955 年，从南通中学高中毕业后，王炳华在老师顾云璈的建议下，填报了北京大学历史系考古专业。

起初，他对历史和考古都没什么概念，大一到大三文科的基础课程也相差无几。大四，王炳华随同学们去云南做社会民族调查。大半年下来，他发现少数民族文化异彩纷呈，十分值得研究。1960 年毕业实习，王炳华到河南洛阳王湾发掘仰韶墓地，算是第一次正儿八经与考古打了个照面，“条件艰苦，但能坚持”。

毕业分配，王炳华将南京的名额让给了同学，自己选择去乌鲁木齐。

“从书本上了解到的新疆，远离中原，是考古富矿，很吸引我。”王炳华解释说，当时，外国考古学家有《西域考古记》等；国内学者研究新疆，虽文献丰富，但考古资料明显不足。而且，一些流传至今的文献，作者的主观目的难免会渗透进文字中，导致其舍去部分史实，“因此，需要从考古发现中探索更多隐秘，用‘真材实料’来展现、还原新疆古代的辉煌”。

王炳华从北京坐火车到兰州，再转乘慢车进入新疆，当时的火车终点站在鄯善县。“在戈壁滩下车时，天刚放亮，最先看到的是一排排帐篷。帐篷前立着不同单位的接站标志，一旦对接上，立刻就有热气腾腾的早点。”王炳华记忆犹新地说。

1960 年，考古所还没有自己的办公室，借了新疆印刷厂两间房子办公，住宿则租用印刷厂对面的民居土房。

王炳华最早的考古工作，围绕天山以北的游牧文化遗存展开。1961 年 7 月，王炳华与同事王明哲等人，对伊犁河流域昭苏、特克斯等 9 县的土墩墓开展试掘，在特克斯县采集到青铜器 11 件。1962—1963 年，在昭苏县发掘了后来名噪一时的乌孙古冢。古冢出土有见于黄河流域的汉式铁犁铧，也发现过典型的秦式茧型陶壶。王炳华参考俄文相关资料，结合文献，澄清了“游牧区历史文化遗存贫乏”的误解。其提出的乌孙（西域 36 国之一）考古文化概念，具有里程碑式意义。

至今，他还记得，那几年，每次野外工作结束，返回乌鲁木齐，会去蒸“土耳其浴”，将衣服挂在高温蒸汽下方，看体虱一个个从衣服上掉落。

“文革”10 年，唯一让王炳华感觉到甜蜜的是：1968 年元旦，他与在“社会主义教育”中结识、相恋 3 年的王路力喜结连理。

“住我们对门的北大维吾尔族同学热合曼，借来她的台式收音机，给婚房添上了温馨的音乐，很是感人。”王炳华笑着说。

张骞出使西域前，“中原制造”已传至新疆

1976 年，结束借调在国家文物局文物出版社的工作，王炳华返回新疆。是时，当地正在修建穿越天山峡谷的南疆铁路，沿途发现了许多文物，消息传到乌鲁木齐，王炳华随即前往阿拉沟。

阿拉沟是天山山脉中的一条沟谷，在吐鲁番托克逊县西南。1976—1978 年，王炳华在阿拉沟东口、鱼儿沟车站地区主持发掘墓葬 85 座，出土文物以金器最多，见有虎纹饰圆金牌 8 块、对虎纹金箔、狮纹金箔、兽面金饰等。

在考古报告中，王炳华提出“塞人文化”的新概念。《汉书 · 西域传》记载，汉代以前，塞人（对应于波斯文献中的“Saka”）曾广泛分布于伊犁河流域、天山和帕米尔一带，大月氏西迁后，将塞人赶出了伊犁河流域。

“黄金大墓”引发社会轰动的同时，王炳华却审慎地认为，出土文物的多元性及其与周边地域的关联性更令人惊叹。“阿拉沟东口大墓出土大

量源于长江流域楚文化的漆器，凤鸟纹丝绣颇显楚人巫风，还有山字纹青铜镜、精细的绫纹罗等。加上俄罗斯巴泽雷克墓地同样出土过漆器、凤鸟纹丝绣、铜镜等……这说明，早在战国时期，'中原制造'就已广泛传播至古代新疆甚至更远的地区。"后来的研究也证明，阿拉沟东口大墓出土的金器中，动物后肢向上翻转的造型，与俄罗斯巴泽雷克、中亚伊塞克等地出土的文物非常相似。换句话说，在张骞出使西域前，丝绸之路上已有相当的文化交流，天山峡谷对于丝路而言具有重要意义。从这点来讲，阿拉沟墓葬称得上是真正的"黄金大墓"。

随后，王炳华继续向东考察，抵达哈密五堡。当地居民伊米提主动找上门，说在村西戈壁滩上看见过彩陶和木器碎片，王炳华于是同伊米提前往查看。

1978—1991 年间，王炳华在哈密五堡主持了 3 次考古，共发掘墓葬 114 座。经碳 14 测定，墓葬年代距今约 3000 年。墓葬出土的毛织物色彩依然鲜丽，大量木器特征鲜明，并发现 70 余具干尸，其中 11 具相对完整，目前分别收藏于哈密博物馆、新疆博物馆、上海自然博物馆。

1978 年底，哈密五堡第 24 号墓出土的女尸，送往上海解剖，显示古尸具有高加索人种特征。而根据上海自然博物馆对 1986 年发掘所得 57 具头骨的测量结果，其中 13 具古尸为蒙古人种、33 具古尸为欧洲人种。DNA 检测结果也显示，古尸中，同时存在蒙古人种和欧洲人种的类型。

1987 年，在与呼图壁县地名办公室主任李世昌聊天时，王炳华得知县境西部天山深处有岩画。岩画位于耸立的峭壁上，东西长 14 米、高 9 米，总面积约 120 平方米，绘有各式人物形象约 300 个，其中，有不少男性生殖器刻画突出，甚至有交媾场景。王炳华认为，岩画揭示了古人生殖崇拜的思想，而岩画的主人可能是塞人及部分蒙古人。

至此，王炳华明确提出"天山峡谷古道"的新概念。天山山系东西长 1760 公里、南北宽 300 公里，广泛分布着草原、盆地，是游牧民族往来的天然通道。“我们在伊犁河流域发现的波马金银器、阿拉沟‘黄金大墓’、呼图壁县康家石门子生殖崇拜岩画等，都指向一个事实，即天山峡谷是文化交往的重要通道。这一发现也可在吐鲁番出土的唐代文书及晚至明代的文献中找到依据。这些考古证据不仅清晰描绘出一条新的交通路线，更是打破了我们旧有的认知——古代丝绸之路必须自昆仑山北麓，天山北麓、南麓而行。我们开始重新认识西域的地理空间，丝绸之路也可以穿越天山来去。”

从楼兰女尸到精绝王陵，异质文明碰撞混融

在汉代丝绸之路开通之初，楼兰曾是重要节点。公元 4 世纪，楼兰开始衰落，楼兰古城也随之销声匿迹。直到 1901 年，瑞典探险家斯文·赫定偶遇楼兰古城，并在此采集到古代简牍、钱币、毛织品、木雕等珍贵文物，方引起世人关注。中华人民共和国成立后，罗布泊成为军事禁区，楼兰考古再次沉寂。

1979 年，中国中央电视台计划与日本 NHK 合作拍摄大型纪录片《丝绸之路》，请王炳华参与，他随即提出“去楼兰”。是年年底，王炳华率队进入位于罗布泊西北的孔雀河河谷考察，发现古墓沟墓地。

在古墓沟，考古队共发掘墓葬 42 座。其中，6 座墓葬形制特殊，地表皆有 7 圈列木，构成椭圆形圈，圈外散布以 7 根木桩构成的放射形直线，即“太阳墓”。根据碳 14 测定，墓葬距今约 3800 年。古墓沟的发掘，打破了以往罗布泊地区文物都与汉代楼兰相关的认知，证明在更早以前人类就曾在罗布淖尔留下痕迹。

古墓沟的另一个重要发现是女尸，头戴尖顶毡帽、发色金黄。1980 年，在楼兰铁板河墓地也出土了一具类似的女尸。两具女尸的解剖结果显示，头骨具有明显的欧洲人种特点，古墓沟文化居民是当时所知“欧亚大陆上时代最早、分布位置最东的古欧洲人类型”。

2000 年重新发现小河，在寻找小河的路上

随即，有学者提出，墓地主人可能是“吐火罗人”，但王炳华并不认同这种假说。综合古墓沟、铁板河、小河的考古成果，20 世纪初探险家们的考古收获，以及克里雅北方墓地的新发现等，王炳华提出，罗布淖尔荒原北部孔雀河水系所见青铜时代考古遗存，是一种具有特别鲜明个性的考古文化。而此文化具有塞人文化的重要特征，与古印度、古伊朗文化也有不少关联，体现出异质文明碰撞后的矛盾与冲突、混融与合一，而不应将其简单认定为“吐火罗人”。

楼兰考古的成功，促成了中法克里雅河流域的考古调查。1993 年，与法国研究中心 315 所签订“克里雅河考古协议”后，王炳华作为考察队队长，进入克里雅河流域，调查喀拉墩遗址。

1995 年十大考古发现之一即尼雅精绝国发掘，尼雅遗址是汉代精绝国（西域 36 国之一）所在。1995 年 9—11 月，王炳华率队在沙漠中前行，意外发现一座胡杨棺木，95 尼雅一号墓地由此现世，实为精绝国王室墓园。墓葬保存得十分完好，M8 墓主人所着“五星出东方利中国”织锦，体现出精绝国与汉朝的政治文化关系。

任何偶然沉入地下的物品，都有可能不朽

退休前夕，王炳华心心念念的是小河遗址。1934 年，探险家贝格曼在小河发现了规模宏大的墓地、奇特的列木以及具有欧洲人种特征的古尸，震惊世界。2000 年，王炳华如愿进入沙漠，寻找小河。在汽车无法前行的情况下，考古队改骑骆驼深入沙漠，并在第 5 天成功觅见小河墓地。

2000年底，在北大报告小河考察及其价值时，王炳华激动地说："这是新疆考古界、文化界几代知识分子做了66年的梦。这个梦，在尴尬与苦涩里浸泡过，被民族自尊与社会责任感激励过！今天，终于用自信心和勇气，迎来了梦醒时分。"

也是在2000年，王炳华办好退休手续，卸任所长，但他的西域研究仍在继续。

他说，新疆境域广阔，沙漠戈壁纵横，气候干燥，任何偶然沉入地下的物品，甚至人类自身，都有可能不朽；这里，曾是旧大陆上古代居民交往的关键地段，不同历史时期的人群及物质、精神文明，都在这片土地上留下痕迹。这片土地上，曾有不同种族、众多民族或长或短居住、生存，留下了或深或浅的印痕；不同文化心理的居民群体，面对异己的存在，会经历怎样的接触、矛盾、冲突、了解，最后走向融合，形成新的文化实体；迥异的艺术、不同的信仰，如何彼此共存、共处，最后迈向新境……凡此种种，都是其他地方少见的。

王炳华（中）偕夫人王路力（左）访冯其庸先生（右）

在新疆拜城县北境，天山博者克拉格沟口西侧岩壁上，依稀可见东汉时期一方摩崖刻石。汉隶书就的刻石，保留了时在龟兹国（西域36国之一）任左将军的刘平国于东汉永寿四年（公元158年）率领"秦人孟伯山、狄虎贲、赵当卑、程阿羌"等6人，在沟口建"东乌垒关城"的史迹。龟兹国（今库车地区）穿越天山峡谷，通达伊犁河流域的乌孙，是汉代通向乌孙的重要通道。

自公元前60年，西汉王朝在新疆设立"西域都护府"至东汉永寿四年，新疆进入中国版图已 200 多年。那时，居住在库车境内的孟伯山、程阿羌等，包括基层官员刘平国，竟还自称“秦人”，足见秦国对西域经济文化影响之深远。

王炳华分析道：“伊朗、印度、阿富汗至今仍称中国为‘秦’，并非偶然。这种深远的影响，自然不是二世而亡的秦王朝所能营造成功的。‘秦’字背后，应有春秋战国时期秦国、秦人在西部曾经散射、留存的经济文化浸润，并深蕴于历史文脉中。”

汉代以来，中原与西域的联系日益紧密。王炳华以尼雅遗址和精绝国王陵的发掘举例分析说，精绝国王陵出土的“王”字纹陶罐、N14 出土的“仓颉篇”木简，显示出王室成员开始接受学习汉字。更为重要的是，西域在服饰和葬制上也受到中原文化的影响，比如，级别较高的墓主人袍服大多右衽，符合汉制；墓葬中，男女主人衣物器具分别悬挂在不同的 Y 形木叉上，与《礼记》所载“楎椸”制度相合。

从《史记·大宛列传》到历朝历代国史中的《西域传》，王炳华感慨：“在新疆考古人手铲下，现世的文物碎片，在与史载文献记录互相印证的同时，也见证和还原了西域万千黎民的生活情状，让今人跨越时间的长河触摸古人的悲欢离合。新疆是中国的一部分，由古至今从未改变。”

记者手记

希冀有个新疆人类学博物馆

和王老聊天，他很健谈，思绪开阔。退休后，除了在人大、北大上课，他还到美国、法国、日本等地讲学交流研讨，继续西域文明研究。

对于学生的好，王老总是铭记于心。“有一年，学生到新疆开会，抽空来看我，发现我房间没空调；回北京以后，就下了单。送货员上门要装空调，把我吓一跳！”王炳华乐呵呵地说：“学生出钱办事让我感动，这份心意更是感人。”

在宝岛台湾的台北大学上了一学期课，回程前，一个学生捧着一大罐葡萄酒来送行。“学生跟我说，不是买的，自己酿的。盛情难却，但不能带酒过境。出发前，我与共事的老师们一起把它喝了。”王炳华的欣慰之情溢于言表。“学生对我好，我讲课受欢迎，做老师还挺有成就感。”

眼下，王炳华手头最要紧的就是撰写《考古行脚六十年》《新疆考古与西域文明》。前者是考古生涯的总结，后者则希望从文物考古遗存透见它们背后的文化、历史轨迹，以及人类活动与环境变迁之间的相互关系，所涉学科太多，“不知道什么时候写得完，边写边看”。

有时候，贤内助王路力心疼他，劝王老少写点，“外稿就给2800字的稿费，你干吗非得写五六千字？3000字足够了……”王老不以为意：“我写稿又不是为了挣钱，总要把问题讲清楚嘛！”

在王炳华心中，一直希冀建立一座新疆人类学博物馆：“新疆得益于其地理位置和人类文明交流的需求，在历史上一直拥有丰富多样的人种、文化和宗教。若能通过博物馆的形式来规范整理和陈列这座宝贵的‘民族文化熔炉’，对增进民族团结会有很大帮助。”

陈冬穿宇航服（均受访者供图）

陈冬

陈冬，1978 年 12 月出生在河南洛阳。1997 年，以优异成绩考入长春飞行学院，在校期间加入中国共产党。2001 年，获得歼击机飞行与指挥专业毕业证书，进入驻扎在浙江嘉兴的空军某团，先后驾驶“歼教六”和“强五”战机。2010 年 5 月，和刘洋、王亚平等 7 名飞行员正式成为航天员大队的一员。2016 年 10 月 17 日至 11 月 18 日，与景海鹏一起执行神舟十一号飞行任务，获得圆满成功。同年 12 月 26 日，中共中央、国务院、中央军委授予他“英雄航天员”荣誉称号，并颁发“三级航天功勋奖章”。2018 年 1 月，陈冬和他的航天员战友们一起，被中宣部授予“时代楷模”荣誉称号。

陈冬："祖国，我们要为您飞得更高"

宗兆盾　郑蔚

中华人民共和国开国大典上，尚在筹建中的人民解放军空军参加了阅兵式。万众欢腾中，9 架 P–51 野马战斗机、2 架蚊式轰炸机、3 架 C–46 运输机和 2 架 PT–19 型教练机、1 架 L–5 联络机组成的受阅编队飞过天安门广场上空。这几乎就是当年人民空军的全部家底，机型七拼八凑，真的是百废待兴。70 年后的今天，中国载人航天工程开始迈入"空间站时代"。2019 年初，中国载人航天工程办公室发布消息称，我国空间站飞行任务即将拉开序幕。建造空间站是我国载人航天工程"三步走"发展战略中第三步的任务目标。中国空间站核心舱计划于 2020 年前后发射，全站预计于 2022 年建成并投入运营，设计寿命 10 年，运行轨道高度 340—450 公里，可容纳 3—6 名航天员在轨工作生活。目前，空间站核心舱和用于执行发射任务的长征五号新型运载火箭正在抓紧研制生产。执行空间站飞行任务的航天员也在按计划参加选拔训练。航天员是怎么炼成的？有多苦，有多难，有多幸福？曾执行神舟十一号飞行任务的英雄航天员陈冬，在紧张的训练间隙接受了记者的采访。

为祖国飞出新高度.

陈冬

2019年9月

陈冬寄语

“那是 2016 年 11 月 9 日，习近平主席来到载人航天工程指挥中心与我们进行天地通话。”这太空的 33 天，是陈冬一生中非同寻常的生命体验。

从没坐过飞机的少年，立志冲上云霄

每个人的青春，或许都会有若干次心灵被“震撼”的体验。青春为何而“震撼”，很大程度上影响了此后的人生选择、生命走向。

陈冬难以忘怀的那次心灵震撼，是第一次跟随教官坐“初教六”教练机升空。

“我是坐火车去长春飞行学院报到的。此前，我们一家人都没有坐过飞机，我从来也没有从空中俯瞰过大地。能冲上云霄，一直是我的向往。”陈冬告诉记者：“记得第一次升空是盛夏时节，从驾驶舱看下去，庄稼茂盛，鲁中大地一片绿色。真是太震撼了！”

陈冬出生于一个普通工人家庭，父母都在洛阳一家铜加工厂工作。陈家有两兄弟，陈冬还有个哥哥。1997 年，陈冬参加高考，成绩不错，但父母高兴得有点沉重，因为大儿子已经在读大二，家里再出一个大学生，即使再省吃俭用怕也难以负担。“父亲陪我去济南体检，他就住在附近价格最便宜的小旅馆。”陈冬的话语里满是对老父亲的心疼之情。“等拿到飞行学院的录取通知书，全家都很高兴，这是免学费的，我也能上大学了。父母平时从来舍不得上饭馆，这次破例全家去饭馆庆祝了一下。”

这让记者想起和陈冬一起飞上太空的神舟十一号飞行乘组指令长景海鹏，他和陈冬一样都属马，年龄却大了整整一轮，陈冬称他为“景师兄”。

景海鹏是农家子弟，家有三兄妹，他是老大。儿时全家靠父母白天挣工分、晚上捆扫帚换钱养活。中学整整 6 年，景海鹏没有吃过一次学校食堂，全靠家里带的馒头和咸菜，买不起汤，就喝白开水。夏天馒头容易坏，他每周要回家两趟取干粮；没有自行车，70 里地全靠走。他俩都是从小不怕吃苦的人啊！

陈冬说："我非常幸运的是，中小学的班主任都特别好。""小学 3 年级时，我很调皮。有一次学校给老师发点菜，都堆在小操场上。放学后，我和同学玩疯了，跳到菜堆上又打又闹，糟践了不少菜。等到老师闻讯赶来制止时，我才知道闯大祸了。可杨老师没有骂我，而是温和地对我说，老师知道你是无意的，但这样一来老师吃的菜就没有了，以后凡事要为别人多想一想。在杨老师的袒护下，学校没有处罚我，但她的话我一直记到现在。冬天，我的手冻得皴裂了大口子，她看到了就心疼得把我的手捂在她的手心里，就像我母亲一样。"

"我的中学班主任姚老师就像我们的兄长，喜欢带我们踢足球。原来我们一直保持联系，2010 年我加入航天员大队后，一直进行封闭式训练，和好多老师同学失去了联系。后来我才知道，2012 年，他特意在《洛阳晚报》发表了一篇文章《姚老师'想念你'》，令我至今感动不已。"

其实刚进飞行学院时，陈冬并不轻松。新训时，陈冬是班里被子叠得最差的。有一次，叠好的被子被班长扔到走廊上，他还非常抵触："把被子叠成豆腐块有必要吗？"直到教导员告诉他"看似叠被子，实际上是军人意志和作风的锤炼与养成"，他才把叠被子当作"从老百姓转变为军人的第一步"。更严峻的是，他的体能考核成绩又是倒数。1500 米跑达标是 5 分 10 秒，他要跑 7 分钟，而 3 个月后必须通过新兵及格考试。"记得当时每天早晨 6 点 30 分吹集合号，我 6 点就起床加练，腿上还要绑上沙袋，晚上熄灯后练俯卧撑，否则怎么撵得上大伙啊。3 个月后，体能上去了，体重也减了 10 公斤。"

陈冬这一届飞行学员的淘汰率高达 70%，进校时 11 人，放完单飞到毕业时只剩 3 个了。2001 年，他以优异成绩从飞行学院毕业，分配到驻扎在浙江嘉兴的空军某团，成为一名驾驶"强五"的强击机飞行员。此后

11 年间，他累计飞行 1500 小时，2 次荣立三等功，成为飞行大队队长。

“强击机飞行员和歼击机飞行员有什么区别？”记者问。

“强击机主要是空对地攻击，必须尽可能贴地飞行；歼击机主要是空对空作战，必须飞得高。所以我心里一直不满足，总想改飞歼击机，飞得高点再高点。2003 年，看到杨利伟成为中国飞天第一人；2005 年，费俊龙、聂海胜圆满完成‘神六’任务。飞船可比飞机飞得高太多了！听说所有的航天员都是从战斗机飞行员中选拔的，我就有了当航天员的新梦想。”

2009 年，陈冬正带领飞行大队在西北参加演习，团长给他打电话说，由于在外执行任务，这次第二批航天员选拔体检，你们就不参加了。挂了电话，陈冬懊恼得连中午饭都吃不下。所幸的是，回到嘉兴，上级通知他们集体参加补检。

陈冬没想到，他的面试官是杨利伟。杨利伟问他：“想成为航天员要面对更大的风险，要付出更多，会照顾不了家庭，你会坚持吗？”

陈冬毫不犹豫地回答：“我想成为航天员大队的一员，成为中国飞得最高的人。为了实现梦想，我甘愿为之付出。”

过载 8 个 G 的训练，每年都必须达标

2010 年 5 月，陈冬和刘洋、王亚平等 7 名飞行员正式成为航天员大队第二批航天员。报到的那天，曾代表祖国出征太空的航天员在门口欢迎新队员。能与心目中的英雄并肩战斗，陈冬非常振奋。

航天员的培训是异常紧张而辛苦的。转椅训练主要是锻炼人的前庭功能，中国载人航天工程航天员系统副总设计师、负责航天员选拔训练的责任总师黄伟芬告诉记者：“有的人一转就吐了，当然这样的人就直接被淘汰了，不可能录取。我们录取的航天员都是有良好基础的，但仍要通过专项训练，进行保持和提高。”

“转椅训练是我的弱项，刚开始，每次转完都会出冷汗，头发晕。为了锻炼前庭功能，我就买了一个可以旋转的电脑椅，一有空就坐在上面，让爱人推着我转。”

狭小环境心理适应性训练则是更艰难的考验。航天员乘组被关在仅有7平方米的狭小密闭环境中，还要被“剥夺睡眠”72小时。黄伟芬告诉记者，72小时不眠不休绝对“不辅助药物”，但科技人员会密切监测航天员的各项生理指标，以确保航天员的健康不受损害。

“我感到最大的困难就是克服困倦，尤其是在第三天的凌晨四五点钟，尽管脑子是清醒的，但眼皮免不了打架。好在我们是3人乘组，大家轮流唱歌、讲笑话，终于把所有的试验和测试都进行到底了。”

陈冬（左）和景海鹏（右）在神州十一号舱内

航天英雄群像

然而，最“著名”的是超重耐力适应性训练，要求过载达到8个G，即人体自重的8倍。

陈冬告诉记者：“当进行8个G的超重耐力训练时，你会觉得这8个G压在你每一寸肌肤、每一个细胞上，甚至感觉你的脏器都临时‘位移’了，透不过气来，你明明没有哭，但泪水会不受控制地甩出去。”

正是因为对身心的考验极为严峻，所以在进行训练时，左手边都设有一个红色按钮，只要一按下它，过载立即下降。“我们都知道，只要按下按钮，人马上就舒服了，但梦想也终止了。所以迄今为止，没有一个航天员按下过红色按钮。”

这是一支意志多么顽强的队伍啊！

如此“魔鬼式”的训练，还不是跨进航天员大门“门槛式”的考试，而是每年都必须通过的训练！

难怪人们都说，飞行员与等身的黄金同值，而航天员与等身的钻石同值。航天员的意志真的如金刚钻一样坚硬无比啊！

但如果认为航天员最大的挑战就是体能训练，那就大错特错了。黄伟芬告诉记者，航天员的整个职业生涯是个持续不断学习的过程，从基础理论、航天环境适应性、航天专业技术、飞行程序和任务模拟、各种科学实验，以及发射场的人—船—箭—地联合检查等共有 8 大类 100 多个科目。而且航天员的所有操作必须绝对精确、万无一失，比如，神舟飞船与天宫的手控交会对接，陈冬就进行了 1000 多次训练。

陈冬说：“毕竟已经离开学校、参加工作 10 年了，要在很短时间里掌握这么多陌生的理论课难度很大。”“这对我们是非常严峻的考验。那段时间，我们从未在晚上 12 点之前睡过觉，也没有双休日。航天员的教室里出现过两件趣事：一是大家都在教室后面站着上课，怕坐着上课犯困；二是教室里弥漫着风油精的味道，把任课老师熏得特别精神。”

神舟十一号飞行任务，是我国载人航天工程实施以来飞行时间最长、航天员参与完成试验内容最多的一次。在 33 天的飞行期间，他们参与的试 / 实验多达 38 项，无论哪个试 / 实验，他们都要在地面反复训练，确保飞行期间获得的试 / 实验数据可靠、有效。

“坚信我们的科学家和飞行器，一定能把我们安全送回家”

2016年10月17日，盼望了几千个日日夜夜的时刻终于来临了。凌晨1点多，陈冬起身开始做升空的各项准备工作。他和指令长景海鹏将驾乘神舟十一号飞船飞向太空。

从问天阁到发射塔架，大约四五公里，道路两旁都是欢送的人群。车内，两位航天员唱起了《歌唱祖国》。

当年，神舟五号升空时，火箭抛掉顶端的逃逸塔之后，发动机、箭体之间产生的8赫兹左右的低频振动，与人体内脏产生了令人难以承受的共振，整整26秒，人体耐受力几乎濒临极限。

“您乘长征二号F遥十一火箭升空时，有没有遭遇这样的共振？”记者问陈冬。

“完全没有。经过航天科技人员攻关，从‘神六’起，这种共振现象就已经消除了。我们乘坐的火箭起飞非常平稳，甚至感觉不到很大的震动，就像坐太空版‘动车’一样。直到抛整流罩时才感到有点震动，飞船立即沐浴在阳光里，当阳光洒进舷窗，座舱一下子亮堂了。”

当时，陈冬情不自禁地扭头看了一下座位右侧的舷窗，那是他期盼已久的美景：一半是太空，一半是蓝白相间的地球，地球与太空相交之处是一道蓝莹莹的弧线。

已经是三上太空的景海鹏问他：“爽吗？”

陈冬脱口回答：“爽！”

初上太空，失重的体验让人新奇和兴奋，但很快“空间运动病”接踵而来。因为失重，血液涌向头部，头晕脑胀，甚至眼睛都有点外突。幸亏“景师兄”已有两次太空飞行经验，帮助他慢慢适应了失重感。

“在您之前，我国航天员还没有第一次上太空就连续飞行33天的。您晚上能睡踏实吗？”记者问。

“开始确实睡得不太踏实，因为在太空，人其实站着、躺着、飘着是一样的。我们睡觉是钻进固定在舱壁上的睡袋里站着睡，开始总觉得后背没有躺在床上的踏实感，感觉有点‘飘着睡’。但后来越睡越踏实了，一是白天工作排得很满，人也适应了，很快就能睡着；二是知道即使我们睡着了，地面飞控中心还有多少专家眼睛一刻也不眨地陪伴着我们呢。”

在这 33 天里，他们要做 38 项实验，既是航天员，又是工程师、科学家、医生、饲养员和农民等多面手。尤其是太空种菜的实验，填补了我国在轨植物栽培技术领域的空白，为开展空间站更大规模、更高复杂度和更精确的受控生态生保系统技术验证与在轨应用奠定了坚实基础。

“因为时间有限，不可能像电影《火星救援》里一样种土豆，我们种的是生菜。”陈冬告诉记者。

在地球上种菜，出苗天经地义。但在失重环境下种植，怎样才能出苗，怎样才能提供合适的养分、水分，都是难题和挑战。

早在地面的多次试验中，陈冬他俩就认真摸索体会，根据对太空环境的充分了解，提出了很多宝贵建议，进行操作优化。这些建议对太空实验非常宝贵。

太空中的实验终于开始了，在陈冬他俩的细心呵护下，生菜出苗了，越长越高，短短几天就长到 10 多厘米高。在太空生长的生菜和吐丝成茧的蚕宝宝，吸引了全球很多青少年的目光。

航天员并不只是在太空舱养蚕种菜、做做实验而已，这是个堪称地球上最危险的职业。就在飞船返航前几天，陈冬他们突然遭遇了语音通讯中断故障。“开始我呼叫飞控中心，没有反应，我还以为不在通讯区。隔一会再呼叫，还没有反应。”陈冬说，“我们就在摄像头前写下‘无线电通讯故障’，让地面科技人员看到。在与地面联手排故的 3 小时里，我们在镜头前非常镇定，还在手册空白页上写了‘我们很好，请你们放心’，来告知地面。同时，我俩一直在分析，是什么引起了故障，会不会引发其他故障，我们会不会提前返航？”

收听不到地面指挥调度的声音，航天员在太空中就像断了线的风筝。景海鹏说：“最坏的打算，就是我们可能回不去了。”

这是直面生死的挑战。

陈冬说：“我俩都相信我们的科学家和我们的飞行器，一定能把我们安全送回家。”

他俩还拿出牛肉干和巧克力，故作轻松地面对摄像头享用起来，以此告诉飞控中心：我们很镇定，一定能排除故障。

黄伟芬告诉记者：“他们确实表现得很棒！非常镇静，整个排故流程都是按照平时训练进行的，不慌不乱，有条不紊，一丝不苟。”

当语音通讯链路恢复，陈冬和景海鹏相视一笑。

其实，曾遭遇生死考验的并不仅仅是他俩。

2008 年 9 月 27 日，在执行神舟七号飞行任务中，翟志刚刚开始出舱，突然传来连续 3 遍“轨道舱火灾”的急促报警声。刘伯明问翟志刚：“咱还出不出舱？”“神七”任务的核心目标就是完成空间出舱活动，翟志刚非常坚定果断地说：“出舱。”

原定的出舱程序是翟志刚出舱后先取回一块固体润滑材料的试验模块，再展示五星红旗。面对特情，3 位航天员决定临时调整程序，先展示五星红旗，再取试验模块。

16 时 45 分 17 秒，翟志刚在太空迈出第一步，成为第一位漫步太空的中国航天人。

翟志刚、刘伯明、景海鹏，当时都做好了再也回不来的牺牲准备。

所幸经过天地两端共同检查确认判断，这是真空环境下仪表发生的误报警。日前，记者在中国载人航天博物馆二楼展厅，见到了那块固体润滑材料试验模块。

返回地球的经历同样惊心动魄，尤其是返回舱以每秒 8 公里的速度穿越“黑障区”。

返回舱飞至距地面 100 公里高度后，逐步进入大气层。陈冬说：“当返回舱高速闯入大气层时，会产生上千摄氏度的高温，并在返回舱周围形成一个电离层，无线电通讯中断了。通过舷窗，我先是看到火焰将飞船表面防烧蚀涂层点燃，剥落的红色碎片密集飞过，很快将舷窗全部覆盖变黑，但是还能感受到返回舱的发动机仍在工作。”

“当初，杨利伟看到舷窗曾出现‘裂纹’，这次你们见到了吗？”记者问。

“其实那不是舷窗玻璃的裂纹，而是防烧蚀涂层的裂纹。经过科学家们的攻关，现在‘裂纹’已经全部消除了。”陈冬说。

“穿过‘黑障区’后最大的考验是什么？”记者问。

“那是降落伞开伞之时。先是‘轰’的一声弹伞舱盖，然后是引导伞、主伞先后有序打开，返回舱坠落的重力和主伞的上升力造成舱体剧烈晃动，就像大风浪里的一叶小舟。我好激动：主伞打开了，我们安全回家了！果然，一会儿返回舱就稳定了下来，直到它着陆时再次弹跳起来，我们立即发出指令切断了降落伞，舱体立即停了下来，经过飞翔和烈焰，我们再次回到了祖国的大地，心里无比踏实。”陈冬说。

那是 2016 年 11 月 18 日 13 时 59 分，内蒙古四子王旗航天着陆场。

记者手记

航天员家人也是个“英雄集体”

“特别能吃苦，特别能战斗，特别能攻关，特别能奉献。”

走进中国人民解放军航天员大队，最先映入眼帘的就是载人航天精神这句话。而当记者完成采访后，对载人航天精神有了更为深切的感知。

其实，不仅航天员大队是个英雄的集体，所有航天员的家人也是这英雄集体的一员。

陈冬加入航天员大队的第二年，他的妻子汪晓燕有了身孕，为了不让丈夫分心，她独自一人回到了老家浙江嘉兴。每次孕检，医生都会用异样的眼光打量她，然后既关心又奇怪地问："你爱人怎么不来啊？"汪晓燕当然不能说丈夫在执行什么任务。

直到双胞胎儿子俊宇、砾宇满月后，参加完训练的陈冬才匆匆赶回嘉兴，妻子对他没有一句责备的话。

陈冬总结说："航天员家庭也有'四个特别'：特别能扛，家里照顾老人孩子的事全靠另一半扛着；特别能忍，家里有个小麻烦、自己生个病什么的，从来不跟我们说，全靠自己忍着；特别能'拖'，由于训练日程排得特别满，想全家人一块逛个街、聚个餐，总是'下一次'；还有就是全家人'特别支持'，不仅父母、爱人全力支持，孩子也特别懂事。"

陈冬在执行神舟十一号任务时，航天员大队安排了多次亲属通话。汪晓燕每次都问丈夫吃得好不好、习惯不习惯，说家里老人孩子都好，由她照顾着，让他放宽心。

俊宇和砾宇看着父亲在太空舱里能漂起来，还给他俩翻跟斗，感觉太空太神奇了；而且，这位经常不在家的父亲原来好厉害啊！

记者问陈冬："您未来的目标是什么？"

他毫不犹豫地说："尽快重返太空。我要为祖国飞出新的高度！"

于海近照（均受访者供图）

于海

于海，1955 年生于山东日照，国家一级指挥，中国人民解放军军乐团原团长、音乐总监。第十一届、十二届全国政协委员，第九届全国文联委员，中国音乐家协会管乐学会主席，中国音协理事，中国交响乐基金会理事。

被解放军总政治部授予“德艺双馨的名师名家”。作为全国政协委员，连续 10 年为国歌立法提案，被誉为“催生国歌立法的指挥家”。

多年来，担任解放军音乐专业的资格评审副主任，担任中国“金钟奖”等音乐比赛评委，多次担任国际音乐大赛评委，被教育部聘为全国艺术教育委员会常委。还被聘为北京大学、中国人民大学、中央音乐学院等 20 余所院校的兼职教授。发起并成功策划南昌国际军乐节、上海管乐节、青岛“中国音乐小金钟”等活动并担任艺术总监。

于海：毕生守卫国歌尊严的指挥家

李扬

于海，中国人民解放军军乐团原团长、国家一级指挥。

从一名单簧管演奏员，到国庆大典上联合军乐团的总指挥，再到被任命为中国人民解放军军乐团团长，近半个世纪以来，于海几乎亲历、见证、参与了共和国每一次国家重大庆典活动的重要时刻。《义勇军进行曲》的旋律无数次随他手上的节拍奏响，也因此，他被称为“指挥演奏中华人民共和国国歌次数最多的指挥家”。

自 2008 年开始，于海作为全国政协委员，连续 10 年递交提案呼吁为国歌立法，在他的不懈努力下，这份提案终于获得了通过——2017 年 10 月 1 日，我国正式颁布实施《中华人民共和国国歌法》。

于海说，每当国歌声响起时，他的脑海中总会浮现出全国人民手挽手、肩并肩、团结奋进的画面。84 个字，37 小节，奏唱时长 46 秒，国歌的每一个字、每一个音符都早已渗透进他的生命中。国歌，始终是他心中最神圣的旋律。

从单簧管演奏员成长为指挥家

见到于海指挥，是在他的一个演讲现场。64 岁的他站在演讲台上，虽已双鬓斑白，但身姿一如他无数次站在指挥台上那般挺拔。

两个多小时的演讲，他全程站立，深情讲述国歌背后的故事，从中国历史上不同时期的“国歌”，到《义勇军进行曲》的诞生，从 1997 年中

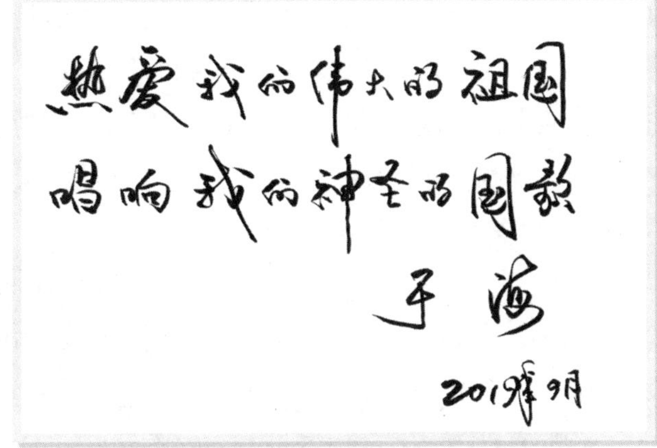

于海寄语

英两国政府香港政权交接仪式上军乐团一秒不差的奏响国歌，有力彰显了国家主权和尊严，到他连续10年提案呼吁出台《国歌法》的经历……

于海坚定而自豪地告诉大家：“我们的国歌是世界上最好的国歌，《义勇军进行曲》将世世代代激励中华儿女奋勇向前，我们每个人都应是国歌的守护者。”

演讲末了，他用近万次指挥过国歌的双手，现场指挥所有观众唱响国歌，激昂的旋律，充满力量的节拍，令在场的每一个人心潮澎湃。“这是一场最精彩的国歌报告，一次最震撼人心的国歌解读，一种最深情的国歌诉说。”一位观众这样说道。

近半个世纪来，于海近万次奏响、指挥国歌而激情不减。他如何成为“指挥演奏国歌最多的指挥家”？这一切要从他年少时期说起。

于海1955年出生在山东日照的一个普通家庭，襁褓之中又随父母来到红高粱之乡——高密。他从小就喜欢音乐，喜欢摆弄各种乐器，至今他犹记得拿到第一支属于自己的竹笛时那兴奋的心情。一天，他在商店看到有卖竹笛的，一眼就喜欢上了那堆竹笛里最好的品种，标价两块钱一支。那时，两块钱对一个家庭来说是不小的开支，但是母亲咬咬牙，还是给他买了。母亲的支持，让少年于海受到莫大的鼓舞。他说：“没有母亲送我的这支竹笛，恐怕也没有我的音乐人生。”

在那个年代，当兵是年轻人的梦想。1969年10月，解放军军乐团到山东招生，整个高密只有 8 个名额，于海因为咳嗽导致肺部有钙化点，没能入选，这令他郁闷至极。没有想到的是，几天之后他接到了再次体检的通知，原来，邻近的县有一个名额空缺，时任解放军军乐团的小号演奏家朱尧州老师想到了于海，提议让他再来试试。这次，于海顺利通过体检，进入解放军军乐团。

1970 年，不满 15 岁的于海进入解放军军乐团，从此，他在这支国字号的“红色乐团”里、在近半个世纪的军乐生涯中，亲历了许多重要的历史时刻，看到了祖国的强大、军队的强大，感受到了国家的发展进步。

刚进军乐团时，团里分配于海学习单簧管，对西洋乐器很陌生的他几乎是从零开始的，利用一切时间投入练习。那年国庆，作为解放军军乐团最年轻的队员之一，15 岁的于海与乐队一起在天安门广场奏响了国歌，接受毛主席的检阅。“那是国庆 21 周年大典，毛主席在我们演奏的《东方红》乐曲声中出现在天安门城楼上，那一刻我特别激动，情不自禁地流下了眼泪，感觉自己的心脏就要跳出胸膛。”

军乐为于海打开了一个色彩斑斓的音乐世界，他用 8 年时间成长为一名出色的乐队队员。这期间，他参加了 200 多次重大庆典、迎送外宾等活动，还经常参加多种形式的音乐会演出。

1995 年，于海与国家交响乐团合作音乐会

1978 年春，经专家、前辈层层选拔推荐，团领导决定让于海改学乐队指挥。“我从未想过自己会学指挥。”于海一连数日都处于亢奋状态，冷静下来之后，他深知指挥的重要和学习的不易，“我非常珍惜这次转

行的机会，一头扎进了学习中”。之后的几年，他一边工作一边师从著名指挥家吕蜀中和黄飞立教授学习。

1985 年，于海考入中央音乐学院指挥系，随李华德教授进一步系统学习。经过三年的刻苦学习，1988 年他以优异成绩毕业，并在北京音乐厅成功举办了“于海指挥专场音乐会”。

至此，于海完成了作为一名指挥家应具备的各种素养的积累与储备，他的脉搏已经和音乐紧紧地连在了一起，军乐已经成为他生命中不可分割的一部分。

国庆大典上，指挥千人军乐团奏响国歌

解放军军乐团的主要工作任务就是进行党和国家重大活动的现场演奏。于海也是在参加一次次重大活动中成长起来的。

1970 年，于海作为解放军联合军乐团最年轻的队员，在天安门广场接受了毛泽东等第一代中央领导集体的检阅；1984 年，于海担任解放军联合军乐团的分指挥，参加了改革开放以后的第一次国庆大典和阅兵式，接受邓小平等中央领导的集体检阅；1999 年国庆 50 周年、2009 年国庆 60 周年的庆典和大阅兵，于海不仅分别担任千人联合军乐团副团长、团长，而且都担任总指挥；2015 年 9 月 3 日，在庆祝中国人民抗日战争暨世界反法西斯战争胜利 70 周年的纪念大会和阅兵式上，他又被任命为首次组建的 1200 人解放军合唱团团长兼总指挥……连续 45 年在天安门广场上参加所有国庆及大阅兵活动，受到党和国家领导人的检阅，这丰富多彩、令人羡慕的工作经历，让于海倍感骄傲和自豪。

1999 年，于海受命担任庆祝中华人民共和国成立 50 周年千人联合军乐团总指挥。国庆阅兵仪式上，升国旗、奏国歌必须珠联璧合、天衣无缝，为了保证万无一失，他带领军乐团进行了无数次演练。在这过程中，

发生过这么一段插曲：有一次合练，于海发现国歌演奏完后，国旗距离旗杆顶部尚有一段距离。重来，还是如此。于海细致观察后，终于发现，升旗过程虽然由电脑控制，但负责按动电钮的旗手是在看到乐队总指挥“开始”手势时，才把手放到电钮上启动的。手移动的过程，便过去了半秒钟。“半秒，就是旗杆上约30厘米的距离！”经过与旗手的反复磨合，升国旗与奏国歌终于达到了完美的同步。

国庆大典当天，于海站在天安门广场10万名学生和千人军乐团的最前方、正中央、最高处，这是他第一次担任千人军乐团的总指挥，戴着白手套的双手怎么都止不住地微微发抖，他努力使自己保持镇静。10时，当天安门城楼上的领导人宣布“全体肃立，奏唱国歌”的一刹那，广场上一片寂静，于海沉着果断地下了指挥拍子，嘹亮的国歌乐曲声随即响彻天安门广场，1200名军乐队员奏响《义勇军进行曲》。在雄壮激昂的国歌声中，五星红旗冉冉升起。蔚为壮观的阅兵场面在军乐映衬下，犹如长江、黄河奔腾到海，一泻千里；犹如日出东山，喷薄而出。这激动人心的场面，令全世界的炎黄子孙欢欣鼓舞。作为军乐团总指挥，于海凭着自己深厚的功底和沉着的心态，完美地完成整个过程，经受了人生中最严峻的一次考验。

2003年3月，于海被任命为中国人民解放军军乐团团长。2009年，于海再次担任联合军乐团总指挥，参加国庆60周年的阅兵式演奏。他带领1300人的军乐团、2500人的合唱团和200人的民族打击乐队，再次圆满完成任务。解放军军乐团因此获得集体三等功，于海荣立二等功。他也成为迄今唯一两次担任国庆阅兵联合军乐团总指挥的指挥家。

一次次在国家重大活动中奏唱国歌的指挥经历，使得他对国歌的奏唱形成了极高的标准：每分钟96拍，奏唱时长46秒，基调雄壮，曲调、配乐、歌词都不容出错。上万次的动作重复，让于海对国歌有了更深厚的情感。

在解放军军乐团工作的近半个世纪中，他几乎参加了这期间每届每次的全国人大会议、政协会议、党代会开闭幕式的演奏和指挥工作。不仅如此，在2008年北京奥运会开幕式上，于海作为“共和国礼乐之兵”的最高“指挥官”，指挥军乐团演奏了中华人民共和国国歌和奥运会会歌。他说：“与祖国共成长的这段经历，对我而言是无上的荣光。”

十年不懈，推动国歌立法

“起来！不愿做奴隶的人们，把我们的血肉铸成我们新的长城……”字字铿锵、句句雄壮的歌词伴随着激昂的旋律，在无数场合让亿万中华儿女心潮澎湃。

2017年9月1日下午，《中华人民共和国国歌法》获十二届全国人大常委会第二十九次会议表决通过，宣布于2017年10月1日起施行。这是继《国旗法》《国徽法》之后，又一个重要的国家象征，我国的国歌也有了一部专门的法律！得知这个消息时，连续10年提案为国歌立法的全国政协委员于海流下了激动的泪水。

2008年，于海当选为第十一届全国政协委员，在那年的全国政协会议上，于海首次提交了关于为国歌立法的提案。从那时起，他连续10次递交为国歌立法的提案，一次次呼吁国歌在立法层面应与国旗、国徽享有同等地位。

“国歌是国家的第一声音，是传递民族精神和爱国主义精神的载体，奏唱它的人必须心怀崇敬。”于海说，国歌绝不仅仅是一首普通的歌曲，从战争年代到和平时期，从重整河山到走向复兴，《义勇军进行曲》始终有着无可替代的感召力和凝聚力。“早在1990年就颁布了《国旗法》，1991年颁布了《国徽法》，我始终坚信《国歌法》的立法一定会实现。”于海说。

2009年国庆庆典上，于海担任联合军乐团总指挥

作为一名军人、指挥家，曾在无数重要场合指挥奏唱国歌的于海，对国歌有着独特而深厚的感情。“国歌的背后是国格，体现的是国家意志和民族精神。”于海说，国歌中每一个音符、每一句歌词，都饱含着砥砺奋进的中国精神和中国力量，在革命、建设和改革的不同时期，《义勇军进行曲》始终是中华民族的最强音，更是激励人民奋勇前进的强劲旋律。

于海说：“《义勇军进行曲》全篇只有84个字，37小节，奏唱时长46秒，其中用的都是中国民族音调的五声音阶‘哆、来、咪、索、拉’，只用了一个‘西’来过渡。我们的国歌蕴含着一种恢宏大气的风格，毫不夸张地说是世界上最好的国歌，也是非常经典、优秀的音乐作品。”

谈及提议为国歌立法的初衷，他说：“《国歌法》实施对国歌是个保护，可防止一些歪曲、羞辱现象的发生。国歌立法，有利于进一步规范国歌的正确使用，运用法律手段制止不严肃、不规范的国歌奏唱情况和其他有损国歌尊严的行为，使国歌得到应有的尊重和爱护。”

社会上曾流行的国歌有10多个版本，于海每每看到一些纪念馆、博物馆中的国歌版本有错误，心里就不是滋味。1996年，针对国内使用国歌过程中的诸多乱象，他在《人民日报》发表《使用正确的国歌版本刻不容缓》一文，呼吁社会各界关注国歌的正确使用问题，文章被多家报纸转载，引起了热烈反响，但是国歌正确使用的问题始终难以解决。

国歌版本不统一造成的困扰，于海有切身体会。当参加一些在国外举办的活动时，他都会认真地听国外乐队奏的中国国歌。他发现，许多国家演奏的中国国歌是错误的版本，这让他觉得非常难堪。“不是演奏水平问题，而是版本错误。”“有一些国家乐团水平非常高，但是演奏我们的国歌时却是错误百出。如果我们的国歌还没有标准的版本，在今后我们的重大活动中和国际重大场合，我国国歌的演奏还可能会出现错误。作为一个中国人、作为一个中国音乐家，会为此而感到羞耻。”

于海说，对于国歌这样一首具有特殊意义的乐曲，准确和忠实才是最重要的。“国歌不能似是而非，必须要有明确的标准，就像国旗和国徽一样。”在于海的家里，有着他多年来积累的厚厚几大本简报、几大袋材料和几十个不同版本的国歌曲谱，他对这些曲谱曾进行过仔细甄别。在他的推动下，上海音乐出版社组织专家多次论证，由他和著名钢琴家郎朗、解放军军乐团、中国爱乐乐团、中央歌剧院合唱团共同合作，出版了《中华人民共和国国歌》钢琴独奏谱、钢琴齐唱谱、管乐队总谱 / 分谱、管弦乐队总谱 / 分谱等多种谱本形式，所选乐谱通过多方版本考源，对国歌的奏唱、乐器的配置、演奏时长等均作出较为精准的诠释，用实际行动维护了国歌的严肃性。

10 年间，他不懈地呼吁为国歌立法，别人都说他犟，但他说“是一种使命感促使我坚持下去的”。2017 年是于海担任第十二届全国政协委员的最后一年，也是他连续提案建议为国歌立法的第 10 年，正是这最后一年，他的坚持，他的努力，终于有了结果！

“《国歌法》对国歌奏唱方式、国歌使用、国歌传承等作出明确规范，激励着所有中华儿女唱响、唱好这首最庄严、最神圣的大国之歌。”于海认为，通过立法，把国歌作为中华人民共和国第一声音的重要地位确定下来了，国歌虽然只有 46 秒，但它是一个国家独立自强的标志。

在于海的眼里，国歌是浓缩的国魂，更是自己用一生为之守护的神圣之歌。他说：“每一个奏响国歌的庄严时刻，当几十万人安静下来，我指挥的手臂落下，铿锵有力的国歌奏响时，我心中都充满了自豪和崇敬之情。在演奏和指挥国歌的近 50 年中，它的每一个字、每一个音符都已渗透进我的生命。”

记者手记

坚守心中最神圣的旋律

1935 年，田汉、聂耳以笔为枪，用音乐唤起国人的斗志；今天，指挥家于海紧握指挥棒，坚守国歌，坚守他心目中最神圣的旋律。

他难以忘怀 2017 年 9 月 1 日。那天，在听到《中华人民共和国国歌法》获表决通过这一消息后，他激动地给每一个在他的提案上签名表示支持的政协委员发消息：“10 年来，我们的提案终于要通过了，《中华人民共和国国歌法》就要诞生了！”

那一天，恰好是于海 62 岁的生日，每当回忆起这一天，他都说，这是他一生中收到的最好的生日礼物。

2019 年国庆 70 周年大阅兵的天安门广场上，我们也许看不到于海挥舞指挥棒的挺拔身影了，但当国歌声再次响起时，相信那位接过于海指挥棒的年轻指挥家，会继续肩负这份神圣的使命，守卫国歌的尊严。

“去年我退休了，我将放下手中的指挥棒，但是我不会放下国歌，无论何时，我都将是一名捍卫国歌尊严的战士。”于海说，自己对国歌的守护，将持续一生。

责任编辑：姜　虹
封面设计：周方亚
版式设计：吴　桐

图书在版编目（CIP）数据

我和我的祖国：时代人物故事 / 文汇报社 编著 . —北京：人民出版社，2020.1
（2026.1 重印）

ISBN 978 – 7 – 01 – 021478 – 8

I. ①我… II. ①文… III. ①人物 – 先进事迹 – 中国 – 现代 IV. ① K820.7

中国版本图书馆 CIP 数据核字（2019）第 237115 号

我和我的祖国：时代人物故事

WO HE WO DE ZUGUO SHIDAI RENWU GUSHI

文汇报社　编著

人民出版社 出版发行
（100706　北京市东城区隆福寺街 99 号）

北京中科印刷有限公司印刷　新华书店经销

2020 年 1 月第 1 版　2026 年 1 月北京第 6 次印刷
开本：710 毫米 ×1000 毫米 1/16　印张：39.5
字数：544 千字

ISBN 978 – 7 – 01 – 021478 – 8　定价：100.00 元

邮购地址 100706　北京市东城区隆福寺街 99 号
人民东方图书销售中心　电话（010）65250042　65289539